新世纪高等学校教材

U0659560

发展与教育心理学系列教材

认知发展心理学

RENZHI FAZHAN XINLIXUE

陈英和 著

北京师范大学出版集团
BEIJING NORMAL UNIVERSITY PUBLISHING GROUP
北京师范大学出版社

图书在版编目(CIP)数据

认知发展心理学/ 陈英和著. —北京：北京师范大学出版社，
2013.11(2019.7 重印)
ISBN 978-7-303-17160-6

Ⅰ. ①认… Ⅱ. ①陈… Ⅲ. ①认知心理学 Ⅳ. ①B842.1

中国版本图书馆 CIP 数据核字(2013)第 242615 号

营 销 中 心 电 话 010-58809014
北师大出版社教育科学分社网 http://jykx.bnup.com
电 子 信 箱 jiaoke@bnupg.com

出版发行：北京师范大学出版社 www.bnup.com
　　　　　北京市海淀区新街口外大街 19 号
　　　　　邮政编码：100875
印　　刷：三河兴达印务有限公司
经　　销：全国新华书店
开　　本：730 mm×980 mm 1/16
印　　张：22
字　　数：350 千字
版　　次：2013 年 11 月第 1 版
印　　次：2019 年 7 月第 3 次印刷
定　　价：46.00 元

策划编辑：周雪梅　　　　　责任编辑：齐　琳
美术编辑：纪　潇　　　　　装帧设计：纪　潇
责任校对：李　菡　　　　　责任印制：马　洁

序

林崇德

　　1996年我与沈德立教授主编了《当代智力心理学丛书》，我们带领一组年轻的心理学家完成了这个任务。丛书由浙江人民出版社出版，我的弟子陈英和教授撰写的《认知发展心理学》是其中的一本，该书全面、系统地反映了认知发展心理学的核心概念、研究方法及理论；从感知觉、记忆、概念、问题解决、社会认知、元认知等方面详细描述和分析了儿童青少年认知发生、发展的规律以及影响因素；并多角度讨论了认知发展的个体差异。该书出版后已多次印刷，获得了学术界及学生的普遍好评，并曾于2002年荣获北京市哲学社会科学优秀成果一等奖。这次英和撰写的《认知发展心理学》是以1996年出版那本书为基础的，英和请我来做序，我感到非常高兴。

　　这十几年来是心理学快速发展繁荣的时期，无论在理论上还是在研究方法上都取得了长足的进步，获得了丰硕的研究成果，这些成果在英和的《认知发展心理学》新书中有了充分的体现。著书之法在于精思，作者在收集了大量国内外认知发展研究的第一手资料的基础上，以清晰的逻辑线索、透彻的论证分析给读者呈现了新时代背景下本领域崭新的研究面貌。且不止于此，本书的理论创新性也是很突出的，作者从个体认知发展的内在机制和外在环境两个维度分析了儿童青少年认知发展应遵循的基本原则，并深入思考了认知发展研究的某些难题；对传统皮亚杰理论与现代认知心理学理论的异同提出了很独特的分析；从"心理操作"的转换性角度对皮亚杰关于儿童青少年认知发展阶段性理论进行了更为深入的阐释；系统论证和分析了个体自然认知和社会认知的相同之处与不同之处，等等。对引导读者更全面、深入地思考个体认知发展的有关现象具有重要的启发作用。

　　此外，本书有以下几个特点。

　　其一，内容全面。本书是在原来的基础上增加了言语发展、表征发展及推理发展这三章全新的内容，从而涵盖了儿童青少年从感知觉到高级思维活动的全部认知能力的发生和发展规律。且这三章的内容荟萃了大量近期的重要理论

1

观点及实验成果，让人耳目一新。

其二，内容新鲜。本书以超过 50％ 的篇幅增加了新的内容，除了上述三章新内容以及对全书细节的补充和修改外，作者还论述了如新皮亚杰学派的主要特点、认知发展的后信息加工观的理论等，反映了近些年来的国内外心理学家们的最新研究成果，为读者了解有关研究的前沿性状态提供了条件。书中并非空泛地谈理论，而是以新近的具体实验研究为依据，使理论更具可读性和说服力，也为读者提供了自己分析和归纳的机会；同时作者还结合自己的研究实践提出了一些具有创新性的关于儿童青少年认知发展的研究设计思路。这两条途径均为读者借鉴某些研究方法提供了方便。

其三，编排结构清晰。作者从认知发展领域所关心的最基本问题到基本理论，再对从低到高的各个认知过程的发生发展规律逐一论述分析，编排体系化，使读者能从理论和实证研究两个方面了解儿童青少年认知发展的特点，有利于学习者建构相关知识结构，也能给高校心理学系的本科生和研究生的教学提供有益的指导。此外，本书注意了理论联系实际，能为幼儿园及中小学教育工作者提供帮助。

我认为陈英和教授重新撰写的《认知发展心理学》是目前我国关于儿童青少年认知发展领域中比较全面、系统并有新意的著作之一，同时本书也汇聚了她这些年来在认知发展心理学方面的教学心得和科研成果，我相信读者在阅读后一定会有所收获。

是为序。

林崇德

2013 年 9 月
于北京师范大学

目　录

第一章　绪　　论 /1

　第一节　认知发展的基本概念 …………………………… 1

　　一、认知的含义 ………………………………………… 2

　　二、发展的含义 ………………………………………… 3

　　三、认知发展的含义 …………………………………… 4

　第二节　认知发展的研究方法 …………………………… 7

　　一、心理测验的方法 …………………………………… 7

　　二、信息加工的方法 …………………………………… 11

　　三、皮亚杰式的研究方法 ……………………………… 12

　　四、斯腾伯格智力三元理论的方法 …………………… 13

　第三节　认知发展的基本问题 …………………………… 15

　　一、认知发展研究的基本问题 ………………………… 15

　　二、认知发展研究的难题 ……………………………… 22

　　三、认知发展研究的新趋向 …………………………… 22

第二章　皮亚杰关于儿童认知发展的理论 /25

　第一节　皮亚杰理论中的基本假设 ……………………… 25

　　一、儿童认知发展的内在主动性 ……………………… 25

　　二、儿童认知的发展是其心理结构的改进与转换 …… 26

　　三、儿童认知发展的建构性特点 ……………………… 27

　　四、儿童认知发展的阶段性特点 ……………………… 27

第二节　皮亚杰关于儿童认知发展机制的理论 …………………… 28

一、同化与顺应 ………………………………………… 28

二、平衡 ………………………………………………… 30

三、组织化 ……………………………………………… 31

第三节　皮亚杰关于儿童认知发展的阶段性理论 ……………… 32

一、感知运动阶段 ……………………………………… 32

二、前运算阶段 ………………………………………… 35

三、具体运算阶段 ……………………………………… 37

四、形式运算阶段 ……………………………………… 38

五、不同阶段的转化过程 ……………………………… 39

第四节　关于皮亚杰认知发展理论的争议 …………………… 46

一、任务难度的适当性 ………………………………… 46

二、儿童的认知发展可否被加速 ……………………… 49

三、关于认知发展阶段性的理论 ……………………… 51

第五节　新皮亚杰学派 ………………………………………… 54

一、日内瓦的新皮亚杰学派 …………………………… 54

二、修订皮亚杰的研究方法与研究结果的新皮亚杰者 … 55

三、与信息加工理论相结合的新皮亚杰学派 ………… 55

第三章　现代认知心理学关于儿童认知发展的理论 /59

第一节　现代认知心理学关于认知发展的理论观点 ………… 59

一、基本主张 …………………………………………… 60

二、与皮亚杰理论的比较 ……………………………… 64

第二节　认知发展的信息加工观理论 ………………………… 65

一、斯腾伯格的理论 …………………………………… 66

二、凯斯的理论 ………………………………………… 68

三、克莱贺、华莱思的理论 …………………………… 71

四、希格勒的理论 ……………………………………… 72

第三节　认知发展的后信息加工观理论 ……………………… 76

一、抑制和抗干扰 ……………………………………… 76

二、模糊痕迹理论 ……………………………………… 78

三、联结主义模型 ……………………………………… 80

第四节　现代认知心理学关于认知发展的研究角度 …………… 83
　　一、策略在个体认知发展中的作用 …………………………… 83
　　二、知识基础与认知发展的关系 ……………………………… 86

第四章　感知觉的发生 /91
第一节　基本感知能力的早期表现 ……………………………… 91
　　一、听觉的早期表现 …………………………………………… 92
　　二、视觉的早期表现 …………………………………………… 92
　　三、触觉与本体感觉的早期表现 ……………………………… 93
　　四、味觉与嗅觉的早期表现 …………………………………… 94
第二节　视觉的发生 ……………………………………………… 95
　　一、注意和分辨能力 …………………………………………… 96
　　二、视觉偏爱 …………………………………………………… 96
　　三、空间知觉的早期表现 ……………………………………… 102
第三节　听觉的产生 ……………………………………………… 104
　　一、对声音的注意 ……………………………………………… 104
　　二、对声音的辨别 ……………………………………………… 105
　　三、对声音的定位 ……………………………………………… 107
第四节　感知觉的整合 …………………………………………… 108
　　一、对刺激注意方面的整合能力 ……………………………… 108
　　二、对刺激辨别方面的整合能力 ……………………………… 109
　　三、对刺激定位方面的整合能力 ……………………………… 110

第五章　记忆的发生与发展 /114
第一节　儿童记忆能力的发生与发展 …………………………… 114
　　一、记忆及其基本结构 ………………………………………… 114
　　二、婴儿期记忆的发生 ………………………………………… 115
　　三、儿童及青少年记忆能力的发展 …………………………… 120
第二节　儿童记忆策略的发展 …………………………………… 127
　　一、复述策略的发展 …………………………………………… 127
　　二、组织性策略的发展 ………………………………………… 129
　　三、精细加工策略的发展 ……………………………………… 131

四、提取策略的发展 ··· 132

五、其他记忆策略的发展 ·· 133

第三节 影响儿童记忆发展的因素 ····························· 135

一、编码对记忆的影响 ·· 135

二、信息加工的有效性对记忆的影响 ······················· 136

三、知识基础对记忆的影响 ·· 137

四、元记忆对记忆的影响 ·· 142

五、适应性记忆 ··· 143

第六章 言语的发展 /145

第一节 言语发展的机制 ·· 145

一、言语发展机制的理论观点 ····································· 145

二、言语发展是否存在关键期 ····································· 147

三、言语发展与认知发展的关系 ·································· 148

第二节 婴儿言语的发生与发展 ································· 149

一、前言语发展 ··· 149

二、言语的发生与早期发展 ·· 152

第三节 儿童言语的发展 ·· 154

一、词汇的发展 ··· 155

二、语法的发展 ··· 157

三、语言意识的发展 ··· 159

四、语用的发展 ··· 161

第七章 概念的发生与发展 /165

第一节 个体概念的早期发生 ···································· 166

一、概念发生的早期表现 ··· 166

二、婴儿分类的内部过程 ··· 169

三、了解婴儿期概念发生的意义 ·································· 170

第二节 儿童对概念的表征方式 ································· 171

一、定义性表征的能力 ·· 172

二、可能性表征的能力 ·· 175

三、以样例为基础的表征能力 ····································· 178

　　四、以理论为基础的表征能力 ……………………………………… 179
　第三节　儿童自然概念的发展 ……………………………………… 181
　　一、时间概念的发展 ………………………………………………… 181
　　二、空间概念的发展 ………………………………………………… 183
　　三、数概念及几何概念的发展 ……………………………………… 186
　第四节　儿童社会性概念的发展 …………………………………… 190
　　一、对心理现象的认识 ……………………………………………… 190
　　二、对生命概念的认识 ……………………………………………… 192
　　三、对经济概念的认识 ……………………………………………… 194

第八章　表征能力的发展 /198
　第一节　表征的发展阶段 …………………………………………… 198
　　一、关于表征的经典研究 …………………………………………… 198
　　二、表征的发展阶段 ………………………………………………… 200
　第二节　儿童表征能力的发展 ……………………………………… 202
　　一、空间表征能力的发展 …………………………………………… 202
　　二、数量表征能力的发展 …………………………………………… 204
　　三、运算表征能力的发展 …………………………………………… 207
　　四、数学问题表征能力的发展 ……………………………………… 210
　第三节　表征能力的培养和训练 …………………………………… 214
　　一、知识经验 ………………………………………………………… 214
　　二、元认知 …………………………………………………………… 215
　　三、概念性理解 ……………………………………………………… 216

第九章　问题解决能力的发展 /219
　第一节　婴儿期问题解决能力的发生 ……………………………… 219
　　一、制订计划 ………………………………………………………… 219
　　二、工具运用 ………………………………………………………… 221
　　三、运用规则 ………………………………………………………… 222
　　四、类比迁移 ………………………………………………………… 224
　第二节　儿童青少年问题解决能力的发展 ………………………… 226
　　一、儿童青少年问题解决能力的发展 ……………………………… 226

二、解决某些具体问题能力的发展 ················· 230

第三节　问题解决策略的发展 ··················· 234

一、策略发展的理论 ······················ 234

二、策略的发展过程 ······················ 236

三、影响策略发展的因素 ···················· 238

第十章　推理的发展 /243

第一节　因果推理的发展 ····················· 243

一、儿童因果推理的一般发展趋势 ··············· 243

二、儿童因果推理发展的影响因素 ··············· 247

第二节　类比推理的发展 ····················· 249

一、儿童类比推理的发展趋势 ················· 249

二、儿童类比推理的影响因素 ················· 252

第三节　形式推理的发展 ····················· 256

一、条件推理的发展 ······················ 256

二、传递推理的发展 ······················ 258

三、范畴三段论推理的发展 ··················· 259

第四节　科学推理的发展 ····················· 261

一、科学推理的概念 ······················ 261

二、科学推理的发展特点 ···················· 262

三、影响科学推理的因素 ···················· 265

第十一章　社会认知的发生与发展 /269

第一节　个体社会认知的早期形式 ················· 269

一、婴儿社会认知的基础 ···················· 270

二、婴儿社会交往的内部工作模式 ··············· 271

三、依恋行为对认知的影响 ··················· 273

第二节　儿童自我知识的发展 ··················· 275

一、自我知识的发展 ······················ 275

二、自我评价的发展 ······················ 277

三、自我控制的发展 ······················ 277

四、性别角色的发展 ······················ 278

第三节　儿童对他人知识的发展…………………………………… 280
　　一、儿童观点采择能力的发展………………………………… 281
　　二、儿童心理理论的发展……………………………………… 283
第四节　儿童对社会关系认知的发展……………………………… 287
　　一、对权威的认知……………………………………………… 288
　　二、对友谊及冲突的认知……………………………………… 290
　　三、对社会团体的认知………………………………………… 293
第五节　社会信息的加工模式……………………………………… 294
　　一、社会信息加工模型………………………………………… 294
　　二、认知—情绪的整合模型…………………………………… 296
　　三、社会信息加工对社会行为的影响………………………… 298
　　四、社会信息加工能力的发展………………………………… 299

第十二章　元认知的发展 /301
第一节　元认知发展概述…………………………………………… 301
　　一、元认知的组成成分………………………………………… 301
　　二、元认知的早期表现………………………………………… 304
　　三、元认知各成分的发展……………………………………… 305
第二节　儿童具体元认知能力的发展……………………………… 307
　　一、元记忆的发展……………………………………………… 307
　　二、元理解的发展……………………………………………… 310
　　三、元学习的发展……………………………………………… 312
第三节　元认知的培养和训练……………………………………… 313
　　一、关于元认知培养和训练方法的讨论……………………… 313
　　二、一项有关儿童概念发展的元认知训练实验……………… 316

参考文献 /319

后　记 /337

第一章 绪 论

高度发达的智力是我们人类这个物种适应环境最重要的因素。物种的演变和进化可能使其他动物具有更快的速度、更厚的皮毛或更大的力气以适应不断变化的环境。但是，人类却不同，大自然赋予人类的不是强健的肢体，而是高度发达的大脑。虽然，在动物王国中，人类并不是唯一具有智能的物种，但却没有任何一种动物具有可以与人类相比拟的、如此强大和优越的智能。正是由于拥有了这种不可战胜的智能，人类才表现出鲜明地区别于其他动物的本质；也正是由于这种智能的强大威力，千百年来一直支配着生命进化的自然选择原则才受到挑战。

但是，对于每一个具体的人类个体而言，这种高度发达的智力并不是一出生就具有的，而是需要花 20 年左右的时间才能基本完成它的发展而达到成熟。这种发展既来自于个体自身各种机能的成熟，也来自于前人已有的经验。

人类群体中的每一个成员，所具有的智力水平并不完全相同。任何一个特定的年龄阶段，都会表现出个体间的智力差异。这些差异，有的是来自生物性的原因，有的则是来自环境和经验的因素；有些差异只存在于个体发展的某个特定阶段，有些差异则持续终身。

近年来，随着认知科学、逻辑学和学习教育领域研究的蓬勃发展，心理学家有关认知发展的一些观点不断被更新和修正。认知发展心理学研究出现了一些新的趋向，研究者们采用跨学科的视角，在新的认知模型或逻辑框架下对现存和新出现的发展理论进行反思，提出了很多新的研究问题和研究方法，以及用于描述和解释人类认知发展的模型。

在本书下面的各个章节中，我们将从不同的方面对上述这些问题进行讨论和分析。

第一节 认知发展的基本概念

在通常的意义上，智力（intelligence）、思维（thinking）、认知（cognition）这三个词具有很大的相似性，都表示人在认识方面的特点和能力。因此，在一些不需要做严格区分的情况下，这三个概念常被混用。但是，从严格的意义上看，这三个概念还是存在区别的。"智力"是指人认识、理解事物和现象并运用知识、经验解决问题能力的总和，它包括所有与认知活动有关的能力；"思维"是人运用表象和概念进行分析、综合、判断、推理等认识活动的过程，是智力的最高级和最核心的部分。因此，"智力"与"思维"间的关系应该是：智力包含思维，思维是智力的灵魂。而"认知"则是近几十年来由心理学家提出的一个描述人的认识能力的新概念。它有广义和狭义之分，当从广义的角度使用"认知"这个概念时，其含义与"智力"的含义等同；当从狭义的角度使用时，其含义与"思维"等同。随着信息加工理论的出现和相关研究技术的引入，心理学家们目前更倾向于用"认知"这个词来描述个体在认识方面的能力。一方面是因为这个词的含义比较广泛，"认知"——认识和知识，既包含了一种动态性的加工过程（认识），也包含了一种静态性的内容结构（知识）；另一方面也是为了能将在学术意义上进行讨论的内容与在较为通俗意义上使用的名词区分开来。在本书中，我们也主要是采用"认知"这一概念来指代和描述个体动态或静态的各种认识能力。

一、认知的含义

认知具体是指那些能使主体获得知识和解决问题的操作与能力。认知是人类个体内在心理活动的产物。虽然，我们不能直接看到主体内在的认知过程，但可以通过观察、分析主体认知活动的外在行为来推断其大脑内部进行的认知活动本身。

在通常情况下，心理学家所能观察到的是主体认知活动的外显行为。诸如，儿童所能记住的某个词列的数量，儿童在辨认某些图片、字词时所花的时间或计算某道算术题的正确性等。但心理学家真正感兴趣的并不是这些容易被观察到的内容，而是那些潜藏在这些行为背后的加工过程和技能。例如，6岁儿童和14岁少年在完成某项认知任务时，所使用的认知操作各是什么？对词义的辨别速度是如何反映主体对信息的不同贮存方式的？婴儿是如何利用自身关于自己母亲的心理表象去区别其他形象的？这种心理表象又是如何产生的？如何被不断精确化的？等等。简言之，认知发展心理学家关心的问题是，儿童进行认知活动的内在过程以及导致儿童认知发展的内在机制。

认知不仅寓于我们意识水平之上的那些认识活动中，同时也寓于人们日常生活的某些看似无意识的行为过程中。例如，当我们平时在听收音机和看报纸时，我们对每一个声音和字符的辨认都似乎是在不知不觉中进行的，其实，在这些活动中包含着非常复杂的认知机制。

从广义的角度看,认知几乎包含在所有的认识活动中。例如,获得信息、理解信息、验证信息等过程中包含着认知的成分;制订计划、执行计划、评价计划的可行性和修改计划等方面也包含着认知的成分;对刺激进行编码、分类和贮存等过程还包含着认知成分。总之,在心理活动的任何一个环节上,认知成分都有不同程度的参与。

二、发展的含义

(一)什么是发展

发展是指随时间的延续,有机体在结构或功能上发生变化的过程和现象。结构在生理学上是指那些构成机体的基本组织成分。例如,内脏、肌肉、肢体、神经组织等都可以称为人体的生理结构,它们是人体产生各种活动的基础。但当我们说心理结构(mental structure)时,主要指那些在理论上假设存在的关于各种信息和认识能力的组织,是一种关于认知能力的功能性结构,既包括知识结构,也包括能力结构。例如,当一个儿童能较好地记住狗、狮子、大象等词时,我们就可以推测在儿童的长时记忆系统中存在一个语义系统,不同的词由于具有不同的意义而被分别安置在这个系统中的不同位置上,这些词可以根据需要随时被激活和提取。这个语义系统就可以被看成为一个心理结构。

功能是指那些由结构派生出来的活动和表现。例如,肢体的活动就是肌肉和骨骼结构的功能,性激素的分泌是神经系统和性腺的功能。而心理结构的功能主要是指那些具体的认知能力和表现。

发展则表现在有机体结构和功能的变化上。发展是一切物种的重要特性,而且具有生物学上的依据。因此,对有机体的发展进程和结果是可以进行预测的。发展与学习常形成一对具有对比性的概念。虽然,这两者都可以导致变化,但却有所不同。其一,通过学习产生的变化在较短时间内就可以有所表现,而由发展带来的变化将是一个较为缓慢的过程。其二,学习是以获得某种特殊经验为目的的活动,如果我们对某个儿童的基本能力、学习内容、学习时间等方面缺少充分的了解,就很难预测他通过学习将产生什么变化;与此相反,由于所有儿童的发展路线和阶段都大致相同,所以我们能对他们在特定的时间里应达到的发展水平做出基本预测。

(二)结构、功能和发展三者之间的关系

有机体各方面的发展状况,一般取决于结构和功能间某种特定的关系。总

体来说，结构与功能之间呈相互作用的关系。具体表现为，由结构产生出来的某种活动与外在刺激一起促进结构本身的变化；反过来，变化了的结构又将产生出新的活动，表现出新的功能。结构所表现出来的活动性（功能）不仅仅是维持结构的当前状态而不使其衰退，更重要的是促进结构的发展；但同时，结构的功能水平也只能与结构的现有水平相一致，两者相互作用，相互制约，相互促进。结构和功能之间的关系可表现为：结构 ←→ 功能。但也有一些理论认为，结构与功能之间的关系只是一种单向的作用关系。例如，持经验主义观点的学者们认为，只有经验（外源性功能）才能引起结构的变化，即功能→结构；而持自然主义观点的学者们则认为，是结构支配着功能，任何一种功能的派生都离不开结构自身的活动，两者的关系为：结构→功能。这派学者认为，发展是机体在环境的作用下各种基因顺序的自然展开，与外在刺激之间没有直接的关系。

我们同意结构与功能的相互作用理论。这种理论在胚胎学的研究中已得到证实。例如，德克曼等人（Duachman & Coulombre，1962）在对小鸡胚胎的研究中发现，在小鸡胚胎的肌肉和骨骼尚未完全长好的时候就已表现出了自发的运动，而当用一种药物对这种运动进行暂时（仅一天的时间）的抑制后，其腿部、颈部等的骨骼在后来的发育中就发生了变形。这表明，在小鸡胚胎期就出现的骨骼结构的自主性运动，对于骨骼结构的正常发展具有至关重要的作用。由此我们认为，功能既依赖于结构，又促进结构的发展，两者间呈相互作用的关系。

皮亚杰是持这种结构与功能相互作用观点的代表。他认为，儿童的各种活动（包括认知结构的功能）是促进相应的结构发展变化的必要条件。也就是说，只有通过活动，结构才能发展。正是由于结构具有这种自主运动的特性，儿童在游戏、学习等各方面的发展上才具有一种内驱力。因此，在很大程度上，是儿童本身在决定着自身的成长和发展。

三、认知发展的含义

由前面对"认知"和"发展"概念的分别论述可知，认知发展就是指主体获得知识和解决问题的能力随时间推移而发生变化的过程和现象。认知发展心理学的任务就是要探讨这种过程和现象的规律、特点以及各种影响因素，探索潜藏在这个过程和现象背后的微观机制，为指导儿童教育实践提供科学依据。

围绕着认知发展，讨论得最多的问题就是发展的阶段性问题，这的确是一个相当重要的问题。阶段是指在事物发展过程中表现出来的某种时间段落。我们通常所说的认知发展阶段，是指儿童在认知发展的全过程中所表现出的时间段落性。在每一个特定的时间段落里，儿童将表现出一些较为一致的思维方式和行为方式。认知的发展阶段是与儿童年龄相联系的，但并不等于具体的年龄。

关于儿童认知发展阶段的划分，皮亚杰所做的工作最多。他通过各种临床观察和实验，提出了很完整的关于儿童认知发展的阶段理论，该理论至今在儿童认知发展研究领域中仍占有十分重要的地位。在这个理论中，皮亚杰将儿童认知发展划分为四个连续发展的阶段：第一个阶段被称为"感知运动阶段"，是以儿童依赖运动图式解决问题为标志的；接下来的三个阶段（前运算阶段、具体运算阶段、形式运算阶段）则都是以儿童运用心理符号解决问题为标志的。但在这三个阶段中，儿童运用符号的能力仍表现出发展的趋势。在刚开始时，儿童只能依据表象去解决问题，后来学会了使用语言符号解决问题，最后才学会应用假设解决问题。关于皮亚杰的认知发展阶段理论，在第二章有详细的论述。

并不是所有与年龄相联系的变化都能构成发展阶段上的变化。弗拉维尔（Flavell，1971）归纳出了关于阶段的若干特性：第一，每个阶段之间的区别必须是质的区别，而不能是量的区别；第二，从一个阶段向另一个阶段的变化必须是非连续性的；第三，在同一个阶段内，儿童所表现出来的认知特点必须是相对和谐的。所有与特定阶段相联系的认知技能都是相互整合在一起的。因此，在同一阶段内儿童的认知能力表现出相当广泛的一致性。

（一）质变与量变

关于儿童认知发展阶段的理论基础认为在某一特定阶段中儿童的认知表现具有既不同于前一个阶段也不同于后一个阶段的特点，质变是指事物的根本性质发生了变化；而量变是指事物在数量上的变化。对于儿童认知发展而言，质变主要是指解决问题的行为方式的变化，这种变化很难用数量间的关系来说明；量变主要是指应用某一种行为方式的熟练程度的变化，具有量上的可比性。

我们在具体的例子中更容易看到在认知发展上量变和质变之间的区别。例如，14 个月的婴儿和 24 个月的婴儿都喜欢玩电话机。大多数 14 个月的婴儿在玩电话机时的表现是，拉电话机的线、按电话机上的按键、摇电话听筒等。而 24 个月的婴儿已经能了解电话机在成人世界中的某些特殊功用，并能根据这些特有的功能来玩电话机。他们拿起电话机的听筒并对着它说话，他们还经常将听筒放在妈妈的耳边，希望妈妈能与他们一起进行打电话的游戏。由此可见，这两个年龄阶段的婴儿在玩电话机的方式上具有明显的不同，说明他们对于电话机这个刺激的编码不同，并产生了对此不同的解释和反应，这就是质的区别。14 个月的婴儿只是对电话机的某些最一般的知觉特征进行反应，并没有将此与其他的玩具相区别；而 24 个月的婴儿则是根据电话机的功能特征做出反应，形成了关于电话机的初级概念。因此，在这个例子中，年长婴儿的进步并不是表现在对电话机这个特定事物反应速度的提高上，而是表现在反应方式的变化上，这就代表了认知发展上的质变。

关于认知发展的质变和量变问题一直存在争论。多数学者认为，在儿童认知发展的过程中，量变和质变是交替出现的。例如，30 个月的婴儿和 24 个月的婴儿玩电话机的方式很相近，只是 30 个月的婴儿已经会对着听筒说更多的话，对电话机功能的了解表现得也更准确（如怎样拨电话机上的号码等）。也就是说，这两个年龄阶段的孩子是在做着同样的事情，只是 30 个月的婴儿做得更好，这就是量变。由此认为，儿童之间在同一阶段内所表现出来的认知差异只是量上的差异，而在阶段之间所表现出来的差异才是质上的差异。

(二)连续性与非连续性

儿童从一个阶段转向另一个阶段时所出现的那些可观察到的行为变化是非连续性的，似乎是一个突发性的变化，但是行为之后的内在机制的变化却不一定是突发性的，在通常情况下仍具有连续性的特点。例如，当一个苹果被分成 4 份之后，4 岁的儿童可能会认为分成 4 份之后的苹果比原来的苹果更多，而 8 岁的儿童则认为 4 岁儿童的这种想法非常可笑而且无知。8 岁儿童已知道 1 个苹果无论被分成几份，它的数量都不会改变。这两种认识具有本质的区别。研究者认为，虽然 4 岁儿童和 8 岁儿童在对事物的"守恒性"认识方面表现出质的差异，但造成这种差异的内在原因是儿童一次所能加工的信息量的不同，这又是量的差异。4 岁儿童已经知道 4＞1，知道一个物体可以被分成不同的部分，还知道被分成不同部分的物体仍可以重新组合成原来的物体。但是，在他们的认识结构中，上述这些知识是呈相互分散的状态而存在的，在限定的时间里对这些知识进行整合已经超过了 4 岁儿童的短时记忆能力。也就是说，4 岁儿童用来加工第一个信息的时间过长，而没有足够的时间加工第二个信息，或当他们加工第二个信息时，第一个信息已从短时记忆中消失了。然而，8 岁儿童就能同时加工两种或多种信息，他们能尽快地加工第一个信息，从而保证在加工第二个信息时，第一个信息仍在短时记忆中处于活跃状态，恰是这种量上的变化导致了儿童在对事物的认识上产生了质的不同。因此，认知活动内在机制上的某种连续变化会导致个体认知活动的外在表现上的某些非连续性变化。

(三)和谐性与差异性

关于认知发展的阶段性理论认为，所有与阶段相联系的认知能力都是相互整合在一起的。因此，同一个阶段内所有儿童的认知表现都应是一致的；同一个儿童在各方面的认知能力的水平也应该是大体一致的。

但实际上，同一个阶段的不同儿童之间总是表现出各种不同的认知差异；同一个儿童在不同方面的认知能力也并不一定是完全一致的。我们经常发现，某个儿童在这一方面的认知成绩远高于平均水平，而在另一方面的成绩却又低于平均水平。从儿童的神经系统、动机、经验等都可以对这种差别做出某些解释。因此，就同一阶段内不同儿童间或同一个儿童而言，其认知能力除表现出和谐性的一面外，也表现出差异性的一面。

第二节 认知发展的研究方法

我们将研究儿童认知发展的方法主要归纳为四种，即心理测验的方法、信息加工的方法、皮亚杰式的研究方法和斯腾伯格认知三元素理论的方法。

一、心理测验的方法

心理测验是研究儿童认知发展的很重要的方法，而且具有较长的历史。传统心理测验的理论基础认为，可以将人的智力视为由若干智力因素组成的系统，智力测验的内容可以由不同的智力因素构成，通过测查儿童在测验中的表现，就可以知道与这种表现相联系的具体智力因素的发展水平。近年来，研究还基于能力不断发展的思想，提出了智力的动态测验方法。

(一)传统智力测验

传统智力测验属于心理测验中的一种，自 20 世纪初由法国学者比纳和西蒙(Binet & Simon，1908)创始以来，一直被不断地修正和改进，已经有许多不同的版本。目前比较通用的标准智力测验主要有这样几种：斯坦福—比纳智力测验；韦克斯勒学前和小学儿童智力测验(WPPSI，适用于 4～6.5 岁儿童)；韦克斯勒儿童智力测验(WISC-R，适用于 6～16 岁儿童)；韦克斯勒成人智力测验(WAIS-R)。这些测验都是经过标准化的，并且需要受过专门训练的主试对被试进行个别施测。

1. 斯坦福—比纳智力测验

斯坦福—比纳智力测验是由刘易斯·特曼(Lewis Terman，1916)在比纳最初的量表的基础上发展起来的。后来经过不断的修订，最近期的一版是1986 年的版本(Thorndike Hagin & Sattler，1986)。这个最新的版本，包括15 个分测验，反映了智力结构的三个等级层次：

第一个层次是最一般的智力因素(G)。第二个层次包括三个具体的因素，即晶体能力(crystallized abilities)、流体分析能力(fluid analytic abilities)和短时记忆能力(short term memory abilities)。晶体能力主要反映在解决词语和数字的任务受环境和经验的影响；而流体分析能力主要反映在解决某些没学过的、非词语的任务较少受知识经验的影响；短时记忆能力则表现为，在短时间内保持新信息的能力及从长时记忆中提取出有关信息以便在当前任务中使用的能力。第三个层次包括三个因素，分别与晶体能力及流体分析能力相对应，它们是词语推理、数量推理和抽象/视觉推理。斯坦福—比纳智力测验结构(1986年版本)见表1-1。

表 1-1　斯坦福—比纳智力测验三层次结构(1986 年版本)

一　般　智　力(G)			
晶体智力		流体分析智力	短时记忆
词语推理	数量推理	数量推理和抽象/视觉推理	
词　汇	数　量	图形分析	名录记忆
理　解	数　列	临　摹	句子记忆
挑　错	等　式	纸模型	数字记忆
词语联系		折、剪纸	物体记忆

2. 韦氏智力测验

韦氏智力测验的量表自 20 世纪 40 年代首版以来，也不断被心理学家们修订和改进。分别适用于不同年龄的儿童和成人的韦氏智力测验的三个量表在结构上大体相同，都是由两个分测验组成，一个是言语分测验，另一个是操作分测验。

以韦克斯勒儿童智力测验为例来看韦氏测验的结构。

第一部分：言语 IQ。其中包括六个部分。

①常识(information)。主要测查儿童所掌握常识的情况，如"人体的肺部是用来干什么的"等。

②相似性(similarities)。给儿童读出或呈现两个或读音相似、或字形相似、或意思相似的字词，要求说出这两个字词之间的相似性。

③算术(arithmetic)。让儿童计算一些由易到难的算术问题。较简单的问题包括数数、有实物作为支持的加法和减法；较难的问题是只给被试读出题目或只是文字叙述而没有实物的支持。

④词汇(vocabulary)。给儿童读出一些词并要求其说明词义。

⑤数字广度(digit span)。从三位数字开始，顺背和倒背数字。

⑥理解(comprehension)。测查普通常识、判断能力、运用实际知识解决问题的能力、对伦理道德和价值观念的理解能力。

第二部分：操作IQ。其中包括六部分。

①填图(picture completion)。给儿童呈现表示某事物的黑白图画，要求儿童说出所出示的图画缺少了哪些内容。

②图片排序(picture arrangement)。给儿童呈现一系列随机安排的图片，要求儿童按照某事件发生、发展的顺序来安排这些图片。

③积木拼图(block design)。给儿童呈现9块有不同颜色的正方体积木和一幅由这9块积木构成的图案。要求儿童尽快将这9块积木搭成与图案一致的形式。

④物体装配(object assembly)。给儿童呈现一些他们熟悉的物体的各个部分，要求儿童尽快将这些呈分离状态的部分组成一个完整的物体。

⑤译码(coding)。给儿童呈现一些简单的几何图形，如三角形、正方形、圆形等，同时还给儿童呈现与上述几何图形具有某种联系的符号，如十字、垂直线段等。要求儿童尽快在45个随机呈现的几何图形下面，做出适宜的标记(十字或垂直线段等)。

⑥迷津(mazes)。给儿童呈现画在纸上的迷津，要求儿童用铅笔标出走出迷津的路线。

除了上述智力测验外，还有一些其他形式的智力测验。长期以来，智力测验在测查儿童智力发展方面起到了很大的作用，但对这种方法也一直存在争议。争议点主要是认为智力测验的内容带有文化偏向，而且不宜了解儿童解决问题的内在加工过程。另外，传统的智力测验，是在统一、严格的测验情境中考查个体特定领域的知识技能和完成一系列测验的技能技巧，是对儿童现有认知水平和能力的评估，而不能考查其潜在的水平。

(二)儿童认知发展的动态测验

一些研究者认为智力测验要具有一定的前瞻性和预期性，不仅要测量儿童已经发展形成的能力，还要测量其正在发展的能力和即将发展的能力。因此，研究者们基于能力不断发展和维果茨基"最近发展区"(Zone of Proximal Development，ZPD)的思想提出了评估儿童潜能的动态测验(Dynamic Testing)的方法。动态测验是一种将测验和干预相结合以测量学习过程和结果的范式(Grigorenko & Sternberg，1998)。在动态测验中测验者积极参与测验活动并对儿童进行提示、指导和反馈，用儿童对这些干预的反应来表示其学习潜能。动态测验典型的测验程序是：先对儿童进行一个类似于智力测验的前测，要求儿童独立完成。若不能独立完成，测验者就给予儿童逐步提示直到解决问题，然后进行后测。用提示量或者前后测成绩的增长表示 ZPD 的宽度或者学习潜能的水平，其中有两种代表性的测验范式："前测—训练—后测"(Pretest-Teach-Posttest)范式，这一范式要求前、后测要采用相同或相匹配的测验；"测验—训练—测验"(Test-Teach-Test)范式，这一范式要求两次测验的难度有差别。

下面介绍几种影响较大的动态测验方法。

1. 弗瑞斯坦(Feuerstein)的学习潜能评估测验

弗瑞斯坦(1981，1997)以结构化认知改变(Structural Cognitive Modifiability，SCM)和中介学习经验(Mediated Learning Experience，MLE)为理论基础，形成了评估认知潜能的测验——"协助提升方案"(Instrumental Enrichment，IE)和"学习潜能评估工具"(Learning Potential Assessment Device，LPAD)。SCM 和 MLE 的基本思想与 ZPD 理论相似，强调成人和有能力的同伴能够促进儿童对陈述性知识和程序性知识的掌握。通过适当的干预手段，儿童的认知能力能发生改变和提高，并且这种能力具有跨情境的概括性和迁移性。LPAD 作为评价和促进认知改变的动态测评系统，评估的是个体在有指导的学习下的知觉、记忆、注意、逻辑推理、问题解决等方面的认知改变。测验程序是先确定学习者的问题或障碍处于个体信息加工的哪个阶段(输入、加工、输出)及在这个阶段的具体表现，然后进行有针对性的干预，再通过测验成绩检验干预的结果，如此循环往复直至完成一整套测验或训练。

2. 布朗等人的学习和迁移能力测验——逐步提示法

布朗等人将弗瑞斯坦测验中的概念进一步明确，采用给儿童逐步提示直到解决问题的方法，使用"前测—提示—后测—提示性后测"的干预程序，测量儿童的 ZPD(Campione & Brown，1987)。逐步提示法使用自行设计的包括归纳推理任务在内的新型测验，如图形推理测验、字母系列填空问题和听读理解任务，考查儿童的 ZPD。使用学习速度(或学习率)和迁移能力作为衡量 ZPD 的指标，通过解决问题和实现迁移所需的提示量反映学习率与迁移能力。逐步提示法针对弗瑞斯坦临床法的模糊性(仅仅是"成人帮助"的模糊概念)，将干预和迁移的步骤量化、标准化，使 ZPD 的测量操作化，提高了测验的信度和效度。

此外，一些研究者将动态测验的思想运用到教育领域，提出了一系列更为具体的动态测验，如测量改善工作记忆的认知加工测验（Swanson Cognitive Processing Testing，S-CPT，Swanson，1995）等。尽管动态测验还存在一些不足之处：如测验内容依赖于传统智力测验；时间和技术的高投入性，以及对施测者的高要求限制了测验的普及和应用；干预、评分、测量过程的标准化和测验效度不能很好满足测量学标准要求。但是，动态测验范式对改进儿童认知发展研究方法仍具有重要的启发意义，使用干预和促进手段考查儿童认知能力对探查儿童潜在的或真实的认知发展水平具有重要意义。

二、信息加工的方法

根据信息加工观点研究认知发展问题，不仅所采用的方法与传统方法有所不同，而且所研究问题的侧重点也有所不同，研究者更关注的是：在能被观察的操作活动中，符号（信息）是怎样被加工的？信息加工方法更强调了解儿童解决问题过程的微观机制，所以使用这种方法能使研究者获得更多的关于个体认知发展的比较具体的解释。信息加工方法本身并不含有发展的因素，同一种方法可以施测于任何年龄阶段的被试。但通过比较不同年龄被试对信息的编码程度、加工信息的速度和有效性以及元认知等方面的特点，就可以发现儿童认知发展的年龄趋势。

目前，持信息加工观点的研究者（现代认知心理学家们）主要从以下角度研究儿童认知的发展。

（一）策略

信息加工理论特别强调策略在儿童认知发展中的作用。策略是指有效解决问题的方法和手段。不同年龄的儿童在选择策略的水平上、使用策略的有效性上以及策略的迁移方面均存在差异。

研究者在策略方面的具体研究方法有许多，现列举如下：①比较不同年龄儿童解决某一具体问题的计划性。例如，在解决问题之前要求被试说出他将采用什么样的方法解决问题，或在被试完成任务之后再要求其进行复述。②比较不同年龄儿童使用策略的主动性。例如，对被试进行有关某材料的回忆测验之前，给其充分的复述时间，考查被试是否能在这段时间里进行有效的准备（如是否自觉地进行复述）。③比较不同年龄儿童使用策略的有效程度。例如，在进行回忆测验之前，主试明确要求被试进行练习以保持记忆的内容，这时观察被试采用什么方法来保持记忆。④比较策略的迁移程度。例如，首先在某种问题情景下指导训练被试使用某种策略，在确认被试的确掌握了这个策略后，适当改变问题情景，看被试能否用已学会的策略解决新问题。⑤比较不同年龄儿童在完成同一项任务时所需花费的心理能量。例如，要求被试同时进行两项活动（A 和 B），通过与儿童单独进行活动 A 时的成绩进行比较，可以知道活动 B 对活动 A 所产生的影响，进而得出进行活动 B 所需要花费的心理能量，等等。

（二）知识基础

信息加工理论也特别强调主体现有知识基础对信息加工有效性的影响。相关的理论认为，对于所要解决问题的了解程度是决定能否成功解决问题的关键。这方面的研究方法主要为：①了解儿童现有的知识背景与认知成绩之间的相关；②通过教给儿童有关的知识来提高其解决问题的能力；③比较在某一特定领域具有丰富知识的儿童与一般成人解决这一领域中有关问题的能力，从而推知知识基础的作用，等等。

（三）元认知

除了策略、知识基础对儿童的认知能力产生影响以外，元认知水平也将对儿童的认知能力产生影响，而且与其他影响因素相比，元认知因素的影响作用似乎更大。相对于策略、知识基础来看，元认知是一种更具有"宏观"特点的认知因素。它是主体关于认知的认知，是主体对自己正在进行的认知活动以及与之有关的各种知识的了解和监控。信息加工理论者也非常重视关于儿童元认知能力的研究。由于在任何一个具体的认知领域都存在元认知问题，所以这方面的研究范围非常广泛，包括元认知知识、元认知监控和元认知体验三个方面。关于元认知知识的测查方法主要是，应用问卷法或个别访谈法考察被试对当前认知任务中的材料内容、自身能力以及有关策略等的了解程度；关于元认知监控的测查方法主要是，考察被试在实际解决问题过程中使用策略及控制、调整全局的能力；关于元认知体验的测查方法是，考察主体在从事认知活动时产生的认知和情感体验。由于信息加工理论认为在儿童认知能力发展的过程中可能存在多种机制，因此可采用各种不同的方法对此进行研究；同时，信息加工理论的方法不像智力测验那样具有标准化的模式，而是呈现出多样化的特点。

三、皮亚杰式的研究方法

与心理测验和信息加工方法有所不同，皮亚杰式的研究方法本身就具有"发展"的特色。归纳起来，皮亚杰式的研究方法具有以下一些主要特点：①皮亚杰的方法主要是一些小样本的临床观察法，根据儿童的年龄特点，研究者所观察的内容各有不同。②对应于皮亚杰理论中关于儿童认知发展的每个年龄阶段，都有一些设计精细的典型性实验任务，如客体永久性任务（对应于感知运动阶段）、自我中心任务（对应于前运算阶段）、守恒性任务（对应于具体运算阶段）、钟摆等推理性任务（对应于形式运算阶段）。研究者往往是以儿童能否通过这些典型性任务为重要标准来鉴别儿童是否已进入了相应的认知发展阶段。③皮亚杰实验任务的构思与前两种方法不同，主要指向既不是"各智力因素的组织结构"，也不是"解决问题的微观心理机制"，而是"解决问题的逻辑结构"。因此，几乎所有皮亚杰式的经典实验课题都可以表现为相应的逻辑结构式。④在每一个皮亚杰式的实验任务中，都没有非常模式化的实验程序。在实验过程中，主试可以随时与被试进行交流，以了解被试的反应。⑤目前，研究者主要在以下几个方面应用皮亚杰式的范式进行研究。首先，是为了进一步验证皮亚杰的理论。其次，是为了测查儿童认知发展的速率。最后，是测查儿童在皮亚杰作业中的成绩与其在其他测验的成绩的相关。有相当一部分研究发现，儿童在皮亚杰作业中的成绩与其学业成绩（如阅读、记忆，甚至元认知、元阅读能力等）之间具有较高的相关，而且与韦氏智力测验之间的相关也很高。因此，直到现在，有不少心理学家仍将皮亚杰式的方法作为测查儿童认知发展特点的重要手段。

四、斯腾伯格智力三元理论的方法

斯腾伯格（Sternberg，1985）的智力三元理论是近年来引起认知发展心理学家们广泛关注的理论。研究者们根据斯腾伯格的理论，也从一些新的角度对儿童认知发展进行了探讨。

斯腾伯格的智力三元理论包括：智力情境亚理论（contextual subtheory）、智力经验亚理论（experiential subtheory）、智力成分亚理论（componential subtheory）。

（一）斯腾伯格智力三元理论的基本内容

1. 智力情境亚理论

智力情境亚理论的核心观点认为个体的智力状况是受其生活的环境影响的，在一定程度上，是由环境决定的。在这种观点的基础上，斯腾伯格将智力定义为主体对现实世界的环境进行有目的的适应、塑造和选择的心理活动，通过这些心理活动，个体达到与环境的最佳适应状态，在一定意义上，这种状态的适宜程度反映了主体的智力水平。由此他进一步将个体的智力过程具体化为三个方面，即适应、选择和形成。"适应"是指主体通过调节自己的行为以使其更好地与周围的环境相适应。当适应遇到困难的时候，主体就会挑选另一种环境，在这个新环境中，可能会实现更好的适应，这个过程就是"选择"。例如，当一个人发现，尽管他已经在很大程度上调整了自己的行为，但仍不能适应他的领导时，这个人可能就选择辞掉现有的这份工作，另外选择一个更适合自己的工作；当一个儿童发现他不能与邻居的小孩很好地相处时，他就可能放弃与这个儿童交往，而选择与学校里的其他同学进行交往。但是，当一个人发现，他既不可能通过改变自己的行为适应旧的环境，也不可能选择新的环境时，他就有可能想办法去改变原来的环境，形成一个适合自己的新环境，这个过程就是"形成"。例如，前面提到的那个成人可能通过请更上层的领导出面干预来改变他的直接领导的某些工作作风，从而改变现有的工作环境；而那个不喜欢邻居同伴的儿童也可能试图直接去改变同伴的某些行为，最后达到对这个邻居同伴的适应。

有人认为，斯腾伯格的这种智力情境亚理论具有明显的"文化相对主义"的色彩。文化相对主义认为，个体的智力只对特定的文化环境具有意义，在某种文化中被视为非常重要的智力内容，在另一种文化中则没有任何价值。如果从这种观点出发的话，就不可能存在具有普遍意义的智力了，但事实并非如此。斯腾伯格为了克服这种文化相对主义的片面性，又提出了下面关于智力的亚理论。

2. 智力经验亚理论

智力经验亚理论的核心内容强调主体具有的知识和经验对当前的智力活动具有的影响作用。斯腾伯格认为，主体在完成任何一种认知任务时，无论这个任务多么新颖，都需要有主体过去经验的参与，而那些达到了自动化的智力行为基本上代表了过去经验积累的极限程度。因此智力经验亚理论主要考查两种能力：处理新异性的能力和自动化信息加工的能力。

3. 智力成分亚理论

智力成分亚理论的核心是斯腾伯格关于认知结构的三成分模式（对于这个模式，我们将在第三章进行详细讨论）。这三个成分是：元成分、操作成分、知识获得成分。元成分的功能是对认知活动进行控制、调节；操作成分的功能是完成解决问题的具体步骤，如编码、提取信息、比较信息等；知识获得成分的功能是从长时记忆中提取与解决当前问题有关的信息或搜集新的信息。这三个成分相互激活，相互作用，对当前的认知活动以及认知发展都具有十分重要的作用。

（二）与智力三元理论有关的研究方法

与智力情境亚理论相对应的是跨文化的研究，通过比较不同文化背景下的儿童在智力上的一致性和差异性，考察环境对智力发展的影响。目前，关于儿童认知发展的跨文化研究仍处于热潮中。

与智力经验亚理论相对应的主要是关于智力活动的自动化程度的研究和那些测查认知速度的实验室研究。研究者往往通过测查儿童在完成某一认知活动时所能达到的自动化程度或速度与有关学习之间的相关，来评价学习经验对认知发展的影响。

与智力成分亚理论相对应的是关于各种元认知的研究和具体认知策略的研究。研究者借此得以了解，在解决认知问题的过程中，各种因素所起作用的程度以及它们是如何起作用的。这方面的研究也包括那些关于个体差异的研究，研究者通过比较智力优秀者与智力落后者在解决各种问题时所表现出来的差异，来分析究竟是哪些因素在个体智力水平方面起决定性作用，以寻找帮助智力落后儿童提高智力的有效途径。

第三节　认知发展的基本问题

一、认知发展研究的基本问题

(一)遗传与环境的作用

关于遗传与环境在儿童心理发展中的作用问题是一个很古老的话题。人们从开始探讨儿童心理发展的时候起，就一直希望能回答这个问题。虽然，对于这个问题至今仍未找到十分确切的答案。但是，目前大多数心理学家以及其他方面的学者们都已经认识到，在儿童心理发展的过程中，很难精确区分遗传和环境的作用，这两个因素经常是交错在一起对儿童心理的发展产生影响。

在关于个体认知发展的起源问题上，心理学家们的观点曾一度摇摆于"遗传"与"环境"之间。

在 20 世纪初期，许多心理学家更强调先天因素在认知发展中的作用，甚至有人认为，智力测验所测的是个体天生的智力。与这种观点相适应，当时有关"家谱"的研究和双生子研究较为活跃。一些研究结果为上述观点提供了支持，如在智力的相关上，兄弟姐妹之间的相关大于无血缘关系的儿童间的相关，而小于双生子之间的相关。

在 20 世纪五六十年代，心理学家们将视野扩展到儿童生长的早期环境中，发现早期经验对儿童的认知发展具有很重要的影响。研究者们相继进行了不少追踪性的研究，发现早期的不良经验是以后智力发展相对迟缓的重要原因。

　　但从 20 世纪 60 年代末到现在，随着神经心理学和行为基因学等新兴学科的发展和相关研究的出现，心理学家们在解释个体认知发展的时候，又开始重新重视基因的成分。因为研究者们发现，个体在语言能力以及对图形的心理旋转能力等方面所表现出来的差异具有某些先天的基础；抑郁症和妄想行为的发病率和发病程度也与遗传有关；关于个体行为适应性的研究发现，儿童的酗酒行为与亲生父母的酗酒行为有很高的相关，而与养父母的酗酒行为的相关却很低，等等。这些研究结果又促使心理学家对影响儿童认知发展的先天因素再度予以重视。

　　儿童认知发展过程十分复杂，在这个过程中，先天因素和后天因素实际上是同时起着作用，很难将这两者的作用明确区分开来。正如朱智贤教授所指出的那样，先天因素为儿童认知的发展提供了可能性，而后天因素将这种可能性变为现实性。两者相互依存、相互作用，作用的程度随其他条件的不同而转换。例如，那些先天活动性水平较高的儿童，在刚开始学习走路的时候，就表现出了很高的积极性，就想尽快摆脱父母和学步车的帮助，独自去探索环境，这就使他们有更多的机会观察和了解周围的环境，比那些不爱动的儿童获得更多的有关经验，这种经验反过来又会增加他们继续探索环境的自信程度。在其他方面具有较好的先天禀赋的儿童也会在某些方面的发展上表现出这种良性的循环。由此看来，一个人所具有的某些先天性成分可能会左右他去选择不同的经验去体验，并由此构成发展的初级条件。

　　斯卡尔等人（Scarr & McCartney，1983）就提出了一种解释遗传和环境之间相互作用关系的理论。这个理论的基本思想是，一个人的遗传类型将影响其对环境的选择和经验，也就是说，个体的遗传特征将决定他组织和体验世界的方式。这种理论认为，虽然环境在儿童认知发展的过程中起着非常重要的作用，但是，究竟什么样的环境因素起作用和怎样起作用，还是要由个体的遗传特征决定。

　　斯卡尔等用图对遗传和环境在儿童认知发展中的相互作用进行了说明（见图 1-1）。从图 1-1 中可以看出，儿童的认知表现类型是受儿童自身的遗传类型和其被养育的环境影响的；而儿童的遗传类型也将对儿童养育的环境产生影响。由此看来，儿童的认知表现受到儿童自身遗传特征和养育环境直接的和间接的双重影响。总的关系为"遗传→环境→认知表现"。

父母的遗传类型 ──────→ 儿童的遗传类型

儿童的认知表现

儿童的养育环境

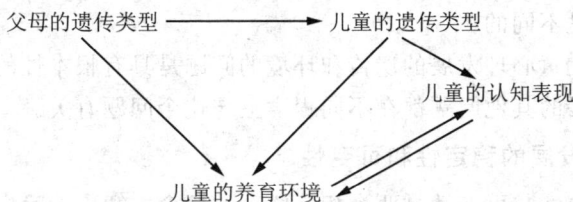

图 1-1 遗传和环境在儿童认知发展中的相互作用模式

斯卡尔还指出，"遗传→环境→认知表现"的关系随儿童年龄的发展而变化，并认为这种变化具体体现为三种形式。第一种形式为：被动式影响，是指由儿童的生身父母提供生长的环境。在这种情况下，遗传的作用与环境的作用很难区分开来，因为为儿童提供遗传基因和生长环境的是同一个来源——父母，这种被动式影响的作用将随儿童年龄的增长而减弱。第二种形式为：唤起式影响，是指由于儿童的遗传特征而影响了作用于他的环境因素。例如，生性比较活泼和合作的儿童更易得到亲生父母、老师以及其他社会成员的关注，更易形成与这些外界环境因素的相互作用。这种唤起式的影响被认为在儿童整个发展过程中持续存在。第三种形式为：主动式影响，是指主体在其遗传特征的影响下，对环境因素进行选择的情况。主体总是倾向于选择那些自己感到比较能适应的环境去体验。因此，由于儿童遗传特征的不同，他们所选择的环境因素也不尽相同，所积累起来的经验也会有所不同，最后其在发展的方向及程度上也将随之表现出差异。随着儿童年龄的增长，第三种形式的影响程度将越来越大。

斯卡尔等人(1978，1983)通过一些研究证实了上述三种形式对儿童认知发展的影响程度变化的情况。研究发现，那些被领养的、无血缘关系的兄弟姐妹之间在 IQ 上的相关随其年龄的增长而逐渐降低，在童年期的相关为 $r=0.25\sim0.39$，到青少年阶段的相关则降低为 0；其他一些研究者(Matheny，Wilson，Dolan & Krantz，1981)在异卵双生子身上也发现了同样的情况，在学前期所测得的异卵双生子的 IQ 相关为 $r=0.60\sim0.75$，而到学龄后期则降低到 $r=0.50$。按斯卡尔的模式，上述这个变化正说明了随着年龄的增长，儿童受父母所提供的环境的影响程度(被动式的影响)越来越小，而依据个体自身遗传特点所选择的环境因素的影响程度(主动式的影响)越来越大。

斯卡尔的这个关于儿童认知发展影响因素的模式不仅表明了遗传和环境对儿童认知发展的相互作用关系，更重要的是，指出了遗传和环境对儿童认知发展的作用并不是持续不变的，而是不断变化的，在儿童发展的不同阶段上，各自所起的作用是不同的。

由于关于儿童心理发展的遗传和环境的问题是具有根本性的问题，所以有关儿童认知发展的其他问题都在不同程度上与这个问题有关。

(二)认知发展的稳定性和可变性

智力的稳定性与可变性是两个相互联系的概念。智力的稳定性是指随时间变化，个体各方面的智力表现在同龄群体中的位置仍保持不变的情况；智力的可变性是指随时间变化个体智力表现在同龄群体中的位置发生变化的情况。

在20世纪相当长的一段时间里，大部分心理学家都认为个体的智力差异是相对稳定的，是不易被环境改变的。无论是持先天决定论观点的心理学家，还是持环境决定论的心理学家都接受这种主张。前者认为，个体的智力是由先天成分决定的，而那些先天成分是不易随时间发生变化的；后者认为，个体的智力是由早期经验决定的，而早期经验给儿童智力发展造成的影响也是不易被改变的。

凯根(Kagan，1976)将上述后一种观点称为"发展的磁带录音模式"(Tape Recorder Model of Development)。这个模式认为，早期经验一旦被录入，就很难再有机会被重写或涂抹掉。其他的一些研究者也为这种观点提供了研究证据。人们经常引用的证据就是第二次世界大战以后，那些在战争中失去父母而生活在孤儿院中的儿童的情况。这些儿童在刚出生不久就被送进了孤儿院。在孤儿院里，这些儿童后来的智力发展受到了影响，表现为反应迟钝、社会交往技能差、具有言语障碍等。关于早期经验的影响在以猴为被试的实验中也得到了证实。研究者(Harlow，Dodsworth & Harlow，1965)将刚出生的小猴与母猴以及其他小猴分开抚养。结果发现，被试长大以后，会表现出许多交往方面的障碍，如不能与其他猴游戏、合作，不能择偶和交配等，而且这种影响具有明显的持续性。上述这些研究都强调，一旦某种早期经验给儿童心理发展造成影响就很难消除。

但是，心理学家们也发现了另外的情况，即当儿童的环境发生变化时，儿童的认知发展也会有所变化。例如，斯基尔斯(Skeels，1966)发现，将那些已表现出智力落后的婴儿从孤儿院转送到各方面条件都很好的儿童服务机构后，由于这些婴儿每天都能接受到许多关爱和各种对身心发展有益的刺激，若干年，这些原来在智力上已明显表现出问题的儿童又恢复到了正常水平。萨欧米等人(Suomi & Harlow，1972)在猴子的实验中也发现了同样的情况。研究者将那些曾经被单独喂养的小猴又放回到小猴的群体中，并给予某些特殊的帮助。6个月以后，这些原来已具有行为问题的小猴又表现出了正常的行为方式。这些研究都为儿童认知发展的可变性提供了证据。

儿童智力发展的可变性不仅可表现为"由坏变好",也可以表现为"由好变坏",是一种双向性的变化趋势。因此,由一次智力测验所得的成绩并不能代表这个人永恒的智力状况,而只能说明在接受测验那一刻的智力表现。在儿童的整个发展阶段中,这种变化在很大程度上依赖于环境的改变。虽然,对大多数儿童来说,其实际的生活环境并不一定经常发生大的变化,但是,从儿童自身的发展来看,随着年龄的增长,他们在对环境中不同经验的选择上却不断发生着变化。例如,随年龄的增长,学校这个环境对儿童来说比起家庭会变得越来越重要。他们逐渐从以家庭生活为中心的模式转移到以同伴生活为中心的模式中。儿童的言行受同伴以及自己内心标准的影响越来越大,而受父母的影响越来越小。因此,由于儿童自身的变化,他们对原有环境中各种信息的选择角度和关注程度都有所改变,这会带来儿童在心理发展(包括智力发展)上的变化。

(三)认知发展的阶段性

如前所述,关于儿童认知发展阶段性的问题也是认知发展心理学家探讨了多年的问题。皮亚杰提出的关于儿童认知发展阶段性理论具有非常广泛和深远的影响(详见第二章)。皮亚杰认为,随着儿童年龄的增长,其认知发展将发生本质性的变化,并表现为不同的认知图式(结构)。每一种新的图式的出现都标志着儿童认知发展进入了一个新的阶段。

虽然皮亚杰关于儿童认知发展的阶段性理论全面地勾画了儿童认知发展的过程,其中含有许多有价值的成分,但现代认知发展心理学家认为,儿童认知的发展是一个很复杂的过程,这个过程不仅表现为新结构对旧结构的替代,也表现为认知结构内部各因素的整合性和联系性。

弗拉维尔(1982)提出了在儿童认知发展过程中出现的五种关系。

第一种关系:累加(addition)。具体的意思是指,在儿童认知发展的时间路线上,X 和 Y 是先后出现的,并代表不同水平达到某一目标的手段。但是,当 Y 出现后并不取代 X,而是累加到原来那些解决问题的手段上面。例如,儿童在完成记忆任务的过程中,先掌握的是简单复述的技术(X)——只复述那些刚呈现过的词;后来才学会组织性的复述技术(Y)——将那些所有呈现过的词组织到一起进行全面复述。当组织性复述技术出现后,简单复述技术仍在某些记忆任务中发挥着作用。

第二种关系:替代(substitution)。X 和 Y 仍分别代表两种不同水平的解决问题的方式。但当主体一旦掌握了方式 Y 时,X 就将被取代。例如,在儿童完成数量守恒任务的过程中，他们首先使用的是点数两排扣子的数量以确定这两排扣子的数量是否相同的方法；但当儿童掌握了"互补性"原则和"可逆性"原则以后，就只通过使用逻辑判断的方法来解决这种数量守恒问题，而放弃了原来的"点数策略"。

第三种关系：修正(modification)。在前面两种关系中，X 和 Y 显然代表的是两种不同的认知能力。而在"修正"关系中，是指同一种认知能力的不断改进和提高。在这里有三种具体的修正关系被区分开来：①区别(differentiation)。例如，儿童开始可能只会用一种方法来进行复述，后来学会了使用不同的复述方法。②类化(generalization)。随着复述实践的增多，同一种方法所能使用的范围也会越来越广泛。③稳固(stabilization)。对每一种特定的认知技能来说，随着使用次数的增多，就会变得越来越熟练，自动化程度也越来越高。

第四种关系：包含(inclusion)。随着认知技能 X 的发展，它会与其他有关的认知因素相互作用，并逐渐地整合到一起，形成一种更高水平的认知技能 Y。

第五种关系：中介(mediation)。在这种情况下，前一种认知技能 X 被作为桥梁用来发展一种新的认知技能 Y。与前述的"包含"关系不同，在这里，原有的认知技能 X 并不变成新的认知技能 Y 中的一部分。当通过 X 的帮助，Y 被发展起来以后，Y 就完全独立于 X 而发挥其功能。

上述这五种关于认知技能的关系表明了个体认知发展的某些内在过程。通过"累加"，儿童的认知技能更加丰富了；通过"替代"，儿童获得了相对来说更为成熟的认知技能；通过"修正"，儿童原有的认知技能的水平有了进一步的提高；通过"包含"，将当前的认知技能整合到一种更大的认知结构中去；通过"中介"，一些新的、完全独立的认知技能会不断出现。弗拉维尔认为，上述这五种关系在一定程度上代表了儿童认知发展的一种内部变化的顺序。

归纳起来，目前关于儿童认知发展的阶段性问题主要存在三种意见。一种意见认为，认知发展是由个体认知结构内部所发生质的变化引起的。因此，在认知发展的全程上，将呈现出界限分明的阶段性。另一种意见则认为，认知发展是一种渐进的过程，主要表现为个体认知结构内部各元素之间不断进行重新组合。因此，认知发展将呈现彼此紧密相连的"水平"间的递进性。第三种意见，个体认知的发展也将像其他的客观事物那样，遵循着质量互变的规律。在个体认知发展的过程中，量变与质变在交替进行，既有"水平"上的递进，又有"阶段"间的更换。

（四）儿童认知发展的一致性和差异性

从认知发展心理学研究的历史来看，以往的研究者对儿童认知发展的一致性问题给予了很多的重视。皮亚杰理论就是探讨儿童认知发展一致性的重要代表。这些研究者将研究的重点放在不同年龄的儿童在认知表现中的差异方面，力图揭示儿童认知发展的年龄规律。并认为，在认知发展上，所有儿童都将遵循一致的规律，这些规律具有"全球性"的意义。

随着现代认知心理学思潮的出现，研究者们对儿童认知发展差异性予以越来越多的重视。由于现代认知心理学家更倾向于对个体解决问题的内部加工过程进行研究，因此他们有机会发现，儿童在解决各种问题的过程中表现出很大的个体差异。这种差异既表现在同一年龄阶段的不同儿童身上，也表现在同一个儿童的身上。研究者们认为，这种差异的形成由多种因素决定，其中包括遗传、生活环境、学习经验、性别、性格特征、内在动机等。目前，一些研究者试图通过对那些智力发展处于两极状态的儿童进行较深入的研究，寻找矫正智力落后、促进智力发展的有效途径。

探讨儿童认知发展一致性与差异性是认知发展心理学家的任务。任何事物之间都不可能仅存在共性而没有个性，或者相反。况且，人类个体又是如此复杂的"事物"。只有通过对上述两方面的研究，才更有利于我们揭示儿童认知发展的规律并发现影响儿童认知发展的内外因素。

（五）认知发展的内在机制

搞清儿童认知发展的内在机制一直是认知发展心理学家期望达到的目标，但这也是一项十分艰巨的任务，由于"内在机制"本身的内隐性特点使研究结果总是具有某种推测的色彩。目前，关于儿童认知发展内在机制的分析很多，有侧重宏观方面的解释，如皮亚杰的理论，用同化、顺应、平衡过程来解释儿童认知发展的内在机制；也有侧重微观方面的解释，如斯腾伯格的理论，把认知发展看成各种不同类型的加工过程（成分）的发展，还有从神经和行为取向解释认知发展的内在机制，如通过研究发展的过渡阶段、大脑皮层的可塑性和不同脑区的合作来间接了解变化的机制。但现存的各种有关儿童认知发展机制的理论，在对某些认知发展现象的解释上似乎都有其局限性。

二、认知发展研究的难题

(一)评价问题

对儿童认知发展状况的评价是研究者得出任何有关儿童认知发展的结论的根基所在。尽管研究认知发展的方法有了长足进步，但是发展心理学家还是不能够十分有把握地评定某一特定儿童的知识和能力。目前评价仍是认知发展研究中一个很难的问题，这主要涉及两个方面：一是将所研究的认知能力的潜在性质概念化问题，即研究者如何刻画出不同儿童了解某种认知实体方式的差异；二是评估儿童的认知能力，通常会出现两种错误，要么高估了儿童的认知能力，要么低估了儿童的认知能力。传统的评估方法通常低估了婴幼儿的心理发展，而高估了成人的心理发展。

(二)发展模式的确认

儿童认知的发展本质上是各种认知能力的发展，认知发展研究的一个重要任务和难题就是在发展过程中确认各种认知能力间的关系模式。存在于认知能力之间的发展关系模式大致有三种：顺序性、共时性和阶段性。顺序性可见前文中提到的弗拉维尔所指出的认知能力发展的五种顺序；共时性通常具有比较宽泛的意义，在共时性研究中研究者们关注的是两种不同的认知能力同时出现，是因为它们源于同一种潜在的认知发展；阶段性主要是指许多相关的能力大致同时出现，具有认知能力上的整合性。随着研究的深入，有越来越多的证据支持这些发展模式，但仍然未能解决存在的争议。

(三)认知发展变化的机制

衡量某一认知发展理论优劣的标准是该理论能否对认知发展做出令人满意地解释。一直以来研究者试图找到那些引发儿童认知发展的具体因素来解释儿童认知发展变化的机制。如前所述，研究者们多将影响因素聚焦在遗传与环境的作用，但是发展是具有弹性和多面性的，对于具体的儿童来说，发展的途径并非唯一的，因而影响儿童发展的具体的环境因素也不可能是唯一的、确定的。

三、认知发展研究的新趋向

(一)认知发展的毕生研究趋向

当代认知发展研究，不断拓展研究思路，越来越多地使用一些先进的技术手段，极大地促进了该领域的发展。近年来，随着毕生发展(Life-span Development)心理学的兴起，当代认知发展心理学的研究领域呈现出向人生两极延伸的趋向。

一方面，有关婴幼儿认知发展的研究蓬勃发展，并取得了令人瞩目的成果。研究者设计出了一些能够敏感探测到婴儿早期认知能力的方法，即借助婴儿的非言语行为（如吸吮、转头、眨眼、伸手、注视等）和生理反应（如心率）来推断他们的认知能力。特别是近 20 年来，随着研究者们对直接获得大脑活动记录（ERP 等）的方法及与脑内血流及定位等相关方法（PET、fMRI 等）兴趣的增长，也使有关婴儿认知发展的研究有了长足进步。

另一方面，毕生发展心理学的核心假设是，个体心理和行为的发展并不是到成年期就结束了，而是认为发展是贯穿人的生命始终的。因此，研究者越来越关注成年人的认知发展和认知老化问题。其中比较有代表性的研究是"西雅图纵向研究"（The Seattle Longitudinal study，SLS）。这项研究不仅在研究方法上有所创新，而且获得了许多独创性成果，成为这一领域研究的经典模式（乐国安、曹晓鸥，2002）。

（二）社会认知发展研究趋向

认知发展既包括对物理世界（physical world）的认知发展也包括对社会世界（social world）的认知发展，二者共同构成认知发展的全部内容。传统的认知发展理论主要建立在个体对物理世界的认知发展的研究上，而相对缺乏有关社会世界的认知发展的研究。

儿童的认知发展是其自然认知能力和社会认知能力共同发展的过程，深入探讨儿童社会认知发展的特点和规律，将有助于研究者全面认识儿童的认知发展。儿童的社会认知发展与自然认知发展既有共同的规律，又有各自的特点，我们将在第十一章专门探讨社会认知的研究成果。

（三）应用发展心理学趋向

20 世纪 90 年代以来，人们越来越关注人类的生活质量，导致应用发展心理学迅速发展。应用发展心理学结合了研究和应用，借助有关发展的描述性和解释性知识为人的发展提供预防性或者促进性的干预。

在儿童生活的自然环境中，研究者使用多种方法研究儿童的学习、思维、记忆及语言等方面的发展，一方面可以使我们更充分地认识现实条件下儿童认知与其自然生活情境间的关系；另一方面对于我们设计和实施具体的预防性或促进性的干预方案具有重要的指导意义。应用发展心理学有关发展研究的理论假设和方法的不断发展，势必更加深刻地影响经典认知发展研究。

（四）发展认知神经科学和认知行为遗传学研究趋向

发展认知神经科学是当前一个不断发展的新兴领域，它主要研究的是神经科学和认知发展科学之间的相互关系(Munakata，Casey & Diamond，2004)。这一领域的研究引起了许多邻近学科，如神经科学、认知科学、遗传学和社会科学的关注。这一领域的研究几乎使用了相关领域所有主要的研究方法，如行为研究、脑成像、分子遗传学、计算机建模、单细胞记录和神经化学实验等。发展认知神经科学的研究有助于回答有关发展的经典命题，如遗传和环境、发展的连续性和非连续性，也有助于对发展障碍的诊断和治疗。

遗传与环境的关系问题始终是发展心理学中的一个经典命题。自20世纪八九十年代现代遗传学研究突飞猛进，特别是随着"定量"遗传学(Quantitative Genetics)和分子遗传学(Molecular Genetics)的飞跃发展，认知行为遗传学研究也进入了一个更高的发展水平，越来越多的学者投入到遗传对认知行为发展的影响研究之中。

(五)跨文化研究趋向

跨文化研究以文化为变量研究心理和行为的异同，通过跨文化比较，对心理学的某些概念、理论和假设予以文化上的比较和检验，从而验证研究过程和结果解释的外在效度。这一取向从根本上提供了一个了解人类行为的新的研究方式。近些年来关于儿童认知发展的跨文化研究也越发受到关注，关于儿童认知发展跨文化研究要解决的问题是：不同文化背景下人类认知发展是否具有普遍的规律性？文化差异对认知发展是否有重要影响？由于文化背景的不同认知发展差异表现在哪些方面？

(六)研究的生态化趋向

从生态学角度看，儿童是在真实的自然和社会情境中成长与发展的，其心理发展会受到多种因素的影响，而这些因素相互作用、相互影响，构成一个完整的系统。认知发展心理学研究的生态化倾向体现为：强调在实际生活中研究认知发展，重视环境因素对认知发展的影响，在考虑研究的内部效度的同时还要考虑研究的外部效度。这种研究思路上的趋向逐步渗透到认知发展各个领域的具体研究中。

思考题

1. 认知发展的含义是什么？
2. 认知发展领域的主要研究方法有哪些？新近研究对这些方法有什么发展和创新？
3. 你对认知发展研究基本问题和难题有什么看法？
4. 认知发展领域的新进展对你有什么启示？

第二章　皮亚杰关于儿童认知发展的理论

在诸多关于儿童认知发展的理论中，瑞士心理学家皮亚杰（Jean Piaget，1896—1980）的儿童认知发展理论可谓独树一帜，对世界各国儿童认知发展领域的研究产生了深远的影响，为描述儿童认知发展的一般图景提供了重要的理论依据。皮亚杰对儿童认知心理学的主要贡献体现在以下几个方面：第一，提出了一套完整的、富有辩证思想的关于儿童认知发展的理论；第二，描绘了个体从出生到青年初期认知发展的路线；第三，首次将数理逻辑作为刻画儿童逻辑思维发展的工具；第四，构造了发生认识论的理论框架；第五，创造了一套研究儿童认知发展的独特的方法。

第一节　皮亚杰理论中的基本假设

一、儿童认知发展的内在主动性

皮亚杰认为，儿童认知发展的根本动力存在于儿童自身之中，他不同意行为主义过于强调环境在儿童心理发展中具有重要作用的观点。他认为，儿童不是只能被动地等待环境影响和塑造的生物体，而是刺激的主动寻求者、环境的主动探索者，儿童与环境之间构成作用与反作用的关系。因此，在很大程度上，是儿童自己在决定着自身的发展方向和水平。从这个意义出发，皮亚杰认为，任何一个年龄阶段的儿童在与外界相互作用的过程中，都有一套独特表征和解释世界的方法和原则，表现出思维的独特性。因此，不应该将一个4岁儿童简单地视为一个12岁儿童的缩小体，在许多方面两者存在本质的不同。更确切地说，4岁儿童所缺乏的不仅仅是12岁儿童所拥有的知识和技能，更重要的是在解决问题的方式上，两个年龄的儿童有着根本的差异。

皮亚杰在强调儿童认知发展具有内在主动性的时候，实际上是指个体认知结构所固有的一种性质。皮亚杰认为，结构具有内在活动性，必须通过主体的不断练习，才能获得加强、巩固和发展，那些新获得的结构的活动性最强。例如，当儿童刚刚学会一种新的游戏时，他会不断进行这个游戏，直到玩熟练为止。这种反复练习的出现，完全来自儿童的内驱力，是他们新获得的那种心理技能需要通过活动而达到巩固的目的所致。当新的技能巩固了，相应的活动性就降低了，儿童又会去发展另外的认知结构，这个过程将会不断地持续下去。

儿童认知发展具有内在主动性的一个重要表现是儿童的好奇心。儿童并不满足于他们已经知道的东西，而是不断地寻找新的东西。虽然儿童也可能因外在的奖励等去探寻新的信息，但这些外在的因素对儿童的学习与发展不是最重要的，发展的真正动力存在于儿童内在的需求。

二、儿童认知的发展是其心理结构的改进与转换

皮亚杰和英海尔德(Piaget & Inhelder，1969)指出：儿童认知的发展是通过其认知结构的改进和转换而实现的。

结构(structures)或图式(schemes)是皮亚杰理论中的核心概念之一。

皮亚杰理论中的结构，不是指解剖意义上的结构，而是指一种认知上的功能结构。主体依赖它对客观刺激做出反应。皮亚杰认为儿童的认知结构具有整体性、转换性和自调性三个特性。

结构的整体性，是指结构中的各成分之间呈现有机性联系，而不是各独立成分的混合，结构中各成分和整体的变化由统一的内在规律决定，结构的变化导致儿童认知的发展变化。

结构的转换性，是指结构不是静止的，而是处于不断发展变化中的。不同年龄阶段的儿童，其认知结构呈现不同的特点。

结构的自调性，是指结构的变化有其自行调节的规律，不需要借助于外在的因素。因此，结构是封闭式的自调性组织。

皮亚杰认为，正是由于图式的这种整体性、转换性和自调性，才使得主体通过与外在环境的相互作用，而获得智力结构的不断改善和转换，由最初的遗传反射图式发展到后来的感觉运动图式、表象图式、直觉思维图式，最后构成运算思维图式(具体运算和形式运算)。不同性质与水平的图式能对外来信息进行不同程度的组织和解释。

皮亚杰认为，特定发展水平的图式只能在主体认知发展过程中提供相应的经验组织和构造作用，与此水平相适应的任务能够被解决，否则就不能解决。不同年龄阶段儿童在认知能力上的局限来自于各阶段图式发展水平上的差异。

皮亚杰从发展的角度阐述了儿童智力结构的基本性质，强调儿童认知发展的实质是认知结构的变化和转换，而成熟又是促进这种变化和转换的重要因素。皮亚杰对于儿童智力发展年龄阶段的划分，正是以不同的认知结构为依据的。

三、儿童认知发展的建构性特点

皮亚杰强调儿童认知发展的建构性特点。在皮亚杰看来，客体只有在主体结构的加工改造以后才能被主体所认识，主体对客体的认识程度完全取决于主体具有什么样的认知结构（雷永生等，1987）。因此，儿童对于客观世界的解释是根据他们已经知道的部分。儿童现存的知识状态指导着其对各种信息的加工。因此，对现实的认识是一个能动的、积极的、活跃的建构过程，体现了主体与环境的相互作用。

在人类认知问题上，尽管持这种建构性观点的不只是皮亚杰一人，还有其他的一些心理学家（Bransford & Franks，1971；Loftus & Wells，1975，1984），但只有皮亚杰是从发展的角度用这种建构性观点去分析问题的。他说，如果我们把现实看成是一种建构性的客体，那么，不同智力发展水平的儿童就会建构出不同的现实。对于同样一个事件，2、7、14 岁的个体会得出不同的解释和认识，这不仅仅是因为这些儿童拥有的知识经验不同，还因为他们加工现实的手段不同。现实不是孤立的，是建立在主体过去的经验及现有的认知结构基础上的。对于一个 6 个月的婴儿来说，当奶瓶被藏起来时，他就会觉得那个奶瓶不再存在了。当一个 3 岁的男孩穿上女孩的衣服并玩女孩的玩具时，他就会觉得他已经变成了一个女孩。而再年长一些的儿童或成人却不会产生类似的判断，因为生活中的经验和认知能力的发展为他们判断现实提供了重要的依据。

四、儿童认知发展的阶段性特点

个体认知发展具有阶段性，这是皮亚杰理论中的又一个重要观点。他提出了与感知运动图式、前运算图式、具体运算图式及形式运算图式相对应的儿童认知发展的四个阶段。皮亚杰认为认知发展的阶段性包括以下几个方面的含义。

第一，在不同的发展阶段，儿童的认知具有不同的质的特点。

第二，阶段与阶段间的关系是非连续性的。

第三，在同一发展阶段内，各种认知能力的发展水平是平衡的，即在不同的方面，儿童所表现出来的能力是和谐的、水平相当的。

第四，阶段间的顺序是不能改变的，任何个体都将按照固定的次序经历相同的发展阶段。

尽管皮亚杰强调儿童认知发展不是知识和技能的逐渐增长，而是一个智能的转换过程，具有阶段性的特点。但皮亚杰也认为，存在于儿童认知行为下面的机能变化是连续的，一种新的能力并不是凭空出现的，而是从早期的能力中变化、发展而来的。因此，皮亚杰指出，在认知发展的两个不同的阶段之间，存在一个过渡性的准备阶段，在这个阶段中儿童处于两个具有不同质的阶段中。

皮亚杰关于儿童认知发展阶段理论的核心是强调在认知发展不同阶段间质的差别及在同一发展阶段中由认知结构所决定的认知能力水平的平衡性，并以此来代表儿童认知发展中的年龄特征。皮亚杰关于儿童认知发展阶段性理论完整、系统地描述了个体从婴儿到青少年时期认知能力变化和发展的一般图景。

第二节　皮亚杰关于儿童认知发展机制的理论

皮亚杰关于儿童认知发展机制的分析是其认知理论中的重要组成部分。他从生物适应的角度对儿童认知发展的内部变化过程进行了系统的分析和论述，形成了颇具特色的儿童认知发展机制的理论。

皮亚杰关于儿童认知发展理论的核心是，儿童认知的发展是通过动作所获得的对客体的适应而实现的。适应的本质在于主体能取得自身与环境间的平衡。达到平衡的具体途径是同化和顺应。在同化和顺应的过程中，主体的认知操作获得系统化(组织化)的发展。

同化(assimilation)、顺应(accommodation)、平衡(equilibrium)、适应(adaptation)及组织(organization)是皮亚杰认知发展机制理论中的几个非常重要的概念。

一、同化与顺应

(一)同化

在皮亚杰的理论中，同化是指主体将其遇到的外界信息直接纳入自己现有的认知结构中来的过程。皮亚杰认为，在这个过程中，虽然主体对自身的认知结构并未进行任何调整和改善，但也不能将这个过程看成是一个完全被动的过程。因为，在这个过程中，主体对外界信息所做的不仅仅是感觉登记，还需对这些信息进行某些调整和转换，以使其与主体当前的认知结构相匹配，便于被接纳。同时，在主体对信息进行调节的过程中，有时为使其符合当前认知结构的要求，可能出现曲解的情况，这是导致儿童出现认知错误的一个重要原因。

例如，某些1～2岁的儿童在看到一个长毛玩具狗的时候，就会感到害怕，表现出拒绝抚摸、退缩，甚至哭叫等行为。这是因为，他们对长毛玩具狗这个信息的性质进行了某些曲解之后，将其同化到了自己已有的"真实的狗"的认知图式中。皮亚杰认为，同化的能力对儿童认知的发展也非常重要。如果缺少这种能力，儿童就不能形成对世界的任何有意义的表征，就不能逐渐地发展起自己的思想系统。

（二）顺应

顺应是指主体通过调整自己的认知结构，以使其与外界信息相适应的过程。顺应的发生，对主体认知结构的发展具有十分积极的意义，因为这个过程是主体根据外界信息的情况，主动修正自身的认知结构而实现的。例如，儿童认识到长毛玩具狗并不是"真实的狗"，而对其采取与对待真实的狗所不同的行为模式，此时，儿童改变了原有的认知图式，产生顺应。

（三）同化与顺应的联系

皮亚杰指出，同化与顺应并不是彼此分离的两个独立的过程，而是相互联系、相互依存的。甚至在同一个认知活动中，同时包含这两个过程。只是在某些活动中，同化占支配地位，在另一些过程中，顺应占支配地位。例如，在儿童的游戏活动中，同化就占据支配地位。因为，在游戏中，儿童总是根据自己已有的认知结构去支配外界信息，将外部信息纳入已有的认知图式中。对儿童来说，在游戏中的任何言行，都无所谓正确性和科学性，只要他们自己认为合理即可。这也是儿童如此迷恋游戏的重要原因之一。但在儿童的模仿行为中，顺应则占主导地位。在模仿时，儿童尽可能地调整和改变自己已有的认知结构以适应外在的刺激。

然而，在大部分的情况下，儿童的认知活动都同时或先后包含同化和顺应两个过程，即便在上述这两个较为极端的例子中，除了占主导地位的过程外，也或多或少地存在另一个过程的参与。

在儿童的很多认知活动中，都表现出同化和顺应的相互联系性。在此以婴儿的抓握反应为例。婴儿在出生后不久，就能反射性地抓握触及其手掌的物体，并可以应用这一抓握图式对许多不同类型的物体（如他人的手指、摇铃的手柄、小床的栏杆等）进行同化反应。但当一个不同形状的物体（如小球）触及其手掌时，原有的反射性抓握图式的功效就受到了限制。因为，如果婴儿仍用原来的手掌运动方式去抓握小球的话，球可能会滑脱。因而，他们必须修改原有的图式以适应新客体的要求。这时，顺应过程便出现了。

在年龄稍大一些的儿童身上，同样也可以看到同化与顺应相互联系的特点。例如，一个刚开始学习说话的儿童，可能会将其他中年男子也称为"爸爸"（同化）；过一段时间以后，他（她）才能了解到爸爸与其他男人的某些区别，只将"爸爸"这个词用于自己的父亲身上（顺应）。

儿童正是在这种同化和顺应的相互作用及循环出现的过程中，获得了知识，并发展了智力。

二、平衡

皮亚杰将平衡定义为个体保持认知结构处于一种稳定状态的内在倾向性。他认为，这种倾向性是潜藏于个体发展背后的一种动力因素。因为，当某种作用于儿童的信息不能与其现有的认知图式相匹配时，就会引起主体的一种不平衡状态。对这种不平衡的内部感受是一种不协调及不满足感，儿童会努力去克服这种消极感受，以恢复旧的平衡或达到新的平衡。主体正是在这种不断寻求平衡的过程中，实现了认知的发展。

皮亚杰也将平衡看成为一种动态的过程。他认为，平衡包含同化和顺应两个方面，平衡体现了主观存在与客观存在之间的最充分的相互作用。个体认知发展的过程就是不断地取得主客体之间协调一致的过程。

皮亚杰认为，任何一次平衡的发生，都包含三个阶段。

第一阶段，儿童满足自己现有的认知模式，处于暂时的平衡状态；

第二阶段，儿童意识到自己现存的认知模式具有不足的地方，因此而产生了不满足感，平衡状态被打破；

第三阶段，克服了原有认知模式中的不足，发展起一种更有效的、更成熟的新的认知模式，又达到了一种新的平衡状态。

例如，儿童对"生命"概念认识的发展，就是在经历了上述三个阶段之后，达到一种平衡状态的。在幼儿阶段，许多儿童都认为，只有动物才是有生命的东西，这种认识在儿童的思想中保持了相当长一段时间的平衡状态。后来，当成人告诉他们大树等植物也有生命时，他们感到疑惑和惊奇。此时，关于生命认识的原有的平衡状态也被打破。再后来，通过学校的学习或者其他的途径，儿童了解到，虽然在动物与大树之间，存在许多不同的地方，但两者都表现出"自行生长、繁衍后代"的特点，这就是"生命"概念的本质特性。这种关于生命的新的认识又带给了儿童一种新的平衡状态。

儿童是如何通过同化和顺应过程而达到平衡的？皮亚杰及其后来的皮亚杰学派的学者们对此进行了如下的分析。

当处于平衡状态下的儿童遇到某种新信息的时候，由于这种新信息与原有的认知结构之间存在差距，便会出现不平衡状态。儿童会试图克服这种不平衡状态。解除这种不平衡状态有三种途径。

第一种途径：忽略。指当外界的信息与主体现有的认知结构差距过大，以至于主体根本不可能对此做出任何反应的时候，主体就通过忽略刺激的方式，重新回到原有的平衡状态，这时不会引起主体原有图式的变化。例如，当要求一年级的小学生计算一道代数题的时候，他们只会出现非常短暂的不平衡状态，然后就会将注意力转向其他的方面，从而恢复原有的平衡状态。

第二种途径：同化。指当主体只需要对外界信息略作调整或根本就不需要进行任何调整，就可将其纳入已有的认知结构中去的情况。通过同化，主体原有的认知结构不会改变，或只会获得某些容量上的扩展，而不会引起质的变化，仍回到原有的平衡状态。例如，当要求小学五年级的儿童计算同样一道代数题时，他们会用原有的算术结构去"应付"，虽然很可能发生曲解的情况，但这个行为可以使他们回到原来的认知平衡状态。

第三种途径：顺应。指主体通过调整自己的认知结构，以一种正确的方式对外界信息进行反应的过程。这时，主体的认知结构发生了质的变化，进入到一种新的、更稳定的平衡状态。至此，主体的认知能力跃向了一个新的水平，完成了主体对客体的又一次适应。例如，当儿童进入初中以后，通过新的数学知识的学习，会将原有的算术认知结构发展成为代数认知结构。用这种新的认知结构，则可以正确地解决那道代数题，实现认知结构上的新的平衡。比约克隆（Bjorklund）用图2-1对上述三个过程进行了直观的描述。

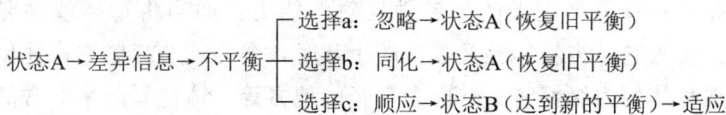

```
                              ┌─ 选择a：忽略→状态A（恢复旧平衡）
状态A→差异信息→不平衡 ┤── 选择b：同化→状态A（恢复旧平衡）
                              └─ 选择c：顺应→状态B（达到新的平衡）→适应
```

图 2-1　比约克隆的平衡获得过程模式

皮亚杰认为，儿童的认知能力就是通过这种不断地从平衡→不平衡→平衡的运动而获得发展的。

三、组织化

组织化，是指主体的每一个认知操作都是与其他认知操作联系在一起的，而不是孤立存在的。皮亚杰认为，主体的认知结构也是通过不断进行的同化和顺应，从原来较为分散的状态整合到更高级的、更有组织的状态。例如，刚出生一周的婴儿就已经具有了吮吸和手臂运动的图式，但这两种图式是分离运动的。很快，婴儿就会将这两种分离的运动图式整合在一起，构成一种相对更高级的图式——吮吸手指。这表现了个体认知结构发展的组织化倾向。

总之，皮亚杰认为，同化、顺应、平衡、适应、组织化的过程及相互间的作用构成儿童认知发展的内在机制。皮亚杰从宏观的角度，对儿童认知发展的内在机制进行了分析和解释，这对了解儿童认知发展的总体规律具有十分重要的意义。

第三节　皮亚杰关于儿童认知发展的阶段性理论

皮亚杰将儿童认知发展划分为四个阶段：感知运动阶段（出生至两岁）、前运算阶段（2～7岁）、具体运算阶段（7～11、12岁）、形式运算阶段（11、12～15、16岁）。在这一节里，将对上述各阶段的主要智力特点分别进行简单介绍。

一、感知运动阶段

在这一阶段，儿童的智力（思维）只限于感知运动。儿童主要是通过感知运动图式与外界发生相互作用。智力的进步体现在从反射行为向信号功能的过渡。

皮亚杰将这一阶段又细分为以下六个亚阶段。

（一）反射练习阶段（0～1个月）

新生儿已具有很多先天的无条件反射的能力，如当将物体放进婴儿嘴里时，婴儿会吮吸它；当物体触及婴儿的手掌时，婴儿就会抓紧它；他们还可以用眼睛注视物体的边缘，将头转向有声音的地方等。这些看起来非常简单的反应构成儿童智力系统的最基本的部分。

婴儿在出生后的第一个月里，就可以调整自己的反应以使其更具适应性。例如，在刚出生时，无论将什么类型的东西放入婴儿嘴里，他们的反应模式都非常相似。但在第一个月的晚些时候，婴儿就能根据放入嘴里的不同物体而改变吸吮方式。通过观察发现，婴儿吸吮奶嘴和手指的动作是有细微差别的。

（二）初级循环反应阶段（2～4个月）

从第二个月起，婴儿表现出初级循环反应。循环是指某些动作或事件在经过一段时间之后再出现的现象。这里的循环具体指婴儿的初始动作，这个动作对环境产生的影响，以及环境影响所导致的婴儿下一个动作的发生。

在初级循环反应阶段中，婴儿不自觉地产生一些重复性动作，可以将过去那些分离的反射行为整合在一起。如在前一阶段里，婴儿只能抓握触及手掌的物体，只能吸吮放入其口中的东西，但在这一阶段里，婴儿就可以将上述两个动作整合在一起，可以用嘴去吮吸手中抓握着的物体，也可以用手去抓已放入口中的物体。因此，婴儿的反射行为在此时对于智力系统的建立已经有了更新的意义。

虽然比起单纯的条件反射，初级循环反应可以使婴儿更好地与客观世界发生相互作用，但仍存在三方面的局限：第一，后面出现的行为与第一个行为完全一样；第二，行为整合水平不高，带有非常多的尝试错误的成分；第三，所重复行为的结果一般与身体感觉相联，婴儿集中注意的是自己身体的活动，对外部环境在活动影响下发生的变化暂时还不感兴趣。

(三)二级循环反应阶段(5～8个月)

在这一阶段里，婴儿对超出自己身体之外的行为结果产生了兴趣。他们将球扔开，看球滚动，这个结果使其产生兴趣。为了能再看到这个结果，他们就会重复这个动作。这样，在婴儿的动作和兴趣之间，通过动作和结果的相互影响，形成了循环反应。从这个意义上说，婴儿对于自身的动作及动作结果之间的因果联系已经有了最初步的了解。

(四)二级反应协调阶段(9～12个月)

在此阶段，婴儿可以协调两个或更多的二级循环反应，并形成更有效的联系，这时婴儿的动作具有明显的目的性。皮亚杰观察到，他的儿子劳伦特(Laurent)能将排除障碍与抓取物体这两个动作有效地协调在一起。当皮亚杰将一个枕头放在劳伦特喜欢的火柴盒前面时，劳伦特的处理方法是，先将枕头推向一边，再去抓火柴盒。这不仅说明婴儿已能将自己的行为与目标联系起来，还说明他们已经获得了"客体永久性"的概念，即当物体从婴儿的视野中消失时，他能知道这并非是客体不存在了，而是被藏在了某个地方。客体永久性是由于婴儿动作的协调而形成的新的认知结构所导致的结果，客体永久性的获得是感知运动阶段中的一次质的飞跃。

(五)三级循环反应阶段(13～18个月)

在这一阶段，婴儿试图寻找一种与客体事物相互作用的新的方法，以实现目标。这时，虽然婴儿仍重复某些动作，但不是单纯地重复，而是根据问题情境对每次的动作加以改变，观察这些改变所带来的结果，从而发现解决问题的途径。

希格勒（Siegler）将皮亚杰提出的关于幼儿智力发展的三个等级的循环反应阶段用图 2-2 表示出来。

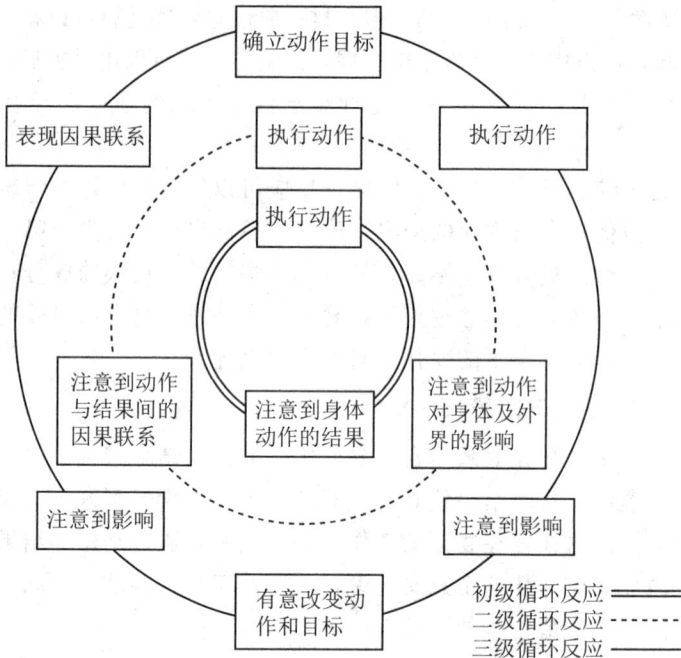

图 2-2　希格勒的婴儿期三级循环反应模式

由图 2-2 可看出，在初级循环反应阶段中，婴儿只重复那些对自己身体产生影响的动作。例如，不断将手指放入口中吮吸；在二级循环反应阶段中，婴儿所重复的动作已经开始与其身体感觉有所脱离；在三级循环反应阶段中，婴儿能有意地调整自己的行为以解决问题。

（六）表象思维开始阶段（19～24 个月）

在这一阶段，婴儿具备了心理表征的能力，他们可以对自己的行为和外在事物进行内部表征。皮亚杰在与其女儿卢西恩娜（Lucienne）游戏时发现，当卢西恩娜希望将一个盒子的开口变大时，她就会将自己的嘴巴张开，而且不断地张大。这表明婴儿可以将某些外部行为（如用手打开盒子）内化为心理符号，再以其他形式将此心理活动表现出来。皮亚杰认为，这个阶段的婴儿获得心理表征能力的两个明显标志是：①有时不用明显的外部尝试动作就能解决问题；②延迟模仿能力的产生。

总体来说，在感知运动阶段里，婴儿的智力表现主要局限于自身的动作。

婴儿在出生后近两年的时间里，虽然也发展了许多解决问题的能力，但这些能力更多仅具有感知的意义，而不具有心理操作的意义。

二、前运算阶段

在这一阶段里，儿童的思维已表现出了符号性的特点。他们已能通过表象、言语以及其他符号形式来表征内心世界和外在世界。但其思维仍是直觉性的，而非逻辑性的，且具有明显的自我中心特征。

这一阶段儿童的思维特点主要体现在以下几个方面。

(一)早期的信号功能

进入前运算阶段以后，儿童认知能力的最重要的发展是，具有初步的信号表征能力。

1. 表象符号——延迟模仿

皮亚杰认为，儿童内在表征系统发展的最早表现是延迟模仿的出现。所谓延迟模仿，是指儿童在观看了他人的某一行为之后，可以将此重新再现出来的能力。正是这种能力使儿童能将其所接受的各种表象信息以心理符号的形式储存下来，并迅速积累大量的表象素材，从而促进儿童表象思维的发展。

2. 语言符号

皮亚杰区分了两种不同的语言符号形式，即象征(symbol)和符号(sign)，并认为它们具有不同的心理学意义。象征是具有浓重个人特色的特殊标志；而符号则是一种用于人际交往的、约定俗成的标记，人们彼此可以共享。

皮亚杰指出，在前运算阶段的早期，儿童主要使用象征来表征世界。例如，儿童可能用某种特殊的布片代表枕头；用冰棍代表枪等。虽然他们所用的这些符号，在物理性状上与真实客体具有某些相似性，但仍具有很大的个人特色，不便于交流。

随着儿童年龄的增长，他们会越来越多地使用符号来表征外部世界。例如，用词汇"牛"代表真正的牛。虽然这两者之间在物理性状上没有任何相似之处，但人们已普遍地接受了两者之间的联系，并可据此进行交流。随着儿童使用这两种符号的转换，其表征性思维能力又获得了进一步的提高。

(二)自我中心性

皮亚杰认为，自我中心性(egocentricity)是这个阶段儿童思维的又一个显著的特点。自我中心性，是指儿童还不能将自我与外界很好地区分开来，总是站在自己的角度去认识和适应外部世界。这种自我中心性体现在该阶段儿童的认知、言语、情感和社会性发展等诸多方面。例如，在言语交流中就明显地表现出了这个特点。具体表现为，一是这个阶段的儿童经常过多地使用象征来表达自己的思想，而这种个体性的符号对别人并不构成意义；二是交流的双方没有话题上的交叉和交流。

到 4 岁左右，儿童言语中的自我中心性才开始有所改变。最初的表现是儿童之间争吵的出现。因为，只有当一个儿童真正注意到对方所表达的内容时，他才有可能感到满意或不满意，以致出现争吵现象。

皮亚杰认为，个体的心理表象和语言在对事物的表征方面具有功能相同性，两者在发展上也具有同步性。当儿童能够用语言表达某一情景的时候，他也同样能用表象表现它们。当儿童的语言处于自我中心状态时，其表象系统也会具有自我中心的特点。

(三)感知的局限性

感知的局限性，是指儿童在观察事物的时候，往往只能将注意力集中在事物所具有的较显著的特性方面，而忽略其他方面。其突出的例证是皮亚杰为儿童设计的关于如何认识时间、距离及速度这三个物理概念的实验。

在这个实验中，皮亚杰让两辆玩具小火车在两条平行的轨道上向前运动，当两辆小火车都停止了运动时，他便问儿童，哪辆火车走的时间更长（或哪辆小火车的速度更快，走的路途更远）。

皮亚杰发现，在解答这个问题时，绝大部分 4～5 岁的儿童都将注意点放在了单一维度上，即小火车停止运动的那一点上。儿童认为，两辆小火车相比，停得较远的那辆走的时间更长（或速度更快，走的路途更远），而忽略了两辆小火车分别出发和停止的时间以及各自所行驶的全部时间等有关因素。

这个实验还说明了，处于前运算阶段的儿童不仅倾向于专注事物所具有的那些较突出的知觉特点，而且还倾向于注意事物的静止状态。在上述这个具体的实验中，儿童首先注意到的是每辆小火车停止的地方。因为，在空间上的这一个固定点构成一种静止的状态，这种状态对儿童来说更易被察觉，也更易被重复观察。而像时间、速度、距离这些维度则显得飘忽不定，不易捕捉。皮亚杰在其他的一些研究中也发现，儿童在观察世界时，首先了解的是事物的静止状态，然后才是事物的转换状态。虽然，在这一阶段里，儿童获得了某些智力发展上的进步，但仍表现出许多局限性，不能进行抽象符号之间的逻辑运演。因此，皮亚杰称此阶段为"前运算"（preoperation）阶段。

三、具体运算阶段

在这一阶段里，儿童的思维已经具有了明显的符号性和逻辑性，如儿童已能进行如下简单的逻辑推演：如果 A＞B，B＞C，则 A＞C，基本克服了思维中的自我中心性。但这个阶段儿童的思维活动，在很大程度上仍局限于具体的事物以及过去的经验，缺乏抽象性。

儿童进入具体运算阶段以后获得的最大收获是，具有了心理操作（operation）能力。儿童可以应用这种心理操作去认识、表征和反映内、外部世界，使其认知活动更具深刻性、灵活性和广泛性。

心理操作的功能和意义，可以从皮亚杰经典的守恒任务中得以说明。

皮亚杰设计了各种各样不同的守恒任务，如数量守恒、液体守恒、体积守恒以及物质守恒等。每一种守恒任务都包含三个同样的步骤，以数量守恒为例来看这三个步骤（参见图 2-3）。

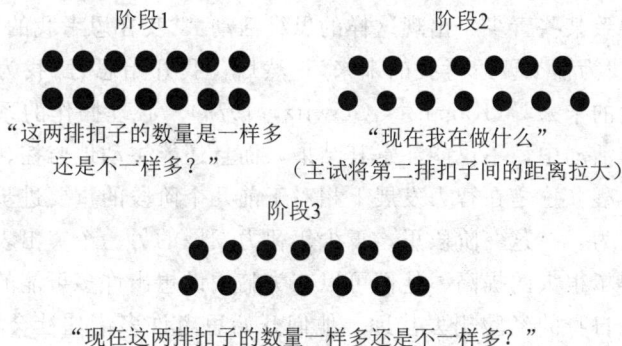

阶段1
"这两排扣子的数量是一样多还是不一样多？"

阶段2
"现在我在做什么"
（主试将第二排扣子间的距离拉大）

阶段3
"现在这两排扣子的数量一样多还是不一样多？"

图 2-3　皮亚杰的数量守恒任务

在第一个步骤中，给儿童呈现两排数量同样多的扣子，让儿童仔细观察并了解这两排扣子数量相等。

在第二个步骤中，改变第二排扣子的排列方式，使其中每个扣子之间的空间距离变大，但所含的扣子数量未变。

在第三个步骤中，问儿童：现在这两排扣子是否仍具有相同的数量？

进入具体运算阶段以后的儿童能够正确解决这个问题。

解决这类问题的关键是个体的心理操作能力。第一，儿童必须能在心里自如地转换物体的空间排列方式；第二，能找到物体间的某种一一对应的关系；第三，儿童不能盲目相信自己的某种感觉，要给自己的某种结论找到合理的依据。

　　儿童在进入具体运算阶段以后，便掌握了上述这些心理操作技能，可以完成任何形式的守恒任务，同时也能掌握如前所述的时间、速度和距离三者之间的关系。

　　虽然，处于具体运算阶段的儿童已能解决许多问题，但其思维的抽象程度还很低，在面对某些数学问题、物理问题以及社会问题时，仍显得无能为力。

四、形式运算阶段

　　在这一阶段，儿童总体的思维特点是，能够设定和检验假设，能监控和内省自己的思维活动，思维具有抽象性。

　　形式运算阶段的儿童与具体运算阶段的儿童，在思维特点上有两个共同之处，即都具有心理操作的能力，都达到了思维的可逆性。但进入形式运算阶段以后，个体的心理操作在功能上有了进一步的发展，不同的心理操作之间构成有层次性的组织系统，出现了所谓"对操作的操作"(operations on operations)的能力。这导致某些青少年出现这样的思维活动："我在思考我的未来；然后，我开始思考'我为什么要思考我的未来'；然后，我开始思考'我为什么思考我为什么思考我的未来'"(Kagan & Geiwitz, 1979)。心理操作的系统性也使得青少年在认知活动中，不仅能注意其结果，而且还能主动地监控、调整和反省自己的思维过程。这是在智力发展上相对于前几个阶段的重要进步。

　　皮亚杰认为，在这一阶段里，青少年智力发展的另一个突出表现是其思维的抽象性获得了很大的提高。他们可以在头脑中设想出许多可能的画面，尽管这些画面与其自身的经验相去甚远。他们开始思考许多诸如社会存在、公正、真理及道德等抽象的社会问题，并迷恋科学幻想。

　　由于该阶段的青少年善于考虑事物的各种可能性，这一方面大大拓展了他们的视野；另一方面可以使他们产生更具逻辑性的认知策略，提高了解决问题的准确性和有效性。

　　在皮亚杰和英海尔德(1958)所做的一个关于儿童解决化学问题的实验中，就可以明显地看到这一点。

　　这个实验的具体任务是，要求被试将 4 个烧杯中的液体进行各种可能的组合，并确定是哪几种液体的混合导致黄色液体的产生。

　　具体运算阶段的儿童与形式运算阶段的儿童，在解决这个问题时的表现有很大的区别。

　　具体运算阶段的儿童常常先进行某两种液体的组合，再进行 4 种液体的组合，再进行 3 种液体的组合。而且，当他们一发现有黄色液体出现，就会非常自信地给出结论，停止继续探查。在他们所做的组合中，经常有重复或遗漏的情况，导致结论不全面或不可靠。

形式运算阶段的儿童，所应用的解决问题的方式更具逻辑性和系统性。他们依次进行了 4 种不同液体的所有两两组合，最后发现，某两种特定液体的组合会产生黄色液体。而且他们还进一步发现，当再加入第三种液体时，黄色就会消失；再加入第四种液体也不会使黄色回转。可见，这种系统的解决问题的方法，可以给主体提供充分的参考信息，有利于正确地解决问题。

皮亚杰认为，儿童在经过前述四个连续的发展阶段以后，其智力水平就基本趋于成熟。

五、不同阶段的转化过程

以上内容简要地描述了在皮亚杰所划分的关于智力发展的四个不同阶段里儿童认知发展的特点。皮亚杰特别强调，任何一个儿童的认知发展都要经过这四个连续的阶段，并认为这个认知发展的四阶段模式具有全球性的意义，在任何文化的社会里都适用。他同时指出，儿童的任何一个新的认知技能的出现，都是以前一阶段中的认知技能为基础的。虽然，从表面上看起来，两个不同的认知阶段之间存在十分显著的差异，但实际上，在认知技能的功能基础方面，两个阶段间却有着非常紧密的联系。根据这种观点，下面将从认知阶段间的联系和转换的角度，进一步描述皮亚杰提出的儿童在不同智力发展阶段上的特点。

(一)心理操作的特性

皮亚杰认为，除了感知运动阶段外，儿童智力发展的其他三个阶段具有一定的相似性，即在这三个阶段里，儿童的智力都具有符号性功能。因此，他将这三个阶段分别称为：前运算阶段、具体运算阶段及形式运算阶段。尽管每个阶段都用操作来命名，但各阶段中操作的具体功能有所不同。

皮亚杰指出，在他的认知理论中，操作是特指一种特殊的认知结构类型，具有以下四个特征：

第一，"操作"是心理意义上的。因此，具有"操作"的主体能够使用符号。但并不是所有能够使用符号的个体都具有心理操作能力。例如，处于前运算阶段的儿童已能使用符号(表象、语言)表征世界，但却不具备心理操作能力。

第二，"操作"来自于物理动作。可以将"操作"视为内化了的物理动作。皮亚杰认为，儿童的计算能力可被视为一种心理操作能力，这种能力是从儿童早期的点数物体、点数手指等外部动作演化而来的。

第三，任何一个"操作"都存在于组织系统当中。一个心理操作总是与另一个心理操作构成这样或者那样的关系，所以，在某一个特定的年龄阶段里，儿童认知发展的不同方面应表现出一致性。

第四，"操作"具有逻辑性的特点，即在认知活动中，它们是按照某种特定的规则活动的。其中的重要规则之一，是可逆性（reversibility）。皮亚杰认为，可逆性的含义之一为否定（negation），是指"操作"经常可以被颠倒。例如，在数学运算中，加法可以被逆转为减法，如"5＋2＝7"可变为"7－2＝5"。这个规则对于儿童获得基本的数学知识是非常重要的。规则之二是互补性（compensation），即对于任何一个具体的"操作"来说，都存在另一个"操作"对其发生影响，并在对事物产生影响的总体效果上构成平衡。例如，个体要达到对皮亚杰所谓的世界守恒性的认识，就必须同时把握住事物的两个或两个以上的维度，从而对其进行互补性的解释。

随着上述心理操作功能的不断显现和发展，儿童的认知水平也不断提高。

为了更清楚地了解儿童是如何从一个智力发展的阶段过渡到另一个阶段的，以及其心理操作是如何从一种形态发展到另一种形态的，皮亚杰经常观察处在相邻两个阶段的儿童在同一项认知任务中的表现，以比较他们在反应上的差异。

（二）前运算阶段向具体运算阶段转换

1. 前运算阶段及具体运算阶段的儿童在守恒任务中的表现

在皮亚杰的理论中，"守恒"是指人们能忽略外部知觉特征的变化，把握其本质不变的一种能力。皮亚杰认为守恒概念的获得是认知能力发展的指标，未获得守恒概念的儿童处于前运算阶段，获得守恒概念的儿童则进入了具体运算阶段。而儿童一旦获得守恒概念，就说明他们已经具有数理逻辑能力。

虽然，守恒的认识涉及许多方面（如长度、数量、液体、重量、体积、面积等），但皮亚杰的任何一个守恒任务，都是以一套同样的公式为基础而设计的。其公式为：

$$A＝B$$
$$B＝B'$$
$$A？B'$$

皮亚杰详细描述了5～10岁儿童在液体守恒任务中的反应。

首先给被试呈现两个同样大小的水杯，里面装有同样多的水。

然后拿来第三只水杯，这只杯子比前面两只杯子高而细。将前面两只杯子中的一个内的水倒入第三只杯子中，这时第三只杯子中的水面高于另一只杯子中的水面(这个过程是在被试观看的情况下完成的)。

问儿童：第三只杯子中的水是否与第一只杯子中的水同样多？为什么？

皮亚杰发现，大部分5岁儿童(处于前运算阶段)对此的回答是：第一只杯子中的水与第三只杯子中的水不再一样多了，第三只杯子中的水多。当问及理由时，他们会指出第三只杯子的水面高于第一只杯子的水面，而忽略了两只杯子的横断面不同的事实。当主试向儿童指出这一点时，他们或者继续忽略这个事实，坚持先前的看法；或者完全改变了先前的看法，反认为第一只杯子中的水多了，因为这只杯子的面更宽。虽然，这个阶段里的儿童也承认实验者并未改变杯子中的含水量，但由于他们将注意力过多地放在了第一只杯子与第三只杯子中的液面高度之差上，所以得出错误的结论。

但大部分的8岁儿童(处于具体运算阶段)的反应却与5岁儿童的反应完全不同。他们认为，第一只杯子中的水与第三只杯子中的水仍然同样多。当问及为什么时，他们会说：实验者所做的只是将先前呈现的杯子中的水倒入了第三只杯子中，现在还可以反倒回去，你会发现水量并没有改变(可逆性)。当实验者又问道，为什么两只杯子中的水看起来不一样多时，8岁的儿童能从杯子的高度及直径所发生的相反性变化的角度进行解释(互补性)。由此可看到，8岁儿童已完全达到了对液体守恒的认识。

皮亚杰指出，从这个实验中，至少可以看到以下三点内容。

首先，前运算阶段儿童具有直觉性的思维特点。他们在解决问题时，很容易被事物的某些直观性特征吸引，并据此得出不正确的结果。

其次，在儿童守恒认知发展的过程中，存在一个明显的过渡阶段，即主体感受矛盾的阶段。例如，有些儿童开始时认为第一只杯子中的水与第三只杯子中的水量不同，因为，第三只杯子的水面高；但当主试将第三只杯子中的水又倒回原来的杯子中时，这些儿童又认为第一只杯子中的水与第三只杯子中的水一样多了。他们不能确定自己的结论。因为，在他们看来，无论在哪一种结论中，都存在一些不能解释的、矛盾的地方。皮亚杰认为，有这种心理反应的儿童，即处在守恒发展的过渡阶段中，他们的一只脚仍留在前运算阶段里，另一只脚却已踏进了具体运算阶段。在很短的时间内，儿童就会通过"顺应"机制，克服认知结构上的这种不平衡状态，进入一种新的平衡状态，达到对守恒的认知。

最后，儿童的守恒性认识似乎是自然成熟的结果，而不是教育、训练的结果。因为，皮亚杰发现，当问及一些已经达到液体守恒认识的儿童，他们以前是否曾认为过第三只杯子中的水比第一只杯子中的水多时，他们都否认曾有过这种看法，并认为成人的这种提问非常可笑。

2. 守恒发展的三个阶段

根据各种关于守恒的实验研究，皮亚杰将儿童守恒的发展划分为三个阶段。

第一个阶段(相当于前运算阶段)：在这一阶段里，儿童不能形成守恒性认识。他们在解决问题时，仅依据事物的某一部分明显的知觉特征，将注意力放在事物的某个单一的维度上(如液面的高度)，而忽略与此相关的另一维度(如液面的宽度)。

第二阶段(介于前运算阶段与具体运算阶段之间)：在这一阶段里，儿童的反应不稳定。当事物的某些知觉特征不明显时，他们能达到守恒；但当事物的知觉特征变得明显时，他们会马上退回到非守恒状态。虽然，这个阶段的儿童已能考虑到存在于事物中的相互关联的两个维度，但却不能同时考虑。例如，有两个同样大小的面团，当其中的一个被变成长条形状时，这个阶段的儿童就会认为，长条形状的面团所含的面多；但当长条形状被变得更长(因而也就更细)时，儿童又会认为长条形状的面团所含的面少。这说明，该阶段的儿童还不能同时考虑事物具有的不同的方面。皮亚杰指出，个体守恒认识发展的这个过渡性阶段，在儿童身上持续的时间很短，有时甚至只有几分钟。

第三阶段(相当于具体运算阶段)：在这一阶段里，儿童可以同时考虑事物的不同维度，能进行互补性和可逆性的心理操作，达到了对事物的守恒性认识。

虽然，儿童对各种不同性质的事物达到守恒的时间不尽相同，但皮亚杰关于儿童守恒发展的三阶段模式已经被其他的研究者所证实(Brainerd，1972)。

皮亚杰还发现，儿童对各种事物的守恒时间呈如下顺序：数量、液体、物质、重量、体积。后来的某些研究结果(e.g. Uzgiris，1964)支持了皮亚杰所提出的上述顺序。

皮亚杰还在视觉观点采择、认识物理现象等许多方面考察了前运算阶段与具体运算阶段儿童在思维发展上的差异。

(三)具体运算阶段向形式运算阶段的转换

具体运算阶段的儿童已经具备了较强的思维能力，他们甚至可以解决比较复杂的问题，但这些问题必须是他们过去曾经遇到过的，或类似于曾经遇到过的。其思维活动在很大程度上，要依赖于自身的经验，并直接指向具体的客观事物。

形式运算阶段的儿童的思维已不再局限于具体的事物及自身的经验，他们的思想可以在任何一个陌生的领域里展开，可以仅凭借运演各种抽象的符号去解决认知问题。其思维活动不再仅指向客体，而且指向思维活动本身。

1. 具体运算阶段与形式运算阶段的儿童在假设—演绎推理中的不同表现

皮亚杰认为，假设—演绎推理（hypothetic-deductive reasoning）能力是形式操作的最核心的代表（1958）。它是指在假设的情况下，从一般性原理推出在特殊情况下的结论的一种逻辑运演方法。

仅是演绎推理本身并不足以代表形式操作。因为，具体运算阶段的儿童也能完成某种演绎推理的任务。但这种推理任务必须限于他们熟悉的范围，推理涉及的对象必须是能触及的具体事件或客体，而不能只是抽象的符号。也就是说，具体运算阶段儿童能进行的演绎推理，必须具有真实性而非假设性。

只有到了形式运算阶段，儿童才开始具有了进行假设—演绎推理的能力。他们可以脱离真实的事件和事物，完全凭借抽象符号进行推理。通过各种假设—演绎推理的进行，儿童会产生许多关于道德、政治、宗教等抽象事物的思想和观点，尽管在上述领域里，他们尚未有过切身的经验和体会。他们首先是从思想上，而非行动上进入成人社会的。虽然，儿童的许多思想和观点还很天真，但皮亚杰认为，产生这些天真思想的过程，恰恰代表了个体在思维发展上的又一重大进步。

皮亚杰认为，假设—演绎推理能力也是一种基本的数学能力，它是进行代数思维的先决条件。例如，在"$2x+5=15$，$x=?$"这样的代数题中，并不需要了解 x 所代表的是"几个桔子"或"几个苹果"等具体内容，它可以是假定的任意东西。代数思维是一种假设性的思维，它是建立在符号基础之上的，而不是建立在实体的基础之上的。因此，具体运算阶段的儿童还不能很好地掌握代数运算，只有当儿童进入形式运算阶段以后，才具有了学习代数的认知能力。

2. 具体运算阶段与形式运算阶段的儿童在归纳推理中的不同表现

皮亚杰发现，形式运算阶段的青少年在假设—演绎推理能力获得了发展的同时，归纳推理（inductive reasoning）能力也获得了发展。归纳推理是一种与演绎推理相对应的逻辑运演方法，是指由一系列具体的事实概括出一般性原理的思维过程。归纳推理是科学家在进行科学发现时运用的一种典型的思维方法。科学家运用归纳推理进行科学研究的具体过程是：先提出假设，在排除一切干扰因素的情况下，对各种可能性进行系统的检验，最后得出一般性结论。按照科学家运用归纳推理的模式，皮亚杰和英海尔德（1958）进行了一系列的实验研究，以考查具体运算阶段与形式运算阶段的儿童归纳推理的能力。其中最有代表性的研究是关于钟摆问题（pendulum problem）的实验。

在钟摆问题的实验中，实验者向被试呈现一个类似钟摆的装置；不同长度的绳子被固定在一个横梁上，绳子的末端可拴上不同质量的重物（见图 2-4），实验者向被试演示如何使钟摆摆动（将拴有重物的摆绳拉紧并提至一定的高度，再放下即可）。被试的任务是，通过检验与钟摆摆动有关的四种因素（重物的质量、摆绳被提起的高度、推动摆绳的力量、摆绳的长度），来确定哪一种因素决定钟摆的摆动速度（在每一种因素中又有不同级别的划分，如摆绳的长度有三个级别、重物的质量有四个级别等）。被试有充分的时间对上述各种因素进行检验。正确的答案是，摆绳的长度决定钟摆摆动的速度，摆绳越短，其摆动速度越快。

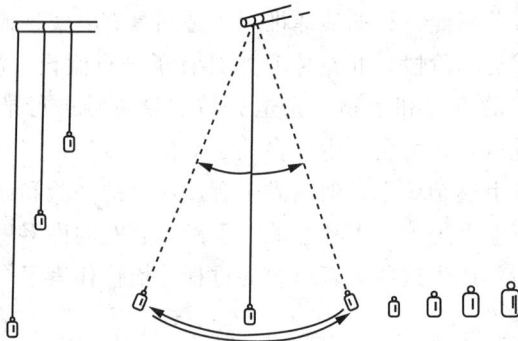

图 2-4　皮亚杰的钟摆实验装置

解决此问题的正确途径是：①先提出假设（无论假设是什么，只要它能被检验并产生非矛盾的结果就可以以）；②再对所提出的假设进行系统的检验。

在第一个步骤上，具体运算阶段与形式运算阶段的儿童的反应没有什么区别，都能根据问题的要求提出某种假设。但在第二个步骤上，这两个阶段的儿童的做法却有很大的区别。

第二个步骤（检验假设）的关键点是，在检验的过程中，每改变一个特定因素的同时，必须保证其他的因素不变。表 2-1 列出了前面所提及的关于可能对钟摆摆速产生影响的四种因素。其中，每个因素只设两个等级：①摆绳：长、短；②质量：轻、重；③摆高：高、低；④推力：大、小。

在检验假设的过程中，具体运算阶段的儿童易犯的错误是，不能在检验某一因素的时候，控制住其他相关因素。例如，当摆绳短，重物重的时候，摆速则快。因此，错误地认为摆速是由摆长和所拴重物的质量共同决定的。只有到了形式运算阶段，青少年才能像科学家一样地检验假设，最终获得关于问题的、唯一可能的、具有严格的逻辑意义的解释(Inhelder & Piaget，1958)。

表 2-1 影响钟摆摆速的各种因素组合

重物的质量	悬起的高度	推力	摆钟的摆速	
			摆绳短	摆绳长
轻	低	小	快	慢
		大	快	慢
	高	小	快	慢
		大	快	慢
重	低	小	快	慢
		大	快	慢
	高	小	快	慢
		大	快	慢

3. 具体运算阶段与形式运算阶段儿童在反省思维上的不同表现

皮亚杰认为,形式运算阶段青少年的另一个重要的思维特点是,具有检验自身思维内容的能力。

皮亚杰发现,虽然具体运算阶段的儿童有时也显示出非常强的解决实际问题的能力,但他们只能通过接触外部世界而获得知识,不能通过反省达到对某一新问题的顿悟。只有到了形式运算阶段,个体才能发展起这种能力。皮亚杰将这种能力称为反省的抽象(reflective abstraction)。他认为反省式的思维能力,使得个体能更充分、有效地应用已经得到的知识信息,挖掘出更多的解决问题的方法,并解决更多的新问题(Piaget,1971)。

4. 形式运算阶段青少年思维中的自我中心性

如前面所提及的,思维的自我中心性是前运算阶段儿童的智力特点。当儿童从前运算阶段发展到具体运算阶段后,这种思维特点就自然消失了。

但皮亚杰发现,儿童在进入形式运算阶段以后,又出现了思维上的自我中心的恢复。当然,此阶段的自我中心表现与具体运算阶段时的自我中心的表现是不同的。其具体表现在以下几个方面。

第一,表现出主观性的思想特点。他们经常有一些关于社会及政治等方面的奇特想法,这些想法常与现实社会及成人的思想有很大的冲突,但他们坚持自己的想法,确信自己的观点是正确无误的。

第二,由于他们的思想过多地集中在自我方面,他们误认为别人也特别地关注他们,他们在心里设想出许多观众,感觉自己每天都生活在舞台上(Elkind & Bowen，1979），因此而感到心理紧张。

第三，高涨的自我意识使儿童制造出"个人神话"（personal fable）。他们认为，自己是独一无二的，是区别于他人的，发生在他人身上的不幸，他们可以避免。这种想法使儿童的行为常带有冒险性和鲁莽性的特点。

皮亚杰根据大量的实验和观察，提出了在儿童思维发展的进程中，各种具有不同质的特点的思维图式(结构)，即感觉运动图式、表象图式、具体运算图式、形式运算图式，并以此为标准划分出儿童智力发展的四个不同的阶段——感觉运动阶段、前运算阶段、具体运算阶段、形式运算阶段。这一思维图式清晰地展示了个体认知发展的路线。

第四节　关于皮亚杰认知发展理论的争议

虽然，皮亚杰关于儿童认知发展的理论产生于半个多世纪以前，但在今天关于儿童认知发展的领域里，仍显示出极大的生命力。其理论所含有的极为丰富的内涵引起了当时及后来许多心理学家们的极大兴趣，他们在许多方面，重复了皮亚杰的实验研究。尽管在这些重复性的研究中，研究者选取的被试数量更多，应用的具体研究手段也更先进，但在总体的设计原则上却保持了与皮亚杰早期同类研究的一致性。

20世纪六七十年代，许多大样本的研究支持了皮亚杰的理论。这些研究中的被试包括来自美国、英国、澳大利亚、加拿大以及中国等国家的儿童。这些研究表明，从总体上看，不同地区的儿童有大体相似的发展模式，智力的发展都经历皮亚杰提出的四个阶段（Corman & Escalona，1969；Dasen，1973；Dodwell，1960；Elkind，1961a，1961b；Goodnow，1962；Lovell，1961；Uzgiris，1964）。还有研究发现，在一些文化比较落后的社会群体中，虽然儿童的某些推理形式出现得略晚一些(相对于皮亚杰的理论要求)，但最终都能表现出皮亚杰预期的那些认知能力，尤其是表现出皮亚杰前三个智力阶段的能力（Byrnes，1988）。

但也有一些研究者在实验中得到了与皮亚杰理论不相一致的结果。因而对皮亚杰的某些理论观点提出了质疑。

其质疑主要集中在以下几个方面。

一、任务难度的适当性

一些心理学家认为，由于皮亚杰认知任务中的某些维度与儿童的实际生活经验相脱离，而且难度过高，因而使儿童难以表现出相应的认知能力，但这并不等于儿童本身就缺乏这种能力。后来的一些研究表明，儿童某些认知能力的出现比皮亚杰预期的更早。例如，有研究者采用知觉性任务(长、短胡萝卜从窗口后面移过，婴儿对上半部分应该在窗口看到却没有看到的长胡萝卜注视的时间更长)，发现即使3个半月的婴儿已经对客体永久性有所认识(Baillargeon & DeVos，1991)。正因为如此，一些研究者对皮亚杰的某些实验进行改进，获得了一些与皮亚杰的不一致的结果。

(一)对皮亚杰"三山"实验的改进

皮亚杰和英海尔德(1967)设计了著名的"三山"的实验，用以测查儿童"自我中心"的思维特点。

在这个实验中，他们向被试呈现一个三座山的模型，这三座山在大小、颜色以及形式上都是有所区别的(一座山顶上有红十字，另一座山顶上有冰雪覆盖，还有一座山顶上有一些小房子)，一个布娃娃被放在这个模型旁边的不同位置上，同时还向被试提供一些代表布娃娃所看到的三座山的视觉图像的照片。被试的任务是，选择出能代表布娃娃在不同位置上的视觉图像的照片。皮亚杰发现，8岁以上的儿童才能正确地完成这个任务。而8岁以下的儿童所选择的照片，多代表自己的视觉图像。皮亚杰将此结果作为支持其理论中关于前运算阶段儿童的思维具有自我中心特点的证据之一。

许多研究者认为，皮亚杰的"三山"实验任务对于年幼儿童来说过于复杂，会影响儿童的正常反应。于是，他们设计了一些较为简单的实验任务。在这些实验中，发现前运算阶段的儿童在视觉观点采择上并非总是表现出自我中心的倾向(Borke，1975；Surber，1985)。

弗拉维尔与其同事们(Flavell & Everett，1977；Masangkay，McCluskey，McIntyre，Sims Knight，Vaughn & Flavell，1974)也对皮亚杰的上述实验进行了改进，并提出了儿童在视觉观点采择能力发展上的两级水平。

第一级水平：是指儿童认识到别人能够看到的东西自己并不一定也同样能够看到这一事实。在弗拉维尔的实验中，将一张一面画有小猫，另一面画有小狗的图片，垂直竖立在实验者与被试中间，要求被试说出实验者所看到的东西。实验结果表明，只要达到2.5岁，儿童就能正确回答这个问题。而且，在类似的任务中，他们能连续做出正确的反应。这表明，2.5岁的儿童就能够达到视觉观点采择能力的第一级水平。

第二级水平：是指儿童还能够认识到虽然自己和别人同时在看同一样东西，但所产生的视觉形象却不一定相同。在弗拉维尔的实验中，将一张画有儿童熟悉的事物的图片平放在一张小桌子上，实验者与儿童面对面地坐在小桌子的两侧，要求儿童指出实验者所看到的图片上事物的形象。由于完成这个任务的时候，需要儿童对视觉刺激进行适当的心理旋转，因此，只有4～5岁以上的儿童才能正确地完成这个任务。由此，弗拉维尔等人认为，实验任务的难度对儿童认知能力的表现会有很大的影响。

(二)对皮亚杰"时间概念认知任务"的改进

如前所述，皮亚杰认为，前运算阶段的儿童具有"感知局限性"的特点，即指他们在观察事物的时候，往往只能将注意力集中在事物所具有的较为显著的知觉特征上，而忽略其他的特征。其较突出的例证是，当要求儿童判断在两条平行的轨道上行驶的两辆玩具小车，哪一辆走的时间更长时，前运算阶段的儿童是根据小车停止的位置来判断，他们往往认为，停得较远的那辆走的时间更长，而忽略了对小车出发的时间以及所用的全部时间的考虑。

利文(Levin，1977)对皮亚杰的上述实验进行了某些调整，即让两辆小车在两条环行轨道(而非两条平行的轨道)上行驶。当小车停止行驶后，要求儿童判断哪一辆行驶的时间更长。许多前运算阶段的儿童在回答这个问题时感到了困难。研究者认为，儿童的这种反应表明了他们已经知道，在这种情况下，仅从小车停止的位置来判断是不够的，还必须同时考虑其他的一些因素(尽管他们可能还不知道这些因素究竟是什么)。因此，利文认为，当事物并不存在某些过于明显的知觉特征即便是前运算阶段的儿童在对此进行判断时，也知道应去考虑更多的因素，而并非总是显现出如皮亚杰所说的"感知局限性"的特点。

(三)扩大皮亚杰的认知任务范围

一些心理学家认为，尽管皮亚杰的研究和理论已在很丰富的层面上描述了儿童认知发展的状况，但仍有必要进一步扩展儿童认知所涉及的领域，以便更充分地发现儿童的认知能力，而不是低估他们的能力，即有关儿童思维的研究领域被界定得更加宽广了。

例如，格尔曼和他的同事们(Gelman，1972，1978；Gelman & Gallistel，1978；Miller & Gelman，1983)进行了许多关于前运算阶段儿童计算能力的实验研究。结果发现，无论学前儿童是否具有数量守恒能力，他们已经对一些数的知识有了较好的了解。他们能准确地数数，能了解加减法的不同作用，能了解简单的数的序列(哪个数大、哪个数小)，等等。因此，他们认为，不能仅以是否达到数量守恒作为衡量儿童基本数认知能力的标准。

二、儿童的认知发展可否被加速

皮亚杰认为，儿童认知能力发展是自然成熟的结果，与教育、训练没有直接的关系。有相当一部分研究者不同意皮亚杰的这种观点，他们进行了一些与皮亚杰提出的认知能力有关的训练实验，以期回答儿童认知能力的发展能否通过训练被加速的问题。

(一)守恒能力的训练

1. 守恒训练的总体效果

许多关于儿童守恒能力训练的实验研究表明，即便是 4 岁儿童，在经过训练后也能达到对各种材料的守恒(Brainerd，1974；Brainerd & Allen，1971；Gelman，1969)，但训练的效果在年龄稍大的幼儿身上显示得更加明显(Brainerd，1977a)。菲尔德(Field，1987)在一项关于对儿童守恒能力训练研究的综述材料中指出，有 76% 的关于守恒能力训练的实验都发现了训练在促进儿童守恒能力发展上的明显效果，其中还有少部分实验发现了训练在守恒能力上的迁移效果。

2. 两种不同的训练方法

皮亚杰认为，当儿童在通过与客体的相互作用后，由自己发现解决某个问题的原则时(而不是通过指导性学习)，其认知能力的进步最大。

但一些应用各种言语或非言语的指导性学习训练实验的结果表明，这种指导性学习对儿童守恒能力的发展具有非常显著的促进作用(Brainerd，1974；Siegler & Liebert，1972；Zimmerman & Rosenthal，1974)。

相反，另一些应用"发现学习"程序的训练实验，在儿童的守恒能力的发展上，却没有获得显著的促进效果(Inhelder，Sinclair & Bover，1974)。

还有研究表明，只有当儿童处于非守恒与守恒两个阶段之间的时候，"发现学习"的训练模式才更有效。

3. "选择注意维度"的训练

格尔曼(1969)进行了一个关于儿童守恒能力的训练实验并获得了成功。她在这个训练实验中，既没有应用"指导学习"的训练模式，也没有应用"发现学习"的训练模式，而是训练儿童在完成守恒任务的时候，如何选择正确的注意维度。她认为，儿童不能达到守恒的一个重要原因是，他们在一开始就将注意力放在了不适当的维度上。因此，她假设，假如能训练儿童将注意力放在适当的维度上，儿童就能够达到守恒。

她首先选出了一些在数量、长度、液体以及质量方面均不能达到守恒的 5

岁儿童，但只在数量及长度任务中对他们进行选择注意维度的训练，并设有控制组（不接受任何训练）与其对照。在训练过程中，她给儿童提供两组材料，在每一组材料中，都包括三个刺激物（三条线段、三组小球）。而且，在每一组材料的三个刺激物中，总有两个刺激物在某一个维度上是相等的（在线段的材料中，有两条线段的长度是相等的；在小球的材料中，有两组小球的数量是相等的）。但除这一相等的维度外，每一组材料的刺激在其他方面是可以变化的（如线段摆放的起点和终点；小球摆放的疏密程度等）。被试的任务是，在实验者给其呈现的每一组材料（含三个刺激物）中，选出两个相同的刺激物，主试根据被试的回答，给出反馈。每一次正确选择的依据应该是，线段的长度和小球的数量。在训练结束的若干天及 2～3 周之后，对实验组及控制组的儿童再进行守恒测验。结果发现：在控制组中，只有极小部分的被试（7.5％以下），表现出了对数量和长度材料的守恒能力；在实验组中，大部分被试都达到了对数量和长度的守恒性认识（达到数量守恒的人数为 96％、达到长度守恒的人数为95％）；而且，在相当一部分被试身上出现了守恒能力的迁移效果（迁移到液体守恒的人数为 55％、迁移到质量守恒的人数为 58％）。

格尔曼的这个实验表明了：①儿童可以通过训练而获得守恒能力；②获得守恒性认识的关键性因素，是正确选择分析问题的维度；③对一种材料的守恒能力的成功训练，可以迁移到其他材料的守恒能力上。

（二）传递推理能力的训练

传递推理（transitive inference）是一种逻辑思维方式。是指根据某两个事物与其他一些事物的关系，推导出这两个事物本身之间的某种关系的思维过程。例如，我们可以根据"A＞B，B＞C"的前提，推出"A＞C"的结论。

皮亚杰等人（Piaget & Inhelder，1964）进行了类似于上述传递推理的实验。结果发现，7、8 岁以上的儿童才能正确地解决这个推理问题。

一些研究者认为，儿童不能完成上述传递推理任务的关键是，儿童不能很好地记住前提。特拉巴索及其同事们（Trabasso & Bryant，1971；Riley & Trabasso，1974；Trabasso，1975）对儿童进行了传递推理的训练，主要训练儿童在推理的过程中，对前提的记忆能力。

在实验中，实验者将不同颜色的小棍以两两一组的形式，分别呈现给儿童（如 A 和 B、B 和 C、C 和 D、D 和 E 等），并要求儿童判断，在每两根小棍中，哪一根较长。然后，在不呈现实物的情况下，训练儿童对上述前提的记忆能力（如问儿童：A 和 B 比较，哪个更长？）。最后，仍在不呈现实物的情况下，要求儿童说出未在前提中直接出现的两根小棍的关系（如 B 和 D，哪个较长？）。

结果发现，4 岁的儿童就能正确完成这个传递推理任务。因此，有关的研究者认为，幼儿并非缺少解决这种问题的能力，只是因为不能很好地记住前提，而使他们不能表现出这种能力。

另有一些研究者对上述实验提出了不同意见。他们认为，当儿童通过反复练习而熟记了前提以后，在头脑里就会形成有关事物序列的表象，在完成任务的过程中，儿童只需要将待比较的事物依次放入这个序列表象中的适当位置上，就可以得出结论，而并未进行实际的传递推理（Halford，1984；Kallio，1982；Ritey，1986；Trabasso，Tiley & Wilson，1985）。但有人认为，这正说明，即便是幼儿，在解决问题的时候也并不限于使用一种策略；而且，形成关于某些事物的关系的序列表象，并用此指导实际的操作能力也是一种较高的认知能力，在皮亚杰看来，这种能力在 7、8 岁以后才能出现（Brainerd & Kingma，1984；Halford，1984）。

三、关于认知发展阶段性的理论

围绕皮亚杰认知发展阶段理论的争论表现在不同的方面，在此仅讨论三个方面。

（一）儿童认知发展变化的实质

皮亚杰在其理论中，更强调儿童认知发展的非连续性。他认为，在一种认知操作与另一种认知操作之间，存在本质的区别。

那么，到底应该如何看待儿童认知的发展变化呢？希格勒（1991）认为，儿童的认知发展是连续的还是非连续的，很大程度上取决于观察的角度。从长远来看，儿童认知发展变化的许多方面都表现出非连续性。例如，当一个物体被藏起来时，小于 7、8 个月的婴儿不会去寻找，好像该物体永远消失了；而 5、6 岁的儿童则知道到物体被藏起来的地方去寻找。表明这两个年龄阶段的儿童在对物体永久性的认识上具有本质的区别。

但如果从近期去看，儿童的认知发展经常表现出连续性和逐渐性。例如，哈里斯（Harris，1983）从另一个角度对婴儿的客体永久性的认知发展进行解释，他认为，婴儿不去寻找被藏起来的物体，并不一定是因为他们认为该物体永远地消失了，而只是因为他们不能判断出物体被藏在什么地方。这样看来，儿童对客体永久性认识的发展，就变成了对了解物体可能被放置地点的知识的逐渐增长，而不是突然地获得了"物体从视线消失，不等于从世界消失"的认识。

研究者们进一步发现，即使儿童在客体永久性的认识上必须经历某些顿悟，在获得顿悟之后，也还要逐渐发展起来在适当的地方搜寻物体的技能，这种技能的发展要经过一段较长的时间。当将一个物体先后藏在不同的地方时，在寻找的过程中，4岁的儿童所犯的错误与1岁的儿童非常相似，他们都倾向于到先前曾经找到物体的地方去寻找，而不是其他的地方，尽管随着年龄的增长，儿童犯错误的次数会减少，但所犯的是相同类型的错误（Deloache，1980，1984；Deloache & Brown，1983；Perlmutter，1980）。

我们认为，儿童的认知发展既包括连续性，也包含突变性。正好像一架桥梁的坍塌虽然是在瞬间发生的，但它的损坏却是日积月累的。在儿童认知发展的过程中，某一方面的进步可能是突然显现出来的，但相关经验的积累却是逐渐完成的。

（二）儿童认知能力发展的和谐性

皮亚杰在强调不同阶段的儿童在认知发展上具有质的区别的同时，还强调同一阶段的儿童在认知发展上具有和谐性的特点。他认为，一个8岁的儿童能掌握具体运算阶段的所有认知操作形式，而不能了解任何相应于形式运算阶段的认知操作形式。

但其他心理学家认为，皮亚杰的这种观点与儿童认知发展的实际表现有一定的出入。他们以守恒为例对此进行了分析。根据皮亚杰的理论，儿童应该在同一时间内达到对数量的守恒认识。但实际上，许多儿童6岁时就达到了对数量的守恒；大部分儿童在8岁时才能达到对质量的守恒；在10岁时才能达到对重量的守恒（Elkind，1961a；Katz & Beilen，1976；Miller，1976）。皮亚杰将这种现象称为儿童认知发展上的"水平性差异"（horizontal decalage），但并未对此做出具体的解释。

弗拉维尔（1982）指出，在分析儿童认知发展是否具有和谐性的问题上不能一概而论，而应考虑下面三个要素，即所观察的对象、活动和时间。

所观察的对象（whom）不同，会出现不同的结果。有些儿童在跨任务的推理中，表现出更多的一致性，而另一些儿童则不然，就像有些儿童相对于另一些儿童来说，在人格发展上具有更多的一致性一样。

所观察的活动（what）不同，也会导致出现不同的结果。儿童在其熟悉的活动中，易表现出认知上的一致性。

所观察的时间（when）对其结果产生的影响最大。儿童在刚开始掌握某种推理的能力时，常表现出更多的一致性。例如，①在液体守恒推理任务中，前运算阶段的儿童只根据液面的高度来判断液体的多少，而忽略液面的横断宽度；②在质量守恒推理任务中，只根据物体的长度来判断所含质量的多少，而忽略物体直径的大小；③在对时间的判断上，只将注意力集中在小车停止的空间位置上，而忽略实际花去的时间总数；④在天平任务中，只将注意力放在重物的重量上，而忽略重物与支点之间的距离等。所有这些都表明了前运算阶段的儿童在认知发展上共有的某些一致性。

但当儿童的某种认知能力已经发展了一段时间以后，则表现出更多的差异性。例如，一个儿童可能在 9 岁的时候，就达到了液体及质量的守恒，但要到大学阶段才能正确解决天平问题。

因此，应该说，在儿童的某种能力开始出现的时候，在他们对某些领域的知识经验尚少的时候，他们更易表现出认知发展的和谐性；但在各种能力发展的速度上及达到成熟的时间上表现出更多的差异性，这与儿童个人的经验范围及智力特点等方面的因素有关。

（三）形式运算思维是否是思维发展的最高阶段

皮亚杰认为形式运算阶段是思维发展的最高阶段，青少年大概 12 岁进入该阶段，15、16 岁达到成熟。但后来的研究表明，一部分人在很晚的年龄才学会形式运算的能力，有些人甚至一直都没有获得该能力。有研究认为只有40％～60％的大学生和成年人能够完全掌握形式运算思维阶段，不过没有完全表现出形式运算思维的成年人中的大部分人还是具备形式运算某些方面的能力（Keating & Clark，1980；Sugarman，1988）。研究者认为，青少年在形式运算上差异的原因之一是教育和环境的影响（Segall et al.，1990）。

还有一些发展学家认为，形式运算思维不能代表思维发展的终结，思维不仅需要逻辑性还需要思辨性。例如，发展心理学家拉博维奇-菲夫（Labouvie-Vief，1980，1986，1990）认为，社会的复杂性要求思维不能仅仅基于纯粹的逻辑，而要基于实际经验、道德和价值判断，对情境中的各个方面进行权衡，采取一种灵活的、可解释过程的，反映出现实世界中事件背后的原因很深奥这一事实的思维，她称之为"后形式思维"（postformal thinking）。"后形式思维"反映了这样一个事实，即在真实世界中，事件背后的原因十分微妙，并非黑白分明，而是黑白之间的灰色（Labouvie-Vief，1990；Thornton，2004）。

后形式思维也涵盖辩证思维（Basseches，1984），问题的答案并非总是正确或错误，有时某些问题要协商解决。佩里（Perry，1970，1981）也对成年阶段的思维发展进行了一定的研究。他通过对哈佛大学一组学生的访谈发现，刚入学时，学生们倾向于采用正确或错误、好人或坏人、支持或反对等的"二元思维"方式，在与其他学生、教授的思维碰撞后，学生们逐渐意识到问题不仅只有一种可能性，开始能够采用从多个角度看待同一问题的"多元思维"。由于佩里的研究是基于大学生群体，不一定适用于普通人群，但思维方式在成人阶段是发展变化的观点被广泛接受。后来，沙因等人（Schaie et al.，1989；Schaie & Willis，1993）还在佩里理论的基础上提出了成人思维发展的阶段性。

由此可见，在青春期之后，并非所有个体都能达到皮亚杰所界定的思维发展的最高阶段——形式运算思维，同时，个体的思维发展也并未终结。

我们认为，尽管在皮亚杰的理论中还存在许多有待于进一步验证的内容，甚至是不足之处，但皮亚杰的理论仍不失为杰出的关于儿童认知发展的理论。该理论如此完整、系统地描述了人类个体从出生到成熟的认知发展的全貌，使我们获得关于儿童认知发展的基本认识，并在某种程度上激发了后人的研究热情，将儿童认知发展的研究不断推向新的水平。

第五节　新皮亚杰学派

随着认知发展研究的进一步深入，皮亚杰理论在诸多方面受到质疑与挑战，在大量无法用皮亚杰理论解释的新数据和事实面前，有一些研究者在批评皮亚杰理论的同时，试图用新的思想和观点去整合、修正或扩展皮亚杰理论，于是产生了新皮亚杰理论（New-Piagetian Theories）。

一、日内瓦的新皮亚杰学派

瑞士的日内瓦大学是皮亚杰长期工作过的地方，20世纪40年代以前，皮亚杰和他的同事们一直关注儿童心理和教育的关系，但之后，皮亚杰的兴趣逐渐转到单纯的心理学理论方面，完全专注于儿童认知过程的研究，并于1955年以私人身份建立了"国际发生认识论中心"（不属于日内瓦大学）。在皮亚杰晚年和他去世以后，他的同事和学生，想要恢复过去的传统，在保持皮亚杰理论基本框架的前提下，大力倡导心理学联系教育的应用研究，同时引进新的研究技术，对传统的皮亚杰理论进行修正或补充，逐步产生了日内瓦新皮亚杰学派。该学派的代表人之一蒙纳德（Mounoud）于1976年发表了《儿童心理学的变革》一文，标志着走向新皮亚杰学派的第一步。1985年，这个学派出版了一本文集《皮亚杰理论的发展：新皮亚杰学派》，比较系统地阐明了他们的观点和一些主要研究成果（朱智贤，1988）。

日内瓦新皮亚杰学派的主要特点可概括为如下几个方面。

一是恢复了日内瓦大学重视教育的传统，认为教育不仅是社会发展的需要，而且也是个体人格完满发展的需要。因此，他们特别强调对于社会关系、交往、社会文化、社会性发展的研究。例如，在他们关于"智力的社会性发展"的研究中，虽然使用了皮亚杰的概念，但更多是从社会认知或发生社会心理学的观点来阐释儿童的发展，即认为同化、顺应、平衡等过程发展的线索是由社会环境(包括教育)来提供的。

二是不仅仅追求心理学理论研究的科学价值，更重视应用的研究。他们不赞成在心理学中只是抽象地研究心和物、心和身、感觉和思维等这些对立命题的关系，而是主张综合地、全面地研究这些对立命题之间密不可分的联系。

三是不赞成只研究认知的发展，而是要求把儿童心理发展当作一个整体来研究。除了认知之外，还有情绪、自我意识、人格发展等。

四是采用更加复杂的研究方法，试图创设几个变量相互作用的情况，强调被试(儿童)在实验过程中的作用，并注意应用现代技术手段扩展和丰富皮亚杰的研究方法。

二、修订皮亚杰的研究方法与研究结果的新皮亚杰者

有些研究者从对皮亚杰的研究方法和研究结果修订的角度出发，发展皮亚杰的理论或形成自己的理论。他们发现，儿童认知能力的发展并非以皮亚杰描述的"全或无"的形式进行，许多重要的认知能力在非常年幼的儿童中就已经存在。例如，代表人物之一卡米洛夫-史密斯(Annette Karmiloff - Simith)将皮亚杰的理论与新先天论结合，他相信，许多以往被认为是在儿童阶段逐渐发展起来的复杂技能实际上在很幼小的婴儿身上就有所表现(张卫，林崇德，2002)。

三、与信息加工理论相结合的新皮亚杰学派

随着认知心理学的兴起，不少心理学家用信息加工的观点解释心理发展和说明心理过程。有些研究者试图在皮亚杰理论的基础上，从其不足出发，结合信息加工的思想建构新的认知发展的规律和机制，从而产生了信息加工的新皮亚杰学派(李雅林，1994)。信息加工的新皮亚杰学派并不是一种单一的理论，而实际在其内部学说林立，每位代表人物都有一套自己的理论体系。主要的代表人物有帕斯库利恩(Juan Pascual-Leone)、凯斯(Robbie Case)、哈尔佛特(Graeme S. Halford)、费谢尔(Kurt Fischer)等，其中以凯斯的理论影响最大。

信息加工的新皮亚杰学派大多保留了皮亚杰理论的一些基本原理。首先，他们肯定皮亚杰关于儿童认知发展的结构思想，即儿童不是简单地观察周围世界，而是积极地把现实世界同化到他们现存的认知结构中去。其次，认可发展

具有阶段性的特征，可以分成性质不同的各个阶段，虽然他们对于阶段划分的依据及具体阶段的看法不同。总体上，他们承认皮亚杰关于认知发展的一些基本思想，但在具体思想的建立上，他们不认同皮亚杰对认知的数理逻辑式的描述，认为皮亚杰过多注重了认知发展的质变和普遍规律，缺少关注认知发展的微观机制，从此出发，他们借助信息加工的思想，重点关注认知发展阶段的具体过程和细微的发展机制。

(一)关于认知结构的观点

"结构"在皮亚杰的认知发展理论中占有相当重要的地位，与信息加工理论相结合的新皮亚杰学派的一个重要观点就是发展性地继承了皮亚杰关于认知结构的思想，具体观点如下。

其一，认为结构具有层次性和水平性，一般认为结构具有三个或四个水平。例如，有时尽管儿童可以通过同一作业，但不同儿童完成的作业水平不同，这一差异反映的是认知结构水平的差异。

其二，认为儿童的认知结构具有高度的包容性，即高级的认知结构可能涵盖和包容低级的认知结构。认知结构的不同水平之间是相互联系的，后一水平在前一水平的基础上产生，是对前一水平的深层否定。

其三，认为认知结构的获得有关键或特征性年龄，即认知结构具有一定的年龄特征。不过他们反对皮亚杰一元化的普遍思想，认为皮亚杰对认知阶段的划分过于呆板和绝对，应更注重揭示认知发展时间表上的诸多差异。

其四，强调认知结构的特定领域性，即认为认知结构在内容及形式上受到特定领域的限制。皮亚杰试图揭示的是儿童认知发展的普遍规律，强调的是发展的一般性、一致性和通用性，但许多研究表明（Flavell，1977；Sigel，1968），皮亚杰采用的不同作业间，甚至同一思维领域的作业间的相关都很微弱。由于认知发展本身具有复杂性和特殊性，寻求绝对的一般规律就难免遭遇困境，同时受到信息加工理论关于知识背景对加工影响思想的启发，新皮亚杰学派的理论家一致认为认知结构具有领域性特征。例如，费谢尔以技能结构作为认知发展的突破口，力图在普遍化与特殊性之间建立起联系，试图寻找"产生普遍化或特殊性的条件"，通过揭示影响普遍化的因素（如任务领域、环境支持等），提出环境支持和机体特征是普遍化形成的条件，为一般性的认知结构赋予了特殊性的领域影响。

其五，注重认知结构的个体间和个体内差异。这正是皮亚杰曾经忽视的方面，皮亚杰认知发展理论偏重的是抽象的或"认识化"的儿童，而不是"个体"的儿童，新皮亚杰学派理论家都重视对个别差异的研究。

尽管不同的新皮亚杰理论者对认知结构以上几个方面有较为一致的看法，但各理论的出发点和对皮亚杰理论继承的侧重点不同，关于认知结构也存在各自独特的思想和不同的看法。例如，帕斯库利恩的结构借用了皮亚杰的图式概念，但内涵更丰富，从内容上分为认知图式、情感图式和人格图式；而费谢尔的理论中结构的基本单位是技能。同时在认知发展阶段方面，他们在承认或注重结构质变的同时，也注重结构发展的量变。

（二）对结构转化过程的看法

皮亚杰理论重视平衡对认知发展的作用，认为平衡的不断被打破和新平衡的建立是认知结构的发展机制。尽管皮亚杰也提到社会环境对发展的影响，但更为注重儿童自身对环境的积极作用，同时，他提出的机制具有明显的生物学色彩、过于笼统，没有说明儿童发展的精细变化，对儿童的认知结构究竟如何从一个阶段转化到另一阶段并没有很清晰的说明。新皮亚杰学派的理论家试图弥补皮亚杰理论的不足，重视阶段转化的精细机制，重视对认知加工过程的研究。

他们认为所有儿童认知结构的转化并不是整齐划一的，而是具有差异性。即在不同的领域，由于领域本身的特性或儿童本身对领域的熟悉程度，结构的转化有自身的特点。

他们承认和强调环境因素和文化因素在结构转化过程中起着非常重要的作用。例如，费谢尔（1998）认为儿童自身与环境两者对于发展具有同等的重要性，他认为只有那些得到环境支持的技能才会发展到更高水平。

他们强调儿童认知结构的转化和认知加工过程受制于加工的能量。由于能量是有限的，因此，即使儿童处于良好的发展环境中，结构转化的过程和产生发展的速度都是有所限定的。同时认为，儿童出生时加工容量十分有限，加工容量的发展也随着年龄的增长经过一段漫长的时间。

尽管新皮亚杰学派的各理论都强调研究结构转化的具体过程，但在具体的观点和术语上各不相同。例如，帕斯库利恩主要采用了平衡的概念，但注重的是微观平衡的研究；费谢尔则提出五种转化形式，并特别强调协同的作用。

新皮亚杰学派对当代认知发展心理学的贡献，以及对皮亚杰理论的发展，都是值得肯定的。当然，也有一些批评的声音。例如，有的学者（J. Vonèche & 李其维，2000）认为新皮亚杰学派的心理学，实际上是将皮亚杰心理学与认知心理学研究中的不足之处结合在了一起，在方法论上都具有相同的偏差，着眼点皆停留在一些细枝末节的问题上，完全不同于皮亚杰的研究。这说明新皮亚杰学派在理论与方法的创新上仍需继续努力。

思考题

1. 谈谈皮亚杰关于儿童认知发展理论的贡献与不足。

2. 谈谈对皮亚杰关于儿童发展阶段性理论的理解。

3. 儿童是如何通过同化和顺应过程而达到平衡的？

4. 谈谈皮亚杰关于儿童认知发展的各个阶段的智力发展特点是什么？

5. 儿童的自我中心与青少年自我中心的区别何在？

6. 皮亚杰关于儿童守恒发展的三个阶段是什么？

7. 试分析受信息加工思想影响的新皮亚杰学派的主要观点及其与皮亚杰理论的异同？

第三章　现代认知心理学关于儿童认知发展的理论

现代认知心理学是兴起于 20 世纪 50 年代中期的一种心理学思潮。随着它的不断发展，目前在心理科学中已居于相当重要的地位。现代认知心理学运用信息加工的理论观点，研究人的认识活动。其研究范围主要包括感知觉、注意、表象、记忆、思维和言语等心理过程以及人工智能。自 20 世纪 60 年代以来，现代认知心理学将其研究范围拓展到儿童认知发展领域，并关注儿童如何对信息进行加工、储存、提取、组织和操作，以新颖的理论观点及丰富的研究成果对儿童认知发展的研究产生了巨大的影响。

第一节　现代认知心理学关于认知发展的理论观点

目前，在现代认知心理学中，虽然还未形成关于儿童认知发展的统一理论，但各理论之间具有非常明显的共同特色。第一，它们都将个体的认知活动看成是信息加工的过程，对儿童认知发展的研究不十分关注不同的发展阶段，而是专注于儿童表征、加工及转换信息的过程，以及儿童的局限如何阻碍上述过程的有效进行等方面；并强调不同年龄阶段儿童的思维质量是由其在特定情境下表征信息、加工信息的水平及每次能储存信息的数量决定的。第二，都强调对儿童认知发展内在机制的精细分析，以鉴别出那些对认知发展具有突出作用的变化机制，并了解这些特殊的变化机制如何一起工作从而引起个体认知能力的增长。第三，都强调儿童的认知发展在很大程度上是通过主体不断的自我调节过程而实现的。也就是说，儿童通过使用不同的策略能增加关于每一种策略有效性的知识，而这种知识反过来又会改变和修正现有策略。第四，都认为了解儿童认知过程及其发展的关键是精细的任务分析，强调只有通过对特定任务的每一个细节的分析，才能更好地了解儿童的认知活动。

现代认知心理学关于儿童认知发展的理论探讨主要集中在个体的认知结构、认知发展机制、认知发展阶段以及认知发展的条件等几个方面。

一、基本主张

（一）个体的认知结构

首先，现代认知心理学对结构的内涵进行了界定，认为结构是由潜藏于事物变化过程和现象背后的那些不变的成分构成的，这些成分不能再被分解。弗拉维尔（1971）曾进一步描述了认知结构，指出认知结构是由一系列认知项目按照某种联系方式而构成的一个有组织的整体，它具有两个显著的特性：一是构成组织的元素的存在是相对稳定、持久的，而不是暂时性的；二是结构是存在于表面行为背后的基础，具有共同性和潜在性，由结构所支持的现象可能是多种多样的，但结构的实质却是稳定不变的。由此，现代认知心理学家认为，儿童认知能力的发展不是由于认知结构本身的变化所导致的，而是通过原有认知结构的功能的不断被激活、工作有效性的不断提高及结构间各元素相互作用的熟练程度的提高而逐渐实现的。基于此种观点，斯腾伯格、凯斯等人认为，儿童的认知结构与成人的认知结构相比，并没有本质上的区别，而只是在完善程度上存在差异，要了解儿童认知发展的过程，必须同时研究成人的认知过程，这对于理解认知发展具有很大益处。

其次，斯腾伯格的认知成分理论较完善地描述了个体认知结构的组成成分及各成分之间的系统性联系。斯腾伯格是用信息加工观点研究儿童认知发展的重要人物。自 20 世纪 70 年代以来，他提出了一系列关于儿童认知发展的新观点，关于个体认知结构的成分理论是其中的重要内容之一。斯腾伯格认为，组成认知结构的有三种成分：元成分、操作成分和知识获得成分。元成分在认知过程中的作用是制订计划、选择策略及监控具体的过程。操作成分的作用是，执行具体的加工过程。根据在执行任务的不同阶段中的具体功能，操作成分具有三个不同的职能：第一，编码，即对刺激信息进行定义并在信息加工系统中予以表征；第二，联系，即对不同的信息进行比较和联合；第三，反应，即对刺激予以应答。知识获得成分的作用是，选取问题情境中有关的信息，忽略无关信息，并将新信息与记忆库中储存的知识相联系，其中包括信息（或知识）的获得（acquisition）、提取（retrieval）及转换（transfer）三种途径。认知结构的三种成分相互依存、相互联系。从某种意义上讲，个体的认知发展正是这三种成分反复相互激活的结果。操作成分及知识获得成分得到元成分的不断激活和作用，并给元成分提供反馈性信息，元成分据此对他们工作的有效性进行评价，进而使整个加工程序获得调整。随着这种内部调整过程的不断持续，加工策略会不断得到改进和增长，各种成分工作的自动化程度也会不断提高，从而推动认知水平的不断提高。斯腾伯格(1980)用图式进一步说明了他提出的认知结构中各成分之间相互作用的关系(图 3-1)。

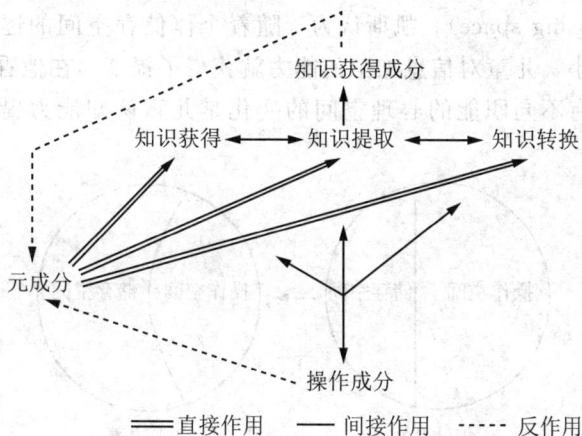

图 3-1　斯腾伯格的认知结构图

斯腾伯格的认知结构模式较直观、清晰地揭示了认知结构内在的内容，突出了元认知能力在个体认知发展中的作用及在认知发展过程中个体的主观能动性。而且，他通过分析儿童和成人在具体认知过程(如类比推理)中的表现了解到，儿童和成人在解决问题时，都应用了认知结构中的三种成分，其差别仅在于他们在各成分上花费的时间及对各成分进行整合的速度。因此，他认为认知能力的发展不是认知结构在本质上的飞跃性变化，而是构成认知结构的各组成部分之间不断取得协调一致工作效果的渐进过程。在这一点上，斯腾伯格与皮亚杰对儿童认知发展的分析和阐述具有根本的不同。

(二)个体认知发展的机制

现代认知心理学对个体认知发展机制的分析更多是集中在微观的层面上，并不主张用一种统一的变化机制揭示儿童认知的发展。一些现代认知发展心理学家，如布瑞那德和金玛(Brainerd & Kingma，1985)等人认为，在个体的认知结构中存在的加工系统不是单一的，而是多重的，每种加工系统都有其自身的变化机制，同一年龄阶段同一个体的各种认知能力的发展也并非是同步的。因此，他们主张对每一种具体的认知过程的变化机制进行深入、细致的分析，从而了解儿童每一种认知能力究竟是如何发展变化的。例如，凯斯(1985)提出了一种与儿童认知加工有效性相关的变化机制。它将个体的心理区域分成储存空间(storage space)和操作空间(operating space)。储存空间指的是，用于储存信息的空间范围及所储存的信息容量；操作空间指的是，在进行具体的认知操作时需要的空间范围及投入的心理能量。两者相加则构成整个的心理加工空间（total processing space）。凯斯认为，随着个体储存空间的逐渐增大及操作空间的逐渐缩小，儿童对信息加工的能力就获得了提高。在他看来，与信息加工有关的、具有不同职能的心理空间的变化是儿童认知能力提高的机制之一（见图 3-2）。

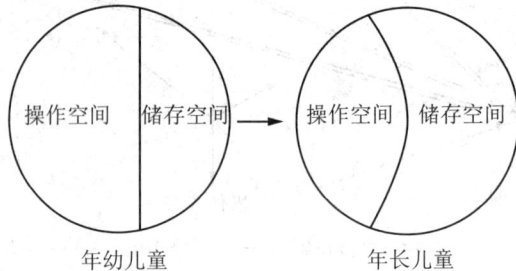

图 3-2　凯斯的心理空间变化模式图

凯斯对上述认知发展变化机制的具体分析是，当儿童初学一种新的认知技能时，必须投入较多的操作能量去练习和掌握。对于年幼儿童来说，大部分认知技能都是陌生的。因此，其操作空间在整个心理空间中所占的比例相对较大。随着儿童年龄的增长，各种认知技能的熟练程度获得了提高，在具体操作时只需要较少的能量投入就可以应付；并且这些达到熟练化的技能和策略会不断地转入储存空间，作为一种知识和认知结构成分储存下来，为发展新的技能提供更坚实的基础和更广阔的背景。随着操作空间的心理能量向储存空间的不断转换，儿童的认知结构会越来越稳固，认知策略会越来越丰富，相应的认知能力也因此获得了发展。现代认知心理学将心理能量在不同心理空间的流动变化及能量储存数量视为儿童认知发展的机制之一。现代认知心理学还有其他关于儿童认知发展机制的理论，在此不再一一列举。

总之，现代认知心理学对儿童认知发展的分析更为具体。这有利于更深入地了解个体认知发展的内部变化过程，对皮亚杰关于儿童认知发展机制的宏观理论也予以了微观上的补充。

（三）个体认知发展的阶段

现代认知心理学虽然也承认个体认知发展具有阶段性，如凯斯（1985）曾以儿童能形成的心理表征和心理操作的水平为依据，将儿童认知发展划分为四个相互联系的阶段。但大多数现代认知发展心理学家更强调个体认知发展的不平衡性。他们(Sternberg & Bray)认为：儿童对不同信息的加工组织和解释是依据不同的原则进行的，其水平是受儿童加工、表征信息的方式与一次所能加工的信息数量以及原有知识结构状况影响的；同一个体在不同领域的认知表现也具有很大的差异性，表现为个体认知的非协调性发展，如某些儿童虽然能很好地完成守恒性任务，但却不能顺利完成简单的记忆任务(Kaufman & Kingman，1984)。由此，现代认知心理学家认为用水平(level)或者步骤(step)来描述儿童认知发展的渐进性似乎比用阶段(stage)描述更为合适。因为只要这样，就无需找到某一阶段内严格一致的东西，而只需描述一种发展的顺序及增长的情况，从而能更准确、具体地反映儿童认知的发展进程。

由于现代认知心理学强调儿童认知发展的不平衡性，所以它更重视对儿童在认识发展上的个别差异性的研究，更重视对儿童进行的每一个具体加工过程的探讨，并试图找到促进每一个具体加工过程的具体途径，而不十分重视寻找各种加工系统之间的联系及儿童认知发展的一般路线。

(四)个体认知发展的条件

现代认知心理学家更强调教育和训练在儿童认知发展中的重要作用，并认为教育和训练的具体功效主要体现在对儿童元认知能力的促进作用上。他们将教育训练对儿童认知发展的影响作了如下的表述：教育、训练(包括成熟的作用)→元认知的发展→具体认知能力的提高。

20世纪70年代中期以来，现代认知心理学家们开展了大量关于儿童元认知三种成分(元认知知识、元认知体验、元认知监控)特征及其发展与培养的研究，发现年幼儿童在元认知的三个成分上都明显不如年长儿童，并发现这是导致年幼儿童不能很好完成认知任务的重要原因之一。尤森、利维(Yussen & Levy，1975)曾测查了不同年龄被试的元记忆水平，发现4岁组儿童中有50%的人高估了自己的记忆能力，且平均高估值为152%。这说明年幼儿童缺乏元记忆知识及准确的元记忆体验。这种对自我认知能力盲目自信的倾向，降低了主体在完成认知任务过程中的努力程度，影响实际的认知成绩。

现代认知心理学家们对儿童元认知的第三个成分——元认知监控的研究最多。元认知监控，是指个体在认知活动中主动地产生策略、选择策略、自我控制及调节的过程。有关研究发现，年幼儿童有时并不缺少完成某项认知任务的基本能力要素，缺少的是将这些能力要素协调起来组成策略，并从中获益的能力(Kobasigawa，1974；Tighe，1975；Kail，1986；Brainerd & Kingman，1986)。研究还发现学习困难儿童的元认知执行过程存在不同程度的问题(Greene，2001；Desoete，Roeyers & Buysse，2001；Butler，1998)。研究者由此认为，元认知能力的获得不单单是由于个体的成熟，个体若缺乏基本训练，即使到成人阶段，这方面也不一定能达到理想的水平。研究者对一些尚无某种认知策略的年幼儿童、智力略低的儿童以及一些策略发展水平较低的学习困难儿童进行了相关的训练，获得了明显的效果（Brokowski ＆ Beid，1984；Borkowski ＆ Peck，1986；Hogan ＆ Catherine，1999；Swanson，1999；Swanson，Sachse ＆ Carole，2000；Schumaker ＆ Deshler，2003；杨漫欣，2004）。这些研究结果支持了现代认知心理学家们关于发展认知能力应从元认知角度对儿童进行教育和训练的思想。

现代认知心理学在分析儿童认知发展的条件时，将通过教育、训练而引起元认知的变化作为一个重要因素予以考虑，这与其一贯重视对认知加工的内在过程进行精细分析的原则是相一致的；而且将元认知视为认知结构的统帅地位，认为它的变化将引起一系列具体认知能力的变化，并用大量的实验对此予以了支持。

二、与皮亚杰理论的比较

现代认知心理学是继皮亚杰的认知发展心理学之后，对儿童智力发展的理论及研究产生重大影响的学术思潮。

现代认知心理学关于认知发展的理论与皮亚杰的认知发展理论既有联系，又有区别。

从广义的角度看，现代认知心理学与皮亚杰学派同属认知心理学派，都是研究人类认知问题的科学。因此，他们必然在某些方面具有相同之处及联系。

其相同之处表现在，都试图描述儿童在各年龄阶段上认知发展的能力及局限性；都试图解释儿童在特定的发展阶段中，为什么有些能力能达到，而有些能力达不到；都强调儿童现存的知识结构对获得新知识具有重要的影响等。

其相互联系性表现在，现代认知心理学在某些基本理论和研究方法上接受了皮亚杰理论的引导和启发，并在此基础上作了进一步的验证和补充。例如，试图用计算机模拟的方法，将皮亚杰通过用谈话及观察的方法获得的对儿童认知规则的描述精细地再现出来（Begler，Siegler），从而使人们更具体地了解某一特定年龄阶段儿童的认知特点；又如，试图用信息加工的方法，对皮亚杰关于儿童认知发展阶段间的转换机制进行更深入的揭示（Case），赋予皮亚杰理论新的意义。

其差异之处表现在三个方面。第一，理论假设不同。皮亚杰更倾向于将儿童认知的发展解释为一种生物适应的过程，它假定任何一个个体的成熟均由统一的生物原则来支配。由此，他认为儿童认知发展也可用统一的原则来解释。在此假设的基础上，皮亚杰形成了关于儿童认知发展的一整套理论体系，并用其中的一般性原理解释儿童认知发展多样化的过程。而现代认知发展心理学的基本假设为思维是信息加工，并用多元的观点或原则来解释认知发展。它将总的认知活动视为形形色色的个别认知过程的集合，并认为这些过程不一定遵循相同的规律。因此，现代认知心理学至今尚未形成关于认知发展的统一理论。第二，研究思路不同。皮亚杰将较成熟的认知过程视为一种逻辑运演过程，致力于探索逻辑推演结构和过程以及在此方面表现出来的年龄特征，研究的重点是不同年龄阶段儿童的思维规则；而现代认知心理学将认知视为对信息的加工过程，是从信息的获得、储存、加工和提取几个环节来分析和解释人的认知活动的，探索的重点是不同年龄阶段的儿童对信息的具体加工模式。第三，研究手段不同。皮亚杰主要使用临床法，应用这种方法可以加强研究者与被研究者之间的交融性和互动性。现代认知心理学强调对认知变化机制的精细分析，采用严格控制刺激、细致观测反应、精细处理结果的程序控制法，这种方法进一步提高了研究的精确性。

第二节　认知发展的信息加工观理论

在这一节里，重点介绍四种关于认知发展的现代认知心理学理论。这四种理论的代表人物分别是：斯腾伯格、凯斯、克莱贺和华莱斯（Klahr & Wallace）以及希格勒。上述理论主要在思维活动的自动化（automatization）、编码（encoding）、概括（generalization）以及策略构建（strategy construction）等环节上，对儿童认知发展的作用提出了独到的或相关的见解。

斯腾伯格的理论主要探讨了在儿童认知发展过程中，编码及策略构建的问题。

凯斯的理论揭示了儿童如何通过达到某些思维活动或过程的自动化，克服记忆局限性的过程及意义。

克莱贺和华莱斯的理论主要强调归纳、概括以及发现新旧情境之间关系的能力对认知发展的影响。

希格勒的理论以人类认知发展与生物进化具有类似性的观点为基础，详细分析了在个体认知发展过程中，策略选择及策略构建的问题。

一、斯腾伯格的理论

20 世纪 20 年代以来，心理学家对人类智力状况的描述主要依赖于 IQ 分数。对此，斯腾伯格认为，IQ 分数虽然能提供了解个体智力差异的基础，但仅用一个单一的 IQ 分数很难充分反映出人类认知本来具有的丰富复杂的特性。而且智力理论应包含智力操作的心理机制，但是很多智力理论都未说明这一部分。斯腾伯格 1985 年提出的智力三元理论对产生智力操作的心理机制进行了详细的说明。

斯腾伯格试图采用信息加工的方法，对认知的成分进行了较深入的分析，提出了认知的三个成分，并将其应用到不同的认知任务及不同年龄、不同智力程度的被试中进行检验，将其结果与传统智力测验的结果进行比较，希望找到一种能比较完善地描述人类认知及认知发展的方法。

(一)认知的三成分

斯腾伯格提出的认知的三个成分：元成分(meta-components)、操作成分(performance components)及知识获得成分(knowledge-acquisition components)。

斯腾伯格用图式对构成认知结构的三种成分及各自的亚成分作了直观性描述(见图 3-3)。儿童对要解决的问题理解充分时，元成分和操作成分参与建构问题解决策略，元成分选择使用哪种操作成分及使用的顺序；理解不充分时，知识获得成分也参与进来，它获得解决问题的新信息，将这些信息传递给元成分，元成分结合原有信息和新信息建构问题解决策略。

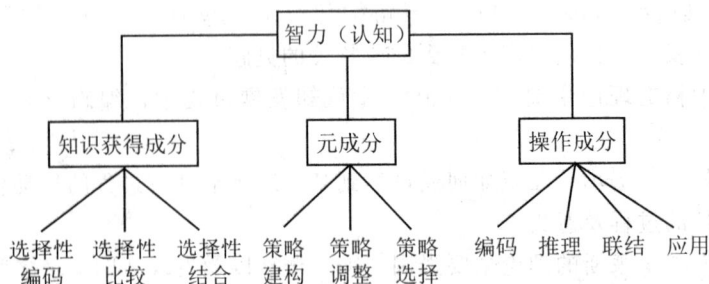

图 3-3 斯腾伯格关于认知三成分的理论结构

(二)每种成分的具体功能

1. 操作成分

斯腾伯格认为，操作成分是由编码(encoding)、推理(inference)、联结(mapping)及应用(application)四个环节构成的。

他列举了一个类比推理的例子，以说明上述四个环节的作用，类比推理的题目为：

火鸡：酸果梅酱——鸡蛋：①玉米
②火腿

要求被试从玉米和火腿这两个答案中选择一个正确的。

斯腾伯格认为，解决这个问题的第一个步骤是编码，即搞清题目中每一个词的含义，如火鸡是一种鸟，可作为食物(肉类)，人们通常在感恩节时吃等。第二个步骤是推理，即确定第一个事物与第二个事物之间的某种关系，在这个题目中的第一个事物与第二个事物之间的关系是：酸果梅酱常被用作吃火鸡的配料。第三个步骤是联结，即建立第一个事物与第三个事物之间的关系，在此题目中为(火鸡、鸡蛋)都是食物。最后一个步骤为应用，即选择一个恰当的答案与第三个事物构成一种关系，且在使这种关系与前两个事物之间的关系有某种共同之处。此题的正确答案为"火腿"，因为按西方的习惯，在食用的搭配关系上，鸡蛋与火腿相配，类似于火鸡与酸果梅酱相配。

斯腾伯格和理弗肯(Sternberg & Rifkin，1979)通过研究发现，7岁儿童在解决上面这种类比推理的问题时，所使用的操作性成分与成人没有什么区别，但用在操作性成分中的各具体步骤的时间却与成人不同，成人用于编码的时间较多，然后便可以很快地通过其余步骤；儿童用于编码的时间很少，只提取出每个事物的有限特征，就试图去解决问题，若起始的方法无效，再对更多特征进行编码，儿童的这种策略降低了初始的记忆负担，但在总体上却使解决问题的时间增长了。

斯腾伯格还发现，高智商的儿童在解决上述类型的问题时，与成人具有同样的操作特征(Marr & Sternberg，1986)。

2. 知识获得成分

斯腾伯格认为，知识获得成分是由选择性编码(selective encoding)、选择性结合(selective combination)及选择性比较(selective comparison)三个具体环节构成的。选择性编码的作用是从无关信息中抽取出有用的信息；选择性结合的作用是以一种意义的方式将表面上看起来分散的信息整合到一起；选择性比较的作用是通过比较，构成新编码的信息与已被储存的信息之间的关系。

斯腾伯格和戴维森(Sternberg & Davidson，1983)测查了儿童在解决顿悟问题时应用知识获得成分的情况。其中的一个顿悟性问题为：如果在你的抽屉里装有黑色的袜子及棕色的袜子，其比例为 4∶5。问：需拿出多少只袜子后才能确定手里的袜子具有相同的颜色？

结果发现，高智商的儿童在解决这个问题时，能更有效地应用知识获得成分的第一个环节——选择性编码。他们在审题后能很快地舍去 4∶5 这个很迷惑人但却与解题无关的信息，而仅选择有关的信息，简化了问题的难度，导致迅速地解决问题。

研究还发现，通过训练对上述三个具体环节的运用，可以提高儿童解决类似问题的速度。

3. 元成分

元成分的功能是使主体在认知活动中不断地建构策略，且对其他两个成分具有调控作用。

元成分对个体发展也起重要作用，它构成认知发展的重要基础(Sternberg，1984)。

斯腾伯格认为，如果说有效地操作知识获得成分是构成智力良好的原因，那么元成分的低效工作则是造成智力低下的原因。

斯腾伯格发现，某些智力不良的儿童在完成认知任务时，其元成分的操作具有如下特点。第一，不能充分地监控其他两种成分以获取构建策略的充分资源。斯腾伯格认为，智力落后的个体缺乏的是以一种恰当的方式构建策略的能力。第二，他们在解决问题的过程中，不能充分协调自动化与非自动化过程。例如，在阅读过程中就存在自动化及非自动化两种程序，人们依赖自动化程序获得每个字和词的意思，而依赖非自动化程序获取整个阅读材料的意义。如果上述两个过程不能流畅地交替进行，就会大大降低认知活动的效率。第三，不能进行良好的迁移和转换，缺乏那种依据已有的知识和经验产生一种新的策略以解决新问题的灵活性。

斯腾伯格的认知三成分理论对个体认知的内在结构进行了较精细的、动态性的分析，并依据相关的研究结果，阐明了成人与儿童、智力优秀儿童与智力落后儿童在各种具体认知成分上的差异，尝试着用上述理论解释儿童认知发展的某些内在机制。这种研究认知发展的思路，无疑可以弥补仅用智商对认知发展进行解释时具有的单一性和局限性。

二、凯斯的理论

凯斯理论的重要特色是将皮亚杰的理论与信息加工的理论相结合。其具体表现为，将类似于皮亚杰那种描述儿童认知发展的阶段理论与研究个体如何建立认知目标、克服工作记忆容量的局限及产生解决问题的策略等典型的现代认知理论及方法相结合，对个体认知发展进行分析和描述。

凯斯的理论可分为两个主要部分，其一是对儿童认知发展阶段本身的描述；其二是对儿童如何从前一个认知发展阶段跃向后一个认知发展阶段的机制进行分析。

(一)儿童认知发展的阶段性

凯斯(1985)提出了儿童认知发展的四阶段理论。其划分阶段的依据有两个，一个是儿童能产生的心理表征(mental representation)；另一个是儿童能产生的心理操作或心理行为(mental operation or mental action)。

下面是凯斯关于儿童认知发展四个阶段的具体内容。

1. 感觉运动操作阶段

在感觉运动操作(sensorimotor operations)阶段中，儿童所产生的心理表征由感觉信号构成；所产生的心理行为也只是身体行为。例如，当儿童在某一房间里看见一张可怕的面孔时(感觉性表象)，他很可能会马上逃离该房间(身体行为)。

2. 表象性操作阶段

在表象性操作(representational operations)阶段中，儿童产生的表象是能持续一定时间的内在映像；所产生的心理行为是表征性行为。例如，当儿童看到某张可怕的面孔时产生的心理映像(内在表象)，并能在次日将这张面孔画出来(表象性行为)。

3. 逻辑性操作阶段

在逻辑性操作(logical operations)阶段中，儿童能在抽象意义上表现及加工刺激，并能进行简单的转换(simple transformation)。例如，一个逻辑性的操作可以表现为，一个儿童认识到他的两个好朋友之间的友谊受到了挫折(抽象的表征)，并告诉他们，如果他们能重归于好，一定会有许多有趣的事情发生(简单的转换)。

4. 形式操作阶段

在形式操作(formal operations)阶段中，儿童不仅能抽象地表征刺激，而且能对信息进行更复杂的转换。例如，儿童可能会认识到，直接劝告两个发生矛盾的朋友恢复往日的友谊可能不易生效(抽象的表征)，于是便组织一次活动让两个人在活动中一起克服困难、排除险情，进而恢复友谊(复杂的转换)。

凯斯强调，在上述每个阶段中都包括前面的阶段所具有的心理表征及心理操作能力。

凯斯将这个阶段性的理论应用到对儿童某些具体认知任务的研究中（如对桔汁问题的推理），研究结果支持了上述理论。

（二）认知发展阶段变化的机制

凯斯理论的第二部分，关于个体认知发展机制的解释与皮亚杰的理论有所不同，具有明显的现代认知心理学的理论特色。

1. 认知发展的先天可能性

凯斯认为，儿童先天就有许多潜在的能力倾向，其中包括如何确立问题解决的目标，如何形成问题解决的策略，如何整合不同的策略以形成更精确的、更有效的策略，等等。随着上述能力的不断现实化，儿童的认知便获得了进步。

凯斯认为，儿童的工作记忆容量是其认知发展的决定因素，他强调的不是工作记忆绝对容量的增长，而是其加工效率的增长，只有这样才能使其处理信息的能力增长。工作记忆发展的具体机制是自动化及其生物成熟。

2. 自动化

凯斯（1985）提出，儿童在认知操作上的不断自动化，是提高其工作记忆能力的重要机制之一。

个人通过不断地练习，就可以更有效、更快捷地完成最初需要所有工作记忆资源的认知操作，从而释放部分工作记忆容量，用在其他的认知任务中。凯斯的理论中有一个重要的概念，即中心概念结构。中心概念结构即语义结构和语义关系的网络，这些网络代表了儿童在某一领域范围并能运用于该领域所有认知任务的核心知识，并且认为这些结构在儿童对广泛情境的理解方面形成了概念中心，而不论情境的文化背景如何。中心概念结构可以有效地组织目标及达成目标的程序，这有助于儿童克服工作记忆的局限。

3. 生物成熟

凯斯认为，生物成熟（biological maturation）可以解释工作记忆效能的增长，个体大脑内部神经系统的髓鞘化，可以促进工作记忆能力的提高。他发现，大脑内部各系统间的生物学变化与个体在工作记忆中表现出的有效性相联系。

凯斯等人还将其理论应用到一些其他的认知任务中，如科学推理（Marini，1992）、算术应用题解决（Okamoto，1992；Griffin & Case，1996；Okamoto & Case，1996）、概念发展变化（Liu & Mckeough，2005；Liu & Lesniak，2006）、乐谱认读（Capodilupo，1992）、天平平衡（Case，1978）、时间报告

(Case，Sandieson & Dennis，1987)、钱币问题(Marini，1984)、对人际冲突及心境的社会认知(Bruchknowsky，1992；McKeough，1992)等，上述研究获得的结果与凯斯的理论预期相一致。

(三)对教学实践的指导

许多一年级小学生在解决类似"4＋？＝7"这样的缺失某个加数的数学题时会遇到困难，教师也发现这种类型题目的计算是一年级数学教学中的难点。凯斯认为，造成解决这类问题困难的重要原因是，儿童使用的策略超过了其工作记忆的容量。因此，凯斯发展了一套适合于一年级儿童工作记忆容量的计算策略，并对学生进行指导和训练。结果表明，应用凯斯的教学方法可以使80％的小学一年级的儿童顺利通过这一内容的学习，这个数字比美国标准数学计算中心规定的通过指标高出10％；而且，应用这套方法还可以帮助智力较为落后的6岁儿童达标。

凯斯在其理论中将个体基本的认知能力与解决问题的实际策略相联系，试图解决教学中的具体问题，这是区别于现代认知心理学某些严格的实验室研究的地方。

凯斯既强调生物成熟在个体认知发展中的作用，又强调后天练习的作用，体现了他在分析个体认知发展问题上所具有的辩证唯物主义思想。

三、克莱贺、华莱思的理论

克莱贺认为，皮亚杰以同化、顺应、平衡等环节构成的关于儿童认知发展的机制一直给人们一种虚幻和神秘的感觉。因此，克莱贺试图从别的角度对儿童认知发展的机制做出具体、明确的解释，这就是克莱贺和华莱思理论的核心内容。

在他们的理论中，将概括(genalization)能力的发展视为认知发展的关键机制，并将概括具体化为以下三个方面。

(一)时间路线

个体通过时间路线(the time line)为进行概括搜集最初的数据资料。资料范围包括：在某一事件中，主体按时间顺序遇到的所有情境、在那些情境下产生的所有反应、反应的所有结果以及所派生的新的情境。克莱贺等人认为，这些信息对于以后概括的发生是非常宝贵的。儿童对生活事件中信息的搜集具有时序性和细节性，既包含了有意义的信息，也包含了无意义的信息(Hasher & Zack，1984)。

(二)规则发现

规则发现(regularity detection)是指,对在前一个阶段中搜集到的资料进行概括的过程,如在数量守恒任务(number conservation)中,儿童通过规则发现至少可以产生三种不同形式的概括。

其一,对不同物体的概括。即认识到无论是两块饼干,或是两枚扣子,还是两个布娃娃……均是两个物体。

其二,对不同空间形式的概括。即认识到无论物体以展开的或者紧缩的形式排列,仍将保持物体原来的数目不变。

其三,对物体不同数量的概括。即认识到无论物体开始时有多少数量,以另一种形式排放后仍保持原有的数量。

这些概括能力的获得会促进儿童抽象逻辑思维的发展。

(三)消除多余步骤

消除多余步骤(redundancy elimination),是指儿童通过检查发生在时间路线上的事件,常会发现在某些认知活动中,如果省略一个或几个操作步骤,并不会对认知活动产生影响。因此,在下一次再进行类似的认知活动时,就会用较简单的程序代替较复杂的程序,从而大大提高了认知活动的效率。

这个理论非常强调编码在认知活动中的作用,认为儿童在时间路线上对信息编码的充分程度会直接影响其后来的认知活动。例如,在液体守恒任务中,如果儿童在开始时仅仅对杯中液体的高度进行了编码,而未对液体的横断面进行编码,最后就不能形成对液体的守恒性认识。

这个理论也强调儿童在认知发展上具有个体差异性。他们认为,对于某一种认知能力来说,不同的儿童可能会有不同的发展路线。例如,在数量守恒任务中,不同儿童进行的概括顺序不同;而且每一个儿童都有一种自我调节的能力,这种自我调节的能力体现了儿童在认知发展上的主观能动性。

四、希格勒的理论

受达尔文生物进化论的影响,希格勒试图发展一种关于个体认知发展的进化理论。

他认为,从生物学的角度看,认知的基本特征之一就是竞争。认知的竞争表现在人类个体运用概念、规则及策略等进行的各种认知活动中。

该理论的目标是,描述人类认知系统中竞争的内容,说明通过这些竞争是如何导致个体在认知发展上产生适应性的结果,并确立认知变化的机制。

　　希格勒用重波模型（Overlapping Waves Model）来阐释生物进化论对认知发展理解的贡献。重波模型的基本假设是，儿童在任何时候都用多种方法考虑问题，这些方法互相竞争，先进的方法逐渐得到普遍使用（见图 3-4）。在任何特定的时间里，几种解决问题的策略同时存在于儿童思维中，这些策略互相竞争。随着经验的增长，一些经常被使用，另一些则很少被使用；一些起初被频繁使用，后来变得很少被使用；随着新的策略引入，旧的策略会被停止使用。

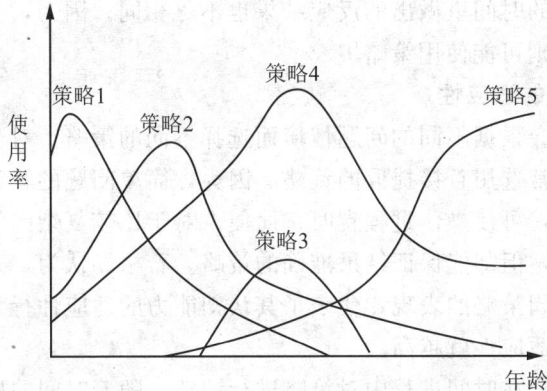

图 3-4　希格勒的认知发展重波模型

　　希格勒及其同事在许多不同的任务中，对认知进化理论进行了检验。这些任务包括数学运算、时间报告、阅读、问题解决以及记忆任务等（McGilly & Siegler，1990；Siegler，1986，1988，1996；Siegler & Jenkins，1989；Siegler & Shrager，1984；Siegler & Taraban，1986；Hoijtink & Noten-boom，2004；Schunn，McGregor & Saner，2005；Tronsky，2005；Steiner，2006）。上述这些众多的研究成果表明，在每一种认知任务中，竞争都会导致适应性结果的产生。产生适应性结果的内在工作机制之一是策略选择和发现。

（一）儿童认知能力上适应性行为的表现

1. 策略的多样性

　　观察发现，即便幼儿园的儿童在解决类似于"3＋5＝?"这样的最基本的加法运算时，也会使用不同的策略。有时他们使用从 1 开始数的策略，具体的做法是，先伸出一只手的若干手指代表第一个加数，再伸出另一只手的若干手指代表第二个加数，然后数完所有伸出的手指，即得到了这两个加数的和；有时他们使用辨认策略，即只是伸出手指，但不去一一点数，而是一下子辨认出结果；有时他们采用直接提取的策略，即不需要使用手指，直接从记忆库中提取出答案；有时使用继续数的策略，即从两个加数中选出一个较大的，以它为基础继续向上数，所数的次数等于另一个较小的加数。例如，计算"3＋9＝?"，以 9 为基础开始数，9、10、11、12（所数的次数等于算式中较小的加数 3），和就是所数的最后一个数 12。

研究发现（Siegler，1987a），对于每一个儿童来说，并不总是固定地使用同一种策略，而是交替地使用不同的策略。即便是同一个儿童对于同一个具体的问题，在不同的时间里做出的反应结果也不尽相同。因为，他们今天可能使用策略 A，明天则可能使用策略 B。

2. 策略选择的适应性

首先，儿童会根据不同的问题情境而选择不同的策略。对于比较简单的加法问题，儿童通常选用直接提取的策略。因为，简单问题的答案在记忆库中易储存，也易提取，可使操作过程省时、简便。对于比较复杂的问题，儿童会选用那些虽然费时，但却能保证结果准确的策略。希格勒认为，儿童根据不同的问题情境选择不同策略的表现，代表了其认知能力的适应性行为，这种选择进行得越合理，其适应性就越高。

其次，儿童会在时间进程中对策略进行调整。随着时间的推移以及某种实践经验的增加，儿童更倾向于使用那种易于操作，且效果良好的策略，用进化论的语言来说，就是每一种策略都能在其适用的范围里找到适合于自己的位置。例如，在有了一定的运算经验后，儿童就会将加法运算中的"继续数"策略更多地使用在像"2＋9＝?"这样的题目中。其特点是两个加数之差较大，"继续数"策略对此类题目更有效（Siegler，1987b）。随着时间的推移，儿童会不断地淘汰那些旧的、低效的策略，如加法运算中的"猜答案"或"从 1 数"的策略，新的策略也不断发展起来。

儿童这种对策略的自我调整，是认知能力的适应性行为，随着它的发展，儿童总体的认知水平会得到提高。

（二）产生适应性行为的机制

是什么导致了儿童认知能力上适应性行为的出现呢？希格勒认为，导致这种变化的中间机制是策略选择的不断发生。

策略选择是在主体的信息加工系统中产生的。希格勒将主体的信息加工系统分为两个部分：表征（representations）和加工（processes）。表征部分包括丰富的信息资料，其中含有问题本身及问题与答案之间的各种联系。加工部分是指建立于表征基础之上的内部操作，是实际的认知行为，即策略的应用。这两个部分便构成了一个系统，协调工作，从而完成策略的选择和调整。

为了更进一步说明儿童如何在一个特定的情境下，选择某一特定的策略，以及如何随着时间的变化，不断地对策略进行适应性调整，希格勒等假定了一个关于个体策略选择的模式(见图3-5)。

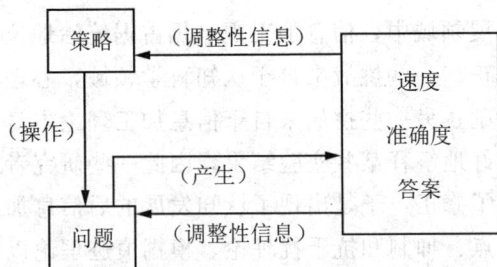

图3-5　希格勒的策略选择模式

由图3-5可看出，主体在面对问题时，便产生解决问题的策略。运用策略解决问题时，产生问题的答案、解决的速度以及准确性等信息。通过对策略的具体执行，主体将获得关于上述三方面内容的反馈。根据这个反馈，主体会加深对问题情境的认识，并对策略进行调整，当主体下次再遇到类似的问题情境时，策略选择就基于他们过去解决问题的效力，过去经验中越有效的策略，在将来使用的频率就越高。

希格勒理论中的重要思想是，将儿童认知的发展视为与生物进化有某些相似之处的一种适应性行为的发展。并认为，这种认知能力适应行为的发展与外在的刺激、经验的积累以及主体的自我调节等多方面因素相联系。在希格勒这种思想的影响下，以生物进化观点为指导的、关于个体认知发展的实验研究越来越多，且出现在不同的认知领域。例如，在知觉发展方面(Greenough，Black & Wallace，1987；Johnson & Karmiloff-Smith，1992)、语言发展方面(MacWhinney，Leinbach，Taraban & McDonald，1989；MacWhinney & Chang，1995)、概念发展方面(Diamond & Goldman-Rakic，1989)、类比推理发展方面(Gentner，1989)以及问题解决能力的发展方面(Holland，Holyoak，Nisbett & Thagard，1986)。

以上四种理论分别以不同的认知任务为背景，强调了自动化、编码、概括、策略构建等方面对儿童认知发展的作用。事实上，儿童认知发展的总体结果来自于上述各个环节之间的协同工作，而儿童认知发展的每一个特定的方面则更依赖于相应的特定环节。

第三节 认知发展的后信息加工观理论

在当代认知发展领域中,信息加工观点仍占据统治地位,但同时也不断受到检验、挑战和修正。一些挑战来自于认知科学领域,心理学家越来越关注认知和发展的生理基础;另一些挑战来自于信息加工理论本身,传统的信息加工理论和方法不能很好地解释某些实验结果,因此一些研究者对传统信息加工理论的基本假设进行了修正,于是出现了认知发展的后信息加工观,本节主要介绍三种新的理论观点:抑制和抗干扰理论、模糊痕迹理论以及认知发展的联结主义模型。

一、抑制和抗干扰

抑制(inhibition)和干扰(interference)是心理学中比较古老的概念,随着信息加工理论的兴盛,一度处于被忽视的地位。在人的认知活动中,对相关信息的激活很重要,认知理论过去也主要强调这一点,然而对无关信息的抑制和抗干扰(resistance to interference)同样具有很重要的作用。随着信息加工理论某些缺陷的日益明显,一些研究者开始审视抑制和抗干扰能力在人类思维活动中的作用。抑制和抗干扰能力对儿童认知活动的作用尤为重要和明显,儿童的许多认知错误或者日常问题行为都是由于他们无法抑制自己而去做了一些与教导相反的事情。

(一)理论模型

抑制和抗干扰可能反映的是相同的内在机制,两个概念尽管具有很高相关,但是并不相同。抑制指的是主体的一个主动的压抑过程,如把与任务无关的信息从工作记忆中排除出去;而抗干扰指的是主体在存在多种分心刺激的情况下,行为表现或成绩下降的敏感性(Bjorklund,2003)。抑制和抗干扰的基本观点是随着年龄的增长,儿童抑制优势反应和不适当心理行为反应的能力增加,抵抗内部和外部信息干扰的能力也增加,这使得儿童的认知操作更加有效(Bjorklund,2003;张卫、林崇德,2001)。

为了解释抑制机制对认知发展的影响,比约克兰德和汉尼斯菲格(Bjorklund & Harnishfeger,1994,1995)提出了工作记忆的低效抑制模型(inefficient inhibition model)(赵笑梅、陈英和,2006)。他们认为认知加工的资源是有限并固定的,并不随年龄的增长而增加,认知加工能力的提高主要在于加工效率的提高。加工效率包括操作效率和抑制效率，其中抑制效率主要体现在主体对工作记忆的控制上，控制无关信息进入工作记忆，从而为任务相关信息的加工留下更多可利用的资源，这种能力影响主体在认知任务上的表现。年幼儿童认知加工能力较低，主要是因为他们不仅很难忽视环境中的无关刺激，而且也很难从工作记忆中排除与任务无关的思维。儿童工作记忆中大量的无关信息导致了认知混乱，进而极大地缩小了功能性的工作记忆空间。低效抑制模型是基于信息加工观的容量有限思想，主张在绝对容量上年龄差异有限，个体差异主要表现在运用其可利用的心理容量的有效性上，该模型特别强调了抑制效率在其中的作用。

关注抗干扰的模型是丹普斯特（Dempster，1990，1991，1992）等人提出的干扰敏感性模型（Susceptibility to Interference Model）（Bjorklund，2003；Friedman & Miyake，2004；Kipp & Pope，1997）。丹普斯特等人把抗干扰定义为在执行一个计划时忽视或者抑制无关信息的能力，并将其视为对理解认知发展起到重要作用的基本加工过程。该理论提出，抗干扰的效率反映了个体的干扰敏感性：即在多种干扰刺激条件下对操作消耗的易感性。干扰有几种维度上的变化，包括位置、方向、心理类型等，至少有三种不同的干扰现象，分别源于动作、知觉和语言领域。由于干扰性质不同，抗干扰也不是一个统一的结构。初步证据表明至少有三种不同发展进程的干扰敏感性，动作干扰敏感性在生命早期最大，之后儿童的动作抑制能力在整个婴儿期和儿童期增长；知觉敏感性在幼儿期较大，在童年晚期和青春早期逐渐下降；与此相对应的是语言干扰敏感性的增长，在童年早期达到顶峰，以后相对稳定。干扰敏感性模型把抑制和抗干扰看作是同样的心理过程或者反映了同样的基础机制，目前，已有许多实验以干扰敏感性作为抑制效率的指标展开抑制研究。另外有实验发现抑制和抗干扰似乎有着相似的神经区域，并遵循着同样的发展函数，因此确实可能反映着一个统一的过程。

抑制和抗干扰的发展具有年龄趋势，随着年龄增长，儿童能更有效地抑制冲突反应和无关信息的干扰。汉尼斯菲格等人（1996）的实验表明，小学一年级儿童抑制能力很低，三年级儿童表现出一些抑制能力，五年级儿童的抑制能力开始接近成人，成人抑制能力最强。戴尔蒙德等人（Diamond et al.，1985）通过研究发现，婴儿在皮亚杰的"A非B"客体永久性任务中出现的错误并非像过去泛泛认为的"是由于其记忆失败引起的"；他们研究婴儿视注意发现，即使8个月大的婴儿在15秒延迟之内都不会忘记物体的存放位置，当一个掩藏于A处的物体被从B处拿出来时，发现婴儿会对此注视更长的时间，说明事实上婴儿知晓并且能够记住物体掩藏的位置，所以对于从另外的地方拿出来表示诧异。因此，该任务中错误产生的更重要的原因可能是婴儿无法抑制先前激活和强化过的藏匿点。也就是说对 A 非 B 任务中的优势反应的抑制能力具有年龄差异，婴儿抑制自己行为反应的能力随年龄增长，年幼的婴儿虽然知道物体真正所藏之处，但却不能抑制优势反应。还有研究者（Bell & Fox，1992）记录了7～12 个月大的婴儿在操作 A 非 B 任务时额叶的 EEG 活动情况，结果发现，在此情况下 EEG 模式的变化是年龄和延迟的函数，抑制能力在第一年会逐步提高，且女孩比男孩发展更快（张卫、林崇德，2002）。

（二）认知神经科学的实证支持

抑制和抗干扰过程似乎与大脑新皮层的前额叶功能有关，前额皮层是大脑最晚成熟的区域之一。许多脑损伤的案例为人类大脑皮层在抑制功能中的作用提供了证据，额叶受损的病人在完成威斯康星卡片分类测验（WCST）这种干扰任务时有困难。威斯康星卡片分类测验由许多卡片组成，卡片上有不同的物体（如四方形、星形或圆形），且这些物体的颜色和数量在各卡片间也不相同。被试的任务是按照主试的指示将卡片分成特定的类群（如按颜色、数量或形状分类）。在不同分类标准间转换时，被试犯几次错误后，就可以很快调整并抑制旧的分类方法，学会新的分类标准。研究发现正常人完成任务一般没有困难，但是额叶受损的病人表现得很差，很难学会新的分类标准（Milner，1964），由此可以推测他们很难抑制先前的反应。由此可以看出，在通过抑制先前反应和抵制新异刺激干扰来实现的行为调节和选择中，前额叶具有重要作用。比阿特丽斯等人（Beatriz，2001）对 8～30 岁的被试施测了一系列任务，要求被试抑制与内容不相称的反应。结果发现，抑制能力逐渐发展，并且与脑活动的模式相关，fMRI 的结果显示，在执行抑制任务时，青少年的前额叶活跃程度比儿童和成人都高，任务表现的发展性差异与脑活动的相关是非线性的，与成人相比，青少年在行为和神经基础上都表现出不成熟性。

二、模糊痕迹理论

近几十年来，有关记忆和推理的研究涌现出了大量的实验结果，如复杂推理形式具有非计算的、直觉的特点，复杂推理和记忆之间的关系相对独立，以及对精确表面形式的记忆与对其模式意义的记忆相分离。这些结果对经典认知发展理论提出了挑战，雷纳和布雷纳德（Reyna & Brainerd，2004）提出模糊痕迹理论（Fuzzy-trace Theory）来解释这些研究结果。在此主要介绍该理论的核心观点和发展差异。

(一)理论观点与基本假设

雷纳和布雷纳德主张直觉论(intuitionism)，认为人们在思考、推理和记忆时倾向于不精确加工，即大部分认知过程都是直觉的，基于模糊表征以及组织这些表征的建构原则。

模糊痕迹理论有以下一些基本的假设(Bjorklund，2003；曾守锤、李其维，2004；张卫、林崇德，2002)。

模糊痕迹理论的核心是，记忆表征处于精确的、逐字的表征以及模糊的、不严密的、要义似的表征的连续体的不同位置上。

1. 要义抽取和模糊一逐字表征的连续体

要义抽取指的是当儿童或成人对输入的信息进行编码时，抽取出其中的意义和模式的过程。与之相对应的是逐字逐句编码，是对输入信息的原样保留。

人们会从经历过的刺激和事件中抽取模糊的、要义似的信息。同一信息存在几个不同水平的要义，一个事件在短时记忆中以不同的痕迹表征，从精确的、逐字的痕迹到各种不精确的模糊痕迹，并且这些痕迹相互独立，也就是说要义痕迹不是逐字痕迹简单退化的结果。

2. 模糊加工偏好(直觉)

人们更偏好凭直觉进行推理、思维和记忆，在解决问题时，个体往往趋向于在模糊一逐字逐句连续体上接近于模糊的一端进行。因为模糊加工及其痕迹较易通达，付出的认知努力较少，而逐字逐句痕迹容易受到干扰而遗忘。

3. 输出干扰

人们在加工过程中做出反应的行为会产生输出干扰，阻碍了接下来的表现。输出干扰以两种形式出现：时序效应(scheduling effect)和反馈效应(feedback effect)。时序效应是由反应系统的系列性质引起的，人们能同时平行地进行几种不同的认知操作，但却是系列地做出反应的，每次只能做出一个反应。这就导致了输出时的平行一系列瓶颈，或称反应竞争，各种可能的反应来竞争执行的优先权。一旦做出反应，就会产生反馈干扰，反应结果对工作记忆产生噪音，这些噪音与任务相关信息相互竞争，进而影响认知表现。

模糊痕迹理论与凯斯等人的阶段理论不同，它认为不同年龄段的儿童具有相似的表征系统——逐字逐句表征和要义表征，两个表征系统相对独立，平行发展，不同年龄个体间的差别只是使用不同类型的表征来解决问题。随着年龄的增长，个体逐渐倾向于使用要义表征。

(二)年龄差异与发展特点

个体在发展的早期，记忆系统中对逐字逐句信息的加工占优势，要义记忆系统则发展缓慢。随着年龄的增长，个体抽取要义的能力提高（逐字逐句加工的能力也随年龄提高），逐字逐句加工在 6 岁前占优势地位，逐字逐句加工和要义加工的转化大约发生在 9 岁，从 9 岁或 10 岁开始，要义加工逐渐占据优势地位。大约在青春期早期，逐字逐句加工开始退化，而要义加工能力继续提升（Reyna，1995，1992）。因此，年长儿童及成人比年幼儿童更倾向于对要义信息进行加工；虽然加工倾向随年龄不同而有所不同，但所有年龄的人都偏好使用模糊痕迹进行加工。年幼儿童对输出干扰的敏感性比年长儿童和成人高（Bjorklund，2003）。模糊痕迹和要义痕迹在认知加工中各有不同的重要作用，在个体发展的不同时段，对两者的不同偏好可能对个体其他方面的发展有不同的益处。如婴幼儿对逐字逐句痕迹的偏好可能促进了此阶段的语言获得，因为逐字逐句加工使婴幼儿对词汇术语的获得更加轻松（Brainerd & Reyna，1990）。

布雷纳德和高尔顿（Brainerd & Gordon，1994）给学前儿童和二年级学生呈现三种问题：逐字逐句问题（动物的具体个数）、整体要义问题（哪种动物个数是最多的/中间的/最少的）和成对要义问题（两种动物中哪种比较多/比较少），这三种问题是由逐字逐句到要义的，结果发现学前儿童的正确率整体低于二年级学生，二年级学生在三个问题上的正确率顺次提高，而学前儿童则顺次降低。这说明随着年龄的增长，儿童的逐字逐句加工和要义加工均向前发展，学前儿童更擅长记忆逐字逐句信息，而二年级学生更擅长记忆要义信息。有研究者（Marx & Henderson，1996）对 1～5 年级和 1～6 年级儿童进行的两个推理与联想记忆实验发现，随着年级的增长，逐字逐句记忆呈稳步的线性增长趋势；对类别名的错误再认显著少于对具体例子的错误再认，由此可以看出儿童对要义记忆的偏好；同时发现，在即时回忆情况下，逐字逐句记忆与类别推理不相关，表明了逐字逐句记忆和要义记忆相互独立。

三、联结主义模型

过去二十年来，心理学家沿着两条途径对人类的思维活动进行了探索。一条是以计算机为隐喻的认知主义取向；另一条就是以人脑的神经系统作为比拟，以加工单元的并行加工建立心理模型的联结主义。自从 1986 年鲁梅哈特和麦克莱兰（Rumelhart & McClelland，1986）出版两卷本的《并行分布加工：认知的微观结构探索》以来，联结主义模型（connectionist models）引起了研究者们广泛的兴趣和研究热潮。

联结主义模型，经常也被称作神经网络（neural networks）或平行分布加工

（Parallel Distributed Processing，PDP）网络，试图模拟神经加工（Bjorklund，2003）。联结主义的模型通常分为静态型和动态型两种，静态型模型的拓扑结构是研究者一开始就设计好的，训练过程用来调整各节点之间的权重。动态型模型的拓扑结构是在训练过程中不断变化的，它能够随着训练的进行，自动地加入新的隐含节点，同时也调整各节点间的联结权重（余嘉元，2002）。

尽管联结主义模型有很多，结构也不尽相同，但其基本原理是一致的。个体神经间的联系是神经系统加工的基础，与此类似，联结主义模型中，单元（节点）间的联结是计算的基础。联结主义模型共有三层单元群：输入层、隐含层（中间层）和输出层（如图3-6）。输入层单元从外界接受信息；输入层单元与中间层单元相连接，中间层单元既不直接接受外界刺激输入，也不产生反应，因此也叫隐含层；隐含层单元再与输出单元连接，输出单元产生反应。单元的激活水平是联结主义模型计算的关键，一个刺激作用于联结主义网络时，输入单元被激活，进而使得隐含层和输出层单元都被激活。单元间的连接能被激活或者抑制，如单元 a 激活单元 b 时，单元 b 能量增加；而单元 a 抑制单元 b 时，单元 b 能量减少。权重决定了抑制或者激活所需要的能量多少，权重随着单元接受激活或抑制的经验而改变（McLeod，Plunkett & Rolls，1998；Bjorklund，2003；熊哲宏、胡志东，1998）。

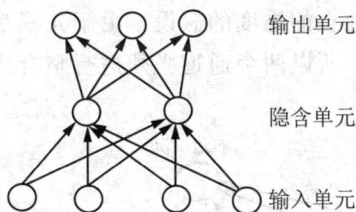

图 3-6　一个简单的联结主义模型

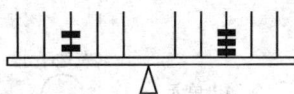

图 3-7　天平秤任务
（让儿童预期天平秤哪边会下降）

自 20 世纪 80 年代联结主义重新崛起以来，儿童认知发展心理学家日益认识到联结主义模型对于解释婴儿和儿童发展的巨大理论潜力。目前出现了各种基于联结主义范式的发展模型。在婴儿分类能力方面，研究者用自体输入模型（Connectionist Autoencoder network）来解释。自体输入模型认为，婴儿是通过比较新异刺激与大脑中已有表象之间的差异，不断地进行内部表象重构，逐步获得了各种分类概念。在婴儿的客体永久性方面，玛勒邵等人（Mareschal et al.，1995）用目标加工模型（Object Processing Model）来模拟和解释了儿童关于物体同一性和物体运动表征的分离发展，为婴儿跟踪和获得可见及隐藏物体的习得理论提供了很好的支持。麦克莱兰（1989）也用一个联结主义模型（见

图 3-7和图 3-8）来解释儿童在天平秤任务中的表现（McLeod，Plunkett &
Rolls，1998；徐云、熊哲宏，2004）。

以我们熟悉的天平秤任务的模型为例，模型的输入分为两个通道，一个通
道表征支点两边物体的重量，另一个通道表征两个物体与支点的距离。图 3-8
中左边 10 个输入单元（节点）对支点左右五种可能的重量值进行编码，右边 10
个单元则对左右五种可能的距离进行编码。图 3-8 中的实心黑圆就是对图 3-7
进行的编码，表示为：在支点左边，重量为 2 的物体放在了距离 3 的位置上；
支点右边，重量为 3 的物体放在了距离 2 的位置上。实心黑圆表明输入单元
（节点）被激活。可以看出，重量和距离单元各自是未经组织的，重量和距离的
输入单元按顺序排列着，这是为了方便看出模型解决这个问题的过程。但是网
络中表示重量和距离值的输入单元其实是任意的，模型既没有明确规定哪些单
元对应大的重量和远的距离，也没有规定哪些单元表征支点左边或者右边的重
量和距离，模型在解决问题时会自己确定这些元素。

每一组输入单元投射到各自的隐含单元对，即每个输入单元投射到两个隐
含单元上。四个隐含单元再投射到两个输出单元上。如果一个输出单元的激活
水平高于另一个，模型就会做出预测：激活水平更高的单元的对应端下沉，若
激活水平相同，则天平秤保持平衡。重量和距离最初储存在各自单独的通道
中，这支持了儿童把重量和距离看作两个独立的维度的假设，由于儿童最终做
出的必须是一个决定：天平秤哪边会倾斜，所以两个通道必须进行整合产生一
个反应。

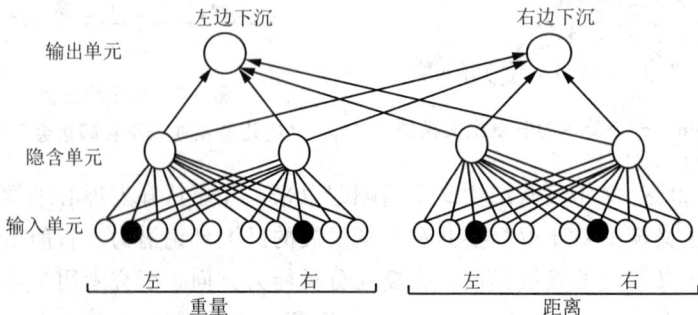

图 3-8　McClelland(1989)天平秤任务学习的联结主义模型

（引自：McLeod P.，Plunkett K.，Rolls E. T. Introduction to Connectionist Modeling
Of Cognitive Process. Oxford New York Tokyo, Oxford University Press. 1998：223）

联结主义模型基于神经类比，可以将学习和发展与婴幼儿的大脑发展联系起来；并且有可能说明儿童发展的确切机制。联结主义的计算机模型在英语词汇阅读中得到了广泛的应用，并成功模拟、解释了大量正常成人的阅读命名现象（Plaut et al.，1996；Harm & Seidenberg，2004；Zevin & Seidenberg，2006）对发展性阅读障碍（Harm & Seidenberg，1999）以及获得性阅读障碍（Woollams et al.，2007）的形成原因都做出了具体的理论解释。杨剑锋和舒华（2008）研究发现，汉字与英语词汇阅读可以在统一的联结主义模型框架下得到解释。目前，认知发展的后信息加工观还只能说处于一种新理论产生的初期阶段，只是针对传统信息加工发展理论局部的缺陷和问题提出了一些新思路与新看法，对某些矛盾的事实提供了一些新的解释。应该说，从整体水平来看，这些新看法或新解释都还相当稚嫩，不够系统，还无法超越现今流行的信息加工理论，至少目前传统信息加工理论及其发展观在相当长的一段时间内仍然具有强大的生命力与解释力。

第四节　现代认知心理学关于认知发展的研究角度

现代认知心理学更重视对人类个体认知发展内在机制的精细分析和描述。在这个总体目标的指引下，现代认知心理学家们选取的研究儿童认知发展的角度及其具体研究思路也与传统的认知学派不同。这里仅介绍几种被现代认知心理学家普遍选取的研究角度和思路。

一、策略在个体认知发展中的作用

策略是指向认知目标的心理操作，主体通过使用策略，可以达到解决问题的目的。

策略在儿童认知发展中起着重要的作用，20世纪60年代以来，现代认知心理学家们无论在理论上，还是在实践中，都对策略在儿童认知发展中的作用问题予以了很大的关注。

下面就列举一些有关的研究及其发现。

（一）策略发展的阶段性

研究者认为，儿童策略能力的发展要经过四个阶段。

第一阶段：儿童不仅不能自发地产生策略，而且即使别人教给他们某种策略，他们也不能有效地使用。雷斯（Reese，1962）将这种情况称作中介缺失

(mediational deficiency)，即指年幼儿童因缺少产生策略及有效地应用策略的心理装置，而不能对认知活动进行合理的调节。

第二阶段：虽然儿童仍不能自发地产生某种策略，但却可以在他人的指导下，学会某种策略，从而提高认知活动的反应水平。弗拉维尔(1970)将这种情况称为产生缺失(production deficiency)，即指儿童已具有使用某种策略的能力，但如果离开外力的帮助，自己不能产生策略。

第三阶段：儿童能自发产生策略，但不能从中受益。米勒及其同事(Miller，1990；Miller & Seier，1994)将这种情况称为策略的利用缺失(utilization deficiency)。

第四阶段：儿童可以自发地产生并有效地使用策略。

20世纪70年代以来，许多关于认知发展的研究，集中在了解儿童认知策略发展的第二阶段上。研究者们重复了某些早年由皮亚杰提出的适合于具体运算阶段的认知任务，以便对"产生缺失"阶段中的某些具体情况进行了解，其结果证实了弗拉维尔提出的"产生缺失"现象的存在。例如：

①4、5、6岁儿童可以通过训练而达到守恒(Gelman，1969)，解决传递推理的问题(Bryant & Trabasso，1971)，获得观点采择能力——克服视觉上的自我中心(Borke，1975)。

②通过教给幼儿用词作为分类的标记，使得他们对相关问题的反应更加成熟、有效(Kendler，1962)。

③关于记忆的研究表明，幼儿可以通过接受训练学会使用较为复杂的识记策略，如复习、组织等，提高记忆成绩(Kail & Hagen，1977；Schneider & Bjorklund，1998)。

(二)"前策略"儿童的认知表现

"前策略"是指儿童不能自发地产生策略，但经过训练，可以在某种程度上获得策略的情况。

如果年幼儿童不能产生策略，那么他们在认知活动中是怎样做的呢？研究者们对这个问题进行了探讨，并发现了如下特点。

1. 非正确的策略

处于"前策略"阶段的儿童在进行认知活动时，其表现并不完全是随机的，而是自己构造了一种"策略"，尽管所构造的策略是错误的，对正确解决认知任务无任何帮助，但说明年幼儿童并非在绝对意义上是非策略的(Wellman，1988)。

2. 使用策略的非主动性

年幼儿童在成人的要求下，有时也会使用某种简单的策略解决问题。例如，当要求一个 3 岁儿童记住某个物体被藏起来的位置时，他会多看几眼藏东西的地方或用手指点。然而，在没有外界要求的时候，3 岁儿童并不使用这种记忆技术（Deloache，Casidy & Brown，1985）。这表明了年幼儿童使用策略的非主动性。

3. 策略的利用缺失

而从 20 世纪 80 年代末开始，对于策略的利用缺失的研究逐渐增加。研究发现，虽然年幼儿童在认知活动中有时也使用某种策略，但对解决问题并未产生任何作用。例如，贝克尔等人（Baker-Ward，Ornstein & Holden，1984）在研究记忆问题时发现，尽管 4 岁儿童也能将图片分类识记（如他们在记忆的过程中，能将所有动物的图片放在一堆，而将衣服的图片放在另一堆），但是他们并没有从使用这个策略中获益。其他的研究也发现了类似的情况（DeMarie-Dreblow & Miller，1988；Miller，Haynes，DeMarie-Dreblow，& Woody-Ramsey，1986；Miller & Seier，1994）。

4. 策略利用缺失的原因

关于策略利用缺失的产生原因，米勒等人（Miller & Harris）认为，执行一个策略需要付出心理努力，而年幼儿童或因缺少足够的资源提供给这种努力而不能有效地执行策略，或因将有限的心理资源过多地提供给了策略操作而不能顾及完成任务的其他环节。无论是哪一种原因，其结果都将导致策略利用缺失的发生。

波克伦德等人（Bjorklund & Harnishfeger，1987）通过一个记忆训练实验，对上述理论假设进行了检验。被试为三年级和七年级的学生，两组被试都接受一个组织性记忆策略的指导，即要求通过分类方法记住实验者所出示的所有的词；同时要求被试用食指敲击计算机的空格键，并将此时的敲键速度与没有记忆任务以及完成自由回忆记忆任务（在这种记忆任务中，不接受记忆策略的训练）时的敲键速度相比较。

结果表明，两个年级组被试的敲键速度都受到了记忆任务的干扰。在完成接受记忆策略训练的记忆任务时的敲键速度明显低于在另外两种情况下的敲键速度。这说明操作记忆策略的确需要花费被试的心理能量。从结果中还可以看到，两个年级组的被试在识记时，都使用了所学习的组织性记忆策略，他们回忆出的内容都是以不同的类别呈现的。

但是，只有七年级的学生在使用策略的情况下的回忆成绩好于在自由回忆情况下的成绩，而三年级学生在两种情况下的回忆成绩没有差异，说明三年级学生并没有从记忆策略的使用中获益。

研究者认为，出现这种情况的原因是，三年级学生将过多的心理资源用在了对记忆策略的具体执行上，以致缺少足够的心理能量去执行记忆所要求的其他方面的心理操作，如从记忆库中提取出某些特殊的词汇等。

该研究结果对米勒等人提出的关于年幼儿童不能从认知策略的使用中获益的理论假设予以了支持。

上述情况表明训练后年长与年幼儿童的策略使用水平相当，但是与基线比较，年长儿童的成绩受益更大；还有一种情况是接受训练的儿童学习并使用策略，但与其早期的基线或不训练儿童相比，成绩没有或很少提高。波克伦德（Bjorklund，1994）在高低智商组儿童学习组织策略的研究中，发现约1/3的儿童表现出了这种策略利用缺失的现象。

利用缺失已经在许多认知领域的策略发展研究中得到证实，如记忆（Miller & Seier，1994；Ackerman，1996；Bjorklund et al.，1997）、阅读（Gaultney，1995）和类比推理（Muir-Broaddus，1995）等。但是这个概念仍存在争议，而且一些研究者（Bjorklund，Coyle & Gaultney，1992）发现这一现象是短时的。

认知发展心理学家所面临的重要任务之一，就是寻找适合于不同年龄阶段儿童的认知策略训练的任务、程序及目标。因为，只有当认知策略的内容确实能与某个年龄阶段儿童的心理能力相协调时，儿童才能真正从这种策略学习中受益；否则不仅不能促进儿童的认知发展，还会对认知发展造成不同程度的阻碍。

二、知识基础与认知发展的关系

现代认知心理学家们历来重视对于个体对知识的表征及加工能力的研究。近些年来，他们更关心不同年龄阶段儿童的知识基础与信息加工水平的关系以及知识在儿童记忆、理解等认知活动中的作用。近期在这方面的一个研究焦点是，探讨究竟是什么因素导致年幼儿童认知能力较低，是他们加工信息能力本身的不足，还是他们对于有待加工的信息的了解不够，即缺乏相关的知识基础。

（一）知识基础与记忆发展的关系

以内隐和外显记忆的发展为例，研究者在记忆的功能发展和记忆的知识基础发展之间存在争论。记忆的功能发展观点认为，记忆随着年龄而发生的变化是记忆能力及机能变化的结果，具有生物性的特点；而记忆的知识基础发展观点认为，记忆随年龄而发生的变化是知识基础变化的结果而非记忆能力的提高（详见第五章的说明）。

1. 知识基础与记忆广度的关系

奇（Chi，1978）进行了一项比较儿童与成人记忆广度的研究。

被试分为两组，一组是选自于在当地少年象棋锦标赛中获胜的儿童（平均年龄 10.5 岁）；另一组为成人（均受过高等教育，智商均在同群体的平均数以上）。

任务共两项。其一回忆数字，即要求被试按准确的顺序回忆呈现的数字；其二回忆棋盘中棋子摆放的位置，所呈现的棋子的空间位置是有意义的，不是随机的。

两组被试在两项任务中的记忆成绩如图 3-9 所示。从图 3-9 中可以看出，对于棋子摆放顺序的记忆广度，专家型的儿童明显高于普通成人；而对于数字的记忆广度则恰好相反。

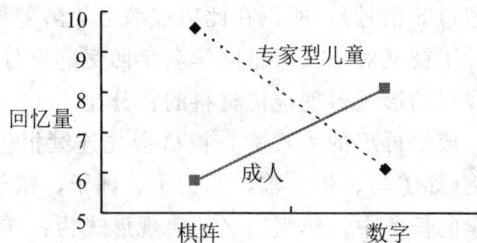

图 3-9　专家型儿童及普通成人对棋阵和数字的记忆广度

这个研究结果说明，相关的知识基础的确能扩大记忆的广度，但这种作用仅限于个体熟悉领域的范围之内，而不迁移到其他的领域。其他研究（Chase & Simon，1973；Schneider，1993；杜建政、杨治良，2002）也发现，专家在其擅长领域中对有意义的刺激会表现出显著的记忆优势效应，但随机刺激不存在专家优势效应。

专家和新手在思维、记忆、问题解决及其他方面的差异，都体现了知识基础对个体认知和发展的影响（Chi，Feltovich & Glaser，1981；McPherson & Thomas，1989；Schneider，1993；Johnson & Mervis，1994，1998）。

2. 知识基础与自由回忆的关系

莫利等人（Mlely，1977；Ornstein & Naus，1978）以词汇、图片和故事等为材料，测查了儿童的知识基础与自由回忆的关系。

与记忆广度测验相比较，自由回忆测验有两个特点：第一，刺激呈现的时间相对长些，如每隔 5 秒钟呈现一个词，主体就有了运用策略进行识记的时间；第二个，被试可按任何顺序呈现回忆出的内容。

一些研究结果表明，儿童自由回忆的成绩随年龄的增长而增长。研究者认为，这种增长是由于年长儿童在记忆过程中应用了较多的策略。另一些研究者对此提出了不同的解释，认为应将年长儿童在记忆上相对优越的表现归因于他们对要求记忆的信息更加熟悉，即具有相对好的知识基础。

波克伦德等人（Bjorklund & Zeman，1982）进行了相关的实验研究，试图检验上述解释。

被试为一年级、三年级、五年级儿童。任务是记忆两种材料。其一，记忆一个词列。呈现的词代表的都是儿童比较熟悉的东西（如动物、家具、工具等）。并假设，儿童在对这些词及类别关系的掌握上存在年龄差异，年长儿童的自由回忆成绩要好于年幼儿童。其二，要求回忆班级里同学的名字，并假设，由于对这个信息掌握的年龄差异被缩小到较低的程度（所有被试在班里学习、生活的时间均超过 8 个月），所以在此项成绩上年龄差异不显著。

研究者不仅统计了被试对词及班里同学名字回忆的百分比，还统计了在两项任务中，被试以成组的形式再现记忆材料的百分比。

在词汇任务中，成组再现的表现为：被试会先连续报告出几个同类事物，再报告出另一类事物（如①马、牛、羊，②钻子、锤子、钳子）。

在回忆同班同学的任务中，成组回忆的表现形式为：在被试连续说出的几个名字之间，存在某种意义联系，如同属于一个学习小组、座位的空间位置接近或这些同学本身就具有某种共同性——性别相同、肤色相同等。

对上述两种情况的统计结果见图 3-10 和图 3-11。

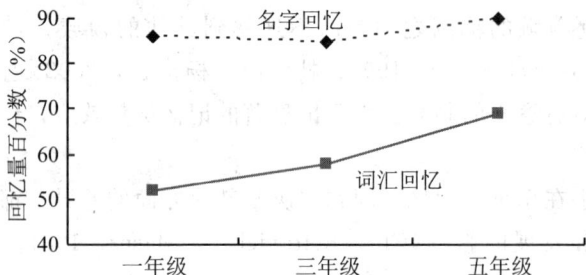

图 3-10　不同年级儿童在两种记忆任务中回忆量的百分比

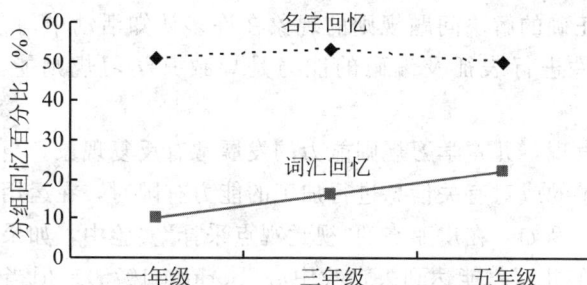

图 3-11　不同年级儿童在两种记忆任务中以分组形式回忆的百分比

由图 3-10 和图 3-11 可以看出，对于词汇记忆任务来说，两种记忆成绩均随年龄的增长而提高；对于回忆同学名字的任务来说，两种成绩在各年级组的被试中都较高，且不存在年龄差异。

上述研究结果表明，当不同年龄的儿童对某种信息的知识基础相差不多时，对这种信息的记忆能力也相差不多。而且，儿童在第二个任务中获得的较好的回忆成绩，并不是因为他们在这个任务中使用了更多的策略，而是因为在刺激与反应之间已形成了非常稳固的联系，当这种联系被激活后，就会自动地产生反应。

(二)关于规则的知识

希格勒(1983，1986)从另一个角度强调了儿童的知识基础及其认知发展的作用。

希格勒认为，儿童的认知发展是随其对解决问题规则的不断掌握而发生的。他将规则定义为"如果……则……"的关系。并指出在这个关系中，包含了问题的条件与解决问题行为之间的关系。并强调，儿童对规则掌握的不同，在很大程度上导致了其认知发展水平的不同。他在研究中还发现，有 90% 的 5～7 岁儿童在解决皮亚杰的各项推理任务的时候，使用了一种或几种规则(1981)。

例如，在解决"天平"问题的任务中，要求儿童回答决定天平向某一侧倾斜的原因。不同年龄的儿童应用不同的规则来解决这个问题，这些规则在难度上及解决问题的有效性上呈现出梯度。例如，使用规则 1 的儿童，仅能考虑到单一的维度，即重物的重量将决定天平的倾斜；使用规则 2 的儿童，也是以重物为依据来判断天平将向哪一边倾斜，但当两侧的重物相等时，他们会再考虑重物与支点间的距离；使用规则 3 的儿童，虽然能同时考虑上述两个因素，但却不能对此进行合理的协调，导致困惑；使用规则 4 的儿童，能同时根据重物与距离的关系，给出正确的解答。希格勒发现，像上述这种随着儿童年龄的增长，逐渐掌握正确的解决问题规则的现象在许多认知活动中均存在。并认为，儿童对环境事件进行表征及编码的能力是导致其学习规则能力发展的重要原因。

希格勒还发现，儿童学习规则能力的发展常有反复现象。当儿童面临的情境是他们不熟悉的或对有关信息进行加工的能力有限时，在运用规则方面就会出现倒退现象。例如，在皮亚杰的"视觉观点采择"实验中，如果问题情境较为简单，2～3岁的儿童就能达到去自我中心（Borke，1975）。但当情境变得更为复杂的时候，如类似于皮亚杰的"三座山"情境时，2～3岁的儿童就又会回到自我中心状态。这说明儿童在关于视觉观点采择的规则的应用上出现了倒退现象。

虽然从表面上看，希格勒研究、分析问题的角度与前面提及的个体知识与其记忆之间关系的研究角度不尽相同，但在强调儿童了解的有关事物规律的内容方面，以及在信息贮备对儿童解决问题所具有的效用方面却是非常一致的。

除了上述提及的这些研究角度外，现代认知心理学在儿童认知有效性的发展、儿童认知速度的发展以及在儿童认知发展的个体差异等方面也进行了很多研究。

思考题

1. 现代认知心理学关于认知发展的理论与皮亚杰的认知发展理论有哪些区别和联系？

2. 认知发展的信息加工理论的主要观点是什么？关注点是什么？

3. 在认知发展过程中，抑制和抗干扰、激活各起着怎样的作用？

4. 模糊痕迹理论对认知发展差异和个体差异研究有哪些启示？

5. 联结主义模型对儿童认知发展的解释有哪些优势和局限？

6. 除了文中提到的原因，还有哪些原因会导致个体出现策略的利用缺失？

7. 随着年龄的增长，个体知识基础的增长与其认知能力发展之间的关系是如何变化的？

第四章　感知觉的发生

人类所有的认知能力都是以感知觉为基础的，没有感知觉过程的发生，人类将失去一切信息加工的资源。

感知觉是感觉和知觉的统称，属于认识过程的感性阶段，由刺激直接作用于感觉器官而产生。一般认为感觉是对事物个别属性的反映，知觉是对事物整体的分析处理，也可以认为感觉是对刺激的觉察，而知觉是将感觉信息组成有意义的对象。在实际生活中，人总是以知觉的形式直接反映事物，感觉只是作为知觉的组成部分存在于知觉中，很少有孤立的感觉，因此，二者统称为感知觉。

吉布森（Gibson，1969）认为，感知觉是一个积极的过程，主体在这个过程中，从环境刺激中抽取某些信息，并据此调整自己的行为。在吉布森这种观点的影响下，心理学家对个体感知觉的研究主要集中在感知觉学习（perceptual learning）方面，如婴儿是如何区别声音的、婴儿是否有感知觉的偏爱、婴儿是如何识别其母亲的等。

感知觉是婴儿认识世界和自我的手段，在人生最初的两年里（尤其是在产生语言之前），他们主要依靠感知觉来探索世界、了解自我，形成最初的关于客观世界的概念和自我概念。近年来的研究发现，婴儿所具有的感知觉能力已远远超出我们的设想。

第一节　基本感知能力的早期表现

美国早期著名的心理学家威廉·詹姆斯（William James，1890）曾将婴儿的世界描述为"是一个非常杂乱的世界"。长期以来，这种将婴儿视为智力低下个体的观点，一直被广大心理学家们所接受。直到 20 世纪 60 年代以后，随着现代科学技术被不断引入心理学的研究中，心理学家们才发现，他们过于低估了婴儿具有的能力。实际上，婴儿从来到这个世界的那一刻起，就在主动地选择和接受外界的刺激。他们表现出明显的感知觉的偏爱性，对某些形象、声音、气味、味道等，婴儿表现出相对灵敏的感知力。因此，他们能主动地适应外界的各种变化，维持生命的正常运转。

一、听觉的早期表现

由于听觉刺激的特殊性，胎儿在母体的子宫时，就能够感受到某些声音。伯纳德等人（Bernard & Sontag，1974）发现，很大的噪音可以使 7 个月胎儿的心率发生改变。用高效超声显像设备可观察到，振颤传音刺激可引起胎儿的眨眼反应，被称为"听觉眨眼反射"，这也是目前产前诊断中鉴别胎儿正常发育的指标之一。可见，婴儿在出生前就做好了接受声音刺激的各种准备，在生命最初的 4～6 个月里，婴儿的听觉得到了快速发展（Trehub et al.，1991），为其更好地了解世界、更好地成长创造了条件。

婴儿不仅可以对一些声音做出反应，他们还表现出对某些熟悉声音的偏爱。例如，特里胡波等人（Ttrhub，Schneider & Endman，1980）发现，尚未满一周的婴儿就能从其他声音背景中，辨认出母亲的声音。德卡斯珀等人（De-Casper & Spence，1986）经过研究后指出，婴儿对母亲声音的偏好具有其出生前的生物学基础。他们让临产前 6 周的孕妇每天读两遍特选的一段文章，并在婴儿出生后一个月的时候，对婴儿进行有关听力的测查。测查的具体方法是：给婴儿头上戴一种特制的耳机，婴儿从耳机中可以听到由人朗读的若干段文章，其中包括 1 个月前，他（她）在母亲的子宫里听到的那段文章，同时，以婴儿的吸吮速度作为其对文章感知的指标。结果发现，当某些婴儿在听其曾听到过的文章段落时，吸吮的动作就加快；在听未曾听到过的段落时，其吸吮的动作则减慢。而另一些婴儿吸吮速度的变化情况则相反。但总的结果是，熟悉的段落比不熟悉的段落更易引起婴儿吸吮速度的改变；而且，这种改变与由谁（婴儿的母亲或其他女性）来朗读文章并没有关系。该研究结果清楚地说明，胎儿不仅已经具有了听力，而且还具有了对声音的分辨力。

在西方，许多早产婴儿的母亲都发现，婴儿可以通过听音乐而入睡。这是因为在医院的早产儿护理室里，每天总是播放着柔和的音乐，而早产儿一般都要在医院里住上 3 个月左右，在此期间，婴儿不仅能清楚地感知这些音乐，还能对此有所记忆。因此，当他们出院回家后，仍需要同样的音乐环境，甚至有时在入睡前，也需要同一首乐曲作为催眠曲。

以上这些结果和经验表明，新生儿，甚至是胎儿就已经具有了一定程度的对声音的感知能力。

二、视觉的早期表现

由于在子宫内没有光线，所以个体视觉功能的最早显现是在出生以后。亚当斯等人(Adams，Maurer & Davis，1986)通过测查瞳孔的变化，发现新生儿对光线已有了感受力。当新生儿注视强光时，其瞳孔收缩；当新生儿注视弱光时，其瞳孔放大。

早期的一些研究(Haynes，White & Held，1965)表明，婴儿的双目调节能力和聚焦能力尚未得到很好的发展。因此只有当物体被放置在恰好20厘米的距离时，他们才能看得见，远于或近于这个距离都不行。但是，后来的研究(Banks，1980)又有新发现，即当物体放在一个适合于婴儿的视觉范围内的时候，仅两个月的婴儿就已表现出了与成人相近的视觉调节能力。另有研究表明，新生儿已经可以用目光追踪运动着的物体，但此时他们双眼的运动并不十分和谐，尚未表现出双眼聚焦的能力(Wicklgren，1967)，这一时期以断续式的视觉追踪为主，偶尔也能观察到平稳的追踪行为(Harris，Jacobs，Chawkat，& Taylor，1993)。双眼聚焦能力在婴儿期的前几个月里获得快速发展，到6个月左右的时候，基本上就达到了成人的水平(Aslin & Jackson，1979)。

一些研究者对婴儿的视敏度进行了研究，但由于用的技术手段不同，没有获得统一的结果。新生儿视敏度大概在20/200~20/600(成人的视敏度是20/20)(Courage & Adams，1990，Haith，1991)，即新生儿在20英尺远时，最好只能看清正常成人在距离200英尺处所看能看到的物体，他们的视力是成人的1/10或1/30。有研究者认为，视敏度在婴儿出生后的6个月里发展速度非常快，到6个月时就基本上达到了成人的水平(Walk，1981；Cavallini et al.，2002)。同时，新生儿还能对颜色进行区分，并且表现出对某些颜色的偏好。例如，研究表明，他们能够区分红、绿、黄、蓝，同时对蓝色和绿色物体的注视时间更长(Dobson，2000)。

三、触觉与本体感觉的早期表现

许多研究表明，婴儿在刚出生时就表现出了触觉反应，如吸吮反射、抓握反射、防御反射等。新生儿对温度的细微变化和触摸非常敏感，轻柔的抚摸可以使哭闹的婴儿安静下来(Herterstein，2002)，这既可以使他们对环境的变化具有一定的抵御和适应能力，也能促进他们与母亲建立良好的依恋关系。

近期的许多研究都发现，触觉的最早表现在胎儿期。有研究表明，胎儿在第49天时，就具有了初步的触觉反应；两个月的胎儿即可对头发丝的刺激产生反应；触及4~6个月的胎儿的上唇时，胎儿就会产生嘴的开闭活动等。国内外的有关研究均表明，4~5个月的胎儿已具有了非常明显的触觉反应(庞丽娟等，1993)。

索科夫等人(Solkoff，White & Labarba，1976)发现，那些接受触觉刺激(每天 4 次，每次持续 15 分钟的对身体的轻轻敲击，共 10 天)的早产儿，比那些没有接受触觉刺激的早产儿身体生长发育得更快。研究还发现，通过抚摸能增加早产儿的体重(Field & Schanberg，1990；Field et al.，1986)，另外，触觉与免疫系统之间也有某种联系(Reite，1990)。由此可见，触觉不仅可以帮助婴儿适应和了解外界环境，还可以促进其身体的发育。在婴儿阶段触觉获得了很快的发展，婴儿依靠触觉积累起关于客观世界的最初的经验。

新生儿的本体感觉(主体对自己身体空间位置的一种感觉)也有了很好的发展。新生儿常以莫罗反射(Moro Reflex)对突然发生的身体位置的变化或身体的突然失控予以反应。科纳等人(Korner & Thoman，1972)还发现，用改变身体的姿势及轻轻拍抚的方法，可以使许多哭闹的婴儿安静下来。

四、味觉与嗅觉的早期表现

味觉是新生儿出生时最发达的感觉，因为它具有维持生命的价值。现代研究表明，味觉感受器在胚胎 3 个月时就开始发育，到 6 个月时形成，出生时已发育得很好了。

新生儿可以分别以不同的面部表情、舌头以及躯体的运动等方式对酸、甜、苦、咸这四种最基本的味觉刺激作出反应，这表明他们对此已具有了辨别能力。研究表明，甜刺激诱发出婴儿"满意"的表情，并经常由于吮吸动作导致伴有浅浅的似微笑面容；酸刺激诱发嘴唇撅起，并伴有纵鼻和眨眼；苦味刺激则诱发厌恶和拒绝表情，并经常伴有吐出和像要呕吐的动作(Rosentein & Oster，1988)。新生儿"偏好"甜味，不同的研究得出相似的结果。例如，与苦味、酸味、咸味溶液或白开水相比，足月和不足月的婴儿吮吸糖水的速度快，持续时间长(Smith & Blass，1996；Crook，1978)。甜味甚至可以安抚婴儿的疼痛(Blass & Smith，1992；Smith，Fillion & Blass，1990)。

新生儿也表现出了嗅觉能力。有研究表明，新生儿在出生后的 24 小时之内就有了嗅觉反应，对不同的嗅觉刺激做出不同的身体动作，并能形成嗅觉的习惯化和嗅觉适应。

麦克法兰(Macfarlane，1975)通过实验发现，刚出生 1 周的新生儿不仅表现出了对不同气味的辨别力，而且还表现出对某种特殊气味的偏爱。他将新生儿母亲的胸罩及另一位妇女的胸罩分别放在新生儿头部的两侧，在刚开始的几天里，新生儿向两侧转头的次数并没有明显的区别。但从第 6 天开始，新生儿则更经常地将头转向放置其母亲的胸罩的一侧。这不仅表明了 6 天左右的新生儿就能区分出不同的气味，而且还表明新生儿可以很快地学会根据某种气味来调节自己的行为。

总之，婴儿刚出生不久就表现出了不同的感知觉方面的能力。他们能听、能看、能感受身体的触觉刺激和身体位置的变化，能辨别不同的气味和味道，对某些特殊的刺激表现出天生的偏爱，甚至表现出非常精细的感知辨别力（如对气味的辨别）。因此，尽管新生儿的感知能力还远不如 1 岁的婴儿，在许多方面都有待于进一步发展，但其所感知的世界也绝不是一个"十分混乱的世界"。

第二节　视觉的发生

20 世纪 60 年代以前，许多心理学家、儿科医生和新生儿护理者都认为新生儿基本上是没有视觉功能的。进入 60 年代后，人们惊奇地发现，新生儿已经在许多方面表现出了视觉能力，这些能力为他们观察世界、了解世界奠定了重要的基础。

导致上述新发现的关键因素是，两种有关婴儿视觉研究的新思路的出现，即优先注视范式（Preferential Looking Paradigm）和习惯化范式（Habituation Paradigm）。

优先注视范式，也称注视偏好范式，其逻辑思路和具体的做法是，给婴儿同时呈现两个仅在一个方面有所区别的物体，供其观察。如果婴儿对其中的一个物体注视的时间相对较长，就可以推断他能辨认出这两个物体的区别。例如，给婴儿同时呈现两个大小一样，但一个是红色的，一个是灰色的球，如果婴儿注视红色球的时间相对较长，则可推断婴儿已可以区分红色和灰色。

习惯化范式的逻辑思路和具体的做法是，首先假设婴儿已具有两种基本的能力，即能对他感兴趣的事物注视一定的时间，但如果这个事物反复地出现，他（她）也将失去兴趣。具体操作时分为两个阶段：第一个阶段是形成习惯化的阶段，在此阶段，给婴儿反复呈现同一个物体以引起婴儿的注视，直到婴儿的注视时间下降到原来的 50% 左右；第二个阶段是去习惯化阶段，当婴儿对某一个刺激物失去了兴趣之后，引入另一个新的刺激，如果婴儿对新的刺激表现出兴趣，就说明他已能够分辨前一个物体与后一个物体之间的某种区别。

正是由于这两种研究思路的引入，才使研究者们克服了婴儿因没有语言而不能表达的障碍，从而获得了关于婴儿视觉能力发展研究上的重大突破。

一、注意和分辨能力

罗伯特·范茨(Robert Fantz)是应用上述新的研究思路的先驱。他在 20 世纪 60 年代初期，率先设计了著名的婴儿注视小屋(Looking Chamber)。在小屋的顶部有一个窥视孔，实验者可以通过此孔来观察婴儿眼睛运动的情况，并对此进行录像。将婴儿放置在小屋中，并呈仰卧状态。然后，在婴儿眼前呈现各种不同的图形，其中包括人的面孔、牛眼图和呈不规则图案的圆盘等。结果发现，出生仅 1 周的新生儿对不同图形的注视时间不同，说明他们已能分辨出上述图形。

另一些研究还发现，婴儿分辨物体的能力在出生后的头几个月里发展非常迅速。3 个月的婴儿可以将母亲的照片与其他人的照片区分开来。这说明 3 个月的婴儿可以仅根据视觉线索对母亲进行定义和辨认(Barrera & Maurer，1981)。5~7 个月的婴儿可以进行更精细的视觉辨认，如他们可以区分出不同的陌生人的面孔上的差异(Cohen & Strauss，1979)。最近的研究还发现，婴儿在 6~9 个月时可以更好地区分人脸，但对其他物种的面孔的区分却变得不容易。例如，婴儿在 6 个月大时对人类面孔和猴子面孔的区分能力一样好，但当婴儿 9 个月大时，他们区分猴子面孔的能力差于区分人类面孔的能力(Pascalis，de Haan，& Nelson，2002)。这些研究发现说明，婴儿在出生时已经做好了"看世界"的生理学上的某些准备，同时，他们的感知能力又受到经验和环境的塑造。

二、视觉偏爱

更多的研究表明，婴儿出生以后，并不是对他周围的所有事物都给予同等的注意，而是具有选择性。这种选择性取决于刺激物的物理属性及它们给主体带来的心理上的意义。其中，物理属性包括物体的运动性、轮廓或对比度、复杂度、对称性以及弯曲度等方面；客体对主体所产生的心理意义主要包括刺激的社会性、对刺激的熟悉度等。

(一)刺激的物理属性

1. 物体的运动性

物体的运动性是使婴儿产生注意的重要的物理属性。如果两个物体其他方面的属性都一样，婴儿将更倾向于注视运动的物体。

研究者发现，刚出生的新生儿就表现出对运动物体的明显偏爱，而且婴儿对运动物体的敏感性，会随着年龄成长不断增加（Dannemiller，2000；

Roessler & Dannemiller，1997)。由于新生儿还不能很有效地控制两只眼睛的运动，所以他们尚不能很好地追踪运动着的物体。其较典型的表现是，他们的注视点经常在物体运动轨迹的前一个点上停留1～2秒钟后，突然地跳到物体的下一个运动点上。这种注视点的快速和间断性的移动往往造成对物体注视的不精确性，甚至不能保证注视点与物体的运动轨迹在同一条直线上。婴儿到2～3个月时，其追视运动物体的眼球运动开始逐渐表现得比较协调，但也仅是在物体运动速度较慢的情况下才能做到这一点。

海思(Haith，1966)发现，当婴儿在注视一个运动着的刺激物的时候，其吸吮的速度明显减慢。这表明婴儿对运动的物体予以了更多的注意。

在婴儿期就表现出来的这种对运动物体的视觉偏爱，代表了人类为适应环境而发展起来的感知系统的一种独特功能，这种功能具有明显的生物学上的价值，而且具有生物进化的痕迹。因为在我们生存的环境里，运动的物体常常带有某种危险性，对此能及时地予以观察，对生存具有重要的意义。

从另一个角度说，对运动物体的视觉偏爱，还可以帮助主体更好地了解物体的某些性质。人们从直观的感觉上，一般容易认为，认识静止的物体比认识运动的物体更容易些。但吉布森(1966)却发现，运动往往可以给人们提供关于物体的某些关键属性的信息。例如，对一个物体来说，其各部分总是一起运动的，对于这样一条关于物体的重要的物理属性，人们就很难只通过观察静止的物体而了解到。因此，对于运动物体的视觉偏爱更易使婴儿感知到物体的和谐性及统一性。

凯尔曼等人(Kellman & Short，1987)的研究结果支持了上述观点。他们发现，婴儿之所以能将物体的不同部分作为同一个实体来感知，主要依赖于他们对这些物体运动状态的观察。由此看来，婴儿对物体运动状态的视觉偏爱，不仅可以提高他们的生存能力，而且能帮助他们更好地认识和了解世界。

2. 物体的对比度(轮廓)

婴儿对具有高对比度的视觉刺激也表现出偏爱。这主要表现为，婴儿更倾向于注视物体的轮廓部分。萨拉帕特克等人(Salapatek & Kessen)早在1966年就提供了这方面的实验证据。研究者将出生尚不满1周的新生儿放在"注视小屋"中，在其眼前呈现一个画在黑色背景上的白色三角形。对这些新生儿眼球运动情况的观察表明，婴儿更倾向于注视三角形的周边和顶点部分。研究者认为，这是因为在这些部位上，对象和背景的对比最分明，即对比度最大。萨拉帕特克后来还发现，1个月左右的婴儿更喜欢注视物体的外缘，而较少注视物体的中心部分，他将此称为"外部效应"(externality effect)；大约到两个月时，婴儿能克服视觉中的这种外部效应，而给予物体外缘和中心以基本同等的注意。这一特点也表现在看人脸时，黑思等人（Haith，Bergman & Moore，1977）发现，5～7周时婴儿更多地将注意力集中于人脸的边缘部分，7周以后对眼睛的关注最多。

3. 物体的复杂度

婴儿对具有一定复杂度的物体的视觉偏爱是随着年龄的增长而增长的。研究表明，年龄较小的婴儿喜欢注视那些较简单的条形图案；随着年龄的增长，他们则逐渐喜欢注视略为复杂一些的条形图案。但也有人认为，在许多情况下，物体的轮廓和复杂度往往是混杂在一起的。因为越复杂的刺激，所包含的轮廓线就越多。例如，在条形图案中，所含的线条越多，其内部的"轮廓"线也越多。因此，持这种观点的人认为，婴儿对具有一定复杂度的物体的视觉偏爱实际上仍是对物体轮廓（或对比度）的视觉偏爱。

在此方面的另一种观点是，婴儿更偏爱那些具有中等复杂度的视觉刺激。当然，在这里，所谓中等复杂度的具体含义是随着认知主体年龄的变化而改变的。对于一个两个月的婴儿来说属于中等复杂度的刺激，对于一个6个月的婴儿就显得过于简单了。基于这种观察，研究者们提出了一个适中差异假设（Moderate-Discrepancy Hypothesis）。该假设指出，婴儿只应该对那些对他们来说既有一部分感到熟悉，又有一部分感到陌生的刺激感兴趣（Greenberg & O'Donnell，1972；McCall，Kennedy & Applebaum，1977）。

另外的一些研究结果对适中差异假设提供了支持。研究者们发现，随着婴儿年龄的增长，他们感兴趣的物体的复杂度也随之增加。例如，出生3周的婴儿更喜欢注视2×2（图案中所含方块的数量）的图形；而14周的婴儿更喜欢注视8×8的图形（Brennan，Ames & Moore，1966）。婴儿对视觉刺激的熟悉度也影响其视觉偏爱。当首次给4个月的婴儿同时呈现2×2和24×24的两个图形时，婴儿更喜欢注视2×2的图形；但当给婴儿反复呈现这两个图形后，婴儿则更喜欢注视24×24的图形了（Deloache，Rissman & Cohen，1978）。这可能是因为，在经过了学习之后，2×2的图形对于同组婴儿来说已经过于简单了，而24×24的图形的复杂度恰为合适。由此可以看出，主体的经验也是改变物体复杂度效应的一个因素。

适中差异假设除了解释了婴儿在视觉偏爱上的某些现象之外，还提出了儿童认知发展上的一个十分重要的机制，即假如儿童学习的内容总是比他们现有的知识结构略远一步的话，儿童就总能处于一个积极的发展状态中。

4. 物体的对称性

一些研究还表明，婴儿对某些具有垂直对称性的视觉刺激有所偏爱。研究者发现(Bornstein，Ferdinandsen & Geoss，1981；Fisher，Ferdinandsen & Bornstein，1981；Humphrey，Muir & Dodwell，1986)，小于 4 个月的婴儿，对于具有垂直对称性的物体能更快地形成习惯化，这说明他们能在相对短的时间里了解并掌握垂直对称物体的信息，表现了一种视觉加工上的有效性。有人认为，在婴儿期所表现出来的对垂直对称物体的敏感性，具有生物学方面的基础。因为，人体和人的面孔都是垂直对称的，而它们又是婴儿早期经验中的重要内容。

5. 物体的弯曲度

婴儿也喜欢注视具有弯曲度的物体。范茨(1958)早期的研究发现，婴儿对那些诸如牛眼图、圆形等图案都比较偏爱。拉夫等人(Ruff & Birch，1974)在 3～4 个月的婴儿身上发现了同样的结果；同时还发现，婴儿对各种向心性的曲线图也有所偏爱，甚至刚出生 1 个月左右的新生儿就表现出了这种视觉偏爱的倾向(Fantz & Miranda，1975)。

(二)刺激的心理属性

1. 刺激的社会性

(1)婴儿对人脸的视觉偏爱及其原因

范茨(1966)在早期的研究中就发现了婴儿对于人脸这种曲线型的社会性刺激具有明显的视觉偏爱。他在一个有关的实验中，给 6 个月的婴儿呈现一组刺激，其中包括一个标准的人脸照片、一个涂抹得有些混乱的人脸照片和一个牛眼图。结果发现，婴儿注视标准的人脸照片的时间最长，其次是涂抹得有些混乱的人脸照片，最后才是牛眼图；而且发现，婴儿在注视两张人脸照片上所用的时间差异不显著，而在每张人脸照片上所用的时间都分别与在牛眼图上所用的时间相差显著。其他的研究还发现，在更小的婴儿身上就表现出了这种对人脸的偏爱。综合以往的研究发现，婴儿的面孔偏好行为发展随年龄变化呈"U"型趋势：新生儿存在面孔偏好；1 个月大小的婴儿的面孔偏好行为消失；对面孔的偏好从两个月开始再次出现；4～6 个月婴儿的面孔偏好不是由于面孔内部要素引起的，而是由于这些内部要素的关联引起的，这说明婴儿对面孔的知觉达到了新的高度(Gamé，Carchon，& Vital-Durand，2003)。

到底是什么原因使婴儿产生这种对人脸的视觉偏爱呢？研究者们对此提出了以下几种不同的推测：①婴儿对人脸的视觉偏爱只是一种先天的生物本能；②这是由早期的社会经验所致。因为婴儿在出生以后，很快就会将食物、温暖、舒服等积极的生理体验与母亲的面孔联系起来，这会使他们更喜欢注视母亲的脸，并将此偏爱泛及其他人的面孔上；③人的头部本身就具备了许多能引起婴儿视觉偏爱的物理属性，如运动性、对称性、曲线性、对比度等，而且还能发出声音，婴儿只是对上述这些个别的属性感兴趣，而并非将人脸视作为真正的社会性刺激物。

为了对上述这些推论进行验证，丹内米勒等人（Dannemiller & Stephens，1988）设计了一个很有趣的实验。他们给婴儿呈现两组成对的由电脑制作的图像，每张图像均是由黑白两种颜色绘制成。其中一组是人脸图像，图像 A 中人脸的五官及头发是黑色的，面颊是白色的，而图像 B 中，两种颜色的分配恰好相反，即两张图像只在颜色对比上相反，图像 A 在成人看来更像人脸。另一组是抽象图像，图像 C 和图像 D，也只是在颜色对比上相反。实验结果发现，6 周左右的婴儿在注视每组中两幅图像的时间上没有区别；而 12 周左右的婴儿注视图像 A 的时间比注视图像 B 的时间明显增长，而对图像 C 和图像 D 的注视时间没有差异。这个结果似乎可以在一定程度上说明，在早期，婴儿对人脸的视觉偏好可能更多依赖于人脸具有的那些物理特性；在婴儿的中、晚期则更多地依赖于人脸的社会属性。在导致婴儿对人脸的视觉偏爱的原因变化上，可以看到早期的社会经验在儿童感知能力发展中所起的作用。

（2）婴儿对人脸的区分

婴儿不仅喜欢注视人脸，他们对不同面孔的喜好程度也不一样。与其他陌生女性的脸相比，12～36 个小时大的新生儿更偏爱自己母亲的脸（Bushnell，Sai & Mullin，1989；Walton，Bower & Bower，1992）。同时，他们还喜欢注视漂亮的人脸。兰洛伊斯等人（Langlois et al.，1987）进行了一项有关的研究。他们先让男女大学生对一组成年女性的照片进行评价，并选出 8 张他们认为是漂亮的照片及 8 张不漂亮的照片，但这两组照片的总体漂亮程度均属中等，即没有特别漂亮和特别不漂亮的，且都是深色的头发、中性的表情、不戴眼镜。研究者将这些照片两两一组呈现给 2～3 个月及 6～8 个月的婴儿。结果发现，所有婴儿注视漂亮人脸的照片的时间更长，而这种视觉偏爱与婴儿自己母亲的漂亮程度并无相关。兰洛伊斯等人认为，婴儿之所以喜爱注视漂亮的人的面孔，是因为这种面孔具有更明显的垂直对称性等方面的特点。近期的研究还发现，即使是新生儿（平均年龄 2 天 20.5 小时）也表现出对有魅力人脸的偏爱（Slater，Quinn，Hayes & Brown，2000）。研究中，让新生儿看成对的有魅力/无魅力的人脸（由成人判断），每一对人脸垂直呈现和旋转 180°呈现共两次。结果发现，婴儿只在人脸垂直呈现的情形下，对有魅力人脸的注视时间更长。这说明，新生儿很早就表现出对有吸引力面孔的偏好，而且其早期对人脸的表征包含了一些关于人脸的特殊的定向信息。

　　婴儿似乎能够从观察到的人脸中抽象出原型(prototype)，那些被知觉为有吸引力的脸，在某种程度上符合平均面孔的原型。朗格罗斯等人(Langlois，Roggman & Musselman，1994)发现，将多张黑白脸孔照片的每一像素的明暗度进行平均后得到的面孔，比任何真实的面孔都更具吸引力，婴儿对其注视的时间更长。同时还发现，在熟悉了8张面孔后，6个月大的婴儿对从未看过的平均值脸孔做出很熟悉它的反应(Rubenstein，Kalkanis & Langlois，1999)，说明婴儿的确能从面孔中抽象出原型。研究还显示，婴儿优先注视、加工女性面孔，6个月的婴儿能形成女性面孔的原型，但是不能形成男性面孔的原型。甚至3个月的婴儿(de Haan，Johnson，Maurer & Perrett，2001)和新生儿也能形成(Walton & Bower，1993)女性面孔的原型。因而，研究者认为婴儿对男性面孔和女性面孔的分类、加工方法是不同的，优先加工女性面孔(Ramsey，Langlois & Marti，2005)。

2. 对刺激物的熟悉度

　　心理学家发现，婴儿大约从两个月开始，对刺激的熟悉度会影响他们对刺激物的注视时间。由于这种影响因素不是刺激物本身所具有的特点，而是主体的一种心理反应，因此，将其视为一种影响婴儿视觉偏爱的心理因素。一般发现，婴儿容易对那些已熟悉，但又有一定变化的刺激物产生视觉偏爱，这表明婴儿已具有一定的记忆能力。因为，只有当婴儿将当前的刺激与某种记忆表象进行对比之后，才能产生既熟悉又陌生的心理感觉，并由此而产生对当前刺激的视觉偏爱。

　　凯根(1971)认为，两个月的婴儿就能对客观刺激形成一种感觉表象(sensory representation)。并认为，这种感觉表象并不是主体对外在刺激一对一的刻板临摹，而只是表现了事物所具有的某些重要因素的空间特征。婴儿对那些与原有的感觉表象之间只具有少量差异的当前刺激更感兴趣。例如，当婴儿已经形成关于一个没有胡须的男人面孔的表象后，他将对一个有胡须的男人面孔更感兴趣；而对于一个没有胡须的男人面孔(过于熟悉)或对于一个别的东西(过于陌生)均不表现偏爱。

　　后来的一些研究(McCall & Kennedy，1980；McCall，Kennedy & Applebaum，1977)对上述观点予以支持。在这些研究中，首先让2～4个月的婴儿对某些刺激形成感觉表象，然后再给婴儿呈现一组与原来的刺激物具有不同区分度的物体，以考察婴儿对这些新刺激物的关注程度。结果发现，婴儿的注意程度与其对新刺激物的熟悉程度之间的关系为倒U曲线。此结果再一次说明了中等熟悉程度的刺激物可使婴儿产生视觉偏爱。

三、空间知觉的早期表现

空间知觉主要指主体对物体的空间关系以及自身在空间中所处位置的知觉。在这里，我们主要讨论方位知觉和深度知觉。

(一)方位知觉

方位知觉是指个体对自身或其他物体所处的空间位置和方向的认识。

对一个物体方位的认识，包括对其方向和与主体之间的距离两方面信息的了解。一般认为，对物体方向的辨认要比对物体距离的辨认容易一些。因为在任何时候，在我们人类视网膜上的视像都只是一个二维平面，即只有高度和宽度，而没有深度。然而要想了解物体的距离，则必须对物体的三个维度都有所了解。那么人类个体是如何产生同时具有高度、宽度和深度的三维空间的知觉呢？主要是通过双眼视觉来实现的。其具体的途径包括：双眼视差、双眼辐合、晶状体的调节、运动视差等生理线索，及物体的重叠、线条透视、明暗度以及物体的大小等客观线索。

1. 单眼线索

研究者(Granrud，1989)发现，在婴儿尚未产生双眼视觉的时候(刚出生1～2天的新生儿)就可以在某种程度上辨认物体的方位。那么婴儿是依据什么做出此种反应的呢？有人认为单眼线索(monocular cues)能使人产生方位知觉。

依靠单眼线索产生方位知觉有下列两种情况。

第一种情况是当物体呈运动状态的时候。这里又有三种不同的情景：①当一个物体朝向我们或我们朝向该物体运动时，我们视网膜上的视像都会越来越大，这被称作视觉扩张；②当物体在摇动的时候(或我们的头在摇动的时候)，我们会感觉到摇动的物体在离我们较近时，其运动的速度更快，这被称作运动视差；③当一个物体在另一个物体的前面运动的时候，前一个物体会将后一个物体的某些运动状态挡住，这被称为运动的遮挡。班克(Bank，1980)认为，1个月以前的婴儿就是依赖上述这几种单眼线索来感知物体的方位的。

第二种情况是当物体处于静止状态的时候，也称作图像式的线索。这里也包括几种不同的具体情景：①相对的位置。类似于前面所说的第三种情况(遮挡)，只是此时物体是处于非运动状态，即当两个物体在一条直线上的时候，前一个物体总要遮挡住后面物体的某些部分。②相对的大小。当两个物体在其他的方面都一样时，看起来较大的物体，我们会感觉到它离我们较近。③质地特征。在其他条件相同的情况下，距离我们较近的物体，我们会感到其表面的差异较大。④熟悉的大小。当我们感到某个物体的大小与我们通常的感觉不一样时，我们可由此判断此物体离自己较近或较远。研究者认为，婴儿只有到了7个月左右的时候，才能有效地依赖上述单眼线索进行方位知觉。

2. 双眼线索

由于人的两只眼睛之间有几厘米的间距，所以，同一个刺激在我们两只眼睛上的视像也有所区别（双眼视差）。双眼视差对产生方位等空间知觉具有非常重要的价值。

依靠双眼视差进行方位知觉必须做到以下几点：①将两只眼睛的中央凹对准同一个注视点；②将两个视像合为对于同一刺激物的感觉；③依据两个视网膜上的视像差来感知距离。虽然1个月的婴儿就已能用两只眼睛同时注视同一个物体，但事实是，直到4个月的时候，婴儿才开始具有依据双眼视差进行方位知觉的能力。

婴儿双眼深度知觉的产生似乎具有突发式的特点，即婴儿在前1~2个星期还完全没有这种能力，但在1~2个星期后，这种能力就表现得非常的明显。赫尔德等（Held，1985；Shimojo，Bauer，O'Connell & Held，1986）认为，上述这种变化反映了婴儿视觉神经通路上的某些生理性的变化。当婴儿长到某个特定年龄的时候，由于两条视神经通路的分开，才能使来自于两只眼睛的信息分别到达主体大脑中不同的视觉细胞群，从而在大脑的视觉中枢产生视像差，并据此做出正确的知觉判断。

（二）深度知觉

近些年来，关于儿童深度知觉发展的研究是一项十分引人注目的课题。人们迫切地希望了解，婴儿能在何时和在什么条件下具备深度知觉？产生这种研究兴趣的原因主要有以下两个方面：①人们发现，许多动物在刚出生后不久就能感知事物的深度，因而能活动自如。那么，人类婴儿是否也具有这种能力？这种对深度辨认的能力是天生就具有的，还是需要后天的经验？②许多父母发现，婴儿经常爬到床边而险些掉下床去，因此他们也想知道什么样的视觉线索可以提醒婴儿注意而使其不至于从高处摔下？婴儿什么时候能表现出辨别深度的能力？这种能力又如何发展？等等。人们希望能解答这些问题。

吉布森和沃克在20世纪60年代初期（Gibson & Walk，1960；Walk & Gibson，1961）设计出了著名的实验装置"视崖"（Visual Cliff），以测查婴儿的深度知觉。他们将婴儿（7~8个月）先后放在视崖深滩和浅滩两侧，婴儿的母亲在婴儿的对侧招呼婴儿，观察婴儿的反应。吉布森等发现，大部分婴儿都拒绝从深滩一侧爬向其母亲。这个结果似乎说明，会爬的婴儿就已有了深度知觉，这其中没有什么经验的作用。

但是，坎普斯等人（Campos，Haitt，Ramsay，Hendeerson & Svejda，1978；Campos，Bertenthal，Kermoian，1992）的研究则表明，婴儿的深度知觉能力与其早期的运动经验有关。早期运动经验越多的婴儿，对深度表现出越明显的恐惧感。坎普斯等人还对年龄更小的婴儿（2～3.5个月）进行了有关深度知觉的测查。这个年龄段的婴儿尚不会爬行，将婴儿在视崖的不同位置上时心率的变化作为其深度知觉的指标进行测试，结果发现，当年龄较大的婴儿在深滩一侧时，心率就有所增加，这表明他们已能知觉深度并对此感到恐惧；而年龄较小的婴儿在深滩一侧时，心率却有所下降，这表明深度的不同已能引起婴儿的注意，但他们尚未感到恐惧，因为他们还缺少相应的经验。其他的一些研究也表明，对过去曾遇到的某些情景的记忆，有助于婴儿形成深度知觉（Granrud，Haake & Rouas，1985）。

综合上述研究结果，我们认为，婴儿深度知觉的产生和发展，既是其视觉神经通路不断达到成熟而实现分化的结果，也与其早期的运动经验有关，而且还受当前视觉刺激物的某些具体特征的影响。

第三节　听觉的产生

正如本章第一节所述，个体早在胎儿期就已经具有了听力，当胎儿在母亲的子宫里受到较强的声音刺激的时候，其身体的活动明显增强，而且心率加快。我国的医学工作者在此方面也进行了许多的研究，发现5～6个月的胎儿就已经开始建立起了听觉系统，可以听到透过母体的、频率为1000Hz以下的外界的声音。

当胎儿出生以后，其听力发展更为迅速。出生刚1周的新生儿能听到并对此做出反应的声音范围已经相当广泛。

一、对声音的注意

究竟什么样的声音可以引起婴儿的听觉反应？这是研究者普遍关心的问题。在这方面比较集中的一个研究焦点是，婴儿听觉的强度阈限。虽然新生儿听觉的强度阈限还不像成人那样低，但与成人的差距并不十分显著。而且新生儿在听觉阈限方面表现出来的个别差异很大，有些新生儿的听觉阈限已接近成人，但也有一些新生儿的听觉阈限与成人的差距很大。

某些声音比起另一些声音更易引起新生儿的听觉反应。例如，新生儿对那些音高范围在1000～3000Hz的声音更敏感，而这些声音听起来更接近于人们说话的音高和频率。

　　新生儿对上述音高范围的声音反应敏感可能是由于他们对此具有更好的感知能力，也可能是由于他们对此更感兴趣。长期以来，研究者们更倾向于第一种解释。但特雷胡波等人（Trehub & Bull，1979）提出了关于第二种解释的假设。他们认为，新生儿对上述音高范围之外的某些声音也可以听到，但由于对此不感兴趣而未做出任何反应。

　　为了检验这个假设，施奈德（Schneider）等人进行了一个实验。在实验过程中，研究者给6、12、18个月的婴儿提供各种不同音高和频率的声音刺激，每当被试将头转向声源的时候，就给予其奖赏，在使被试对能听到的声音（包括他们并不喜欢的声音）都形成了转头的条件反射后，研究者改变其不同音高和频率声音的呈现顺序，以期发现婴儿的听觉阈限。结果发现，所有被试的声音反应范围都比前述的那个范围大。而且对于那些高频的声音，婴儿的听觉敏度与成人的差距不大；但对那些低频的声音，其听觉敏度则很差。由此我们看到，婴儿后天听觉的发展任务更多是集中在对低频声音的感知上，这也提示我们在判断婴儿的听觉能力的时候，应注意对其能力与兴趣予以区分。

二、对声音的辨别

　　尽管新生儿的听觉能力有一定的限制，但是，新生儿已能区分不同响度、不同持续时间、不同方向和不同频率的声音（Bower，1982）。奥尔修（Olsho et al.，1982）的研究发现，在1000～3000Hz范围内，5～8个月婴儿能够区分以2%水平变化的声音频率，而成人能辨别出1%的频率变化。总体而言，婴儿已明显表现出对声音的辨别能力，这种辨别能力主要表现于对语音和乐音的辨别。

（一）对语音的辨别

　　一些研究表明，新生儿在出生不久就表现出了对许多语音元素的辨别能力。艾马斯等人（Eimas，Siquelang，Jusczyd & Vigorito，1971）发现，1个月的婴儿就能辨别出非常相似的连续声音"pah"和"bah"之间的区别。而心理语言学家认为，"pah"和"bah"在语音系列上并不是处于分离的两个点上，而是属于两个不同的区域。某一个区域里的一些声音听起来像"pah"，而另一个区域里的一些声音听起来则像"bah"。因此，对于成人来说，"pah"和"bah"在音感上并不是截然分开的两个孤立的点，而是处在一个连续变化的序列上，在这个序列的某一个具体的位置上，"pah"的声音就会像"bah"。因此，在成人的语音感知系统中形成了语音的分类。而上述艾马斯的这个关于婴儿语音辨别力的研究表明，婴儿似乎已经具有了这种关于语音的分类。由此我们可以推想，人类在语言方面的某些能力可能具有先天的成分。后来的研究发现，事实上，小于1周的婴儿就能够辨别出元音"a"和"i"的区别（Clarkson & Berg，1983），甚至能够把单词分割成具体的音节（Bijejac-Babic，Bertoncini & Mehler，1993）。就像婴儿能把光谱分解成基本色一样，他们似乎也能根据语言的基本声音单元把语流分割（Miller & Eimas，1996；Ramsey et al.，2005）。

如果说婴儿在出生后不久就表现出了对一些基本语言的辨别能力，那么，这种早期的语音感知能力是如何影响婴儿产生和发展母语的？一些研究者对此也进行了探讨。特雷胡波（Trehub，1976）发现，当要求母语为英语的成人对捷克语中的一些语音元素进行辨别的时候，这些成人都感到非常困难；然而婴儿却可以完成这个任务，虽然这些婴儿的父母均讲英语。拉斯基等人（Lasky，Syrdal-Lasky & Klein，1975；Werker，Gilbert，Humphrey & Tees，1981）也发现了类似的情况，即婴儿可以对非母语语系中的某些音素进行辨别，而其父母却不能。

然而，也有一些研究发现，婴儿对语音的辨别能力的发展同样受其经验的影响。艾勒思等人（Eilers，Gavin & Wilson，1979）发现，6～8个月的母语为英语的婴儿不能对西班牙语中的某些音素进行辨认，而母语为西班牙语的同龄婴儿则可以做到。还有研究发现，熟悉英语环境的5个月婴儿，当给他们提供一种西班牙语句和一种新的未接触过的英语语句时，尽管这两种语句在音节数量、感情、面部表情动作、人的外表以及说话的速度和强度方面尽量安排得一致，但是他们仍能做出区分（Lorrain et al.，1988）。

根据这些研究结果，我们认为，婴儿对语音辨别能力的发展至少需要经过两种途径：其一是，随着年龄增长，他们将逐渐失去一些先前曾拥有的、对某些语音的辨别能力。这是因为，在他们后来的生活中很少有机会再听到这些声音；其二是，随着婴儿语音经验的增加，他们又逐渐发展起一些新的对语音辨别的能力。正是由于在语音辨别上的某些能力的失去和某些能力的获得，使婴儿的语音辨别系统的发展状态更接近其母语所要求的状态，并为将来更顺利地进行言语交流打下基础。

婴儿对某些特定的语音形式更为敏感。卡赞（Karzan，1985）发现，如果母亲在与婴儿进行交流的过程中，经常使用一些所谓母婴语言方式（如 ma-ra-ma，其特点是中间的音节"ra"的声调较高），1～4个月的婴儿就可以辨别一些由3个音节组成的语音序列；但如果用成人式的语调说出这些3音节的语音序列，婴儿仍不能对此有所感知。其他的一些研究者也发现了同样的情况

(Stern，Spieker & Mackain，1982)。这些研究结果表明，婴儿的语音系统也表现出对某些特定声音刺激的偏爱性，这些偏爱性具有明显的先天特点。

(二)对乐音的辨别

婴儿对不同的乐音也能予以区分。婴儿偏爱轻柔、旋律优美、节奏鲜明的音乐曲调。出生24小时的新生儿，有优美音乐时吮吸速度加快，用停止吮吸和躁动不安来拒绝无节律噪声。两个月的婴儿就已能辨别由小提琴拉出的不同的乐音。5个月婴儿在区分八分音系列重新安排时，心率反应也发生变化，表明这时婴儿已有对音乐旋律的知觉能力。

米歇尔(Michel，1973)对婴儿感知能力进行了追踪研究，他发现音乐感知从婴儿出生时即已开始，两个月时已能安静地躺着听音乐，2~3个月时能区分音高，3~3.5个月时能区分音色，6~7个月时能区分简单的曲调。

另外，研究者们发现，婴儿对乐音的辨别，也像其对语音的辨别一样是以类别的划分为基础的。虽然，婴儿对语音及乐音的辨别都是以类别划分为内在加工形式的，但这两种加工却发生在婴儿大脑的不同区域。研究者已通过"声音反应"实验证明，人类大脑的左半球主要负责分管对语音的感知，而右半球则主要分管对音乐的感知。这种大脑半球的单侧化倾向在新生儿阶段就有了表现。莫尔费斯(Molfese，1979)发现，出生4~6周的新生儿就表现出对声音反应的左脑化倾向。贝斯特等人(Best，Hoffman & Glanville，1982)进行了一项关于婴儿对音乐和语音辨别能力的实验。在实验过程中，实验者不断给婴儿提供特定的声音刺激(特定音高和频率的音乐和语音)，使婴儿对这些声音刺激形成习惯化。在实验的第10个回合上，实验者给婴儿的两耳提供改变了音高和频率的音乐和语音刺激。结果发现，当将音乐刺激呈现于婴儿的左耳时，婴儿每每表现出更明显的反应(人对听觉刺激的神经传递是交叉的)。这个结果表明，两个月的婴儿就已出现对音乐反应的右脑化倾向及其对音乐和语音的记忆能力。这可使他们在对某些特定的声音刺激产生习惯化后，对新的声音刺激又产生去习惯化。因此，人类大脑的这种功能单侧化的早期存在，可能是婴儿很早就具有分辨声音和音乐能力的生理基础之一。

三、对声音的定位

声音定位是指准确判断声音来自哪里的能力。声音定位取决于声音到达两耳的时间差，如果声音几乎同时到达两耳，那么，声音来自正前方或正后方或中轴线的其他位置；如果声音在左耳听起来更响且声音到达左耳的时间比到达右耳早，那么声音来自左边，反之声音来自右边。

沃特海姆尔（Wertheimer，1961）发现，刚出生8分钟的新生儿就表现出了对声音的粗略定位能力，当在婴儿室里的不同方位上发出声响的时候，新生儿就会将头转向声音发出的方位。

但研究者们发现了一个奇怪但却普遍存在的情况，即婴儿对声音定位能力的发展呈U型曲线，婴儿在刚出生时表现出的声音定位能力要比2～3个月大时好，但比4个月大时差（Miur，Abraham，Forbes & Harris，1979；Muir，Clifton & Clarkson，1989）。米尔等通过后来的实验指出，出现这种情况是由于在个体不同的发展时间里，支配其声音定位的生理基础不同。支配新生儿的声音定位反应的是大脑皮层下的功能（subcortical function）。而婴儿到2～3个月的时候，皮层下的功能开始被更高级的皮层功能（cortical function）取代，但这时的皮层功能还相当不成熟，不足以使婴儿产生较准确的声音定位。直到婴儿长到4个月的时候，由皮层部位所支配的声音定位方能较为准确。这种生理变化导致了婴儿在声音定位能力上出现了先高、后低、再高的现象。

综上所述，我们看到，婴儿在出生前就做好了接受声音刺激的各种准备，在出生后的短暂的时间里，这种能力获得了快速的发展，表现出对声音的注意、偏爱、辨别、定位等多方面的能力，这些能力为婴儿更好地观察和了解世界创造了条件。

第四节　感知觉的整合

婴儿是如何将来自不同的感觉系统的信息整合在一起形成统一的关于客观刺激的认识和经验的？皮亚杰（1971）针对上述问题提出的一个观点是，个体首先需要分别完成每一个感知系统的发展任务，当不同感知系统都达到了一定的功能水平以后，各系统之间的整合才开始出现。然而，后来的研究结果却表明，婴儿在出生不久就已经表现出了某些对不同感觉信息的整合能力。

研究发现，婴儿早期表现出来的这种感知觉的整合能力，表现在诸如对刺激的注意、辨别、定位等许多方面。

一、对刺激注意方面的整合能力

在对刺激的注意方面，门德森等人（Mendelson & Haith，1976）通过实验发现，一定的声音刺激可以引起婴儿的视觉注意。新生儿的定向反射就表现了这种情况。当有声音刺激出现的时候，新生儿会将头转向声源并用目光进行搜索；而且，随着声音刺激的增强，婴儿的定向注意也随之提高。这表明，婴儿可以通过接收的声音刺激来调节自己的视觉反应。海斯等人（Haith，Bergman & Moore，1977）指出，人类个体在早期就表现出来的这种对声音刺激的定向注意能力，是一种生存的本能，它使婴儿能对各种发出声响的东西保持机警，以避免伤害。另有研究发现，当声音刺激和视觉刺激出现在不同方位时，婴儿倾向于注视声音刺激来源的方向；而且，只要声、像刺激来源方向一致，婴儿的注视时间就更长。

二、对刺激辨别方面的整合能力

一些研究表明，4个月左右的婴儿就能根据来自不同感觉通道的信息对刺激进行辨别和判断。

斯皮尔克（Spelk，1976）进行了一项研究，他给婴儿呈现两个挨在一起的屏幕。其中，一个屏幕上表现的是一位妇女在与婴儿玩"躲猫猫"的游戏，另一个屏幕上表现的是一只手在敲打一个木鼓。在婴儿注视这两个屏幕的时候，出现一个声音系列，这个声音系列只与上述两个屏幕之一相匹配。结果发现，4个月的婴儿对有声音相配的屏幕注视更长的时间。这说明4个月的婴儿就能将不同种类的信息综合起来以对事物进行了解和辨认。

婴儿也可以将本体感觉和视觉进行内在的整合。巴雷克等人（Bahrick & Watson，1985）进行了一项关于婴儿整合能力的实验研究。在实验过程中，让婴儿坐在婴儿椅上，在婴儿腿的上方设一块挡板，使婴儿看不到自己腿的运动情况。有两个录像屏幕呈现在婴儿的眼前，其中，一个屏幕上表现的正是他的腿的运动情况；另一个屏幕上表现的则是另一个婴儿的腿的运动情况（也可以是这之前他的腿的运动情况）。因此，第一个屏幕上的腿的运动情况恰好与婴儿当前的腿的运动相匹配，第二个屏幕上的腿的运动情况与婴儿当前腿的运动没有任何的关系。研究者认为，如果婴儿能将本体感觉（自己腿的运动）与视觉（对屏幕上腿的运动的注视）整合在一起，他们就应该能区分开两个屏幕的内容，而且应对某一个屏幕予以更多的注视。结果发现，5个月的婴儿花67％的时间注视第二个屏幕。研究者认为，这是因为，婴儿已经发现了第二个屏幕上的腿的运动与自身的运动不一致，这种不协调引起了婴儿更多的注意。而3个月的婴儿对上述两个屏幕的注视时间没有表现出明显的区别。这说明，婴儿只有到5个月的时候才开始具有将本体感觉与视觉进行整合和比较的能力。这种能力可以使主体对自身的运动状态产生更加清晰的了解和认识，这对主体进行身体的自我控制和自我调节具有重要意义。

感知觉的内在整合能力还表现在，婴儿可以辨认通过另一个感觉通道而获得的信息。罗斯等人（Rose，Gottfried，& Bridger，1981）进行了一项研究。在实验的第一个阶段，主试让婴儿以一种独立的感觉方式（触觉或视觉）对某一个特定的物体形成习惯化，然后，给婴儿再呈现一组物体（其中也包括用已形成习惯化的物体），但这回让婴儿以另一种感觉方式对这一组物体进行感知（视觉或触觉）。结果发现，与使婴儿产生习惯化的物体相比，差异越大的物体越容易使其产生去习惯化。另外一些类似的研究（Bushnell，1981；Gottfriedm，Rose & Bridger，1977）也发现了同样的结果。博顿等人（Borton & Meltzoff，1979）的发现更令人惊奇，1个月的新生儿就能进行触觉和视觉的内在的整合。研究者先让婴儿通过吮吸而对一种特定形状的橡皮奶嘴形成习惯化；然后，再给婴儿呈现两个橡皮奶嘴（一个是熟悉的，一个是不熟悉的），结果发现，1个月的婴儿对不熟悉的奶嘴注视的时间更长。

近期有研究发现，4～10个月的婴儿能区分当前呈现的复杂的视听材料与之前呈现的视听材料的区别，也能够辨别这些不同类型材料之间不变的元素（Lewkowicz & Marcovitch，2006）。

三、对刺激定位方面的整合能力

通过前面引用的一些实验研究，我们已经知道，通过对声音刺激的辨认，婴儿能达到视觉定位的目的。

婴儿还可以依据通过视觉获得的关于物体空间位置的信息，去抓取物体。霍夫斯顿（Hofsten，1982）发现，婴儿一旦能准确地抓取处于静止状态的物体，就能准确地抓取处于运动状态的物体。霍夫斯顿还发现，婴儿在抓取运动状态的物体时，表现出很熟练的技能，他们是将手伸向运动物体将要达到的下一个点上，而不是即刻已达到的这一点上。这表明，婴儿的视觉与运动觉之间能协调工作。

关于婴儿具有感知觉的内在整合能力的另一个方面的证据是，用于视盲婴儿身上的声波定位仪的功效。声波定位仪是由新西兰的一名科学家莱斯利·凯（Leslie Kay）在20世纪60年代发明的一种用于帮助盲人行动的仪器。该仪器是根据人体的各种感觉可以互为整合及补偿的机理而设计的。通过使用这个仪器，盲人可以通过听觉来排除行动范围内的各种故障以达到目标，自由地探索环境。

声波定位仪的具体工作过程与蝙蝠对物体的定位过程相类似。它发放并收回超声波，再将收回的超声波转换成人耳能接受的声音频率。声波定位仪可以给盲人提供关于物体距离、方向、表面光度等方面的信息。关于物体的距离，声波定位仪是通过声音信号的不同频率来获取的。主体距离物体越近，接收到的声音信号的频率则越低。关于物体的方向，声波定位仪是通过使主体两个耳朵产生相对的音量差来获得的。例如，在主体右侧的物体，通过仪器后就会使右耳获得的音量大于左耳。关于物体的表面光度，声波定位仪是通过声音的纯度来获取。表面光度较高的物体（如玻璃杯、钢板等）所产生的声音纯度也较高。

如果声波定位仪可以给盲人提供有用的信息，那么多大年龄的盲童能够有效地使用这个仪器呢？围绕着这个问题，心理学家们进行了许多的研究工作。弗雷伯格（Fraiberg，1979）认为，婴儿的行走动力来自于他们想要获取某些对他们来说极具吸引力的物体的愿望。而视盲婴儿感受不到物体的这种吸引力，所以，其开始行走的时间大大晚于视力正常的婴儿。由此她认为，只有当视盲婴儿能够通过声音接触到各种物体的时候，他们才可能开始行走。抓取那些能够发出声音的物体的强烈愿望成为视盲婴儿学习行走的重要动机。从理论上讲，声波定位仪的使用可以促进视盲婴儿更早地开始行走，这种仪器的使用应该在视盲婴儿刚要开始行走的时候（9～15 个月）为宜。

艾特肯等人（Aitken & Bower，1982）分别给 4 名年龄为 6、8、13、14 个月的视盲婴儿戴上声波定位仪，以了解婴儿使用声波定位仪的年龄与其行走能力的关系。结果发现：在 6 个月大时就开始使用仪器的婴儿的双手抓物和行走能力发展得最为迅速，他在 7 个月的时候就能够用两只手去抓取产生声波的物体，在 16 个月的时候可以完全独立地行走；在 8 个月时开始使用仪器的婴儿的上述能力的发展速度次之，即 8 个月时能够双手抓物，20 个月的时候能够独立行走；而另两个年龄略大的婴儿活动能力的发展速度相对较慢。但也有研究表明，年龄较大的婴儿也能从使用声波定位仪中获益（Humphrey，1985；Humphrey，Dodwell，Muen & Humphrey，1988）。我们认为，造成上述研究结果不同的原因可能是婴儿个体间的差异。

虽然在使用声波定位仪的最佳年龄的问题上，不同的研究者的看法有所不同，但有一点是可以肯定的，即视盲婴儿在使用声波定位仪后，其探索环境的积极性和自信心都有了明显的增强，在探索环境过程中的失误行为明显减少，并由此提高了对周围环境的熟悉程度，扩大了经验范围，增长了生存能力。声波定位仪在视盲婴儿的运动能力的发展上产生积极效果的事实，充分说明了即便是婴儿也已经具备了对于各种感觉的内在整合模式。

将各种感觉通道的输入刺激以某种方式整合起来，是婴儿认识事物和操纵物体技能形成的心理基础，也是婴儿智慧发展的早期基础。事实上，当婴儿能利用多个感觉通道获得信息的时候，他们学习周围环境中新异刺激的能力就会更快(Bahrick & Lickliter，2000)。有研究表明，那些善于整合多个感觉通道信息的婴儿在 11 岁时 IQ 测验上表现更好，这提示感觉整合能力是未来智力的早期指示器(Rose & Feldman，1995)。

以上我们分别描述了婴儿的视觉、听觉及感觉整合能力的早期发生情况。为了更直观起见，希格勒用表的形式对婴儿期的视觉、听觉以及感知觉的整合能力出现的时间予以了说明(见表 4-1)。

表 4-1　婴儿期视觉、听觉及感觉整合能力的发生的情况

年　龄	视觉能力	听觉能力	整合能力
未足月	视觉定向反射 视线保持水平 颜色区分 大小恒常性 扫描物体轮廓	听觉定向反射 能听到成人所能听到的音量 能听到中、高频率声音 偏爱母亲的声音	注视有声音的方向 支配目光朝向声源 视觉调节手的够物动作
1 个月	单眼深度线索	语音类别化听觉	声音强化视觉注意
2 个月	扫描物体内部	音乐类别化听觉	
3 个月	形成视觉期待 可以协调地追视运动的物体 喜欢注视母亲的脸		
4 个月	双眼深度视觉		视觉能配合声音的节奏 能整合视觉和运动觉
5 个月			
6 个月	视崖反应		
7 个月	能根据记忆推断距离 对物体的大小、距离等有深度视觉反应		盲婴能从助听器受益

综上所述，个体在出生的第一年里，就表现出了视、听、嗅、味、触等多方面的感知觉能力，并能对不同的感知觉进行整合，而且这些能力的发展速度也非常快。相对于以后的各年龄阶段来说，婴儿期(包括新生儿期)是个体感知系统发展的最重要的时期。由于在这一时期里，婴儿尚未产生语言或刚刚产生

语言，他们主要是通过感知觉方面的途径了解和感受外界，并与外界进行交流，这更促进了他们感知觉能力的快速发展。从个体认知发展的宏观的角度来看，感知觉方面的能力正是其他各种认知能力的重要基础，它在儿童整个认知发展过程中处于首要地位，随着感知觉能力的不断成熟和完善，更高一级的认知能力也随之不断地发展起来。

思考题

1. 刚出生的婴儿往往容易哭闹。为了安抚哭闹的婴儿，我们可以使用哪些感官刺激的方法？

2. 新生儿可以通过各种渠道与抚养者建立亲密的关系。你认为，婴儿对光线和声音的反应是如何影响抚养者对婴儿的抚育的？

3. 对于婴儿来说，将看到的、摸到的和闻到的信息整合到一起对于他们认识世界是十分重要的。那么，你认为多种感觉通道的联合在生命的早期是如何实现的？

第五章 记忆的发生与发展

记忆是儿童经验积累和心理发展的重要前提。没有记忆，儿童的心理活动在时间上就不能得以延续，旧的经验就不能对当前的心理活动产生影响，心理发展也将失去基础，儿童的心理能力将永远停留在最初始的水平上。

正因为记忆对儿童的发展具有如此重要的作用，自19世纪初以来，心理学家们对于儿童记忆发展的研究就从未停止过。而且，随着各种先进的研究技术和方法的引入，研究者们不断地发现一些新的关于儿童记忆发展的事实，由此丰富了儿童记忆发展的理论，也使人们对儿童记忆发展的理解和认识越来越深入和具体。

第一节 儿童记忆能力的发生与发展

一、记忆及其基本结构

记忆是人脑保持信息和再现信息的心理过程。它并不是一种单一的心理过程，包含着若干不同的心理操作，如感觉登记、编码、贮存、提取等。几乎在所有其他的认知活动里(如学习、问题解决等)都有记忆的参与。

在关于记忆结构的理论中，发展心理学家倾向于采用由阿特金森等人(Atkinson & Shiffrin，1968)提出的"多重贮存模型"(Multistore Model)理论，这个模型将人脑对信息的贮存分为三个不同的阶段：①瞬时记忆阶段(感觉登记阶段)，外界信息进入感觉通道，并以感觉映像的形式短暂停留，信息量大，但时间非常短暂，因而实验过程不易控制，有关此阶段年龄差异的研究资料相对较少。②短时记忆阶段，贮存在感觉通道中的大部分信息迅速消退，只有得到复述和注意的一小部分信息能转入短时记忆，其容量有限，约为7 ± 2个刺激单位，信息的保存时间延长至几秒钟。研究者们通过记忆广度测验，发现了在短时记忆中存在年龄差异，对此有两种解释，一种认为，儿童在短时记忆中表现出来的差异主要是由生理成熟导致的(Pascual-Leone，1970)；另一种则认为这种差异主要反映了儿童对信息进行加工的有效程度的不同(一般以信息加工的速度为指标），既受个体成熟程度的影响，也受个体对所记忆信息的熟悉程度的影响(Case，1985；Dempster，1981)。③长时记忆阶段，在短时记忆中的信息，经过编码、复述，并与个体过去的经验建立起意义联系之后，就可能转入长时记忆，在长时记忆中信息能保持1分钟以上乃至终生。长时记忆的容量极大，可以包括人能记住的所有经验，但长时记忆中的信息并不总能被提取出来，必然伴随有遗忘现象。

后来，巴德雷和希契(Baddeley & Hitch，1974)又在对短时记忆分析的基础上提出了工作记忆(working memory)的概念，认为工作记忆是一个对信息进行暂时存储和加工的容量有限的系统，其提供了知觉、长时记忆及行动连接的平台。工作记忆系统与传统的短时记忆系统的不同在于，它不仅包括对信息的暂时存储，还包括注意控制和复述保持等加工过程。根据巴德雷的理论，该系统主要由三个相对独立的成分组成，即中央执行系统(central executive)、语音回路(phonological loop)和视空间模板(visualspatial sketchpad)，在巴德雷最新提出的修订模型中(Baddeley，2000)，又增加了第四个成分——情景缓冲器(episodic buffer)。其中中央执行系统是核心成分，负责各子系统之间以及它们与长时记忆之间的联系，还负责注意资源的管理和策略的选择及计划；语音回路专门负责声音信息的存储；视空间模板处理视觉空间信息的存储；情景缓冲器是用于保存不同信息加工结果的次级记忆系统，在中央执行系统的控制之下保持加工后的信息，支持后续的加工操作，目前对这一成分的研究相对较少。

二、婴儿期记忆的发生

(一)婴儿期记忆能力的主要表现

虽然婴儿尚未掌握记忆策略，对于世界的认识也还很贫乏，但他们的确表现出了最初的记忆能力。

婴儿期的记忆能力主要表现为再认。再认能力在整个婴儿期里已获得了明显的发展。研究者们用不同的方法对婴儿的再认能力及其发展进行了测查。

"客体永久性"任务就是其中一种测查手段。戴蒙德等人(Diamond，1985)对7～12个月的婴儿进行了有关客体永久性任务的测查。在实验过程中，主试先将物体藏在地点A处，在婴儿能够顺利地在A处找到所藏的物体之后，再将物体藏在地点B处。结果实验者发现，所有小于12个月的婴儿都是仍到A处去寻找物体。接下来，实验者对把物体藏在B处的时间与让婴儿开始寻找的时间间隔进行了不同的控制。发现，7个月的婴儿产生所谓AB错误(仍到第一个藏物体的地点去寻找物体)的时间间隔是两秒钟；而 12 个月的婴儿则是10 秒钟。虽然这个结果表明婴儿在解决问题方面还表现得很不成熟，但从另一个角度说明了随婴儿年龄的增长，他们对信息保存的时间在逐渐增长。

另一种使用比较广泛的测查婴儿期记忆能力的方法是"习惯化/去习惯化"法。在反复给婴儿呈现一个刺激后，婴儿对该刺激的注意程度就减低(形成了习惯化)；重新引入一个新的刺激后，婴儿对此的注意程度又会恢复到原来的水平(形成去习惯化)。在婴儿完成的这种"习惯化/去习惯化"的过程中，不仅说明了他们已具有了对事物的最基本的辨别能力，同时也说明他们已具有了对事物的记忆能力。因为他们之所以能将第二个刺激物感知为新颖刺激物，正是由于他们记住了第一个刺激物的某些特点，并将这些特点与第二个刺激物进行了比较的结果。有的研究者还进一步发现，在去习惯化的阶段里，如果给婴儿同时呈现两个刺激物，其中一个是熟悉的，一个是不熟悉的，婴儿只对不熟悉的刺激物形成了去习惯化，这说明婴儿对那个熟悉的刺激物具有记忆。相关研究还发现婴儿的这种记忆逐渐可以持续更长时间，在其 3 个月大的时候，大约持续 24 个小时，在达到 1 岁之前，持续几天，对于某些刺激甚至可以保持几个星期(Fagan，1973；Pascalis，de Haan，Nelson，& de Schonen，1998)。由此可见，虽然目前还没有充分的证据说明所有新生儿具有记忆能力，但至少说明记忆是人类个体发展早期就表现出来的认知能力。

考虑到婴儿不能总是清楚地理解已经形成习惯化的刺激并对其进行再认，一些研究者提出让婴儿主动控制环境或许可以更好地揭示婴儿的理解能力。该观点得到一些研究的印证。威尔克等人(Wilk，Klein & Rovee-Collier，2001)发现，与采用主动探索物体的操作化条件反射技术的实验指标相比，"习惯化/去习惯化"的注视时间指标并不敏感，可能会低估婴儿的记忆能力。

费根和卡罗琳(Fagan & Rovee-Collier，1981)最早应用了操作性条件反射技术测查婴儿的记忆。实验者将一条软布带系在婴儿的脚腕上，布带的另一头与挂在婴儿小床上的一个响铃相连。在实验一开始的 3 分钟时间里，婴儿脚上的布带没有与任何响铃相连，此时婴儿腿的运动不会引起任何其他事物的反应。在这种情况下测查婴儿腿的运动次数，并将此作为最基本的参照指标。然后，开始持续 9 分钟的形成条件反射的阶段。在这个阶段中，婴儿腿上的布带与其小床上方的响铃相连，婴儿腿的任何一次运动都将得到铃铛响声的强化。婴儿很快就学会了通过自己腿的运动来控制响铃的运动。研究者认为，在过一段时间以后，当再让婴儿处于同样的情景下的时候，其腿的运动如果仍明显高于基本的参照指标的话，则说明婴儿具有相应的记忆。实验者将后测的时间从

48 小时一直推延至 336 个小时（两周），结果发现，所有被试在第 8 天的时间仍保持着记忆，一部分被试的记忆保持了两周。他们后来又进行了一系列的研究（Rovee-Collier，1999；Rovee-Collier & Bhatt，1993），并将响铃换为可移动的玩具架，发现 3 个月大的婴儿经过训练后一周内可以记住如何使物体移动，而 6 个月大的婴儿保持的时间增长到两周。

那么婴儿到底是依据什么对物体进行再认的呢？斯特劳斯等人（Strauss & Cohen，1978）对这个问题进行了研究。他们首先让 5 个月的婴儿对某个具有特定形状、大小和颜色的物体（如一个大的、黑色的、向上的箭头）形成习惯化；稍后，再给这些婴儿呈现这个刺激物以及另一个改变了一个或两个维度的新的刺激物（如一个大的、白色的、向上的箭头）。实验者认为，如果婴儿更倾向于注视新的刺激物，则表明婴儿已记住了前一个刺激物的颜色。因为在前后两个刺激物之间唯一的区别是颜色。按照这个思路，实验者在控制第二个刺激物变化的维度以及其出现的时间的情况下，对婴儿进行了测查。结果发现：①在婴儿对前一个刺激形成习惯化之后，马上就呈现第二个刺激，婴儿能记住所有的特征；②在 15 分钟后呈现的第二个刺激，婴儿能记住两个特征；③在 25 分钟后呈现第二个刺激，婴儿只能记住一个特征。同样，在我们生活中也常会发现，幼小儿童对于一个物体笼统的形态可能记忆的时间较长（如一只小狗），但对该事物某些具体特征的记忆时间则相对较短（如小狗的颜色和大小等）。

新近的研究还发现，婴儿的记忆依赖于记忆的情景。例如，有研究发现（Hildreth，Sweeney & Rovee-collier，2003）即使在 3～6 个月后婴儿遗忘了操作性条件反射，他们只需要一个简单的刺激（一个成人摇动那个移动物）就可以唤起这个记忆。这揭示了刺激唤起婴儿对更多最初的学习情景的记忆，从而唤起对条件反射的记忆。如果两个月到 6 个月大的婴儿没有在与他们训练时相同的情景下接受测试（相同的移动物和相同的房间等），其记忆效果将会很差（Boller，Grabelle，Rovee-Collier，1995；Hayne & Rovee-Collier，1995）。对 9 个月大的婴儿，情景的重要性开始降低，稍大的婴儿即使改变了移动物体的一些属性，仍旧记得如何移动它们（Hartshore et al.，1998；Hayne，Boniface，& Barr，2000）。

婴儿不仅表现出某种再认能力，也表现出了一定的再现能力。这种再现能力主要是从他们对于先前看到的某些动作的延迟模仿行为中反映出来的。皮亚杰认为，18～24 个月的儿童才能进行延迟性模仿。因为小于这个年龄的婴幼儿还不能形成内在的表象。但也有研究发现，小于上述年龄的婴儿已经能够形成这种延迟模仿。梅尔特泽夫（Meltzoff，1988）先让婴幼儿观看成人的 3 个活动，在观看成人活动的 24 个小时以后，50％的 9 个月大的婴儿能重复出 3 个活动中的两个，而 14 个月大的儿童的延迟时间则达 1 周。这表明婴幼儿在没有外部线索提示的情况下，也能对某种情景（这里是动作）进行再现。最近的证据显示幼儿（1～3 岁）再现的记忆还可以更长，1 岁的儿童对于简单系列的成人模式行为的再现可以保持 3 个月，1 岁半的儿童可以达到 12 个月（Bauer，2002）。认知神经科学的研究发现长时记忆再现的生理基础为大脑灰质不同区域的连接，在生命的第二年里，这些神经通路快速发展（Nelson，1997）。

由于主体的记忆是一种内隐性的认知活动，所以，目前尚不能断定婴儿的记忆是否完全处于其意识水平之上。但无论如何，在婴儿期表现出来的那些基本的记忆功能，对其早期的学习和经验的积累具有非常重要的价值。费根（1984）还发现，婴儿在 7 个月时表现出来的对刺激形成习惯化和去习惯化的能力可以作为对其后来 IQ 的预测指标。他认为，这一方面可能是由于那些能较快地对刺激形成习惯化和去习惯化的婴儿，可以节省出更多的时间和精力不断去学习新的东西，因而促进了其智力的发展；另一方面的原因可能是，在婴儿期表现出来的这种对刺激形成习惯化和去习惯化的能力，实际上代表的是主体对信息的加工能力，而这一能力在同一个体的所有认知活动中具有很高的一致性水平，在时间上也具有很高的持续性。

(二)婴儿期"记忆缺失"的原因

人类在婴儿期就已经表现出了一定的再认和再现能力，这已经被许多实验证实。但与此同时人们也发现，我们很少有人能记住发生在两岁或 3 岁以前的事情。那么，到底该如何解释这个看似矛盾的现象呢？研究者对此提出了各种意见，但目前尚无肯定性的结论，归结起来，主要有这样一些观点。

第一种观点，涉及与记忆相关的生理成熟。一些生理心理学家（Boyer，Diamond & Schacter，1987）认为，个体大脑额叶的发展和成熟贯穿于整个幼儿期和学龄初期。而人类大脑额叶的主要功能之一就是记住那些在以后能够提取出来的信息（Diamond，1990；Newcombe at al.，2000）。与此类似，有研究者认为在人的大脑中存在两种记忆系统，一种是外显记忆系统（explicit memory system），另一种是内隐记忆系统（implicit memory system）。这两个系统在功能、发展速度和达到成熟的时间等方面均有差异。其中，外显记忆系统的功能主要是将主体经历的经验提到意识的水平上，以供将来回忆，这个系统发展的速度缓慢；而内隐记忆系统是一种处于下意识水平的记忆系统，发展的速度相对较快。例如，纽科曼等人（Newcombe，Fox，& Prime，1989）发现，当让一个 9 岁儿童看一组照片（其中含有 6 年前曾与他在同一个幼儿园的儿童的照片)时,被试虽然不能明确地指出照片中的哪个儿童是他 6 年前的同学,但他却对此表现出了某种与记忆有关的生理与心理的反应,这种反应就是内隐记忆系统的某种功能。由于测量婴儿的意识性的实验手段的局限,研究者认为,6 个月以前婴儿的记忆可能都属于内隐性记忆。同时还研究发现,以往有关婴儿和学步儿童的长时记忆的证据,一般表现在他们能够重复早期所见或所做的某个行为序列(如 Fagan & Rovee-Collier,1981;Bauer,2002),由此可以推测,婴儿期大脑的成熟水平可能支持这些记忆类型,但尚不支持要求外显言语进行描述的记忆。

第二种观点认为,人类个体之所以不能记住发生在 2~3 岁以前的事情,是因为个体在婴儿期对信息进行编码的方式与以后各年龄阶段中对信息的提取方式不匹配造成的。持这种观点的人认为,个体对事情的记忆程度主要取决于信息被存入与被提取时所采用加工方式的一致性程度。婴儿在感知世界时,对信息编码和贮存的方式与年长儿童及成人的方式具有明显的不同。首先,婴儿的视线高度与年长儿童及成人就有很大的区别,而从两个不同的视线高度摄取的视觉信息肯定是不一样的;另外,年长儿童和成人在对信息进行贮存和提取时总是在不同程度上依靠着词的帮助,而婴儿则不可能做到这一点,他们主要是依赖于形象。这样就使得应用于婴儿期的贮存方式和后来的提取信息的方式具有不协调的特点,从而给信息的提取造成困难。由于上述因素的存在,人类在婴儿期的记忆能力仅限于短时记忆。

此外还有其他一些解释,例如,缺乏自我认识嵌入早期记忆,以及缺乏分享和复述记忆的社会系统。有研究者认为,自传体记忆是记忆缺失的反面,自传体记忆的开始标志着婴儿期记忆缺失阶段的结束(Flavell,Miller,& Miller,2002)。

自传体记忆(autobiographical memeory)是指对日常生活中自发产生的与自我经验相联系的信息的存储和提取过程。自传体记忆需具备两个条件,一个条件是儿童必须有一个发展完好的自我像(image of self)。新近的研究显示在儿童生命的最初几年,由于自我意识不够成熟而使得一次性的事件无法进入其记忆(Howe,2003)。另一个条件是自传体记忆需要儿童整合个人经验的、有意义的、时间组织的生命故事。学前儿童能够通过在与成人的讨论中解释事件发生的时间、地点、人物等来扩展他们的回忆,从而学习如何将记忆结构化(Nelson,1993)。学前儿童参与这种与记忆相关的谈话的大量出现,为其记忆的发展提供了分享和复述记忆的社会系统,从而促进了其自传体记忆快速增长。而婴儿期的记忆缺失可能源于这一社会支持系统的缺乏。可以认为,脑的发展以及与成人的互动共同发展了儿童的语言和自我意识，而这些能力又使得儿童能够与成人谈论重要的个人经验，从而帮助其对所经历事件的保持。大量研究表明，那些母亲经常用非常精细化的方式与儿童分享其所经历的生活事件的儿童，比起那些母亲较少提供这种精细分享的儿童，能记住的东西更多（Haden，Haine，& Fivush，1997；Harley & Reese，1999；Leichtman et al.，2000）。研究还显示，自传体记忆的发展有性别差异。比如，相对于学前男童，父母会更多地与学前女童详细谈论过去（Bruce，Dolan & Phillips-Grant，2000；Reese，Haden & Fivush，1996），而女性比男性报告最初记忆的时间要早，而且也更清晰。

我们认为，上述几种观点并不矛盾，它们都为理解婴儿期的"记忆缺失"提供了部分原因，它们的相互支持或许可以更好地解释这一现象。

三、儿童及青少年记忆能力的发展

儿童及青少年记忆能力的发展主要表现在：再认、再现、工作记忆、记忆的组织性、记忆的推理性等几个方面。

(一)再认

测查年龄略大一些的儿童及成人再认能力的一般范式是，先给被试呈现一组刺激，在一定的时间间隔之后，再给被试呈现一组更多的刺激物，其中包括先前曾看过的那组刺激物，要求被试辨认哪些是曾经看过的刺激物，哪些是新的刺激物。

应用这种方法，研究者发现，幼儿和成人都具有很强的再认能力。谢泼德（Shepard，1967）的研究报告指出，成人在一周之后对 600 张照片再认的正确率是 90%；布朗等人（Brown & Scott，1971）发现，3～5 岁的幼儿也具有很强的再认能力，他们给幼儿呈现 100 张照片令其再认，发现在 1～28 天的时间间隔里，虽然儿童对照片再认的正确率逐渐下降，但总体的再认水平与成人相差不十分明显。另有研究者（Daehler & Bukatko，1970）测查了 1.5～3.5 岁儿童对 50 张照片的再认能力，也发现这些幼儿的再认能力很高。

由于人类个体在幼儿期就表现出了很强的再认能力，所以有相当一部分研究者（Perlmutter & Lange，1978）认为，这种能力并不会随儿童年龄增长而出现明显的变化；但另外一些研究者（Dirks & Neisser，1977；Mandler & Stein，1974；Stein & Mandler，1975）认为，当需要解决任务的难度提高时，个体的再认能力仍将表现出随年龄增长而提高的趋势。例如，德克斯等人（Dirks & Neisser，1977）进行了一项有关的研究，他们给小学一年级、三年级、六年级的学生和成人出示了一大堆玩具，然后从这堆玩具中拿走一部分，又加入一部分，要求被试说出这堆玩具有什么变化。结果发现，再认能力随年龄增长而发展。

曼德勒等人（Mandler & Robinson，1978）认为，只有在某种特定的情况下，个体的再认能力才能表现出年龄差异。曼德勒给小学一年级、三年级、五年级的儿童出示一些画有各种家具的照片，每个年级的被试均被分为两组。第一组被试看的每张家具照片的摆放与真实的生活情景类似，因此每张照片之间具有一定的意义联系，在整体上构成了一个这是房间的景象。第二组被试看到的每张家具照片的内容及照片的数量均与前一组被试看到的相同，唯有摆放的方式不同，每张照片摆放的位置完全是随机的。结果发现，第二组被试的再认成绩没有表现出明显的年龄差异，各年龄被试对于那些随机摆放的家具照片的再认成绩都较差；而第一组被试的再认成绩则表现出了明显的年龄差异，随着年龄的增长，儿童对具有一定意义联系的材料的再认能力明显提高。这个结果一方面说明年长儿童比年幼儿童更善于利用自己已有的知识和经验去指导当前的记忆活动；另一方面也说明，只有在某种特定的情况下（如机械记忆），年幼儿童与年长儿童的再认成绩之间才不具有明显的差异。

霍克等人（Hock，Romanski，Galie & Williams，1978）也测查了儿童在再认中应用已有经验的情况。实验者同样给被试呈现两组图片，第一组图片表现的是一些在生活中比较常见的情景（如一个工人坐在一架钢琴旁边在修理钢琴），第二组图片表现的则是一些在日常生活中较少见到的，但却也有可能发生的情景（如一个工人坐在一架钢琴的上面修理钢琴）。实验者首先对一组成人进行了测查，发现成人对第二组图片的再认成绩更好；然后，实验者又将这两组图片分别呈现给 8 岁和 10 岁的儿童（这些儿童中有将近一半的人在皮亚杰的液体守恒任务中达到了守恒，另一半没有达到液体守恒），结果发现，那些达到液体守恒的儿童对于上述两组图片的反应情况与成人相近，即对第二组照片的再认成绩相对更好，而那些尚未达到液体守恒的儿童对第一组图片和第二组图片的再认成绩基本相同。霍克等人认为，那些达到守恒的儿童更善于运用他们已经具有的关于真实世界的知识去形成一个对新事物的表象，由于这种表象既具有新颖性，又被主体已有的经验赋予了意义，所以便于记忆。而那些没有达到守恒的儿童，虽然可能也具有某些关于客观世界的知识，但他们却不能很好地利用这些知识去指导其记忆行为。

总之，虽然儿童基本的再认能力很早就有了相应的表现，但这种能力仍随其年龄的增长而不断地发展；尤其在记忆的任务比较复杂或主体可以应用已有的知识帮助记忆的时候，再认能力的年龄差异表现得更为明显。

（二）再现

从难度上来说，对刺激的再现要比对刺激的再认更为困难一些。因为在再现的过程中，不存在原有刺激物的提示作用。研究者将再现分为两类，一类是线索再现（clued recall），另一类是自由再现（free recall）。线索再现是指在主体回忆的时候，有某种较为具体的外在线索的帮助；而在自由再现的情况下，提示线索则较为笼统和抽象。研究表明，提示的线索越抽象，在回忆时对主体认知能力的要求就越高，儿童随着年龄的增长，在再现时对外在线索的依赖性越来越小。

对儿童再现能力进行研究的重要手段之一是自由回忆法。在这种实验中，首先用较慢的速度（如每一个刺激持续呈现的时间为 5 秒钟）给被试呈现一组刺激，这些刺激可能具有某种联系，也可能不存在任何联系。当被试看完所有的刺激物后，要求他们尽可能多地将此回忆出来，回忆物体的呈现方式不限。普尔马特（Perlmutter，1984）的研究发现两岁幼儿自由的记忆项目不超过两个，4 岁时有 3 个或 4 个。总体来说，儿童的回忆量（包括意义材料和无意义的材料）随其年龄增长而逐渐增加。但不同年龄阶段儿童的具体回忆曲线的变化是有所区别的。

科尔等人（Cole，Frankel & Sharp，1971）发现，不同年龄阶段的儿童对记忆材料表现出不同的"系列位置效应"（serial position effects）。系列位置效应是指，主体对项目的回忆量由这些项目在整个材料中的具体位置所决定。研究表明，对于一个无意义的材料系列来说，成人往往对最前边的几个项目和最后几个项目的记忆最好，这两种现象分别被称为"首因效应"和"近因效应"。由于这两种效应的存在，成人对无意义材料的回忆曲线呈弓形（即曲线的两端高，中间低）。研究者认为，产生近因效应的原因是，较后呈现的刺激物仍存在于主体的短时记忆中，因此对这些刺激的提取就相对容易一些；而产生首因效应的原因则被归因为策略的使用，因为这些处于整个刺激系列最前端的项目的空间位置显著，主体有相对多的机会将策略用于这些项目上，从而提高了对它们的记忆效果。科尔等人对 6、9、14 岁儿童的再现能力进行了测查，结果发现，上述所有年龄组的被试在再现时均表现出了近因效应；后两个年龄组同时也表现出了首因效应，其再现曲线与成人的接近，但 6 岁组的被试没有表现出首因效应，他们对处于整个刺激系列前部和中部项目的再现量基本相同（见图 5-1）。

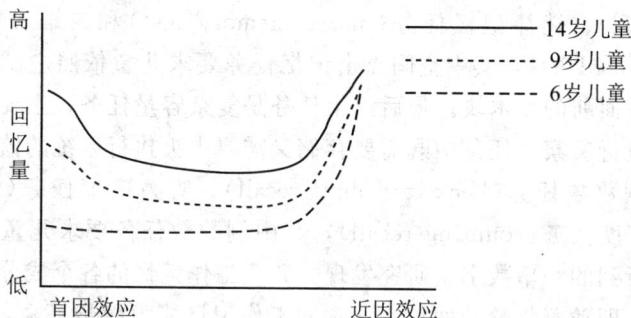

图 5-1　6、9、14 岁儿童的回忆曲线

上述结果表明，个体在短时记忆方面存在的年龄差异较小，而在应用记忆策略方面存在的年龄差异则较明显。斯姆考克（Simcock & Hayne，2003）研究发现儿童早期的再现能力与他们的语言能力的发展关系密切，语言能力对长久地表征过去的经验作用重大。但即使语言技巧发展良好的学前儿童也因为他们比年长儿童的策略使用、意志控制方面的效率低而使得其再现能力表现较差。

（三）工作记忆

巴德雷等人（1974，2000）的工作记忆系统的三成分模型自提出后就受到研究者们的关注，已经得到众多研究证据的支持，包括神经成像方面证据。该模型主要是在对成人研究的基础上建构，而盖瑟科尔等人（Gathercole et al.，2004）的研究表明，该模型对于探讨儿童和青少年工作记忆能力的发展同样适用。

盖瑟科尔等人基于巴德雷的工作记忆模型，采用三种类型的工作记忆容量任务，在大样本群体中考察了 4～15 岁儿童工作记忆的发展情况，同时探讨了不同年龄儿童的工作记忆系统的成分及成分间的关系是否会有不同表现。工作记忆容量任务，通常让被试基于一定的规则对系列识记材料进行回忆，识记材料的数量逐渐增多，直到被试不能正确回忆为止。盖瑟科尔等人的研究中采用了三种类型的工作记忆容量任务，各包括 3 个任务，所有任务都在经典工作记忆容量任务的基础上进行了标准化，保证了测量的信效度。其中，三个任务是对口头材料的即时顺次回忆，用来测量语音回路的存储和复述功能，包括数字广度任务（digit recall）、词语广度任务（word recall）和非词广度任务（nonword recall）。例如，数字广度任务中主试以每秒 1 个的顺序读出一串数字，之后让儿童以相同的顺序进行口头报告。另外三个任务则是对视空间材料的即时回忆，以测查儿童对视觉或者空间信息的短时存储能力，分别是空间点击记忆任务(block recall)、迷津记忆任务(mazes memory test)和二维表格记忆任务(visual patterns Test),其中空间点击记忆任务要求儿童依照主试的顺序依次点击随机摆在面前的小木块。最后三个任务是复杂容量任务,主要对中央执行系统的功能进行考察,任务中既需要存储又需要中央执行系统的监测、加工和控制,包括倒数数任务(backward digit recall)、听力广度任务(listening recall)和计数广度任务(counting recall),其中倒数数任务要求儿童以相反的顺序报告刚刚听到的一串数字。研究发现,儿童工作记忆的各个成分均表现出线性发展趋势,即随着年龄的增长,儿童的工作记忆能力稳步提高,4岁儿童已经表现出了一定的工作记忆的能力;同时,相关分析及模型检验均表明,儿童大概从6岁开始,工作记忆容量任务的表现就可很好地拟合工作记忆的三成分模型,即三种类型任务的内部均为高相关,而言语即时存储任务与视空间即时存储任务间相关较弱,两种类型任务又均与复杂容量任务(需中央执行系统参与)存在较高相关,工作记忆系统三成分间的关系在各年龄段中保持一致。

段小菊、施建农等人(2009)采用言语与视空材料的复杂容量任务等对8~18岁儿童青少年(两岁年龄段为一组)及成人的工作记忆广度的发展进行研究,也得到与盖瑟科尔等人类似的结果,即从8岁到成年期工作记忆都随着年龄的增长而增加,同时言语材料的广度任务在18岁和成年期才达到峰值,而视空材料的工作记忆广度任务在14~16岁达到高峰。王晶、陈英和等人(2009)的研究中也有类似发现,7岁、9岁和11岁组儿童在言语及视空材料的复杂工作记忆容量任务中均表现出随年龄发展的趋势。

上述研究结果均表明,儿童从很早开始,工作记忆能力即获得了初步发展,且在整个儿童和青少年时期一直呈现出线性发展的趋势。除了关注儿童工作记忆能力本身的发展,研究者也发现儿童的工作记忆能力与众多的认知能力、学习能力表现出高相关,例如,刘彤冉和施建农(2007)对9~11岁儿童研究发现,儿童的工作记忆和晶体智力有高相关,和流体智力及一般创造力的独创性维度也有较高相关;陈英和等人(2005,2009,2010,2011)的研究发现儿童的工作记忆能力对于解释儿童的数学认知、数学学习策略及数学学习困难等都有重要作用。儿童工作记忆能力发展背后的机制,及其在其他认知能力中的作用将是今后工作记忆研究的重要方向之一。

(四)记忆的组织性

主体对于某一件事情的再现总不能保证与原事件百分之百地一致。因为主体往往根据自己对事件的认识、理解以及有关的经验对有待贮存的信息进行调整,以便于保持。这就是所谓的组织性记忆(或记忆的组织性)。例如,研究发现，小学儿童即表现出各种建构记忆现象（Paris，1975），他们在记忆时能抽取材料的"要义"，如某个故事的精髓，而不是逐字逐句地回忆材料（Brainerd & Reyna，1993）。

皮亚杰对儿童的组织性记忆曾有过研究。皮亚杰认为，个体的一切认知活动都是建构性的心理行为，儿童对现实的认识就是其根据外在世界的原本形态和他们自己现存的认知结构而产生的一种心理建构。他认为，儿童的记忆也同样是这种建构性的心理活动。皮亚杰和英海尔德（1973）进一步提出，儿童认知结构发展的水平影响其对信息的保持。他们在研究中，给学前儿童呈现一组按高、矮依次排列的小木棍，并要求儿童记住这种排列，在1周后和6～8个月后对儿童进行记忆测查。结果发现，儿童在8个月之后对这些木棍排列状态的再现要比其在1周之后的再现更接近现实。皮亚杰认为，这反映了在儿童的记忆中存在随时间推移而发生的对记忆材料的重组现象，而且，这个重组与整个心理结构的重组（前运算结构→具体运算结构）是相一致的。

在后来的一些研究中也发现，儿童随其年龄的增长，记忆的准确性在不断提高。但研究者们在关于产生这种记忆进步的原因方面的意见不相一致。有研究者认为，具体运算阶段的儿童对事物的记忆之所以与前运算阶段的儿童有所不同，并不是因为他们对记忆中的材料进行了重组，而是因为这两个阶段的儿童在对那些需要记忆的信息进行编码时所采用的方法就存在不同，从而导致了他们在对信息再现上的差异。

利本（Liben，1981）进行了一项有关的研究，以期对上述观点进行验证。实验分几个步骤进行：①实验者要求小学一年级至五年级的儿童画一幅有关"山坡上的房子和树木"的图画。然后，根据被试对"垂直"概念的理解程度将画分为三个不同的水平，即不成熟水平（前运算水平）、过渡性水平、成熟水平（具体运算水平）。处于不成熟水平的儿童画的房子和树都与山坡相垂直，不与地面水平线垂直；而处于成熟水平的儿童画出的房子和树都与地面水平线相垂直。②给三组不同的被试先后呈现两幅同样画有"山坡上的房子和树木"的画，其中一幅画中的情景与前述不成熟水平儿童的画相一致，另一幅与成熟水平儿童的画相一致。③在儿童看完画后，要求他们将画临摹下来，并要求儿童在三个不同的时间间隔里（实验刚结束、1周之后、5个月之后）对所看的画进行再现。实验结果发现：①处于成熟水平的被试在上面三个时间间隔里，对两幅画的再现准确性都高于另两个组的被试；②那些处于成熟水平的被试对于那幅"物体与水平线相垂直"的画的临摹准确性也相对高于另两个组；③在不成熟组中被试对于画的当场临摹的情况与5个月的再现情况没有区别。这个结构说明，那些处于不成熟水平的被试在对外界刺激进行编码的时候就发生了对信息的曲解情况，这导致了他们对信息提取时的错误。另外，法拉和古德曼（Farrar & Goodman，1990）发现，当对事件具有等量经验时，4 岁儿童比 7 岁儿童难以在记忆中分辨与程式（指关于现实生活中的日常事件的知识）一致的事件和偏离程式的事件。此结果表明年龄较小的儿童仍处在形成程式的过程中，因而无法对独立于程式的意外事件进行编码（亦可见 Farrar & Boyer-Pennington，1999）。这些结果对前述关于儿童记忆能力发展原因的后一种解释予以了支持。

（五）记忆的推理性

主体在对事件进行识记和回忆的时候常伴随着推理活动的发生。我们经常有意识或无意识地根据自己的经验对真实发生的事件进行补充和修正，以使真实事件看起来更加完整。正如布兰斯福德等人（Bansford & Franks，1971）指出的，成人往往是根据其已经知道的内容去推知他经历的内容。

那么，儿童是否也有这种情况呢？

帕里斯等人（Paris，1978；Paris & Lindauer，1977）发现，在儿童的记忆中也有推理成分的存在，而且，记忆中的推理能力随儿童年龄的增长而提高，同时也受其经验的影响。例如，在布朗等人（Brown，Smiley，Day，Townsend & Lawton，1977）的研究中，实验者给二年级至七年级的儿童讲述了一个虚构的故事，并在一定的时间间隔后让儿童复述这个故事。结果发现，儿童依据故事中的一些基本信息，又加入了许多细节性的内容。例如，儿童关于故事中天气的复述就依故事中事件的发生地点而变化，如果故事中的事件是发生在印度，儿童在复述时就将天气描述得非常炎热。这种推理性的描述内容在儿童复述中所占的比例随儿童年龄的增长而明显地增加，在二年级组中占51%，而在七年级组中则占 79%。这表明，随着儿童年龄的增长，他们关于世界的知识和经验越来越多，他们利用自己的知识对记忆中的内容进行再组织和加工的能力越来越强。

相关研究也发现，学前儿童对事件的记忆特别容易受到暗示性问题和刻板印象的影响，虽然成人也会受到这样的影响，但年幼儿童比年长儿童和成人更容易受到影响。例如，在塞西等人（Ceci，Ross & Toglia，1987）的研究中，主试第一天给 3～12 岁儿童讲述一名叫劳伦（Loren）的小女孩的故事。故事中的小女孩因为吃鸡蛋吃得太急而引起了肚子疼。第二天，半数儿童得到的是错误信息，即劳伦吃麦片粥太急结果引起头痛。另一半则得到了中性信息，即劳伦吃早饭吃得太快而生病。两天以后，儿童必须在劳伦是吃鸡蛋还是吃粥以及觉得肚子痛还是头痛之间加以选择。结果发现，年龄最小的儿童最易受到错误信息的影响，这一结果在发展研究中十分常见(Qin et al.，1997)。还有研究发现，如果反复提问儿童同一个问题，儿童经常会给出不同的答案，他们可能会认为自己最初的回答不正确，或者通过改变答案来配合提问者。例如，玻尔和怀特(Pool & White，1991)发现，无论是在单次还是多次面谈中，当4岁儿童被重复提问关于目击事件的是非问题时，他们经常会改变答案。

　　总的来说，幼儿有时无法完全准确地报告事件，一般而言，他们更可能出现遗漏，而不是添加误导性细节。对此，布鲁克和塞西(Bruck & Ceci，1999)在一份综述中强调，即使年龄很小的儿童也能提供准确的记忆报告，除非成人使用了暗示性的提问技术。为获得年幼儿童准确和完整的回忆，应该采用中立的提问方式，并使问题足够具体，而且提问的次数不应过多。

第二节　儿童记忆策略的发展

　　关于儿童记忆策略发展的研究是近几十年来记忆发展研究领域中的一个热点。虽然不同的心理学家对记忆策略的定义略有不同，但总的观点是一致的，认为记忆策略是指主体对自身记忆活动的有意识控制和由主体使用的那些能增强记忆效果的方法(Brown，1975；Naus & Ornstein，1983；Pressley，Forest-Pressley，Elliot-Faust & Miller，1985)。

　　个体在整个记忆活动的各个阶段(如编码阶段、贮存阶段、提取阶段等)都可以运用记忆策略。个体在记忆能力方面表现出来的年龄差异在很大程度上与运用记忆策略的能力有关。儿童记忆策略的发展有一个大概的趋势，具体表现为以下几个方面：在儿童刚刚学会使用记忆策略的时候，他们只会在那些条件最为适合的情况下运用策略，或只能在某种固定的情况下使用策略，即当记忆材料和条件发生变化的时候，不能表现出使用策略能力的迁移；而年长儿童在使用记忆策略方面则表现出更多的主动性和创造性，能在更多样的情况下使用策略，并能创造出某种策略的更高的版本，在策略使用方面也表现出更高的灵活性。

　　下面我们将从几个方面来分别介绍儿童记忆策略发展的情况。

一、复述策略的发展

(一)复述对记忆的促进作用

复述(rehearsal)是指主体在记忆的过程中，对目标信息不断进行重复以便能更准确、更牢固记住这些信息。研究表明，学龄儿童在使用复述策略方面有了非常明显的进步。

弗拉维尔等人（Flavell，Beach & Chinsky，1966）进行了一项实验研究。主试给幼儿园的儿童和小学二年级、五年级的学生呈现一组图片，并要求他们在 15 秒钟之后对所呈现的图片进行回忆。主试观察并记录了被试在 15 秒钟的准备时间里的唇动次数，以此作为被试复述量的指标。结果发现，随年龄的增长，儿童的复述量及回忆量均有所增加。85％的小学五年级儿童表现出了自觉复述的行为，而只有 10％的幼儿园儿童有复述的表现。而且还发现，在同一年龄组内，复述次数较多的儿童对信息的回忆量也相应较大。这个结果说明，使用复述策略的能力是随着儿童年龄增长而提高的，主体对刺激信息的回忆量与其对信息复述的频率成正比。

复述的质量也将影响主体对信息的回忆。奥恩斯坦等人（Ornstein，Naus & Liberty，1975）进行了一项"明显复述程序"（overt rehearsal procedure）的实验研究。具体做法是，实验者给小学三年级、六年级和初中二年级的学生呈现一组词，告之儿童稍后要进行回忆测验，并明确要求他们在每个词呈现完后至少对新呈现的词复述一次，如果愿意，也可以对其他词进行复述。这样，实验者就可能更进一步地观察复述的功能。结果发现，在这种实验条件下，三个年龄组的被试在复述的量上不存在显著差异，但在复述的质上（或形式上）却存在明显的差异。年龄小的被试在每次复述时只是提及所呈现的词列中的最后那个词，如呈现的词列包括"桌子、草地、天空、裙子、猫"，小学三年级儿童的复述模式则为"猫、猫、猫"，研究者将此复述方式称为被动的复述模式；相反，年龄较大的被试在每次复述时都能将已呈现的词列中的若干个不同的词一一列出。如初中二年级的学生对上述词列的复述形式为"桌子、草地、天空、裙子、猫"，研究者将此称为主动的或积累型的复述模式。研究结果表明，随着年龄增长，儿童复述的质量在不断提高，由此带来了儿童记忆能力的提高。

研究者从以下不同角度说明了对信息进行复述的质和量将直接影响儿童的回忆成绩。①复述可以提高各年龄阶段个体的记忆成绩；②即使是只使用了非常简单的复述策略的儿童，他们的记忆成绩也比没有使用任何复述策略的被试的记忆成绩好；③对那些根本不会使用复述策略的儿童进行有关的培训，可以提高其记忆的成绩；④对那些只会使用较简单的复述策略的儿童进行较高级别的培训，可以进一步提高其记忆的成绩；⑤对智力落后的儿童进行有关复述策略的训练和大量的练习，可以使其回忆量达到那些没有经过训练的、具有中等IQ 的成人的水平。

(二)关于复述策略的迁移

研究者们(Hagen，Hargrove & Ross，1973；Keeney，Cannizzo & Flavell，1967)发现，对年幼儿童进行复述策略的培训，只能提高儿童在与训练条件相同的情景下的回忆成绩，而很难将这种复述策略迁移到其他情景中去。

为什么会产生这种无迁移的情况呢？研究者最初对此提出了两种解释。第一种解释(Reese，1962)认为，年幼儿童之所以不能产生复述策略的迁移，是因为他们虽有可能在新的情景中使用某种复述策略，却不能由此而提高回忆成绩，称为"中介性缺失"；第二种解释(Flavell，1970)认为，造成不能迁移的原因是年幼儿童根本就不知道在什么情况下应使用什么策略，称为"产生性缺失"。

但近些年来，有些研究者对上述两种解释均提出疑义，并从信息加工的角度对这种无迁移的现象给出了进一步的说明。他们认为，应从主体在使用复述策略时的受益程度和在使用策略时消耗的心理能量的角度来认识这个问题。一些研究者(Gut-rentang，1984，1985；Kee & Howell，1988)发现，主体在初学一种策略的时候，所需花费的心理能量相对较多，但从策略使用中得到的帮助却较少；随着儿童年龄的增长，则发生了相反的变化，这种变化带来了儿童记忆能力的提高和复述迁移的产生。

二、组织性策略的发展

组织性策略是指主体在识记的过程中，根据不同的意义，将记忆材料组成各种类别，编入各种主题或改组成其他形式，以便于记忆的方法。

与复述策略发展的趋势大致相同，儿童进入学龄期后，其记忆的组织策略才开始明显地发展起来。研究者发现(Schlagmuller & Schneider，2002；Weinert & Schneider，1999)8～10岁儿童在意识到组织性策略的有效性后，开始稳定地使用这个策略，并且他们的再现成绩快速地提高。他们在使用记忆组织策略方面的能力明显高于5～6岁儿童，这种年龄差异既体现在使用组织策略的次数方面，也体现在使用组织策略的质量方面。例如，年幼儿童经常将一个刺激系列分成许多的组别，而在每一组中所含的项目数却很少，这会使项目组织网络的负载加大，而使组织策略的功能受到一定程度的限制；而且，年幼儿童对记忆材料的分组呈不稳定状态，在同一个实验的不同时间里，经常会发生组别变化的情况。这种不断对记忆材料进行重组的过程消耗了主体较多心理能量，因而减少了个体在任务其他方面的心理投入。然而，也有研究表明，在一定条件下，学前儿童也可以表现出初步的使用组织性记忆策略的能力。在德洛奇等人(Deloache & Todd，1988)的一项研究中，一个成人将糖果或小木栓放进 12 个不同的容器里，并在此过程中将容器逐个交给学前儿童，要求他们记住藏有糖果的容器。4 岁儿童自发地将藏有糖果的和装有木栓的容器分为两组。这使得他们的再现成绩非常好。实验者分析上述实验结果是因为年幼儿童利用了已有的物体的知觉差异，以形成类别。

研究者在关于儿童的记忆组织策略的发展方面进行了许多实证性的研究。在这方面最典型的手段是，实验者给被试随机呈现一组材料，这些材料按意义可以被分成不同的组别(如家具、工具、动物、职业等)，然后要求被试以任何一种自己喜欢的顺序尽可能多地对所呈现的刺激物进行回忆。实验者通过观察、分析被试对记忆材料的回忆顺序和方式，便可以了解其记忆组织策略的水平。

阿尔林等人(Arlin & Brody，1976)在一项有关的研究中发现，随年龄增长，儿童使用组织策略的主动性在提高，而且在其回忆的组别中所含的项目数量也明显增加。同时，训练可以使儿童学会应用组织策略。在训练过程中，当指导非常明确具体的时候，甚至幼儿也能学会使用一些简单的组织策略，并能提高回忆水平(Bjorklund et al.，1977；Black & Rollins，1979)；但对年幼儿童的训练很难产生迁移效果(Bjorklund et al.，1977；Cox & Waters，1986；Gathercole，Adams & Hitch，1994)。

我国学者庞虹(1992)对小学儿童记忆组织策略的发展阶段进行了实验探讨。研究的对象为 96 名小学一年级、三年级、五年级的学生。记忆材料为 20 张包含不同主题关系的图片(如红领巾、书包、学校、黑板、去学校读书)。每个年级的儿童被分为两组。一组不接受策略的指导。主试以 2 秒钟每张的速度向儿童随机呈现图片，并让儿童说出图片的名称，之后要求其按自己喜欢的方式将图片一张张重新摆放在桌上，记录儿童的摆放顺序和摆放时间。同时，给儿童一分半钟让其记忆，用录音机记录儿童的回忆情况。回忆结束后，对儿童进行语言提问：①"你是怎样放图片的？"②"这样放图片使你记起来容易还是困难呢？还是你刚才没想过这个问题？"③"放好图片后你是怎么记的？"最后要求儿童将 20 张图片进行分组。另一组儿童则在实验前给予策略指导。研究者指导被试将有关系的图片摆放在一起，告诉他们这样记忆的效果会更好，并用一组图片举例说明。然后让儿童进行 3 分钟的其他操作，之后进行正式实验，实验程序同前组。

根据实验结果，研究者将小学儿童的记忆组织策略的发展分为产生性缺失和成熟运用组织策略两个主要阶段。其中产生性缺失阶段又可分为两个亚阶段。一年级儿童处于产生性缺失伴随中介性缺失亚阶段，即一年级儿童已具有中等的运用组织策略的能力，但尚不能自发地使用策略；通过策略指导可以学会使用组织策略，却不能提高回忆量。三年级儿童处于产生性缺失但已不伴随中介性缺失的阶段，即三年级儿童虽然仍不能自发地产生和运用组织性策略，却很容易通过策略训练而学会使用组织性策略，而且通过使用策略能显著提高回忆量。五年级被试则处于成熟运用组织策略阶段，他们在识记和回忆时，能自发地运用组织性策略，且策略运用对回忆具有积极的效果。基于儿童对提问的回答，还发现，一年级、三年级的儿童对于记忆手段和记忆目标之间的关系及对策略的有效性缺乏清晰的认识，他们在记忆时倾向于使用那些自己熟悉的、简单的，但却无效的策略，如死记硬背，此外他们关于记忆材料的知识也较为贫乏。研究者认为，这就是年幼儿童在记忆策略使用方面出现产生性缺失的原因。

施建农(1990)进行了一项关于超常儿童和常态儿童记忆和记忆组织的比较研究，结果发现，超常儿童不仅在回忆量上比常态儿童优异，更主要的是在记忆组织和记忆速度上比常态儿童优异。

三、精细加工策略的发展

精细加工(elaborating)策略是与组织性策略相联系的一种记忆策略。具体指当主体面临一些很难归类的材料时，就在这些材料中创造出某种联系以赋予它们一定的意义。例如，当一个儿童需要记住上学要带课本、午饭和一张作业纸的时候，他们可以创造出一种关系，将上述三种东西联结起来。如在头脑中勾画出一个三明治的形象(翻开的课本中间夹着一页作业纸正好是一个典型的三明治形象，三明治又代表了午饭)，这样就便于记忆了。

研究者发现，主体的这种精细加工策略出现得较晚，一般要到小学高年级和青少年阶段才能出现。即便一些年幼儿童可以产生这样的策略，其策略的功能也受到了很大的限制。巴克哈特等人(Buckhalt，Mahoney & Paris，1976；Reese，1976)发现，年幼儿童创造出来的一些关系具有呆板和固定的特点，而年长儿童创造出来的关系则是生动且丰富的；年长儿童更易从自己创造出的形象或词语关系中获得对记忆的帮助，而年幼儿童则更易从实验者指出的关系中受益。这说明年长儿童创造的关系对他们自己来说具有非常明确的意义，也更合乎逻辑性；而年幼儿童创造的关系常是混乱的、含义模糊的，很难对其记忆产生较明显的促进作用。

施耐德等人(Schneider & Pressley，1997)研究指出精细加工策略出现较晚的原因是因为它需要相当的意志努力和工作记忆能力，因此该策略到青少年和成年期才发展为非常普遍的记忆策略。

四、提取策略的发展

提取策略是指主体在进行回忆的时候，将贮存于长时记忆中的某些信息分离出来，并使之进入自己的意识水平之上的方法和手段。在再认时，对信息的提取相对比较简单，因为存在原刺激物的提示作用；而在再现时，对信息的提取则相对困难一些，因为此时全凭主体对信息的主观搜索。不少研究者（Howe，Brainerd & Kingma，1985；Morrison & Lord，1982）认为，儿童在记忆能力上表现出来的年龄差异更多是由提取能力方面的差异（而不是贮存方面的差异）导致的。

年幼儿童在对信息进行提取的时候，对刺激出现的原本环境有更多的依赖。阿克曼（Ackerman，1985a、1985b）进行了一项研究。在实验中，主试给儿童呈现一组词，在这组词中包括与目标词具有一定关系的线索词（如目标词是"百合花"，线索词为"玫瑰"和"郁金香"）。然后，在要求儿童再认的时候，既呈现出上述那些线索词（玫瑰、郁金香），也呈现出一些额外的线索词，但这些词与目标词之间不呈一一对应的关系，而是种属关系（如目标词是"百合花"，线索词则为"花朵"）。结果发现：年幼儿童在回忆时对原刺激出现的环境的依赖性更强，他们在"玫瑰""郁金香"这样的原有线索词存在情况下的回忆成绩明显好于在其他情况下的回忆成绩。

许多研究表明，6～8岁的儿童在自由回忆或在虽有线索存在但却未要求他们使用这些线索的情况下，回忆成绩都不好。但当教会他们使用线索以后，其回忆成绩就表现出了显著的提高。卡巴希哥娃（Kobasigawa，1974）进行了一项实验研究，主试给儿童出示若干组图片，在每一组图片中都包括一张线索图片，要求被试利用线索图片，尽可能多地将呈现的图片回忆出来。如主试说："这里有一张动物园的图片，还有6张与这张图片有关系的图片，请你们尽可能多地记住这些图片。"结果发现，在这种情况下，儿童的回忆数量大增。这说明，年幼儿童对信息的存贮能力并不低，但他们在信息的提取方面却存在明显的不足。只有当外在线索很明显的情况下，在回忆量上，年幼儿童与年长儿童之间的差异才会被大大缩小。年幼儿童一般不能自发地去发现材料中的线索，而必须依赖别人对线索进行形象的显示或明确的说明。米斯特里等人（Mistry & Lange，1985；Schmidt & Schmidt，1986）发现，当让儿童回忆某一个故事中的有关信息的时候，年幼儿童对外界所提供的线索有更多的依赖，而年长儿童则不需要外界的帮助。研究者认为，这可能是因为年长儿童在听故事的过程中，就能自发地构造出某种线索以帮助回忆，因而使外界提供的线索失去了作用。总体来说，在提取策略方面存在年龄差异，年幼儿童在提取记忆信息的时候，对刺激出现的原本情景依赖性较大，同时也需要由他人提供的外在线索的帮助。

五、其他记忆策略的发展

前面提及的那些记忆策略的使用过程都相对较为复杂，一般要到学龄期，甚至青少年期，才能有较好的发展。但幼儿在记忆过程中也不完全是被动的，他们也能使用一些最简单的策略，以增强其记忆的效果。

幼儿在记忆过程中使用的一个最为简单的策略，就是将自己的注意力有选择地集中在所要记住的事物上，如不断地去注视目标刺激，这可以看作为一种"视觉复述"(Baker-Ward, Ornstein & Holden, 1984; Yussen, 1974)。

另一个出现得较早的策略是在识记的过程中，给目标刺激贴上某种特殊的标签以便于回忆。海斯尔等人(Heisel & Ritter, 1981)进行了一项研究。实验者让儿童将一个小物品藏在一个有 196 个格子的棋盘中，并要求儿童尽可能多地记住物品藏的位置。结果发现，5 岁以上的儿童倾向于选择那些较有特点的位置去藏物品(如棋盘的某一个角落)，这是一种记忆策略；而 3 岁的儿童就不会使用这种策略，但有些 3 岁儿童知道在同一个实验的不同次别里，将物品藏在同一个位置，会便于以后寻找，这也是一种策略。

有研究(De Loache, Cassidy & Brown, 1985)表明，婴儿也能使用某种简单的记忆策略。实验者将一个大的玩具鸟藏在其他物体的下面(如枕头下面)，在 3~4 分钟的时间间隔后，让婴儿找出玩具鸟。结果发现，婴儿(18~24 个月)采用各种方法(如反复注视藏玩具的位置、用手指那个位置、重复被藏物体的名称等)以保持对玩具鸟所藏位置的记忆，而当目标刺激物在儿童视线中的时候，他们并没有表现出上述行为。这表明，他们只在记忆有可能消失的情况下进行上述这些活动，这也是使用记忆策略的表现。

在婴儿期就已表现出来的这种寻找物体的策略一直保持到儿童期。比尔等人(Beal & Fleisig, 1987)进行了一项实验，在实验中，让儿童将一个东西藏在 6 个同样的杯子中的一个里，而且这 6 个杯子在一个圆盘上旋转。然后，要求儿童在过一段时间之后，将所藏的东西找出来。结果发现，8 岁儿童在藏东西的时候就能主动将小纸片贴在藏有东西的杯子上以作为再认的标记；而 5 岁的儿童在接受了主试的暗示后才知道使用这个策略；3 岁的儿童只有在特别明确的指导下才能使用这个策略。因此可以看出，即便是这种比较简单的记忆策略也是随年龄的发展而发展的。

总体而言，策略的发展比较复杂。首先，策略的发展不是线性的。它会在某些时刻停顿，如策略表现出产生、利用性缺失时以及不能迁移的期间，儿童的策略有时甚至表现出后退。希格勒(1996)的重波模型和利用缺失的研究均表明，一个良好的策略在其第一次完整出现之后，仍然继续发展。从这种最佳策略第一次出现，到该策略得到排他性地有效利用，可能要经过几个月或几年。这些现象表明，儿童并非总是基于最快成功的标准来选择策略。研究者认为，儿童不使用记忆策略的一个原因是他们的工作记忆能力的限制。"数字广度任务"通过要求儿童重复成人提供的数字串来测量工作记忆的容量。凯尔(2003)采用此任务研究发现两岁半的儿童容量为两个，7岁儿童的容量为5个。由于工作记忆的限制，学前儿童难以在识记分散的信息的同时采用记忆策略。

最后我们来看一下关于儿童如何整合策略的研究。在霍克等所做的(Hock，Park & Bjorklund，1998)研究中，实验者对二年级和四年级的学生进行了五个学习—回忆的实验。通过对临时的策略配对进行仔细分析发现，儿童往往以分类策略开始一次实验，与此搭配使用的常常是对范畴加以命名，继而使用了复述策略，回忆成绩好的儿童尤其如此。由此我们可以看到，策略发展到较高水平时往往表现出这样的能力，即为手头的记忆问题选择最有效的策略，暂时以最有效的方式组织这些策略，然后随记忆情境的变化，恰当地修正或替代那些需要变化的策略。

总之，儿童记忆策略的水平直接影响其记忆的实际表现，儿童在记忆能力上表现出来的年龄差异在很大程度上是由于记忆策略水平的不同导致的。儿童使用记忆策略的数量和质量是随其年龄的增长而增长的，在5～15岁增长速度尤为明显。而且，训练可以使年幼儿童学会应用某种记忆策略，但却很难产生迁移的效果；年长儿童则可以将同一种策略应用于不同的情境中，并根据环境的变化对策略进行适当的调整，表现出了在策略使用方面的主动性和创造性。随着儿童年龄的增长和对各种策略掌握熟练程度的提高，他们在使用策略时花费的心理能量也相对减少，这可以使其有更多的精力去注意任务的其他方面，在总体上提高了记忆的效果。幼儿期甚至婴儿期表现出来的策略能力是非常有限的，有时甚至是处于非意识状态的。记忆策略能力的真正发展是在学前晚期和学龄初期以后。

第三节 影响儿童记忆发展的因素

有许多因素对儿童记忆的发展产生影响，如主体的编码能力、认知加工的速度、知识基础等，这些因素往往交互在一起对儿童的记忆策略以及其他方面的记忆能力发生影响。虽然，有时由于儿童年龄和具体记忆任务的不同，某一种因素比另一种因素对主体记忆发展的影响会更大，但从总体来说，没有任何一种单独的因素可以成为影响儿童记忆发展的唯一原因。

一、编码对记忆的影响

在生活中，我们会遇到这样的情况，即不同的人对同一件事情的记忆会有许多差异，这是因为在进行感觉登记的时候，不同的人对同一刺激的编码有所不同。从发展的角度看，不同年龄的儿童对记忆材料的编码也有所不同。一些研究者（Ackenman，1984；Ceci & Howe，1978）发现，当要求儿童记忆一组词汇的时候，不同年龄的儿童对同一个词汇的编码不同，年长儿童相对于年幼儿童往往能从某一个词所代表的较为广泛的意义和性征方面进行编码。例如，塞西（Ceci，1980）进行的一项研究。在这项研究中，研究者首先对 4、6、9 岁儿童进行关于一组词的词义训练，比如，告诉儿童某些动物的饮食和其他的生活习性等，然后测查儿童对这组词的记忆情况。结果发现，总体来说，儿童对词所代表的意义了解得越多，回忆量就越大；但年龄较小的儿童比年龄较大的儿童更依赖于外界提供的信息。这表明，年龄较大的儿童在平时的记忆中，能自发地对相关信息的更多特征进行编码，这在某种程度上导致了他们记忆量的扩大和总体记忆能力的提高。

儿童的编码特点还限制了他们对记忆组织性策略的运用。一般认为，如果在对刺激进行识记的阶段里，对信息进行了更好的组织，信息保持的时间也就较长。按着这个逻辑，霍克等人（Hock & Bjorklund，1982）进行了一项研究。实验者在两种条件下测查了 9 岁和 14 岁的两组儿童对一组具有很明显的类别关系的词的记忆情况。这两种条件分别为：一是，在呈现了刺激之后，马上就测查记忆情况；二是，在呈现了刺激后的 4 分钟时间间隔里，儿童进行了一项其他的活动。结果发现，9 岁组儿童在第二种情况下的回忆成绩明显低于 14 岁组儿童的回忆成绩，因为他们在信息输入阶段没有对信息进行编码；而当实验者指导 9 岁儿童学会对输入信息进行编码后，两个年龄组儿童的延迟回忆成绩没有表现出明显的差异。这表明，当刺激信息本身已具有某种内在联系时，年幼儿童甚至学龄儿童倾向于不对该信息进行编码，而使组织策略失去了作用，最后影响记忆成绩。

总之，在记忆任务的编码阶段里，不同年龄阶段个体的信息加工特点将直接影响其记忆效果。

二、信息加工的有效性对记忆的影响

儿童并不是在任何一种记忆情景下都使用记忆策略，记忆策略的运用也并不是在任何时候都能提高记忆的成绩。儿童一般是在完成了那些最基本的记忆过程(如对每一个记忆项目的辨认等)并存有较充分的心理能量的时候，倾向于使用策略，因为任何一种策略的运用都包含了不同程度的信息加工过程，而主体在进行信息加工的时候必然要消耗心理能量。因此，当儿童对记忆内容比较熟悉的时候，他们在对记忆项目进行辨认和定义时就不用花费太多的心理能量，因而会节省下足够的心理能量去执行某种记忆策略；但当儿童面临的记忆任务是完全陌生的时候，他们将相对多的心理能量用在那些最基本的记忆过程中，以至于没有足够的心理能量去执行策略。虽然有些儿童在心理能量十分匮乏的情况下也会使用某种策略，但在这种情况下，策略的有效性会受到很大的限制。

研究者还从另一个角度发现了信息加工的有效性与记忆行为表现之间的正相关。古坦塔格(Guttentag，1984)进行了一项研究，训练小学二年级、三年级和六年级的儿童学习使用积累性的复述策略，当儿童在复述某些项目时，还要求他们用打字机尽可能快地打出一些人名索引。将儿童在复述时的打字速度与他们基本的打字速度(在没有任何其他活动干扰的情况下的打字速度)相比较，并将儿童在复述情况下打字速度减慢的幅度作为复述所用的心理能量的指标。结果发现：①在年幼儿童和年长儿童的复述量保持一致的情况下，年幼儿童的打字速度减慢的幅度更大；②在年幼儿童和年长儿童的打字速度保持一致的情况下，年长儿童的回忆量更大。这个结果说明，年幼儿童在执行记忆策略的时候，花费的心理能量相对较多；相反，从策略的使用中获得的对记忆的帮助却相对较少。其他的研究者(Bjorklund & Harnishfeger，1987)在训练儿童使用记忆的组织策略时也发现了相同的结果，即三年级的儿童虽然与七年级的儿童在使用组织策略时花费了同样多的心理能量，但三年级儿童的记忆成绩却没有七年级儿童的记忆成绩好。因此，由于年幼儿童各方面的知识经验较少，对许多记忆材料不够熟悉，他们在进行记忆活动的任何一个环节中，虽都花费了较多的心理能量，但认知加工的有效性却不高，导致其记忆成绩也相对较低。

认知加工的有效性与记忆容量的关系密切。记忆容量随着儿童年龄增长而逐渐增长，到底是什么决定了一个人的记忆容量？加工速度似乎是主要的因素。希契等人（Hitch & Towse，1995；Kail，1997）认为一个儿童确认数字、读出单词以及确定倒立玩具与正立玩具是否一致的速度影响了儿童的记忆容量，加工速度越快，则活跃在工作记忆中的信息量就越大。凯尔（1991）分析了72个涉及不同年龄段的研究，结果表明加工速度存在一般的发展增益，并且这种年龄差异不随任务的变化而变化。这也暗示神经系统的成熟对加工速度起主要作用。伊顿等人（Eaton & Ritchot，1995）的研究中发现，较早成熟的9岁和10岁儿童信息加工速度快于成熟较迟的同龄儿童。

三、知识基础对记忆的影响

在近些年来，一些研究者强调，儿童在记忆发展上的年龄差异，在很大程度上是由其知识基础所决定的。研究者们（Bjorklund，1985，1987；Chi，1978，1985；Ornstein，Baker-Ward & Naus，1988；Ornstein & Naus，1985）认为，儿童年龄越大，他们关于世界的知识就越多，这就使其对事物的记忆也相对容易些。一般来说，当一个儿童对某一个特殊的项目比较熟悉的时候，他对与此有关的信息的加工速度就快，也会表现出更高的记忆水平。

儿童的知识基础对其记忆的影响表现在许多方面，如影响儿童的记忆方式和记忆内容、影响儿童最基本的记忆过程和记忆策略的使用等。而且，在某些情况下，它对记忆的影响比其他各项因素之和的影响还要显著。

（一）知识基础对记忆影响的表现

1. 影响儿童的记忆量

年长儿童之所以比年幼儿童的记忆量大，在很大程度上，是因为年长儿童对所要记忆的材料有更多的了解。那些更精通某一领域的儿童对相关信息的记忆能力甚至比普通成人还要强。例如，奇（1978）发现，爱好象棋的10岁儿童在对棋位的记忆方面远比普通成人好；而当要求他们记忆一般数字的时候，其记忆量就没有成人那样大。这说明，这些爱好象棋的儿童对棋位的优越的记忆能力，并不是因为他们具有高于成人的智商，而是因为他们对象棋这一领域有更多的了解。同样，更年幼的儿童对于他们熟悉的内容的记忆也会比成人好。例如，林德伯格（Lindberg，1980）发现，幼儿对他们熟悉的诸如儿童电视节目和有关图书中的故事标题的记忆能力往往要强于成人。

儿童知识基础对记忆的影响有时比 IQ 的影响还要大。施耐德等人（Schneider，Korkel& Weiner，1989）进行了一项很有意思的研究，测查儿童对一个虚构的有关一个足球运动员的故事的记忆情况。实验者将儿童分为 4 组，这 4 个组的情况分别为：具有丰富的足球知识且高 IQ，具有丰富的足球知识但低 IQ，贫乏的足球知识但高 IQ，贫乏的足球知识且低 IQ。结果发现：①具有丰富的足球知识的儿童能够记住故事中更多的内容，能够从故事中提取更多的细节性信息，能够更容易发现故事中矛盾的地方；②当有关的知识水平相等的时候，高 IQ 的儿童并不比低 IQ 儿童表现出更强的记忆能力。因此可见，个体的知识基础对其记忆能力的确起着至关重要的作用。

2. 影响儿童的记忆内容

当儿童拥有的有关记忆材料的知识比较多、对记忆材料比较熟悉的时候，他们在识记时常常能加入一些在记忆材料中并未出现的内容和细节，以帮助记忆。例如，佩尔斯（Paris，1975）发现，当要求一些儿童回忆一个关于某个小动物的翅膀受伤的故事时，很多儿童都将小动物认定为一只小鸟。虽然，故事中并没有明确说明这只小动物就是小鸟，但儿童根据自己的知识经验对故事中的主人公进行了具体化的描述。而且，在其回忆中出现了一些有关小鸟受伤的细节。随着儿童年龄的增长和各种知识经验的增多，他们这种对信息进行主动加工的能力也越来越强。一般来说，儿童构造出来的那些额外的信息，都是与要求记忆的主要信息（主题）紧密相联，而不是与个别的细节相联系。这些由记忆主体提供的额外信息，可以填补原故事中的某些空缺，更正那些不和谐的地方，使整个事件显得更加连贯，更具有逻辑性和真实性，因此也就更便于记忆。

皮亚杰和英海尔德（1973）认为，随着儿童关于世界知识的不断增长，他们对于先前经历的某些事件的记忆变得越来越准确。皮亚杰等人的这个观点来自于前面介绍的他们关于儿童木棍序列记忆的实验。在研究中，他们发现，儿童在第二次测验中的记忆成绩远好于在第一次测验中的记忆成绩，也就是说儿童在半年以后，能更准确地回忆出按高、矮的顺序排列的木棍序列。

但有些研究者（Liben，1975）则认为，导致儿童出现这种记忆进步的最直接原因是儿童关于序列的知识的进一步增长，而不是由于他们对初始的视觉刺激（小木棍排列）的记忆力有所提高。为了验证这个观点，利本（1975）进行了一项实验。在实验中，主试要求儿童观看任何实际的序列。结果发现，在 5 岁儿童画出的序列中，按高、矮顺序排列的部分只占 19%；而在 8 岁儿童的画中却占了 82%。因此，利本认为，皮亚杰在实验中发现的情况并不是由于随时间的推移，儿童对初始刺激的记忆力有了发展，而是因为儿童对"序列"概念有了更好的理解。

　　由此很容易让人想到记忆概念本身的内涵问题。虽然，目前对记忆活动的解释仍有不同的观点。但是，在关于记忆的本质特点方面，大家的意见还是基本一致的，即认为记忆是主体随时间的延续对曾经经历过的事件的再认和再现。因此，如果儿童根本没有在某一时候输入某种信息，他们在以后的时间里就不大可能从大脑里将这个信息提取出来。按照这种逻辑思路去看皮亚杰的序列实验，似乎可以认为，儿童在接受视觉刺激半年以后在序列方面的相对优越的表现，应更多地归因于儿童对于"序列"本身的认识的发展，而较少地归因于儿童对初始刺激记忆力的提高。

　　但皮亚杰和英海尔德认为，主体实际上有两种不同的记忆能力，一种是狭义的记忆能力，即我们平时所说的那种对先前呈现的刺激或经历的事件的记忆能力；另一种则是广义的记忆能力，是主体关于各种信息的知识以及对此的认知操作。他们认为，广义的记忆能力对狭义的记忆能力具有控制和调节的作用，所有的记忆过程都包括了对具体细节的记忆和对抽象内容的记忆。因此，皮亚杰认为，儿童任何记忆能力的发展都是以其认知能力的发展为基础的，不能将两者绝对地分离开。

　　3. 影响儿童记忆操作的具体过程

　　儿童的基本记忆能力、使用策略能力以及元记忆的变化会影响他们的实际记忆行为，而且上述三种能力又同时受儿童知识基础的影响。

　　儿童的知识基础影响其基本的记忆过程的主要表现是，儿童对所要记忆的内容了解得越多，他们对记忆材料的编码就越细致、越丰富，贮存在长时记忆中的信息也就越多。哈里斯等人（Harris，Durso，Mergler & Jones，1990）发现，5 岁儿童对其所熟悉的小朋友的照片的编码比对不熟悉照片的编码要具体得多，因此记忆的时间也相对较长。

　　儿童的知识基础也影响其对记忆策略的运用。研究者（Bjorklund，Muir & Schneider，1990）发现，儿童记忆熟悉的内容时往往能更主动地使用像组织性策略等方面的记忆策略；而且，当儿童对记忆材料较为熟悉时，他们对记忆策略的操作也更为有效。有研究者（Zember & Naus，1985）发现，对于同一种记忆材料，一些 8 岁儿童比 11 岁儿童能更自觉和更充分地应用复述策略，因为这些 8 岁儿童对这些记忆材料更为熟悉。

　　当儿童对记忆内容较为熟悉时，也可以促进其学习使用某种新的策略。在奇（Chi，1981）的一项研究中，研究者教给儿童使用一种根据名字的字母顺序去回忆一些人名的策略。研究发现，当要求儿童回忆自己班级同学的名字时，他们对这种新策略的掌握相对较快，运用起来也显得比较自如；但当要求儿童记忆一套比较陌生的材料时，学习使用这个策略就比较困难。由此我们认为，在训练儿童学习使用一种新策略的时候，在学习的初始阶段应该使用一些儿童熟悉的材料，这样易使儿童达到使用这种策略的自动化，并在学习的过程中花费较少的心理能量。在儿童对新策略的掌握达到了一定的程度时，再让他们在新的环境中使用它，这样的学习效果会更好。

最后，儿童的知识基础对其元记忆也有影响。由于记忆活动本身依赖于主体对特殊记忆内容的熟悉程度，所以对于指向某种特殊内容的记忆过程的了解必然也依赖于对相关内容的了解程度。例如，奇(1978)在关于儿童象棋专家对棋子位置记忆的实验中发现，那些儿童象棋专家不仅对棋子位置的记忆准确，而且在实际回忆之前，就能准确地预测自己的回忆量和准确性，这表明他们具有较高的元记忆水平。同样，儿童对于记忆内容的了解和熟悉，也将对他们有关的元记忆知识、元记忆监控产生积极的影响。

(二)知识基础对记忆影响的机制

儿童的知识基础对其记忆的影响机制表现在以下几个方面。

1. 项目特殊效应

项目特殊效应(item-specific effects)是指每个记忆项目的具体含义对主体记忆的影响。不同年龄的儿童对同一种材料进行记忆的时候，常表现出这种项目特殊效应。例如，一些研究者(Laurence，1966；Ornstein，Hale & Morgan，1977)发现，当让儿童回忆一些表面上并没有什么联系的项目(如苹果、军队、钟表、日子、衣服、花朵、锤子、雪等)时，年长儿童的记忆量明显高于年幼儿童，但在对记忆材料的组织性方面并未表现出年龄差异。研究者认为，年长儿童之所以表现出相对好的记忆成绩，是因为上述每一个项目本身对他们来说都具有更丰富、更具体的语义意义，这就使得他们对每一个项目的提取变得较为容易，因而使记忆成绩提高。这种解释被后来的一些研究(Chechile & Richman，1982；Ghatala，1984)支持。这些研究的主要方法是，首先给儿童呈现一组词并让其对这些词进行意义评定；然后让儿童对这些词进行回忆。结果发现，儿童的回忆成绩与其对词意义的了解程度成正比，并与年龄有直接的关系。

项目特殊效应不仅表现在儿童对那些本身没有内在关系的词列的记忆中，也表现在儿童对具有内在关系的词列的记忆中。例如，珀尔马特等人(Perlmutter & Myers，1979)发现，2～4岁儿童对一些意义词汇的记忆能力随其年龄的增长而增长，但并没有发现随年龄而产生记忆策略方面的变化。因此，4岁儿童表现出来的对词汇的较好的记忆能力是因为他们对这些词的语义知识在增长，他们在识记时，对每一个词的语义进行了相对丰富的表征，从而使他们记忆成绩获得提高。

研究者还从另一个角度验证了这一点。例如，加特拉（Ghatala，1984）的研究发现当某一词表中单词的意义性在年幼和年长儿童之间等同时，回忆的年龄差异消失。

2. 无策略的组织性反应

无策略的组织（nonstratigic organization）是指记忆的过程中并没有使用记忆的组织性策略对材料进行组织加工，而是凭借对记忆材料中原本就具有的某种组织性对材料进行记忆，因此提高了记忆效果。一些研究者（Bjorklund，1985，1987a）认为，学龄儿童随年龄增长表现出的对意义材料记忆能力的提高，在很大程度上可以归因为儿童对这些材料语义成分的自动激活能力的提高。例如，德马凯纳等人（deMarchena & Bjorklund，1984；McCauley，Weil & Sperber，1976）发现，5～6岁儿童对那些在意义上联系得较为密切的词（如狗和猫、老鼠和奶酪、手和手套）的加工速度较快，对它们的记忆也更好；而对那些在表面意义上没有什么联系的词的加工速度较慢、记忆效果也不好。但年长儿童在对这两种不同材料的记忆上却没表现出明显的区别。这是因为，虽然5～6岁的儿童尚不能有效地运用组织性策略，但当要求他们记忆那些本身就具有较高的联系度的词汇时，对一个词的回忆就自然使另一个与之相联系的词也处于活跃的状态，这样并不需要真正运用记忆的组织策略，儿童也能以组织化的形式对相关的内容进行回忆。而且约克兰德等人（Bjorklund，1987b；Bjorklund & Harnishfeger，1990）的研究发现年长儿童因为对有许多联系的熟悉项目进行加工不需要多少努力，因此心理能量被释放出来用于支持策略、元认知过程、抽象范畴水平的加工，从而反过来促进记忆。

3. 扩展性激活

主体在进行回忆的时候，当将注意力完全集中在某一个方面的时候，这方面的信息就会被充分地激活，因此也就更易被提取。但有时我们虽然将注意力只集中于一个方面，而回忆出的信息却不只限于这一个方面，而是涉及了一些其他的方面。这就是扩展性激活（spreading activation）现象，即当主体将注意力集中在一个方面的时候，不仅该方面的信息会被激活，这种激活状态还会自动扩散到与这个方面相关联的其他方面。例如，当主体将注意力放在"狗"这个词上的时候，不仅仅"狗"这个概念被激活了，与"狗"相关联的其他内容（如动物、猫、骨头等）也同时会被自动激活。由于扩展性激活功能的存在，主体就很容易在同一时刻里回忆起一串相关联的内容。认知心理学家用"语义网络"

(semantic network)来描述主体的知识基础与各个项目之间的联系状况。在一个典型的语义网络中，一般包括各种概念、概念之间的联系以及联系的强度等。例如，一个幼儿的关于"狗"的语义网络可能包含以下内容：动物(狗是一种动物)、4条腿(狗有4条腿)、骨头(狗喜欢吃骨头)、猫(狗喜欢追赶猫)等。随着幼儿关于"狗"的经验的增加，可能会不断有一些新的内容(如忠诚)进入相关的语义网络中，而且也会使儿童原有网络中各项目(如狗和动物)之间的联系不断加强。这些变化都有利于进一步发挥扩展激活的作用。

随着年龄的增长，在记忆过程中扩展性激活的作用越来越大。奇等人(Chi & Rabinowitz, 1987)发现，当让不同年龄的儿童记忆一个含有鸡、老鹰、企鹅的词列时，虽然年幼儿童和年长儿童都能将老鹰和鸟联系在一起，但这两个概念之间的联系在年长儿童的语义网络中更为紧密；而且，在年幼儿童中，很少有人能将鸡和企鹅与鸟联系在一起，而许多年长儿童却能做到这一点。这是因为，在年长儿童的语义网络中，与鸟这个词联系的项目的数量增多，而且彼此之间的联系强度也比较大。当其中一个词被激活时，与之相联的其他词也会随之被激活。这样，就提高了回忆的数量和质量。因此，主体较充分的知识基础会促进在记忆过程中扩展性激活功能的有效发挥。

四、元记忆对记忆的影响

元记忆是20世纪70年代发展起来的记忆研究的热点，是元认知研究的核心内容之一。简单来说，元记忆就是指人们对自身记忆系统的认知，包括对记忆系统的内容、功能的认识和评价，以及对记忆过程的监控(杨治良等，1999)。

依据元记忆的理论假设，元记忆监控的准确性越高，记忆成绩越好。例如，卡尔等人(Cull, et al., 2000)发现元记忆监控准确性的提高与记忆成绩提高之间具有一致性。

回忆准备就绪程度评估(recall readiness assessment)是元记忆监控的一项主要内容。回忆准备就绪程度评估是指人们在一次和多次识记之后，对记忆内容掌握程度的评估和判断。它监控的结果将为被试决定是否需要继续复习提供依据(韩凯，1994)。弗拉维尔(1970)早期的研究表明，5～6岁的儿童常常对自己的回忆准备程度做过于乐观的估计，在他们声称已经准备好的时候，实际回忆成绩往往并不高，而年龄大的儿童的估计则更为客观。

刘希平和唐卫海(2002)对回忆准备就绪程度判断的发展进行了研究。实验对象为小学二年级、初中二年级和大学二年级的学生，选择了三类记忆材料，

分别为反义词对(如大船—小船)、动宾词对(如关门—关灯)和人为组合词对
(如月亮—刻字)。首先向被试依次呈现词对,每个词对呈现两秒,间隔两秒,
呈现两遍,要求被试识记。然后,要求被试对自己能记住的词对数目进行估
计,之后再让被试进行自由回忆,时间为 5 分钟。被试的估计数与其实际回忆
出的词对数越接近,说明其监控水平越高。以估计数与实际回忆数之差的绝对
值与实际回忆数的比值作为回忆准备就绪程度的判断指标。研究结果发现,回
忆准备就绪程度判断的准确性随年龄增长而提高,小学二年级儿童回忆准备就
绪程度判断的指标值最大(1.63),而初中二年级儿童判断的指标值已相对比较
理想(0.41),大二学生的指标值最小(0.20),说明他们对自己记忆的掌握情况
的估计最准确;三类记忆材料在回忆准备就绪程度判断上的总体差异不显著,
但与年龄存在交互作用,三个年龄组被试反义词对的回忆准备就绪程度判断的
指标值上差异不显著,但另外两类词对的判断上年龄效应显著;回忆准备就绪
程度判断水平与记忆成绩之间有较高正相关,判断越准确,回忆量也越多。研
究说明,元记忆特别是元记忆监控的准确性对儿童记忆成绩的提高有积极的
影响。

五、适应性记忆

随着主流心理学界对进化心理学进一步的关注乃至认可(Buss,2008),适
应性记忆的研究取向也重新引起了重视。所谓记忆研究的适应性取向,是指引
入进化心理学的理念,将记忆系统的当前面貌看作是人类长期适应环境的结果
(Tooby & Cosmides,1992,2005)。

记忆研究的适应性取向侧重于分析人类在解决适应性问题过程中的记忆功
能,此类研究对实验任务的选择需要体现人类的适应性这一理念。奈恩等人
(Nairne & Pandeirada,2008)推测,与生存有关的信息在人类记忆系统中应该
能够获得保存的优先权。基本实验设计为,通过不同的指导语划分出不同的记
忆情境,一种是求生情境,一种是控制情境(如搬迁情境和愉快情境)。求生情
境的指导语为"请想象你现在被困在一个陌生的大草原,没有任何基本的维持
生存的东西。在未来几个月里,你需要保证充足的食物与水,并保证不被野兽
伤害。我们将向你呈现一组词语,你的任务是评估这些词语在求生情境中对你
的重要性,单词是否与求生有关由你自己决定"。而控制情境之一,搬迁情境
的指导语为"请你想象你准备搬迁到一个陌生的地方。未来几个月,你将需要
选定并购置一处新家,并将你的所有物品搬至那里。我们将向你呈现一组词
语,你的任务是评估这些词语在搬迁情境中对你的重要性,单词是否与搬迁有

关由你自己决定"。控制情境中的愉快情境的指导语为"我们将向你呈现一组词语，你的任务是评估这些词语的愉悦程度，单词是否有愉悦度由你自己决定"。在被试评定完成后，采用再现或再认测验来测量其对单词的保持量。

奈恩等人的系列研究表明（Nairne & Pandeirada，2008；Nairne，Pandeirada & Thompson，2008；Nairne，Thompson & Pandeirada，2007），即使增加了各种与求生情境对比更为匹配的其他控制情境（如度假情境），结果显示无论是被试内设计还是被试间设计，无论是再认测验还是再现测验，求生情境均比控制情境更能促进记忆的保持，这一现象被称为"记忆的求生优势效应"，简称"求生优势"。

由上述研究可知，研究者通过设定适应性情境（如求生情境），可以检验记忆的各种结构和特征，并且成功验证了记忆的适应性特征。

儿童记忆发展亦是人类个体适应环境的过程，因此适应性记忆的研究为今后儿童记忆研究的设计提供了新的思路与空间。

总之，记忆是一种非常复杂的认知活动，记忆过程包含许多其他的认知成分；同样，在其他的认知活动中也都不同程度地包含着记忆的成分。因此，儿童记忆的发展是伴随着其他认知能力而一起发展的。

思考题

1. 如何理解记忆在认知发展中的意义？
2. 测量婴幼儿记忆的指标有哪些？
3. 儿童及青少年的记忆发展表现在哪些方面？
4. 简述复述策略的发展表现及如何促进儿童复述策略的迁移？
5. 简述知识基础影响记忆的表现及其相关机制。
6. 简述适应性记忆研究的设计思想。

第六章　言语的发展

语言是以词为单位、以语法为构造规则而组成的一种人类特有的符号系统，具有社会性和生成性等其他符号系统所没有的特性。言语是人类运用语言材料和语言规则进行交流和思考的活动过程。语言只有通过言语过程才能发挥其交流工具的职能，成为"活的语言"。言语过程（speech process）主要包括言语感知、言语理解和言语表达三个方面（林崇德，1995），儿童的言语发展主要指上述这三个方面的发生发展。

言语的发生和发展是儿童心理发展的重要任务且遵循着比较独特的规律。言语的发展从婴儿期即已开始，并很快就进入了快速发展阶段，伴随着其他心理能力的发展，到学前期结束时儿童的口头言语水平已达到了非常好的发展状态，而在学龄初期结束时儿童就已基本完成了书面言语的发展任务。

第一节　言语发展的机制

一、言语发展机制的理论观点

研究者们一直在试图解释为什么绝大多数儿童语言学习得又快又好，且在发展的年龄趋势上具有普遍的规律性，围绕着有关言语发生发展机制的探讨，主要可以归纳为三种观点。

（一）学习论观点：语言是一种习得的技能

持学习论观点（learning theory approach）的研究者强调模仿与强化在儿童言语获得中的作用，认为儿童获得言语是一个模仿习得的过程。儿童会模仿听到的言语，而正确的模仿会得到奖赏，错误的模仿会被纠正，在这一过程中，儿童不断调整自己的表达，他们的言语与成人的言语越来越相似（Skiner，1957）。可见，学习论认为后天环境对儿童言语的发生与发展至关重要。

学习论观点能够很好地解释言语发展的一些问题。例如，儿童总是会使用与父母相同的语言；儿童能够从周围人的对话中学到新词，即使这些话语并不指向他们（Akhtar，Jipson & Callamam，2001）；同时，儿童更倾向于使用受到强化时学到的新词（Whitehurst & Valdez-Menchaca，1998）。

虽然学习论可以很好地解释语音和语义的发展，但这种理论在解释语法规则的获得方面存在困难。研究发现，父母更倾向于根据儿童言语的真实性（或语义是否正确）做出肯定或否定的反应，而不是儿童的言语是否符合语言规则（Brown，Gazden & Belluqi，1969；Brown & Hanlon，1970）。例如，当儿童看着一头牛，并对妈妈说"her cow"时（语义正确，但不合语法），比起儿童说"There's a dog"（符合语法，但不真实），母亲更倾向于对儿童的第一种表达给予"对"的强化；而且，父母也会满足儿童不符合语言表达规则的请求（如"want milk"，表示想要牛奶）。同时，还可以观察到，儿童能够根据特定的言语表达需求产生出新的词组、句子和句法结构，而这些是成人不太可能说的，如"All gone cookie"，或是过度规则化的词"It runned"。上述这些现象不能用对成人言语的模仿进行解释。

（二）先天论观点：语言是一种天生的技能

先天论观点（nativist approach）认为，言语发展主要受由遗传决定的与生俱来的生物机制引导。著名的语言学家诺姆·乔姆斯基（Chomsky，1978，1995，1999）提出人类具有"语言获得装置"（Language Acquisition Device，LAD），该装置是人类大脑的功能模块，它提供了适用于世界上所有语言的内在的语法知识，即"普遍语法"（universal grammar），这样儿童可以轻松地辨认和辨别特定语言的普遍特征，理解特定语言的规则。从这一观点出发，要想学会说话，儿童只要听他人说话就可以了。

有一些证据可以对先天论的观点给予一定的支持。例如，语言的习得在各种文化中具有普遍性，各种文化下的儿童都在很短的时间内掌握了语言这种极其复杂的交流系统，并且都在大致相同的时间经历了相似的发展序列，甚至出现相同的错误，即使在那些并不鼓励儿童与父母谈话的文化中也存在儿童对语言的学习行为（Snow，1986；Crago，Allen & Hough-Eyamir，1997）。神经心理学和认知神经科学的研究也表明，人类大脑对语言的加工具有特定的功能定位，主要区域在大脑左半球的中间部分，特别是布洛卡区（Brocade's Area，控制说的能力）和威尔尼克区（Wernice's Area，负责言语识别）（Bear，Connors & Paradiso，2001）。此外，莫纳科（Monaco）及其同事确定了一个与言语产生相关的特殊基因，如果能够得到后续研究的支持，这一关于人类言语特定基因的研究则会为语言演化的基础提供更强有力的证据（Wade，2001）。

虽然先天论强调言语获得的生物学基础是正确的，但这一观点也受到批评和质疑。例如，研究者发现一些灵长类动物至少也可以学会人类语言的一些要素，这对人类语言的独有性提出质疑。同时，研究者们指出，先天论的观点低估了环境因素在儿童语言习得中的作用，尽管人类可能在基因的基础上做好了使用语言的准备，但后天的经验对语言的有效使用同样至关重要（Mac Whinney，1991；Savage-Rumbaugh et al. ，1993）。

（三）交互作用论观点

交互作用论（interactionist perspective）将学习论和先天论的观点结合起来，认为语言的发展是生物基础和个体所处语言环境交互作用的过程（Bohannon & Bonvillian，2001；Bloom，1998）。该观点接受先天因素对语言发展总体框架的准备和塑造作用，但同时认为，语言发展的特殊进程由儿童所处的语言环境和其以特定方式使用语言时所受到的强化共同决定。

这一观点的研究者认为语言的主要功能是交流，语言在儿童和同伴以某种方式交流信息的社会交互情境中形成（Tomasello，1990）。而先天论低估了环境在儿童语言发展中的作用，仅仅听到他人的话语并不足以让儿童获得言语，积极参与言语交流才是儿童获得言语的必要途径（Locke，1997）。例如，研究者发现，那些只是经常看德语电视节目的荷兰儿童事实上并没有获得任何德语词汇和句法（Snow et al. ，1976）。

几乎所有的儿童都对语言的学习非常感兴趣，这种内在动力帮助他们在很短的时间内获得言语。而渴望交流似乎是人类的特有表现，研究者发现，即便已经学会手语（sign language）并且能够进行很好交流的大猩猩也很少像我们人类那样为了交流而交流（Tomasello et al. ，1993）。另一方面，在许多文化中，照料者也倾向于使用能吸引婴幼儿注意力、有助于其言语发展的方式与儿童交流互动，如成人与儿童交流时使用的母婴式言语——一种短小、简单、语速慢、声调高、多重复的言语，也被称为"儿童导向的言语"（child-directed speech），婴儿在生命的初期就对这种儿童导向言语表现出更多的注意（Cooper et al. ，1997；Peggy，Werker & Mcleod，1992）。有研究表明，如果在儿童生命的早期所处环境中的儿童导向言语比较丰富，他们似乎可以更早开始使用词语，并表现出其他形式的语言能力（Gogate，Bahrick & Watson，2000；Liu，Kuhl & Tsao，2003）。随着儿童的成长，成人的儿童导向言语也在不断变化，在婴儿1岁末左右，呈现出更多成人言语的特征。

二、言语发展是否存在关键期

儿童可以快速获得言语，他们似乎非常擅长对语言的学习。于是有研究者关注是否存在言语获得的关键期。莱内伯格（Lenneberg，1967）认为存在言语获得的关键期，这一时期是从 18 个月到青春期的这段时间。

有关言语获得关键期的证据很多来自第二语言的学习。约翰逊和纽波特（Johnson & Newport，1989）调查了 3～39 岁移民美国的母语为汉语和韩语的被试的英语语法水平。结果发现，到达美国的年龄与语法掌握的最终水平密切相关，而在美国居住的年限与此几乎没有关系。在青春期前开始学习英语的移民者，开始学习的时间越早，英语水平越高，其中满 7 岁前开始学习者与英语母语者水平相当，而 7 岁后开始学习的会差一些；然而，青春期后（满 15 岁后）到达美国的移民者，几乎很少有英语语法掌握得很好的。可见，对于非母语者来说，在成年后开始学习英语并最终达到当地人水平的可能性很小，这暗示了语言学习关键期的存在。

还有一些证据来自于对聋童的研究。他们中的一些（特别是拥有听力健全父母的聋童）在生命早期缺乏语言环境，直到入学后才接触流利的手语。研究发现这些学习手语较晚者在需要高级语法能力的测试中，其平均成绩不如较早就开始手语学习的被试（Mayberry，1993；Newpor，1990），他们的英语书面成绩也不及那些一开始就学习手语者（Mayberry，Lock & Kazmi，2002），然而，如果他们在学习手语之前学过文字英语，那么他们的手语水平比从未接触过任何语言系统的学生要好（Mayberry，1994）。

以上证据支持了在发展的早期学习语言会更好，但这并不意味着一定存在语言获得的关键期。一些研究表明，至少有些英语是第二语言的成人学习者达到了精通英语的水平（Bialystok & Hakuta，1994；Birdsong，1999）。而且，与成人相比，儿童一般在学校和同伴活动中使用第二语言，频繁的接触和使用也促进了他们对第二语言的掌握，新的语言成为他们生活的主导；而成人更倾向于使用母语进行交流，这也增加了他们学习第二语言的困难（Jia & Aaronson，1999）。不同于关键期的假设，有研究者认为，随着年龄的增长，学习第二语言能力的下降是渐进的，而不是突发的（Hakuta，Bialystok & Wiley，2003）。

因此，我们认为，言语获得不存在严格而短暂（Hard-and-fast）的关键期，但确实存在言语学习的敏感期。这一时期，儿童具有很强的语言学习能力，同时，其他各方面的认知能力也在快速发展中。

三、言语发展与认知发展的关系

一些研究者试图将言语发展包含在一般认知发展之中，并将其看作儿童认知发展的一个方面。例如，皮亚杰(1770)认为重要认知能力的发展为言语发展做好了准备，其中符号功能(即用一物指代另一物的能力)是语言发展的前提，同时语言的发展又促进了表象和思维的内化。

言语能力和一般认知能力之间的关系是复杂的，虽然我们经常可以观察到一般智力落后会伴随有较低的言语能力的现象，但一些认知障碍的个案也为我们提供了二者可能存在分离的证据。例如，患有威廉姆斯综合征(Williams Syndrome)和唐氏综合征(Down Syndrome)(Bellugi et al.，2000；Harris et al.，1995)这两种障碍的儿童通常存在智力落后，其智商一般都只在50~70，然而威廉姆斯综合征儿童的语言能力要比唐氏综合征的儿童好很多，他们在基本语法规则等语言能力的掌握方面处于正常或接近正常水平，他们中的一些青少年及成人的言语状态非常好甚至接近正常人，而这对唐氏综合征者几乎是不可能的。与此相对，唐氏综合征的儿童通常能够通过皮亚杰的推理任务测试，如数字守恒、类包含等，而威廉姆斯综合征的儿童则很难胜任。

由此可见，语言与一般认知能力之间存在相互依赖的复杂关系，但与某些具体的认知能力之间可能在一定程度上是相互独立的。

第二节　婴儿言语的发生与发展

婴儿从出生开始就可以发出声音，虽然语言系统如此复杂，但婴儿在生命的早期就开始发展出一定的言语能力。许多婴儿在学会走路之前就会说话了，而且他们能理解的比他们能表达的要多。婴儿的言语发展经历了前言语、言语的发生及早期发展等阶段。在前言语阶段，随着言语知觉的发展及前言语交流，婴儿为言语的产生做好了准备；言语发生阶段最明显的标志就是婴儿说出第一个有特定意义的词；从单词句到双词句再到完整句子的过渡是婴儿言语的早期发展阶段，这个阶段一直持续到学前期。

一、前言语发展

"前言语阶段"(prelinguistic stage)指的是婴儿从出生到第一个具有真正意义的词产生之前的这一段时期。在此期间，婴儿的言语知觉能力、言语理解能力以及发音能力逐步发展起来，出现了"牙牙学语"、非语言性交流等现象，通称为"前言语行为"。事实上，在前言语阶段之前，即胎儿期，胎儿就具备了一定的言语知觉能力。

(一)言语知觉的发展

言语知觉主要指对言语的注意和辨别。在第四章感知觉中，我们对婴儿的语音知觉能力已经有所介绍，这里只进行简单回顾。

我们已经了解到，个体在胎儿中后期(5～8 个月)已经具备了一定的听觉能力，这一时期胎儿甚至能大致区分出乐音、噪声和语音。胎儿出生后，其听觉能力发展极其迅速，某些声音比起另一些声音更容易引起新生儿的听觉反应。例如，新生儿对音高范围在 1000～3000Hz 的声音更敏感，而这些声音听起来更接近人说话的音高和音频。而且，婴儿在出生后不久就表现出对许多语音元素的辨别能力，他们甚至能把单词分割成音节进行辨认(Bijejac-Babic，Bertoncini & Mehler，1993)，7.5 个月的婴儿还能将话语分割成有意义的词并对其做出反应(Houston & Jusczyk，2000)。婴儿言语辨别能力的发展，为其言语的获得打下了基础。

(二)语音的前言语发展

前言语阶段婴儿的语音能力不断发展。综合以往的相关文献(Carrel，2000；Foster-Cohen，2002；林崇德，1995；彭聃龄、谭力海，1991；朱曼殊、缪小春，1988)，我们把言语的早期发展分为以下 5 个阶段：啼哭、咕咕之声、牙牙学语、语音修正以及学话萌芽。虽然前两个阶段并非真正的语音出现，但这时的发声使婴儿的发声器官得到了充分的锻炼和发展，为以后真正的语音的产生和发展提供了前提和基础。这些阶段之间并没有明显的界限，而且存在重合。

第一阶段：啼哭(crying)。这一阶段从出生的啼哭算起，主要标志是啼哭或类似发声。哭声往往有升频或降频，通常每秒重复一次。根据声音的特性，哭声有不同的意义。熟悉婴儿生活的人能够根据其发声，判断其意义。此时婴儿的哭声在某种程度上锻炼了发音器官，为语音的精确发展提供了一定的生物基础。

第二阶段：咕咕之声(cooing)(1、2～3、4 个月)。婴儿满月后，除了啼哭以外，其他发声开始出现。这些发声比啼哭种类繁多，而且是运用了唇、舌、口腔等发音器官。到了满两个月，婴儿开始发出一系列咕咕的声音，这些声音大都与后元音或圆唇音[a]、[o]、[u]相似。

第三阶段：牙牙学语(babbling)(3、4～11、12 个月)。婴儿到 3、4 个月就可以发出咿呀的声音。这些声音较接近人类语言，而且可以辨出元音或辅音，这时类似成人的声调系统也开始出现。在此阶段，前元音较后元音多，但后辅音比前辅音多得多。6、7 个月的婴儿已经能够发出辅音＋元音串，如 bababa。到了 11、12 个月时，婴儿已经能够发出较长的辅音＋元音串，如 bigodabu(Boysson-Bardis，et al.，1989)。

第四阶段：语音修正(5、6～11、12 个月)。此时婴儿已能鉴别言语的节奏和语调特征。例如，有研究表明(Jusczy，et al.，1994)，9 个月大的婴儿已能区分本族语中出现频率较高与较低的单音节。婴儿此时可能开始根据周围语音环境改造、修正自己的语音体系，使得那些母语中没有的语音在这一阶段逐渐消失。这一阶段成人可以根据儿童的咿呀语辨别出婴儿正在学习的是法语、汉语还是阿拉伯语(Oller et al.，1997)。

第五阶段：学话萌芽(9～12 个月)。这一阶段可以认为是真正的语言发展的最初阶段。11、12 个月大的婴儿发出的辅音＋元音串的声调已经接近母语，元音也更接近母语(Boysson-Bardis，et al.，1989)。此阶段婴儿能够辨别母语中的各种音素，能把听到的语音转换为音素并认识到语音所代表的意义，这使得他们能经常地、系统地模仿和学习新语音，并为言语的发生做好了准备。此时儿童获得的语音种类不再繁多，只限于母语语音中的特有种类，并且也逐渐学会了母语特有的语调模式(Hoff，2001)。

(三)前言语交流

前言语阶段婴儿不仅发展起越来越精细的语音能力，他们也逐渐理解了一些有关交流的技能。这一阶段的婴儿可以通过声音、面部表情、模仿和其他非语言的方式进行交流。

3～4 个月的婴儿就会以某种方式促使成人与其交流。例如，当成人说话时他们倾向于保持安静，而当成人停止说话时，他们会发出更多的声音(Ginsberg & Kilbourne，1988)。而在这之前婴儿的发声还经常和母亲的话语发生对撞，从这时开始，母婴间的交互方式进入一种流畅的轮换过程，其表现似乎是在与母亲对话。婴儿还会对母亲说话时的音调模式进行模仿(Masataaka，1992)，而婴儿的这种模仿鼓励了成人与其进行更多的交流(Lock，1995)。除了用声音，4 个月以后的婴儿也会有目的地用手势与父母交流并表达自己的要求，如用手指向自己想要的物体、伸出手让父母抱等。

父母也会鼓励婴儿进行倾听和做出回应的交流方式，如在第一节中提到的儿童导向言语在许多文化中都被普遍使用。当父母用"ah"音对婴儿发出的"ah"音进行回应时，婴儿往往也会重复这个"ah"音，而父母会再重复一次。虽然此时的"ah"音并无特定的意思，但这种重复类似一种对话交流，婴儿在这样的交流中学会了有关交流需要双方参与、轮流进行的技能(Dromi，1993；Reddy，1999)。

二、言语的发生与早期发展

由于婴儿个体间存在较大的差异，关于言语发生的时间一直存在争议。一般认为，婴儿在9～14月说出第一个词，而对于如何识别婴儿是否确实发出第一个词，语言学家们观点不一。有人认为只要婴儿发出与成人所说的词接近的声音，并用其指代周围任何的事物时，第一个词就产生了；但也有研究者持更为严格的标准，认为只有婴儿对人、物体或事件进行了清晰一致的命名时，"第一个词"才真正产生。例如，婴儿在多种情境中都只将"mama"这个词用于母亲时，"mama"这个词才是第一个单词（Kamhi，1986；Hollich et al.，2000）。我们认为，言语产生的标志是第一个有特定意义的词的出现。在10～15个月，婴儿平均每个月掌握1～3个新词；到15个月时婴儿就能说出第一批词了，此后词汇量还会有系统地扩充；大概在18个月，婴儿掌握新词的速度突然加快，平均每个月掌握25个新词，这就是19～21个月时的"词语爆炸"（vocabulary spurt）现象。这一时期，婴儿开始说出第一批带有一定声调的"双词句"，超越了单词句阶段，进入词的联合和语法生成时期。

(一)单词句

婴儿最早在9个月，最晚在16个月能说出第一个有特定意义的词语，随后便产生第一批单词句，这个阶段的单词语音、单词性质具有很强的规律性。

单词阶段的语音通常很有规律。一般包含1～2两个音节，每个音节大都是由辅音＋元音构成，双元音或辅音连缀很少出现，辅音大都有靠近口腔前部的特点。元音大都是前元音。另一特点就是音节重复，而且语音数量极其有限，与牙牙学语阶段形成鲜明对比。

尼尔森（Nelson，1973）通过对18个儿童言语初期的50个单词进行研究发现，早期词汇词性具有规律性。其中比例最大的一类是普通名词（占51%），如"球""狗"等；第二类是专有名词（占14%），如"妈妈""爸爸"等；第三类是动词（占14%），如"给""拿"等；第四类为修饰词（约占9%），如"红""脏"等；第五类为社交词汇，如"好""请"等；第六类为功能词，仅占4%。从以上词汇的比例可以看出，这些单词既现实，又接近儿童生活，所以不难解释它们成为儿童早期词汇的原因。

通过对第一批词进行生态学研究，韩礼德等（Halliday，1975）发现，这些词具有很强的场合约定性（context-bound），即它们只能用来指代很有限的某个特定场合下发生的某一特定事物，还不具备概括性意义，只具备原始的指代性、对应式的象征性和一定的交流意义，就好像是某一特定场合下事物的伴随物一样。但巴雷特(Barrett，1991)通过进一步研究发现，在婴儿说出的第一批词中，有一些已具备了概括性意义。在言语发生阶段，婴儿词语的获得与运用主要有以下三方面特点：①继续掌握一些场合限制性较强的词(Barrett，1986)；②已掌握的词开始摆脱场合限制性，获得初步的概括意义(Lock，1997)；③开始直接掌握一些具有概括性和指代性功能的词语(Gopnik & Meltzoff，1986)。其中，词语的去场合限制性(decontextualisation)是婴儿真正掌握词语、获得概念的重要途径(林崇德，1995)。也就是说，原本只用于特定场合和事物的词语迁移、运用到与此事物有关的不同场合。

在婴儿早期获得的词汇的词性和模式方面存在一些跨文化的差异。蔡(Choi，1997，2000)通过对母语为英语、日语和韩语的儿童进行研究发现，英语为母语的儿童较早习得名词，而学日语和韩语的儿童在习得物体名词上慢于学英语的儿童；反过来，学韩语的儿童在学习行动动词上则比较快。刘等人(Liu，Zhao，& Li，2008)考察以英语、普通话、广东话为母语的13～60个月大的幼儿与成人交往过程中的词汇组成及发展轨迹，结果发现，在三种语言中，儿童早期语言的发展伴随着时间的推进均显示出渐增的多样性，儿童的词汇也越来越与其照顾者的词汇相似；各种语言本身特有的差异对儿童言语的形成有显著的影响。具体表现为：不同母语的儿童在不同的年龄阶段所产生的名词、动词、形容词的百分比显著不同；相比于说普通话和广东话的儿童，说英语的儿童在早期使用的名词要远远多于动词，直到60个月左右，其动词/名词比例才与其他两种语言的儿童相当，而普通话和广东话儿童只在18个月以前表现出相对明显的"名词偏向"，之后动词的比率接近名词甚至有时高于名词。

(二)双词句

双词话语大致从婴儿1岁半时开始出现。这一阶段婴儿将两个单词组合在一起形成所谓的"双词句"。双词句比单词句表达的意思更为明确，已具备语句的基本成分，但是仍然简略、断续、不完整。双词句的生成规则有两种：一是"中轴开放式"联结，即以常用词为"中轴"，在其前或后联结一个关于事物、动作和属性特征的词，组成"主词句"；另一种是"范畴对应式"联结，即由来自两个不同范畴却有内在实际意义或特定关系的词联结，从而组成"电报句"。

通过对双词句分析，布朗(1973)总结了其语义关系，这种语义关系大致有八种：施事—动作(如"妈咪吻")，动作—对象(如"打球")，施事—对象(如"妈咪娃娃"，要母亲用玩具做某事)，动作—位置(如"坐椅子")，实体—位置(如"杯子桌子")，所有者—所有物(如"爸爸汽车")，属性—实体(如"大汽车")，以及指示物—实体(如"那汽车")。双语词似乎也表达诸如重复(如"more milk")和不存在("Allgone milk")这样的意义。通过对中国儿童进行调查，章依文等人（2006）发现，名词＋动词和动词＋名词结构是婴儿最早掌握的短语结构，随后掌握的为"的""在""介词＋名词""否定词＋动词""名词＋动词＋名词"等，30个月的婴幼儿有90％左右掌握了这7个结构。

（三）语法的习得

儿童在习得言语的过程中，不仅要掌握一定的词汇，还要逐渐掌握母语的基本语法结构。语法和词一样，都是约定俗成的，儿童习得言语的过程，也是掌握语法的过程。实际上，儿童开始学习说话，在掌握词语的同时，也要习得语法（主要是句法）。

婴幼儿掌握语法的敏感期为20～30个月。双词句的出现意味着儿童开始掌握一定的语法规则。从两岁以后，逐渐出现比较完整的句子，完整句的数量和比例随年龄的增长而增长。到36个月时，幼儿已基本掌握了母语的语法规则系统。完整句的出现意味着儿童的语法意识获得了进一步的发展，这部分将在下一节中详述。这里主要阐述双词句的语法特点。

双词句通常由两个单词组成，有时也由3个单词组成。例如，"妈妈抱""爸爸打""宝宝觉觉"等。双词句表达的意思比单词句明确，已经具备句子的雏形。双词句的特点是语句断续，简略，结构不完整，句子成分经常缺漏，主要使用名词、动词、形容词等实词，而略去连词、介词、助词等虚词。

双词句的语法关系主要反映在词序的不同上，如幼儿在轻拍父亲时，总是说"拍爸爸"，在父亲拍他时，总是说"爸爸拍"，并对其他所有的动作—对象和施事—动作关系也做出同样的表达，可以认为这时的儿童已具有了某种句法知识，即采用不同词序这种纯粹的语法工具来表示所欲表达意义的差异（Flevell, et al.，2002）。这一阶段的语法，有语言学家，如布鲁姆（Lois Bloom）认为应该称为"功能性语法"，强调的是单词间的语义联系。

第三节　儿童言语的发展

在说出单词句后，儿童的言语能力获得了很快的发展。虽然在一定的时期内他们的言语理解和生成之间还有差距，但是他们已经拥有了相当的言语能力，在学前期结束的时候，儿童的言语已经非常接近成人的水平。儿童言语能力的发展表现在多个方面，他们的词汇不断扩展，说出的句子长度稳定增长，同时发展出了语言意识，能够将语用知识运用于日常交往。

一、词汇的发展

词汇是语言的重要组成单位，随着年龄的增长儿童的词汇水平不断发展，这是儿童言语认知能力发展的一个重要表现。

（一）词汇数量的增长

词汇量是儿童进行遣词造句、陈述表达的基础，其发生发展略提前于语法的发生发展，是衡量言语发展的重要指标之一。与婴儿期相比，学前期儿童词汇数量增长更快。婴儿在 1 岁左右开始说出词，从 16 个月开始，婴儿的词汇快速增长，30 个月的幼儿已经可表达 700 多个词汇（梁卫兰等，2002）。对于儿童而言，3～6 岁是一生当中词汇量增长最快的时期。与 3 岁儿童相比，6 岁时词汇量增长了 3～4 倍（汉语儿童：3 岁 800～1000 个；4 岁 1600～2000 个；5 岁 2200～3000 个；6 岁 3000～4000 个）。史慧中等人（1986）的研究结果表明，4～5 岁是词汇增长的活跃期，其词汇量较 3～4 岁增长 49.3%，而 5 岁以后增长的速度已经有所下降，5～6 岁比 4～5 岁增长 37.9%。从国内外的资料来看，儿童词汇增长的趋势是大体一致的（表 6-1）[①]，但在结果上也存在一些差异。导致差异的原因主要有：研究者采用的词汇量的操作定义有差异，研究选取的儿童存在时代、地域、种族、生活及受教育水平的差异等。

表 6-1　幼儿词汇量发展的比较

年龄	德国		美国		日本		中国	
	词量	增长率	词量	增长率	词量	增长率	词量	增长率
3	1000～1100		896		886		1000	
4	1600	52.4%	1540	71.9%	1675	89%	1730	73%
5	2200	37.5%	2070	34.4%	2050	22.4%	2583	49.3%
6	2500～3000	15.9%	2562	23.8%	2289	11.7%	3562	37.9%

在幼儿词汇量发展过程中短时记忆有着积极的影响。李丹（2007）考察了 4～6 岁儿童词汇发展与口语短时记忆的关系，其中，口语短时记忆是指口语代码编码下的短时记忆，同时该研究又对口语短时记忆中的项目信息和序列顺序信息进行了区分。通过对 4 岁组、5 岁组和 6 岁组各 20 名儿童在词汇量任务和口语短时记忆任务中表现的测查发现，突出对项目信息和序列顺序信息的

[①]　林崇德：《发展心理学》，206 页，北京，人民教育出版社，1995。

记忆都能对儿童词汇量发展水平起显著的预测作用；在控制了与短时记忆任务共有的过程之后，长时记忆任务未能对词汇量发展水平起到预测作用；相比于长时序列顺序重构任务，儿童在短时序列顺序重构任务中的表现与其词汇量之间的相关更为显著；4～6岁儿童的顺序信息短时记忆能力的提高显著促进他们词汇量的发展。

(二)词类范围的扩大

不同的词类有着抽象程度上的差异，虚词比实词更抽象。因此，儿童对不同类词的掌握情况可以反映出儿童的认知发展水平。

许政援(1996)的研究结果表明，在各种词类的掌握上，儿童最先掌握的是名词，而且是具体名词，这些是儿童在日常生活中最先接触到的；其次是动词，儿童在1.5岁以前就开始掌握，这也是比较具体的。稍为抽象的其他一些词类，儿童在1.5岁以后陆续掌握：形容词在1岁6个月到1岁11个月之间掌握，副词在1岁10个月以后掌握，代词"你""我"在1岁11个月左右掌握。更为抽象的数词和连接词，掌握得更晚些。这反映了儿童掌握语言的过程是从具体到抽象的过程。名词、动词、形容词反映事物及其属性，幼儿较易掌握；副词比较抽象，幼儿较难掌握；虚词反映事物之间的关系，幼儿掌握起来就更困难。

史慧中等人(1986)的研究表明，实词在3～4岁时增长的速度较4～5岁迅速，而虚词则在4～5岁增长速度较为迅速。此外，陈帼眉(2000)指出，在3～6岁儿童掌握的词汇中，由于其掌握的其他词类数量的增加，名词的绝对量虽然在增加，但名词在总量中的比例则在下降；动词在词汇总量中的比例基本持平，略有增加；形容词的比例有不断增长的趋势；而其他词类在成人词汇中的数量和比例较小，在此期间虽然绝对量随年龄的增长而增加，但是不能从其比例的变化中发现显著的统计学差异。

在掌握语言的初始阶段，儿童不但对各种词类的掌握有先后顺序，对各种词类使用的频率也有差异。使用频率的差异表现出以下特点：①代词的使用频率最高，常用的代词有这个、那个、哪里等，另外儿童的思维常常是围绕自己展开，人称代词"我"的使用频率非常高；②动词的使用频率多于名词；③在名词使用方面，幼儿对直接接触到的人和物的名词以及感兴趣的东西的名词使用较多。

(三)词汇理解的发展

儿童最初掌握词时，往往对词义的理解不确切，随着年龄的增长，儿童对掌握的每一个词的外延和内涵的理解会不断丰富、确切和深刻。

幼儿对词义的理解有两个突出的特点：一是过度扩展（overextensions），二是扩展不足（underextensions）。过度扩展是指儿童并没有确切理解一个词所代表的概念要素，常常用一个词来指代很多事物；扩展不足是指儿童对词的理解只与该词内涵的某一子集相联系，而不能认识到这个词的全部内涵。这两个特点在儿童对词汇的理解中共同存在。3～5岁儿童常常自己造词，也是儿童词义掌握不准确时出现的暂时现象。

随着年龄的增长，儿童对词义的理解逐渐确切和加深，但是学前期儿童对词义的理解基本没有达到准确的概念水平，这主要受到儿童思维能力发展的限制。

二、语法的发展

语法是组织词汇的规则，体现了思维的逻辑规律，词汇材料与语法规则相结合才能进行有效的言语表达。儿童掌握词汇的同时也在进行语法学习，随着年龄的增长，儿童的言语表达先是越来越合乎语法规则，然后可以灵活地运用各种语法知识来让自己的表达更有效。

(一)语法意识的出现

儿童最初对语法结构的掌握，主要是通过日常生活中的言语交往、模仿成人说话而进行的。儿童对语法结构的意识出现较晚，即使儿童能够在表达过程中分化出修饰语和中心词以及各种词性，但他们并不会有意识地分析什么是名词、动词，以及各种词之间的关系。这时的语法意识是一种感性的认识，真正理性的语法认识要到入学以后，经过系统的语法学习和训练才能获得。

儿童的语法意识从4岁开始明显出现，这时儿童会提出有关语法结构的问题，逐渐能够发现别人说话中的语法错误。龚少英等人（2005）的研究发现，4～5岁幼儿的句法意识有显著发展，个人经验在句法更正中的作用下降，儿童的注意从个人经验和句子意义转向句子意义和语法规则，幼儿的句法意识有逐渐从句子内容向句子形式发展的趋势。

儿童语法意识的发展有时是通过其所犯的错误表现出来的。典型的例子来自说英语的儿童对英语词法中复数和过去式规则的掌握（Brown，1973；Mervis & Johnson，1991），3岁左右儿童理解了在名词后面加"s"或"es"表示不止一个，在动词后面加"ed"表示过去发生的事情这样的词法规则。然而，英语中的复数和过去式有很多不规则的变化形式，3、4岁的儿童在运用这些规则的时候会出现"过度规则化"（overgeneralization）的现象，即将规则过度运用到不规则的单词中，如他们会说"foots"而不是"feet"、"sheeps"而不是"sheep"、"digged"而不是"dug"、"goed"而不是"went"等，而有些在他们之前的言语中曾学过使用正确的形式，这时却经常会错用，看上去似乎是倒退，但实际上正反映了儿童语法规则意识的发展。

(二)句法结构的发展

儿童在掌握语言的过程中，表达的内容、结构层次逐渐分化，句子结构逐步严谨、扩展和灵活。

儿童最初的言语表达只是以词为主，或是一些词语的叠加，而不是完整的句子。两岁以后开始出现完整的句子，3岁的时候完整句的比例就可以达到90%以上。3岁之后，儿童所说的完整句的结构形式越来越丰富。朱曼殊等人(1979)曾对儿童陈述句句法结构发展进行研究，结果表明，随着年龄的增长，儿童句子结构发展的大致情况为：不完整句→主谓、主动宾、主动补→主动宾宾、有简单修饰语句子、简单连动句→有复杂修饰语句子、复杂连动句、递系句、宾语中有简单主谓结构→复合句、宾语中有复杂主谓结构→主语中有主谓结构、联合结构。

儿童开始在表达中使用完整句后，句法结构的发展表现出如下趋势。

其一，从简单句到复合句，复合句的比例逐渐增加。吴天敏和许政援(1979)对从初生到3岁的儿童言语发展记录进行分析，结果表明，除了单词和不完整句，初期儿童使用的简单句主要有4种类型：主谓结构，如"积木掉了"；动宾结构，如"找妈妈"；主谓宾结构，如"哥哥扫地"；复杂谓语结构，如"妈妈给姐姐修书包"。随着年龄的增长，儿童开始掌握并使用复合句，复合句是在单句发展到一定水平但仍不完善的情况下开始出现的，然后基本与单句平行发展。最早出现的复合句数量较少，结构较松散，缺少关联词，并列复合句出现最早，所占的比例较大，表示条件、因果、转折关系的复合句出现较晚，主要是因为后者的逻辑关系更复杂。

其二，在表达基本意思的前提下，随着年龄的增长，儿童会运用越来越丰富的修饰语。儿童最初的句子是没有修饰语的，如"宝宝画画"。朱曼殊等人(1979)的研究表明，两岁半儿童已经开始出现一定数量的简单修饰语，如"两个娃娃玩积木"；3岁开始出现复杂修饰语，如"我玩的积木"。两岁儿童运用修饰语的仅占20%，3岁达到50%，3～3.5岁是复杂修饰语句的数量增长最快的年龄。根据黄宪姝等人(1982)的研究，3岁儿童的无修饰句稍多，3.5岁儿童有修饰和无修饰的句子几乎相等，到4岁末有修饰的语句开始占优势。

其三，除了比例较大的陈述句外，儿童越来越多地使用疑问句、祈使句、感叹句等，儿童对心理、情感的表达能力逐渐增强。例如，有研究者(缪小春，1986；李宇明、陈前瑞，1997)研究了儿童对疑问句的理解，发现儿童从 3 岁开始就能够较好地理解"谁""什么""吗"等基本形式的问句，而关于时间的问句要稍晚一些才能掌握，掌握关于原因和目的的问句则要更晚。朱曼殊等人(1991)总结了汉语儿童使用的一般疑问句的三种形式，第一种为利用句尾升调构成疑问句；第二种为词尾加疑问语气词；第三种为是否疑问句，即在句尾加上"好吗""是吗"等。

说英语的儿童最早表达的一般疑问句与陈述句的区别也只是句尾有升调，之后才逐渐学会使用助动词如"do""can"等，学会在问句中将其置于主语前面，同时注意到助动词和主要动词数与时态的变化(Bellugi，1965)。在特殊疑问句方面，英语儿童开始只是将一个以"wh"开头的疑问词添加到陈述句的前面(de Villiers，1995)，后来认识到要加助动词，但有时会放错位置，或者位置对了，但主要动词没有进行数或时态的变化，在大约 5 岁时，儿童能够说出正确形式的特殊疑问句。

三、语言意识的发展

"语言意识"这一名词产生于 20 世纪 80 年代英国的"语言意识运动"。语言意识是人们对于语言本质以及语言在人类生活中所起作用的敏感和自觉的意识(James & Garrett，1991)。语言意识强调使用过程中对语言形式与功能的感悟和意识，已经成为最近的研究热点。语言意识是儿童后期语言发展的主要内容之一，对于语言的最终获得和发展水平有着直接的影响。

(一)语言意识的研究方法及早期发展

研究者主要采用两种方法来研究语言意识，分别是自我修正(self-repairs)和语法判断(grammaticality judgments)。

1. 自我修正

儿童在 1.5 岁时就能修正其言语表达，不管推动这一行为的是他们意识到自己言语表达的问题，还是由于听话者不能很好地理解他们说的话。比如说，儿童会通过不断尝试的办法来更改一个单词的发音直到他们获得该单词的正确发音或者放弃尝试。斯科隆(Scollon，1979)在对一个名叫布伦达(Brenda)的 1 岁 7 个月的儿童的个案研究中发现，当布伦达在重复成人数数数到"7"时，她念了两次"7"，因为在第一次尝试中她意识到了自己的发音与成人有区别，从而她又尝试了一次并获得了"7"的正确发音。

两岁之后，儿童开始修正自己的语法和用词，尽管修正的结果可能不是最终正确的形式。更大的儿童不仅开始注意到他们说话方式上的不妥，而且开始重新组织语言以使听话者能更好地理解他们的意思。麦克蒂尔（McTear，1985）在研究 4～5 岁儿童的语言意识时，发现儿童主动修正和重新组织语言的行为。例如，一个 4 岁儿童指着印有她名字的午餐盒时说，"What-who does that say"；一个 4 岁 10 个月的儿童说，"Well I hurt me ... I hurt myself"等。

2. 语法判断

史密斯等人（Smith & Tager-Flusberg，1982）在研究 2～5 岁儿童关于语言规则的认识时，采用了五种实验任务，分别是：①判断玩偶说的话是否符合一般说话的规则，对于那些不对的需要改正；②判断声音是否来自谈话；③判断听到的词是否与其名字押韵；④判断听到的无意义音节是否是字词；⑤回答关于自创字词的问题。结果发现，两岁儿童的回答基本处于随机水平；3 岁儿童就能比较好地完成一些实验任务，这在某种程度上说明儿童在 3 岁的时候已经开始注意到语言的形式和规则等；大部分的 4 岁儿童能很好地完成大多数的实验任务，这说明儿童在 5 岁之前在语言意识上已经达到了一定的水平。

(二)儿童语言意识的发展与训练

儿童 7 岁左右在语言意识任务上的表现已经非常出色了。比如说，他们可以通过句子的结构信息判断其语法的正确性；他们不再被句子的表面意思误导；当面对一个不符合语法的句子时，他们不仅可以更正句子形态上和句法上的错误，而且如果在知道句子确切表达的意思的情况下，还可以对句子的各成分进行调整（Bialystok，1986）；他们意识到一次成功的交流在很大程度上依赖于说话者的表现，自己所说的和最后表达出来的是存在差异的（Bonitatibus，1988）。然而，儿童在没有语调或者其他线索提示之下对语言的敏感度还是非常低的，7 岁的儿童对于他人面无表情地讽刺还是难以理解的（Ackerman，1986）。

儿童的语言意识水平通过训练可以提高。耶兰等人（Yelland et al.，1993）以学前班和一年级单语儿童为被试进行了为期 6 个月的纵向研究，发现了双语与语言意识之间有积极的关系。实验组的被试通过每周 1 小时的第二语言的学习，表现出了更高水平的单词意识，并且这种优势还扩展到阅读领域，实验组被试表现出更好的单词识别技能。比亚韦斯托克等人（Bialystok et al.，1998；Bialystok，1999）尝试解释双语儿童语言意识优势的内在机制，发现是双语学习促进了儿童对语言加工的注意控制能力，而且这种控制优势在语言任务、非语言任务中都有所表现，具有普遍性。

(三)关于字词和幽默感

对于字词的认识和幽默感的发展是儿童语言意识发展过程具有重要意义的两个方面。字与词是语言的基本单位，儿童正确理解字与词，是培养儿童良好语言意识的基础；儿童对幽默的运用以及反应也直接与发展中的语言意识有关，儿童开始逐渐意识到语言是可以被灵活运动的工具。

1. 儿童对于字词的认识

坦普尔顿和斯皮维(Templeton & Spivey，1980)研究了 4～8 岁儿童对于字词的认识，发现儿童对于字词的认识大致经历了四个阶段：第一阶段，儿童认为字词就等同于一个实物或者动作，在他们的眼中，类似"is""the"这种功能性词语并不是词；第二阶段，儿童认为字词就等同于从口中说出的东西；第三阶段，书面印刷给儿童对于字词的认识带来很大的影响，儿童意识到字词是由字母构成的而不是声音；第四阶段，儿童能够从发音、字母构成、字词含义、字词形式等方面正确理解字词。7 岁儿童对于字词的认识基本上能够达到这一阶段的水平。

徐芬等人(2002)对汉语儿童字词意识的发展进行研究，发现 5 岁儿童的字词意识尚处于不断发展之中，但字意识的发展快于词意识；6、7 岁儿童的字意识发展已经达到成熟水平，但词意识还在发展；初级的阅读(指点性朗读)训练可以促进 5 岁儿童字意识的发展，但对词意识的发展没有影响；小学语文教学也可以显著提高儿童识别字词的能力。研究表明，汉语儿童和英语儿童在字词意识发展的过程中有着大致相同的模式，通过针对性的训练可以提高儿童字词意识的水平。

2. 幽默感的发展

浩根(Horgan，1981)发现有些儿童在 2～4 岁就会自发地运用一些文字笑话或歌谣。不同发展阶段的儿童对幽默的认识水平不同。学前儿童常常用语音结构做游戏并觉得很好玩。例如，改变一个音位，"许德宝"—"彼得堡"；大一些的儿童，开始注意到词的押韵很有意思；小学低年级儿童的幽默上升到语义层次，与学前儿童有了明显的区别，如"老叶"—"老爷"；之后幽默上升到句子层次，如"端端好，端端坏，端胳膊端腿端脑袋"；但是，类似"左腾的兄弟—折腾"的幽默，儿童一般要到 11、12 岁才能理解体会。

四、语用的发展

语用就是语言的实际应用。语言的实际应用主要是进行交际对话，就是用语言进行信息交流和交换。而语用能力可以解释为运用语言进行得体交际的能力，它可以分为两个方面，一是以语音、词汇、语法能力为基础，涉及语言知识的使用规则，不仅包括正确使用语法规则遣词造句的能力，而且还包括在一定的语境中正确使用语言形式以实现某一交际功能的能力；二是遵循语言使用的社会规则进行得体交际的能力，也就是如何说话、何时说话和为什么说这些话。学习一门语言就是培养这门语言的语用能力的过程。

(一)语义及语法的再认识

语义及语法的再认识是儿童后期语言发展的主要内容之一。儿童通过前期的语言发展已经具备了一定的语言能力，但是句法结构仍是不完整的，这种不足在不断地与人交往中逐渐凸现出来。为了使自己能够更好地理解他人和表达自己，儿童必须对语义及语法进行再认识，这种再认识的过程在某种程度上反映了语用发展变化的过程。

包尔曼(Bowerman，1982)在观察4～6岁儿童的语义分类时，利用英语中的有些动词本身可加前缀而变为相反意义的词进行了一项实验。例如，"undo、uncover"等，但并不是所有动词都有这一变化。通过实验包尔曼发现英语儿童的前缀使用经历了三个阶段：第一阶段，类似"undo"等词未经分析作为一个整体使用；第二阶段，"un"成了一个独立于动词之外的前缀而且可以用在所有的动词上，因而创造出一些不合成人的语法的词汇，如"uncome"等；第三阶段，他们开始将前缀限制在一定的动词上，错误使用消失。

在语法结构的获得过程中也可以看到这种"再认识"的过程。儿童对语义及语法关系的认识最初是孤立的，两者之间毫不相干，最后才将两者合二为一。儿童早期的句子结构大都建立在语义结构上，如"施事人""受事"等，而不是建立在语法基础上，如"主语""宾语"等。例如，儿童早期将所有包含名词/动词/名词顺序的句子都理解为施事/动作/受事(Bever，1970)，到了后期，这种规则的扩大使用导致儿童的理解错误，因而出现理解能力倒退现象。马拉祖(Maratsos，1974)发现儿童在4岁时对被动句的理解较前期差很多。但是，一旦儿童们掌握了被动句，对于主动被动句的理解与运用就不再是明显的问题了。

(二)交际能力的发展

语言的具体应用体现在人与人的交际活动中。因此可以说交际能力的发展过程就是语用能力发展的过程。而会话功能和言语调整能力作为交际能力中两个最基本的功能，其发展状况也具有一定代表性和特殊的意义。

1. 交际能力的发生

李(Li，1998)在对1岁左右的儿童与父母互动的观察中得出，8～10个月的婴儿就可以通过有意的喊叫声和手势来表达自己进行交流的意愿；1岁多的婴儿可以通过身体动作来达到交流的目的，如儿童看见妈妈拿着苹果，他会指指苹果再指指妈妈的嘴示意妈妈吃苹果。

2. 交际能力的发展

周兢(2002)采用每隔一段时间进行录像的方式，考察了4个年龄组(14个月、20个月、26个月、32个月)的儿童与母亲的互动状况，以探明儿童交际能力发展的特点。通过实验发现：①14个月的婴儿已经开始了与他人的交流互动，他们不仅可以回应成人，而且可以运用陈述和要求等表达方式与成人进行交流；20～26个月是发展的平稳期；32个月时交际能力显著提高。②儿童的表达方式有着从专注于现时具体、单纯回应、自我中心到非现时、更为抽象内省、多样化、学会从他人角度看问题的转变。

3. 会话功能

儿童在2～3岁就具备会话能力。此时，他们已意识到会话是由说话者与听话者参加、轮流进行的活动。对于说话者说的话，除了听话者需要听以外，还要对所听到的话做出相应的反应(Bloom，et al.，1976)。

伍尔顿及赛德拉克(Walton & Sedlak，1982)对会话中令人尴尬及不适度表达的处理进行了调查，他们发现了"补救交谈"的会话策略。当谈话发生冲突时，这种策略被用来调整社交关系。这种会话策略在幼儿园时就开始出现，到了小学四年级就已经发展完善(Jefferson，1972)。

4. 言语调整能力

"言语调整使用"(code-switching)指说话人有意调整其言语形式或内容以期适应交际场合或者说话人意念中的听话人的理解水平。

一些实验证明3岁或4岁的儿童在一定条件下可以调整其言语。夏兹和格尔曼(Shatz & Gelman，1973)证实4岁的儿童跟两岁的儿童谈话时，其谈话方式与和成人谈话时有明显调整。在实验中，要求4岁的儿童告诉其他儿童一种玩具，当听话人是两岁儿童时，他们运用了简短的句子表达。当听话人是同龄人或成人时，句子变得较长也较为复杂。无论受试儿童有没有兄弟姐妹，均表现出了同样的言语行为。换句话说，言语调整是儿童自发的对交际情景的调整适应，而不是一种模仿的结果。

根据语境而对言语进行调整实际上反映的是儿童的交往策略。儿童策略能力的发展对其交际能力的发展起着很重要的作用。巴克曼(Bachman，1990)指出，"交际言语能力涉及关于语言的知识以及在言语交际中运用这种知识的能力，由语言能力、策略能力和心理—生理机制三部分构成。其中策略能力是言语交际过程中非常重要的一个因素，贯穿交际行为的全部过程，反映了交际者将语言能力或语言知识与语言使用者的知识结构和特定语境特征发生联系的能力"。根据不同的语境，人们使用不同的交往策略，体现不同的话语特征。如果一个人不能根据语境调整自己的交往策略，那么就可认为他在交往策略方面存在缺陷。有研究(Abbeduto et al.，1993)对比了智力落后儿童和正常儿童的交往状况，发现智力落后的儿童在不同语境使用不同策略的能力存在缺陷，从而导致他们在交往中错误频繁。

总之，在学前期结束时，虽然儿童尚未接受过正式的语法学习，但其言语已经非常接近成人的言语，入学后儿童开始接受正式的学校教育，开始以新的方式思考和使用语言(Ely，2001；Klein，1996)。学龄儿童能从规范的语法角度理解被动句和条件句等(Boloh & Champaud，1993)，他们的词汇量不断增多，以口头或书面的形式表达的句子越来越长，越来越复杂。儿童和青少年的语言意识和语用知识也在不断发展，他们能够对语法上正确和不正确的句子进行区分，能够调整改变自己的言语以适应特定的社会情境的需要(Ely，2001；Oliver，1995)。

思考题

1. 有关言语发展机制的观点有哪些？
2. 什么是前言语发展？婴儿的前言语发展有哪些表现？
3. 儿童词汇的发展表现在哪些方面？
4. 在儿童早期的语言表达中，各类句子是怎样发展变化的？
5. 什么是语言意识？如何研究儿童语言意识的发展？
6. 什么是语用？儿童的语用能力的发展表现在哪些方面？

第七章　概念的发生与发展

概念是人类思维的一种重要形式，是抽象逻辑思维的细胞结构，是人类进行一切高级认知活动的基础。个体概念的发展水平在一定程度上决定和反映其思维的发展水平。

概念是人脑对客观事物的本质特征的认识。人类在认识事物的过程中，把某些事物共同具有的本质特点抽取出来加以概括，就形成了概念。

概念既是存在于人脑知识结构中的一种知识内容，又是主体进行的一种认知加工过程。因此，它具有静态和动态的双重特点。由于概念是许多其他认知活动的基本成分，所以很难孤立地对它进行认识和分析。一方面，概念对诸如感知觉、言语、记忆、问题解决、推理等认知活动均发生着影响作用；另一方面，概念本身也受上述这些过程的影响。概念永远与主体其他的认知活动交错在一起。

概念在儿童的认知发展中具有非常重要的功能。它可以帮助儿童根据事物具有的某些共同属性，将不同的事物组合在一起进行认识，并形成组织性记忆；概念还可以帮助儿童认识那些尚未实际感知过的事物和事件。例如，当告诉儿童"喜鹊"是一种"鸟"的时候，儿童虽然没有亲眼见过它，但却可以根据"鸟"的本质特征，很快地在头脑中勾画出"喜鹊"的形象，了解到"喜鹊"是一种有羽毛、有翅膀、能在天空中飞翔的动物。由此可见，儿童在认识一个新事物的时候，通过概念的帮助，可以节省许多心理能量和时间。因为一旦儿童掌握了某种概念，对该概念内容的回忆就会很容易，有时这个过程甚至是在完全自动化的状态下完成的。

概念的发展是人类认知发展中的一个重要的方面。从婴儿期起，个体概念的发展就开始了；到幼儿期结束时，儿童已能掌握许多不同的概念，如动物、树、桌子、椅子、冬天、时间、数、电话、友谊等。在儿童掌握的这些概念中，有自然概念，也有社会概念；有的概念涉及的是事物，而有的概念涉及的是事件；有的概念在时间上具有延续性，有的概念仅反映某一特定区域儿童的生活内容。总之，随着年龄的增长，儿童掌握的概念会越来越丰富，具有的概念系统也将越来越复杂，这会帮助他们更好地认识世界、更有效地适应环境。

第一节　个体概念的早期发生

关于个体概念形成和发展的研究已有较长的历史，而且至今仍是认知心理学领域中的前沿性课题。但长期以来，研究者在这方面的研究更多集中在个体产生语言以后的各年龄阶段上，并认为语言的发生和发展是个体概念发生的先决性条件。那么，在儿童尚未出现语言的时候，是否就完全没有概念呢？概念是在儿童多大的时候出现的呢？这些问题一直是发展心理学家感兴趣的内容。进入 20 世纪 60 年代，特别是 70 年代以后，随着各种更为先进的研究手段在心理学研究中的应用，使对上述问题的探讨得以实现，且将研究个体概念发生和发展的年龄阶段一下子提前到婴儿期。通过研究，人们对个体概念的发生和发展有了新的认识。

一、概念发生的早期表现

(一)知觉辨认能力

婴儿期表现出来的知觉辨认能力是其概念发展的重要基础。因为对事物差别的感知和认识，是分类能力发展的重要前提之一，而恰当的分类又是与概念发展密切相联系的。

研究者在不同的研究中，都发现了婴儿具有知觉辨认能力。例如，范茨(1961)给 1～15 周的婴幼儿呈现各种不同的图形，并记录下他们在 1 分钟内对各种刺激物注视的时间。结果发现，3 个月的婴儿可以从其他的图形中区分出母亲的照片，5～7 个月的婴儿还可以辨认出其他刺激间的区别。继范茨之后，又有不少的儿童心理学家用视觉偏爱的方法，对不同周龄和月龄的婴儿的视觉辨认进行了研究，获得了较为一致的结果，即 3 个月的婴儿已具有分辨简单形状的能力。

研究婴儿知觉辨认能力(主要是视觉辨认)的另一思路是：先给婴儿呈现并让其实际接触几种不同的刺激物，隔一段时间后，再呈现与先前呈现的刺激物在本质上相同，但在某些具体的特征上有所区别的刺激物，观察婴儿对这些后出现的刺激物的反应。如果婴儿对第二次呈现的刺激物的反应与第一次的反应相类似，就说明婴儿不仅具有了分辨刺激的能力，而且还具有简单的归类能力。

弗里德曼(Friedman，1972)利用上述这种研究方法，对 6 个月的婴儿进行了测查。在测查中，第一次呈现的刺激是绒毛熊、圆形小摇鼓和小塑料球；第二次呈现的是绒毛猫、方形小摇鼓和大塑料球。结果发现，那些在第一次对绒毛熊表现偏好的婴儿，在第二次物体呈现时，对绒毛猫的注视时间长，在注视时有抓取的动作倾向，在实际接触刺激物时的动作模式与第一次时的动作模式相同。这表明，虽然婴儿并未见过或实际接触过第二类刺激物，但却能通过简单的知觉分类将未见过的东西归为已知的某个类别，并对此做出恰当的反应。

（二）分类能力

儿童分类能力的发展体现在两方面：①能够将基本类概念组合构成上级类概念；②能够区分基本类概念形成下级类概念。在研究儿童分类能力何时出现，并处于何种阶段时必须要涉及类别表征，需要了解儿童的类别表征是知觉性表征还是概念性表征。儿童采用类别表征的方式代表了其分类水平。例如，一个对猫的知觉性表征会包括可以观察的表面特征，如身体的形状、斑纹、头、面孔以及叫的声音和动作；而一个概念性表征会包含更多抽象的、非表面化的信息，如是肉食动物、拥有 DNA、会生小猫以及喜欢玩绳子等。

研究者普遍认为概念性类别表征是在上级类概念到基本类概念的转变过程中出现的，但知觉性表征出现在哪个阶段还存在很大的争议。对于儿童知觉分类能力的发展问题存在两种观点。第一种观点认为：前语言阶段的婴儿分类能力的出现完全是知觉意义上的，这种分类完全基于事物中直接被感知的属性（Behl-Chadha，1996；Quinn & Eimas，1996；Smith & Heise，1992）。这种观点与传统认知发展的观点一致，即认为概念思维的形成需要具备对直接感知的属性进行抽象的能力，以及依靠有关定义属性知识的言语编码的能力。第二种观点认为，即使在前语言阶段，概念思维也可以指导婴儿的分类过程。

近几年来研究者进行了一系列关于婴儿知觉分类能力发展的研究。通过这些研究发现，3～4 个月的婴儿已经能够基于现实的原型样例形成接近于基础类的上级类概念水平上的类别表征。特别是，在基础类概念水平上，对自己家的猫形成了习惯化的婴儿，对新异的猫继续保持习惯化，而对鸟、马、狗和老虎表现出去习惯化（Eimas & Quinn，1994；Quinn et al.，1993）。这些研究表明婴儿能够对猫形成类别表征，此类别包含新异的猫，但不包括其他相关的基础类概念中的类别。另外有研究（Behl-Chadha，1996）发现，3～4 个月的婴儿在熟悉各种各样的哺乳动物的样例（如猫、狗、老虎、兔子、大象）之后，对新异的哺乳动物（如鹿）仍然保持习惯化，但对其他类别的动物，如鸟、鱼表现出去习惯化。这个结果表明婴儿能够对哺乳动物形成上级类概念水平的类别表征，此类别包括新异的哺乳动物但不包括其他非哺乳动物和人造物。通过这些研究，我们可以得出一个结论：3～4 个月婴儿能够同时在上级类和基础类概念水平上形成类别表征。但近期研究(Quinn & Johnson，2000)发现与此不一样的结果，两个月的婴儿只能形成上级类概念水平的类别表征，并不存在基础类水平的类别表征。实验中让婴儿对哺乳动物和家具形成习惯化，在给婴儿呈现新的哺乳动物和家具的图片时，发现婴儿形成了哺乳动物的类别表征，婴儿对新的家具图片表现出更多的偏好(注视时间长)而对新的哺乳动物的图片进行了熟悉化概括(注视时间短)。研究同时也发现两个月的婴儿不能形成基础类水平的类别表征，此阶段的婴儿不能区分猫、狗、兔子或大象这些哺乳动物之间的类别。研究者认为造成上述区别的原因可能是由于个体知觉分类的早期发展是从一般到特殊的表征，并认为类别之间的区分，如用于区分哺乳动物和家具的信息应该是看这两类事物是否存在某种特征(如面孔、皮毛和尾巴)，而这些信息比用于区分哺乳动物之间种类的信息更加具有可辨别性。

对 7~11 个月的婴儿进行了概念分类的研究(Jean & Laraine，1993)，也发现 9 个月和 10 个月的婴儿能够在上级类概念的水平上区分出动物和交通工具，但却不能形成动物的基础类水平的类别表征：不能区分狗和鱼或狗和兔子。但在交通工具的下级类概念类别中，婴儿却能区分出轿车、飞机和摩托车。研究结果还发现，婴儿对动物和交通工具的分类不受类别间相似性程度的影响。即使在样例中鸟和飞机具有相似的形状，如张开的翅膀和相同的结构特征，婴儿仍然可以区分出鸟和飞机。这表明，婴儿对动物和交通工具形成了上级类概念水平的类别表征，但却没有形成动物的基本类概念水平。

同样有研究(Mandler & McDonough，1993，1996)也发现，儿童在两岁末之前并不能区分大部分的基本类概念，如狗和兔子或狗和鱼。6~7 个月的婴儿可以区分如动物和交通工具这样的上级类概念。这种分类的比较表明婴儿在 7~11 个月有一个从简单分类能力到高级分类能力的转变。

前面提到的研究结果看似不一致，对这种区别的一种解释是研究方法的不同。采用视觉偏爱方法的研究发现 3 个月的婴儿基本类概念水平(如猫和狗)的形成比上级类概念水平(如动物和家具)的形成更容易(Quin & Eimas，1996)。采用习惯化方法的研究却发现 7 个月的婴儿可以形成上级类概念水平的类别表征，但在 1 岁以前都无法形成基本类概念水平的类别表征(Mandler & McDonough，1998)。曼德勒(Mandler)认为儿童具有两种知识系统，即知觉系统和概念系统。视觉偏爱方法运用了儿童知识的内隐知觉系统，而习惯化方法运用了儿童外显的概念知识系统。

综上，绝大部分的关于知觉分类发展的假设都是从上级类概念水平到基本类概念水平再到下级类概念水平。但也有人认为婴儿下级类概念的形成与基本类概念和上级类概念一样容易（Mandler，2000），甚至下级类概念的形成早于基本类概念或上级类概念。

在测查 3～7 个月的婴儿知觉分类水平发展的实验中（Quinn，2004），将被试分为两组，给第一组被试形成习惯化的材料是一类猫（斑猫或暹罗猫）的图片。在婴儿对这类猫的图片形成习惯化后，会给其呈现一张新的斑猫和暹罗猫的图片；另外一组婴儿形成习惯化的材料是一类狗（小猎犬或圣伯纳德狗）的图片，在婴儿对这类狗的图片形成习惯化后，会给其呈现一张新的小猎犬和圣伯纳德狗的图片。结果发现 3～4 个月的婴儿不能对所呈现的猫狗等原型样例形成分类表征。而 6～7 个月的婴儿表现出了排斥性分类现象，在对猫的分类中形成了对暹罗猫排外的斑猫的类别表征，在对狗的分类中形成了对小猎犬排外的圣伯纳德狗的类别表征。但是所有的被试都没有形成对斑猫排外的暹罗猫的类别表征和对圣伯纳德狗排外的小猎犬的类别表征。研究者认为婴儿对斑猫和圣伯纳德狗形成的类别表征代表了 6～7 个月婴儿形成了下级类概念的知觉分类能力，这说明 3～7 个月的儿童正处于下级类概念的发展阶段。

二、婴儿分类的内部过程

如果说婴儿已具有了简单的分类能力，那么他们是如何完成这种分类的呢？为了回答这个问题，波斯纳等人（Posner & Keele，1970；Rosch，1975；Strauss，1981）对婴儿的分类过程进行了进一步的研究。研究者们发现，婴儿在分类时也像成人一样依据"类别原型"（category prototypes）。所谓类别原型，是一种对某类别的抽象的表征，它反映的是该类别的最典型的特点，或者说它是代表该类别的最好例证。那些具有较多的与"类别原型"相近特点的具体事物，被称为典型的类别例证；而那些只有较少的与类别原型相近的特点的事物，则被称为非典型的类别例证。在有关的研究中，研究者首先让 10 个月的婴儿对人脸的图形形成习惯化。给婴儿形成习惯化的刺激材料的人脸图片来自于人脸的类别原型，但在 4 个维度（脸的长度、两眼之间的距离、鼻子的宽度及鼻子的长度）上与类别原型有所区别。在婴儿对这些刺激材料形成习惯化后，给其出示一组类别例证，其中包括类别原型。结果发现，婴儿对类别原型保持习惯化。虽然，在形成习惯化阶段，婴儿从未见过真正的类别原型。这种类别原型是主体在经过对有关事物的感知之后，从不同的例证中抽取出来的较本质的信息，并将这些信息存贮在记忆中。邦巴（Bomba & Siqueland，1983）以"点图"为材料，发现 3～4 个月的婴儿也能形成关于"点图"的类别原型。罗伯茨等人（Roberts & Horowitz，1986）发现，当以鸟的典型的类别例证（如麻雀、知更鸟、鸽子等)作为初始刺激使幼儿形成习惯化时，幼儿可以形成关于鸟类的类别原型；而当以鸟类的非典型的类别例证(如火鸡、鸵鸟、鸡等)作为形成习惯化的刺激材料时，幼儿则不能形成关于鸟类的类别原型。安格林(Anglin，1977)发现，与幼儿的情况一样，典型的类别例证也更易于婴儿形成类别原型。

上述的研究均表明，婴儿对于某些事物的基本特征已具有分析、归纳的能力，尽管这种能力可能还处于知觉的水平，而非真正的思维水平；同时也表明，婴儿的分类过程与年长儿童及成人的分类过程具有某些相似性。

婴儿在对颜色的分类方面，也表现出与成人分类的相似性。已有的研究成果表明，虽然不同文化背景的人对不同颜色的命名不同，但是，那些具有不同文化和语言的人对颜色的实际感知和辨认却表现出相同性。研究者们发现，当要求使用不同语言的被试将一些色条分成若干组别的时候，他们的分类结果非常相似。那么，当个体在尚未掌握语言的时候，他们对颜色的分类是否与那些已具有良好语言能力的成人相同呢？博恩斯坦等人（Bornstein，Kessen&Weiskopt，1976)对这个问题进行了研究。实验者首先让成人和 4 个月的婴儿对相应于 480 毫微米波长的色条形成习惯化，成人将这种波长的颜色命名为蓝色；然后，再给被试呈现两种不同的色条，其中一种比形成习惯化的色条的波长长，而另一种则比原来色条的波长短。这两种后习惯化刺激均与标准刺激不同，而且是在不同的方向上表现出差别。结果发现，成人认为，波长较短的色条与标准蓝色在浓度上有所不同，但却仍将其感知为蓝色，对该颜色继续保持习惯化；而将波长较长的颜色感知为绿色，属不同的颜色种类，所以形成去习惯化。年仅 4 个月的婴儿对上述两种刺激表现出与成人相同的反应。这表示，是否具有颜色标志的词汇并不是形成颜色类别的必要条件。

麦克多纳等人(McDonough & Mandler，1991)还发现，4 个月的婴儿在对各种"鸟"类形成习惯化后，却对"飞机"形成去习惯化——虽然飞机与鸟类的形体，尤其是在空中飞翔的动作类似。这个结果进一步说明，婴儿形成关于某种事物类别的依据是事物较为重要的特征，而不是其他方面的特征。

三、了解婴儿期概念发生的意义

目前，关于个体概念形成的机制有若干理论。其中。皮亚杰的关于概念形成的感知运动发展理论具有较长时间的影响。该理论认为，1 岁以内的婴儿对物体进行的分类属于感知运动式的分类，这种分类是非概念性的，而概念是这种感知运动图式的内化，这个转换出现在儿童由感知运动阶段向前运算阶段的过渡期，至少要在 1.5 岁左右。

　　然而，20 世纪 70 年代以来出现的许多关于婴儿期概念发生的研究结果表明，在皮亚杰认为还未出现概念思维的时候，个体最初的概念形式已经出现了。这促使研究者们重新对儿童形成概念的机制进行思考和分析，引发了一些新观点。例如，曼德勒（Mandler，1998）提出了一种关于个体概念形成机制的理论——知觉分析机制理论。在这个理论中，"知觉分析"是指主体对事物进行的一种简单的再描述，它常常是伴随着主体知觉活动本身而进行的，通过知觉性的分析，主体可将某种信息重新编码为另一种形式，在这个重新编码的过程中，某些原始的信息被丢弃了，而另一些原始的信息被浓缩后形成了意象图式（image schematic）。这种意象图式的初始形式主要是有关信息的空间结构形式，这就是婴儿期粗略的概念形式了。用这种知觉分析模式可以较好地解释婴儿在"习惯化/去习惯化"过程中对各种事物分类的内部过程。由此看来，虽然知觉和概念是主体对客体进行的两个不同的加工过程，但两者之间有很密切的联系；而且已有较充足的证据表明，在概念发生时，知觉起着非常重要的作用。

第二节　儿童对概念的表征方式

　　一般认为，成人对客观事物进行概念性表征的方法大致有以下 4 种：①定义特征的表征（defining-features representations）；②可能性表征（probabilistic representations）；③以样例为基础的表征（example-based representations）；④以理论为基础的表征（theory-based representations）。上述每一种表征的特点均可从对"叔叔"这个概念的 4 种表征中看出：从表 7-1 中可以看到：①对事物进行的定义特征表征，是一种最简单、最直接、字典式的陈述方式，在这种表征方式中只包含了那些代表"叔叔"这个事物的最本质特点的信息；②可能性的表征则更像是"百科全书"中的一篇文章，在这种表征方式中，不仅包含了事物的本质特征，而且还包含了那些能从不同方面代表某事物特征的信息，这些信息与其所代表的事物在关系的强度上有所区别，然而这些特征不一定是事物的本质特点；③以样例为基础的概念表征方式，可以被比喻为一个影集，在这个影集中装有来自同一类别的不同例子；④理论性的表征方式，则更像一篇科学论文。因为在这种表征中，更强调各因素之间的因果关系（如在婴儿对"叔叔"概念的理论表征中，就包括了这样一种因果性推理——"我叔叔之所以喜欢我，是因为他是我爸爸的弟弟"）。

　　那么，儿童在上述 4 种概念式表征方式上的表现如何呢？研究者们对此进行了研究。

171

表 7-1　希格勒关于"叔叔"概念的四种表征方式

概念表征类型	例　子
定义性表征	"叔叔"是爸爸的弟弟。
可能性表征	爸爸的弟弟 ——1.0—— ┌叔叔┐ ——0.7—— 很和善 与父母的年龄接近 ——0.7—— └──┘ ——0.5—— 很英俊
建立在样例基础上的表征	大叔　　　　二叔　　　　三叔 爸爸的弟弟　和善　住城里　爸爸的弟弟　和善住乡下　爸爸的弟弟　和善　住在的城市
建立在理论基础上的表征	叔叔 是 爸爸的弟弟 因此　　　　因此　　因此 与爸爸年龄相近　与爸爸有感情　爱我

一、定义性表征的能力

依据定义特征对事物进行表征的标准至少有这样两条：①知道决定某一个事物本质的特征是什么；②能根据事物的本质特征来判断什么是该事物的样例，什么不是该事物的样例。

研究者主要应用分类的方法来测查个体对事物的定义特征进行表征的能力。因为，要想对事物进行正确的分类，就必须了解这些事物具有的本质特点。研究者使用的最普遍的研究分类的方法主要有两种：第一种方法是，将一定数量的不同物体(或图片)呈现给被试，要求被试将那些具有相同特点的东西分为一组，实验者通过观察被试的分类过程及分析分类的结果，找到被试采用的分类标准和依据，进而推断被试当时的思维活动。第二种方法是，首先给被试呈现出已经分好的几个类别，然后要求被试回答每类物体中所含有的共同的属性，以了解被试对于类别的认识。

皮亚杰和英海尔德(1964)进行了一些关于儿童对实际物体及几何图形的分类研究。发现儿童的分类按其年龄可以分为三个阶段(或称三个水平)。第一阶段为"图像集合"阶段，儿童的年龄为 2.5～5.5 岁。处于这一阶段的儿童在分类时，只关注事物的形象特征，对其他特征则很少顾及；而且在分类的过程中，不能持续、稳定地使用一种固定的标准，因此所分的类别常出现交叉和混乱，这种分类只是一种知觉表象的再现。第二阶段为"非图像阶段"，儿童的年龄为 5～7 岁。处于这个阶段的儿童可以把一组物体按成分区分为几个小组，而且小组本身还可以再细分为更小的组别，但在各小组中具有类的扩大的缺陷。第三阶段为"真正分类"阶段，儿童在 8 岁以后开始进入这个阶段。在这个阶段中，儿童对一些熟悉的事物能够进行接近本质的分类，而且能理解类别与类别之间的关系，皮亚杰将此称为真正的运算分类。

还有一些研究者(Kagan, Moss, Ricciuti, Bruner & Greefield)认为，儿童在掌握语言之前很难进行真正的分类。即使有些儿童可以分类，所使用的分类依据也完全是物体的感知特征，而且只能是事物某一个维度上的特征。他们认为，处于前语言阶段的儿童的分类行为，只是一种具体的、感知的、不具有逻辑性的初级分类。

维果茨基(Vygotsky)也曾采用分类任务对儿童的概念发展进行过研究，在他的实验中，给儿童呈现各种形状、大小和颜色的木块，然后要求儿童给这些木块分类。结果发现，6 岁左右的儿童在分类时依据的标准不统一，有的组别是依据木块的大小而分的；也有的组别是依据木块的颜色而分的。维果茨基将幼儿的这种分类方法称为"链条式的概念"(chain concept)，即幼儿的分类基础是在不断变化的。据此维果茨基认为，儿童的概念发展需经过三个阶段，在初始阶段中，儿童只能形成"主题式的概念"(thematic concept)，在这一阶段里，儿童更强调存在于每一对事物中的关系；在中间的阶段中，儿童形成"链条式的概念"，在这个阶段里，儿童用以表征概念的维度在不断变化着；在第三阶段中，儿童才开始形成真正的概念，即能用必要且充分的特征来表征一个事物。进入学龄期以后，儿童才能达到这个阶段。

从前面引用的实验和论述看来，似乎学龄前的儿童还不能对事物进行定义性表征。但是，后来的研究又有了新的发现。例如，鲍尔等人(Bauer & Mandler, 1989)进行了一项研究。在实验中，实验者给 1 岁的儿童呈现 3 个物体，最大的物体被放在了其他两个物体的中间。然后问儿童："你看在另外两个物体中，哪一个与这个中间的物体一样？"在另外两个物体中，一个与中间的物体形成了某种主题式的关系，另一个与中间的物体则形成了类别式的关系(如中间的物体是"猴子"，而另两个物体则分别为"熊"和"香蕉")。结果发现，85％的 1 岁儿童都选择了指定的事物具有某种类别关系的事物(如认为"熊"与"猴子"更相似)。

格尔曼和玛克曼(Gelman & Markman, 1986)测查了 4 岁儿童的分类能力。实验者先教授 4 岁儿童关于各对图片上的对象的一些新知识。例如，给儿童呈现一幅热带鱼的图片，同时告诉儿童"鱼在水里呼吸"，接着再给儿童看一张海豚的图片，告诉儿童"海豚跳出水面呼吸"。继呈现各对图片后，呈现第三幅图片，该图与原来一对图片中的一幅十分相似，但其名称却与另一幅相同。例如，在热带鱼和海豚的图片后，呈现的是鲨鱼。儿童的任务是推断两个相反的特征中，哪一个适用于这一新呈现的对象。这样儿童使用的判断标准就一目了然，即是使用基于名称的标准还是基于知觉相似性的标准。研究结果发现，儿童并不像以往的研究结果那样是基于知觉相似性标准做出的判断，多数儿童倾向于选择名称作为分类的标准。为了进一步验证这个结果，格尔曼和玛克曼在后续研究中使用同义词，如岩块—石头、幼犬—小狗，而避免出现利用一个共同的名称的现象，结果依然一致。这些研究表明，在没有任何名称时，幼儿也具有从图片中识别出并利用特征属性的能力。

近年来的许多类似的研究（Nelsom，1999；Wellman & Gelman，1998）也证明了格尔曼等人的研究，这些研究表明幼儿的概念并不仅仅是知觉特征的集合，而是像成人的概念一样，强调样例之间基本的而常常是不明显的相似性，这些相似性使儿童能从某个范畴成员到另一个成员进行强有力的概括。既然研究发现幼儿能理解事物之间的某种类别关系，那么，为什么人们普遍的感觉是4～5岁的儿童还不能进行真正的分类呢？研究者们认为，导致出现这种认识主要有以下两个方面的原因。

首先，这是由儿童的兴趣而非能力决定的。斯迈利等人（Smiley & Brown，1979）发现，在给儿童出示一些图片之后，学前儿童倾向于将"狗"和一种类似"蜜蜂"的小飞虫划分在一个类别里，而不是将"狗"和"熊"划分在一个类别里。但当问及上述3个刺激物之间的类别关系的时候，儿童却能给出正确的回答，认为"狗"和"熊"同属于一类，因为他们都是动物。这说明，实际上许多幼儿是能进行关系式的分类的，但由于他们的兴趣（如他们认为"狗"追赶"蜜蜂"看起来更为有趣，也更为生动，就更喜欢将这两者放在一起）而影响了其真正的分类表现。其他的研究者（Cole & Scribner，1974）也发现了同样的研究结果。

其次，儿童的知识背景也是一个影响因素。由于知识的局限，幼儿对于大部分事物的定义表征仍处于不了解或半了解的状态，这也阻碍了他们对事物进行定义表征。

在背景知识和概念结构与分类学习的关系的研究中（Johnson，1999），研究者首先让被试将植物图片分成两类，然后让被试阅读一段或长或短的背景文章直到掌握了该资料的信息，然后让他们重新对植物图片进行分类。结果发现被试在分类时应用了他们学到的分类知识。在实验二中，不同组的被试分别接受下列不同信息中的一种：没有背景信息、充分的背景信息（有指导的掌握某一相关短文）和中等程度的背景信息（被试自由阅读某一相关短文），接下来完成训练项目和测验项目。结果发现，具有充分背景信息的被试学习具有共同特征的概念较学习没有共同特征组的概念表现出了明显的优势。

我国研究者也发现儿童在分类时，有关的知识背景是一个重要的影响因素。陈友庆、阴国恩（2002）以4～9岁儿童为被试，利用有无目标图的方法来探讨儿童依"相似性"分类能力的发展及影响分类结果的因素。结果表明按目标图分类方式的分类结果显著好于自由分类方式的分类结果。有了目标图片，就会帮助儿童在分类时产生一个有利于思维的具体形象的知识背景。7岁以后，儿童进入小学学习，知识面扩大，具体形象思维占优势，会充分利用背景知识，使得其在有目标图片背景下的分类成绩比自由分类情况下要好得多。

同时，儿童对于自己比较熟悉的事物的定义表征能力发展得较早（叶平枝、侯岩，1993），4～6岁儿童已基本上掌握了实验中涉及的物质概念的基本类概念（如水果、蔬菜、玩具和动物等）；儿童对于日常生活中物质概念认识的发展表现为，先认识有关概念的词，尔后认识概念的内涵和外延，最后才认识有关的概念系统。

但从总体来说，儿童对各种事物进行定义表征的能力是随其年龄和知识经验的增长而不断发展的。

二、可能性表征的能力

以往人们一直认为，由于任何一个事物都具有与其本质相联系的定义性特征，主体对于事物的认识，就是通过对这些事物定义特征的认识而实现的。但是，当今的一些哲学家以及心理学家却认为，在日常生活中，我们常根据事物的各种可能性关系对它们进行表征和认识，而并不一定要根据事物的定义特征。罗希等人（Rosch et al.，1976）在上述观点的基础上提出了一种较为独特的理论。这个理论的中心意思是，许多事物之所以被分为一类，所根据的并不是事物的定义特征，而是一种存在于各事物之间的"家族相似性"（family re-semblances）。"家族相似性"是指，在概念的每一个例证之间，都存在不同程度的相似性（就像在一个家庭里，各成员之间的相似程度也不尽相同一样），而且任何一个特征都不为所有例证所共有。研究者们还进一步指出了这个理论具有的以下四个方面的要点，并描述了不同年龄阶段的儿童在这四个方面的表现。

(一)暗示效度

儿童在决定一个事物是否是某个概念的例证时,使用的一个判断依据就是"暗示效度"(cuevalidity),即当主体衡量一个具体的事物是否是一个概念的例证时,要看这个事物具有的某种特征对这个概念的表现程度,以及对其他概念的非表现程度。例如,某一个事物具有"飞"的特征,这个特征对于"鸟"这个概念就具有很高的表现程度,而对于其他的一些概念(如家具)则具有很低的表现程度。因此,具有"飞"这个特征的事物就被看成了"鸟"这个概念的例证之一。因为"飞"这个特点对于"鸟"这个概念具有很高的暗示效度。

用这种暗示效度理论可以解释为什么在有些情况下,儿童对于两个具有相同的定义特征的事物会产生不同的反应,他们只将其中的一个认定为是相应概念的例证,而认为另一个则不是。根据暗示效度理论分析,这是因为,被认定为相应概念的例证的那个事物具有的暗示效度较高,而另一个则较低的缘故。例如,"苹果"和"荔枝"都具有"水果"这个概念的定义特征,但儿童则更倾向于只将"苹果"看作"水果"的例证,而认为"荔枝"则不是。这就是因为苹果具有的特点(如大小、颜色、味道、质地等)对"水果"这个概念具有更高的暗示效度。因此,儿童在生活的实践中,每当遇到一个新的事物,往往要观察这个事物具有的各种特征,通过分析、比较这些特征所具有的暗示效度,来决定这个事物属于哪个概念的例证。这样儿童就慢慢地扩大了所掌握的概念系统。

(二)基本类概念的功能

主体掌握的各种概念之间是有系统性联系的,而概念系统又具有等级性的特点。概念系统最典型的等级表现是具有三个等级层次:处于第一个层次上的概念最具概括性,被称为上级类概念;处于第二个层次上的概念具有中等程度的概括性,被称为基本类概念;处于第三个层次上的概念则具有最具体的特点,被称为下级类概念。例如,家具(上级类概念)→桌子(基本类概念)→电脑桌(下级类概念),就是一个典型的具有三个层次的概念系统。一般认为,在一个概念系统中,处于第二层次的概念,即基本类概念所指代的事物具有最大的暗示效度。例如,"椅子"是基本类概念,它对"家具"具有很高的暗示效度,它的特点既具体又有一定的代表性。因此,从个体的发展角度来说,儿童最先掌握的是概念系统中的基本类概念。

为证实上述假设,罗希等人进行了一项研究。结果发现,当两个玩具属于同一个基本类概念时,有99%的3岁儿童将这两个物体认定为属于同一个类别;而当两个玩具属于同一个上级类概念时,只有55%的3岁儿童将它们认定为是同一个类别。这表明，年幼儿童对基本类概念最敏感。

儿童在语言的学习和发展上，也遵循着同样的顺序。在学习语言的时候，儿童总是先学习那些标志基本类概念的词。罗希(1976)指出，在美国正常儿童的语言教学及聋哑儿童的语言教学中，都是先学习基本类概念。一般父母们在家里教孩子语言时，也喜欢按照这个顺序进行。例如，他们习惯于先教孩子学习基本类概念(如动物)，然后再教孩子学习上级类概念和下级类概念(如哺乳动物和各种非常具体的动物)。

虽然基本类概念是儿童最先学习并掌握的概念，但是儿童(尤其是年幼儿童)拥有的基本类概念与成人具有的基本类概念仍有很大的区别。儿童的基本类概念常常有外延扩大的倾向，如一个1岁的儿童将蜡烛、硬币、球等都认作为"圆"。马文斯(Mervis，1978)将儿童这种外延扩大的基本类概念称为"儿童式的基本类概念"。他认为，尽管这种"儿童式的基本类概念"与成熟的基本类概念有所区别，但它们的形成却都是基于同一原则的，即都是将那些具有同样功能和同样特征的事物划为同一类别，只是由于儿童对事物功能和特征的判断不准确，而产生了外延扩大的"儿童式的基本类概念"。随着年龄的增长和知识经验的丰富，儿童的基本类概念的外延和内涵都会越来越接近成人。

我国学者在这方面也进行了一些研究。方富熹、方格、郗慧媛(1991)对4~6岁儿童进行的研究发现：学前儿童已能按照基本类概念进行分类，而按上级类概念分类的能力则较差(但这方面的能力随年龄的增长而发展迅速)。这个年龄阶段儿童在概念上的发展特点，与他们的直观形象思维占优势，而抽象逻辑思维能力开始形成和发展的总的思维特点相一致。樊艾梅、李文馥(1995)的研究结果也支持在儿童概念发展的时间路线上，基本类概念处于较前位置的结论。

(三)概念的各特征之间的相关

概念的各特征之间的相关是指，一个概念具有的各个特征并不是呈分散、孤立的状态，而是在彼此之间存在不同程度的相关。从儿童认知的角度来说，一个概念的特征并不是随机分布的，而是一组组出现的。当儿童想到"鸟"这个概念的时候，"会飞""有翅膀""有羽毛"等与这个概念有关的特征将同时出现于儿童的脑海中。而且经常是当儿童看到上述一方面特征的时候，就能自动地想到其他那些相关联的特征。但是儿童刚开始学习某个概念的时候，该概念的各特征在儿童脑子中的联系不够紧密或不够准确，随着儿童年龄的增长，这种情况会逐渐得到克服。

（四）概念原型

前面已提到，概念原型是指，最能代表某一个概念的例证，这个例证对相应的概念来说，具有最高的暗示效度。

在许多时候，儿童（也包括成人）其实并没有真正看见某个概念的原型，而只是看见了那些接近概念原型的例证。然而，这些儿童和成人却认为自己看到的就是概念的原型。因此一些研究者认为，概念的原型是存在于主体大脑中的一种主观意识。

邦巴等人（Bomba & Siqueland，1983）发现，3个月的婴儿就能从一些相关的例证中抽出概念的原型。主试给婴儿呈现一组点状图，这些点状图都是从"点状原型"中演变而来的。虽然，它们都与"点状原型"具有不同程度的相似性，但却不是"点状原型"本身。当婴儿对这些例证形成习惯化以后，却对"点状原型"也保持习惯化，就好像他们已真实地看过了许多遍"点状原型"一样。更有趣的是，随着时间的推移，婴儿对那些曾真实地看过的各种具体的点状图的记忆渐渐地不那么清晰了，又重新产生了对那些点状图的兴趣；然而，却对根本就没有看过的"点状原型"保持着很好的记忆，对它保持习惯化的时间很长。尤格尔等人（Younger & Gotlieb，1988）还发现，7个月的婴儿可以形成更复杂的概念原型。

总之，概念的可能性表征理论主要是从另一个独特的角度，揭示了个体早期的概念发展情况，如个体在年龄很小的时候，就可以抽象出概念原型，可以形成基本类概念，能注意到概念的暗示效度以及概念特征之间的关系等。随着儿童年龄的增长，他们逐渐形成概念系统中的上级类概念和下级类概念，不断从"儿童式的基本类概念"向标准的基本类概念转化，并对概念的各个特征之间的关系产生更稳定的认识。

三、以样例为基础的表征能力

儿童学习概念的另一条途径，就是通过各种样例来逐渐归纳出事物的定义特征。例如，儿童可能先看到各种各样的"狗"，慢慢地，他们就会发现，虽然"狗"在大小、外形、颜色等方面会有所不同，但是所有的狗都是有皮毛的、长着4条腿的、被主人饲养用来看家或作为宠物的、对主人都很忠诚的等。这样就掌握了"狗"的定义特征，从而可以对"狗"进行定义表征了。

阴国恩、左春雨、曹瑞（2009）以大学生为被试进行的研究发现，人们不仅在抽象水平上表征概念，也在具体的样例水平上表征概念。同时研究进一步证明了人们的类表征不只是包括抽象的信息特征也包括具体的样例信息，具体样例也可以成为类表征的组成部分。

　　一般来说，样例表征对年幼儿童学习概念的帮助更大。尤格尔等研究者（Hayes & Younger，2004）测查了 6 岁和 10 岁儿童利用样例进行类别表征的能力。尤格尔认为儿童的类别表征是动态的，持续发展的。当儿童使用样例特征来推测客体的无法观察的特征时，这些特征就在类别表征中变得更加重要，并将对随后的类别判断产生越来越多的影响。由此可见，样例学习对个体概念的早期发展是非常重要的。

　　但是，从个体概念发展的全过程来说，仅依靠样例学习是不够的，还必须同时学习有关的规则。因为人的直接经验和记忆能力毕竟是有限的，如果对任何概念的学习都只能通过对有关样例的直接感知和比较，那么最终主体能掌握的概念数量将受到很大的限制。

四、以理论为基础的表征能力

　　在主体的概念知识当中，不仅包括诸如事物的本质特征、事物的功能、表面特征、各特征之间的关系以及概念的样例等，还包括主体通过概念表达出的，对于世界的某种理论性的认识，这种理论性的认识反映在主体对于某个新事物或新事件的说明和解释中。凯里等人（Carey，1985；Mutphy & Medin，1985）对这个问题进行了较多的论述。他们举了这样一个例子来说明以理论为基础的表征的具体过程。假如有这样两句话，其一为："今天，我看见了一辆有橘黄色轮子的小轿车。"其二为："今天，我看见了一辆有方型轮子的小轿车。"一般来说，这两种情况均属不常见的情形，因此主体没有机会去了解这两个事物的暗示效度、特征之间的关系或形成相应的概念原型，但主体会通过理论性表征方式对上述情景做出反应。具体表现为，我们在听到"一辆有橘黄色轮子的小轿车"时，很可能会想到：这部车的主人也许是一个嬉皮士；这部车的其他部分可能也被涂上了非常鲜艳的颜色，但车的性能可能是正常的；等等。而在听到"一辆有方型轮子的小轿车"时，我们的推理可能是：这部车子是停在某一个地方的，它的性能可能与一般的小轿车不同，甚至于它可能是被专门制造出来用以引起人们的惊奇反应的，等等。在主体对上述这句话的不同反应中，反映出主体对事物的一种理论性的认识。这就是一个比较典型有关概念的理论表征的过程。理论表征就是指，主体根据自己已有的概念知识，对当前事物、事件进行分析、推理并得出某种结论的过程。

　　在理论表征中，较常用的是因果关系表征和等级关系的表征。

　　凯尔（Keil，1989）认为，对事物的理论性表征对儿童概念的发展也起着很重要的作用。例如，当问及一个儿童"为什么马有 4 条腿，而不是 3 条腿或 5 条腿"时，儿童首先需要根据"马"的概念，在头脑中再现出马在行走和站立时的情景，然后回答："4 条腿可以使马行走得更快且比较平稳。"这个回答是儿童根据已有的概念对某种现象做出理论性的说明，而不仅仅是提出事物的某个定义特征或其他特征。因此对事物进行理论性的表征不仅需要了解该事物"是什么"，还需了解该事物"为什么"会这样，这就使儿童对有关概念的了解更深化了一步。

对事物进行理论表征，可以使主体克服在认识事物时受表面知觉的局限，而更关注事物内在的本质。在格尔曼等人（Gelman & Markman，1987）进行的研究中，主试给 3～4 岁的幼儿讲述了一些他们以前从未见过也不知道的现象。例如，给儿童呈现画有"黄色液体油"的图片，并告诉儿童："当我把这样的黄色液体油洒在水里的时候，这些油就会漂浮在水面上。"然后，再给儿童呈现另一些图片，在这些图片上画有各种各样的液体，但有些液体的颜色虽然与儿童在前面了解的油的颜色相同，但却不属于同一个类别（如蜂蜜）；而另一些液体与儿童前面了解的油的颜色不同，但却属于通一个类别（如棕色的油）。主试除了给儿童出示图片以外，还告诉儿童每张图片中所画液体的名字。当问到"在这些图片上的液体中，有哪些液体能漂浮在水面上"的时候，大部分 3～4 岁的儿童都选择那些从表面看颜色不同却是油类的图片。

当然，儿童进行的理论表征与成人的相比有许多不同，但是随着年龄的增长，其理论表征的深度、逻辑性和对各种概念运用的灵活性都会有相应的发展。

综上所述，我们可以看到，儿童在学习概念时，并不是仅限于一条途径，而是在上述的四个方面（定义的表征、可能性的表征、以样例为基础的表征，以理论为基础的表征）同时获得发展。但是，在不同的年龄阶段以及不同的任务情景下，儿童在以上四个方面的表现不尽相同。

当刚开始学习概念的时候，儿童更倾向于通过对个别样例的记忆来学习概念；当儿童学会对事物的各种特征进行比较分析的时候，他们就开始通过比较事物的"暗示效度"来判断其所属的概念类别；最后，当儿童可以了解某个事物的本质特征的时候，他们就会对事物进行定义表征。在以上的所有阶段里，儿童都一直寻求建立起关于事物各种特征之间的因果关系及等级关系，以获得对事物意义的认识。

另外，在任何一个年龄阶段里，个体对不同概念的掌握和理解都不可能处于一个同等的水平之上。因为有些概念很复杂，包含着非常广泛的网络结构，而有些概念则比较单一，儿童对不同概念的学习，也相应地依赖于上述这些不同的方法。

第三节　儿童自然概念的发展

自然概念是指那些对自然现象或自然事物的定义表征形式。人类拥有的自然概念很多，但儿童较先掌握的是那些对其自身的生存具有普遍意义的概念。

一、时间概念的发展

时间概念包括三个基本的类别：经验性的时间概念（experiential time）、逻辑性的时间概念（logical time）和习俗性的时间概念（conventional time）。其中，经验性的时间概念是指，主体对于某个事件的发生顺序和持续性的亲身感受；逻辑性的时间概念是指，主体对于事件顺序的主观推理；习俗性的时间概念是指那些被大家接受的划分时间的方法和观念，如一周有 7 天、一个季度有 3 个月、一年有 12 个月等。对这三个不同类别的时间概念的掌握均随儿童年龄的增长而发展。

（一）经验性时间概念的发展

皮亚杰（1969）指出，1 岁以前的婴儿对时间的认识不能脱离开其自身的运动。但较近期的一些研究则表明，婴儿也能感受他人进行活动的时间现象。莱斯特等人（Lister，Hoffman & Brazelton，1985）发现，3～5 个月的婴儿就能按着妈妈的某个活动节奏来调节自己的活动节奏，而且调节的准确性随婴儿年龄的增长而增长。

经验性时间概念的另一个方面，是对某一个事件持续的时间长度的估计。弗雷泽（Fraisse，1982）发现，5 岁儿童已经能对 3～30 秒的时间间隔进行较为准确的估计，如果能对儿童的反应经常给予反馈的话，儿童对时距的估计会更加准确；年龄稍大的儿童能用"数数"作为估计时距的方法。

方格、冯刚、方富熹等人（1994）曾采用再现时距的方法，测查了儿童对时距的估计能力。结果发现，5～6 岁的儿童已能区分只有几秒钟差距的短时时距，时间参照物（声音）对儿童的时距认知有显著的影响，儿童从 5 岁起已能将时间看成为可以计数的维量。

（二）逻辑性时间概念的发展

为了测查儿童逻辑性时间概念的发展，皮亚杰（1969b）进行了一项经典的实验研究。他让儿童观察在平行的轨道上前进的小火车，并要求儿童判断哪一列小火车行驶的时间更长，尽管这两列小火车出发至停止的时间一样，但 6～7 岁以下的儿童还是认为停在轨道较远地方的那列小火车行驶的时间更长。由此，皮亚杰认为，处于前运算阶段的儿童还不能认识在时间、速度和距离三者之间的逻辑关系。

后来的一些研究者对皮亚杰的实验略作一些修改，得到与皮亚杰不同的结果。例如，莱文(1977)发现，当让儿童观察在环形轨道上前进的两辆小车时，5 岁儿童就能根据小车出发至停止的时间来判断哪辆小车行驶的时间更长；莱文(1982)进一步发现，幼儿还可以只根据由实验者报告的两个布娃娃的睡觉和起床的时间(并不需要实际观察)来判断哪个布娃娃睡觉的时间更长。由此可以看到，幼儿已经能够了解时间的起点、终点以及时间全程之间的某种逻辑关系，但他们对这种逻辑关系的掌握还很不牢固，一旦在认知任务中加入一些其他的干扰因素，儿童的判断就会出现错误。

吴娴、赵光毅和罗星凯(2005)进行了"一项关于低年级儿童速度概念发展的研究"。选择的被试是幼儿园、小学一年级和小学三年级的学生。所用的实验程序包括四种变式：等速(两车行走速度相等)、等时(两车行走时间相等)、等距(两车行走距离相等)和追赶。研究结果发现：随着年龄的增长，儿童的速度概念有了很大的提高，超过半数的三年级学生从位置决定论中走出，能够从一个动态的过程对运动物体进行分析，表现出对距离和时间的综合考虑；低年级儿童距离概念和时间概念的发展存在不平衡性，在时间相等的情景能够明确提出距离概念，在距离相等的情景却不一定能够明确提出时间概念，距离概念处于优势维度，时间概念处于非优势维度。

不仅幼儿对时间、距离、速度等逻辑概念的判断容易受外界因素的干扰，就是那些年长儿童，甚至成人也有同样的问题。例如，当问及被试"当一部赛车沿着环形跑道飞奔的时候，该赛车的两个门是否具有同样的速度"时，大部分的被试(年幼儿童、年长儿童、大学生)都认为，该赛车的两个门具有同样的速度，但事实却并非如此。由于赛车朝向跑道外侧的那个门走过的路程比朝向跑道内侧的门走的路程略远一些，所以在同一时间内，外侧的门的速度略快。而我们平时的直观感觉是，在同一时间里，同一个物体的任何一个部分都是以同样的速度运动着，这种直观的感觉往往会影响我们对事物进行正确的逻辑判断。排除这种干扰的能力的发展，是一个相对漫长的过程，它既依赖于自身直接经验的积累，也依赖于对间接经验的学习以及主体抽象逻辑思维能力的提高。

（三）习俗性时间概念的发展

儿童进入学校以后，才开始正式接触习俗性的时间概念系统，学习秒、分、小时、天、月、年等概念。对习俗性时间概念系统的掌握，包括三种不同的表征形式，即联想性的表征、词序的表征、心理表象。

最初级的表征形式是联想性的表征，儿童开始只能记住个别的日子，如好朋友的生日、好看的动画片的播放日期等。渐渐地，儿童就能将这些个别时间放进一个更大的时间系统中去，这个时间系统既可以用词序来表达，也可以用心理表象来表达。弗雷德曼（1986）进行了有关的研究，他向被试提出这样一个问题："如果让你说出表明周一、周三、周六这3天的词语时，你用什么方式能做得又快又好？"弗雷德曼认为，如果是以词序来表征一周的天数的话，儿童就会感到向前——推算比较容易，因为这样正好与对一周里每一天的语言标志顺序相一致；但是，如果是儿童形成了对一周中七天命名的心理表象的话，无论使用"向前数"，还是"向后数"，或是"跳跃式"的方法，他们都会觉得很自如。

结果发现，小学四年级的儿童更倾向于使用"向前数"的方法来完成任务；而八年级的学生可以使用任何方法来完成任务。当实验任务改成"年和月份"时，表现出来的年龄特点也一样。这个结果表明，儿童对时间概念的学习是按照人们对时间的标志顺序进行的。

陈莹、黄希庭（2004）在5～8岁儿童对近的未来时间的认知研究中，用代表性事件和节假日表示时点，采用图片定位和排序法考查儿童对未来一周和一年时间的认知特点。发现在这两种时域内，儿童表现出了对时间的单向不可逆性的掌握和对时间的周期循环性的掌握。同时，儿童还表现出低估未来时距和高估较远时距的"两极化"的认知趋势，其判断受事件性质的影响。儿童的时间认知能力的发展在不同时域内是非同步的，5～8岁儿童表现出跨时域的认知差异，在"未来一周"时域内，对时间的周期循环特性的理解能力在7岁已得到一定程度的提高，而在"未来一年"时域内，同一能力的发展在8岁才表现出来。

二、空间概念的发展

主体对于空间位置的表征至少有以下三种形式：其一，自我中心的表征（egocentric representations），即用主体自身与目标物之间的位置关系来表明目标物的具体位置；其二，自然标志的表征（landmark-based representations），即用环境中的其他物体与目标物之间的关系来标明目标物的具体位置；其三，去自我中心的表征（allocentric representations），利用一些抽象的形式（如地图等）来描述目标物的位置。之所以将第三种空间表征的方式称为"去自我中心的表征"，是因为这种表征是非常灵活的，在表征的任何一个位置都可以是中心的目标，也可以是标志其他目标的参考信息。

在通常情况下，这三种对空间位置的表征方式往往是相互联系的，但每一种方式所表示的内容各有侧重。从发展的角度看，儿童掌握这几种方式的先后顺序不同。

（一）自我中心的表征方式

皮亚杰认为，1岁以前的婴儿就表现出了对物体空间位置的自我中心的表征方式。例如，当婴儿知道了某一个物体在他的右边以后，他就总是以转向右边的方式来表征这个处于他右侧的物体。而且，当物体被拿到婴儿的另一边后，婴儿仍以转向右边的方式对物体的位置做出反应。

皮亚杰的这个发现被后来的研究结果所证实。艾克里德罗（Acredolo，1978）发现，6～11个月的婴儿经常不能随物体位置的变化来调整自己的身体反应，他们总是将身体转向物体原来的位置，而不管当前物体是否仍在那里。直到16个月时，婴儿才能根据目标刺激物位置的变化来改变自己的身体反应。

但是，婴儿表现出来的这种感知运动的自我中心特点，也并不完全是绝对的。当目标刺激物的外在标志更为明显突出时，婴儿就能表现出相对好的对物体位置变化的适应能力；而且，在熟悉的环境中，婴儿更易表现出对物体位置变化的适应能力。婴儿通过对物体存在的客观环境的了解和熟悉，逐渐学会以自己身体和运动以外的其他线索来表征物体的空间位置。研究者们（Bertenthal，Campos & Barrett，1984）发现，那些8个月、会爬、具有使用过"走步练习器"经验的婴儿，比起那些不会爬、没有使用过"走步练习器"的同龄婴儿，能更准确地感知物体的空间位置；而且，婴儿在地上行走的时间越长，对物体位置的辨认就越准确。

在1.5～3岁，婴儿在某些任务条件下，能表现出非自我中心的空间表征。具体表现为，婴儿可以到物体当前所处的位置去寻找物体。但在那些较为复杂的任务条件下，婴儿乃至幼儿仍表现出自我中心的空间表征，其最典型的表现是对皮亚杰的"三座山"任务的反应。后来一些实验者对皮亚杰的"三座山"的实验进行了某些改进，降低了任务的难度，儿童自我中心的空间表征就有了一定程度的减弱。由此看来，儿童对物体位置的自我中心表征的程度既与儿童的空间活动经验有关，也与任务的难度有关。

（二）自然标志的表征方式

根据自然标志对物体位置进行表征的方式也出现于儿童发展的早期。正如前面所说，当自然标志明显而突出的时候，6 个月的婴儿就能利用这些自然标志对目标物体进行辨认。人体也同样可以作为一种自然标志物，10 个月的婴儿就经常将母亲作为一种自然标志物来辨认和寻找他感兴趣的物体。

儿童使用自然标志对物体位置进行表征的能力随年龄的增长而发展。1 岁左右的婴儿只能利用那些离目标物非常近的客体对目标物进行标志；两岁的婴儿能利用的、用以标志目标物的客体范围就相对扩大了，那些距离目标物较远的物体也能被用来作为对目标的标志；到 5 岁时，儿童能利用的自然标志更为多样化，因此他们对目标的标志更加具体、准确；学龄儿童能主动寻找和制造一些客观线索，对目标进行标志。

儿童使用自然标志对物体位置进行表征能力的发展还表现在：儿童使用的标志物的类型在不断变化。几乎所有东西都可以用来作为对某个特定物体位置的标志，如我们自己所处的位置、各种物体所处的位置、墙壁的位置等都可以用作标志。艾克里德罗（1976）发现，当上述三方面的标志均存在的时候，3 岁儿童更依赖于目标物体与自己的位置构成的某种空间关系（自我中心的表征方式）来辨认目标位置；5 岁儿童更依赖于目标物体与房间中其他物体（如桌子）构成的空间关系（自然标志的表征方式）；而 7 岁儿童则更依赖于目标物体与房间的墙壁构成的空间关系（去自我中心的表征方式）。

（三）去自我中心的表征方式

在日常生活中，我们经常可以通过查地图来了解某个事物的具体位置，而并不需要实际地看到这个事物。完成这个过程，需要主体从各种空间表征中提出一种抽象的信息，这种信息不再与主体自身的位置相联系。

大部分 4～6 岁的儿童就已能形成最基本的、对物体空间位置的去自我中心的表征方式，而且，表征的准确性随儿童年龄的增长而增长。洛克曼等人（Lockman & Pick，1984）进行了一项实验研究，选取的被试是 4～6 岁的儿童、8～9 岁的儿童以及成人。实验的任务是：要求被试以自己在房间里的位置为基点，指出目标物体的位置。例如，被试可能站在一楼的房间里，让他指出在二楼的卧室的位置。结果发现，尽管被试看不见目标物（因为有墙壁、天花板等遮挡着），但各年龄组被试的反应相差无几；随年龄的增长，儿童反应的准确性明显提高。

在近期进行的一项实验研究中（Uttal，Fisher & Taylor，2006），研究者要求 8 岁、10 岁的儿童和成人通过地图或语言描述的方式学习一个六居室的布局图。被试需要画出结构图，并指出目标物的位置。结果发现使用地图方式的被试成绩明显好于使用语言描述方式的被试的成绩。10 岁儿童的成绩跟成人的一样好，而年幼的儿童虽然保留了连续的信息但却无法整合这些信息之间的关系从而形成一个概括性的空间认知地图。研究结果同时也说明，地图和图表表征等方式能够帮助儿童获得空间的抽象概念以及对空间关系进行系统思考的能力从而促进儿童空间认知能力的发展。

田学红、方格、方富熹(2001)通过方位介词来考察 4～6 岁儿童空间认知能力的发展。研究发现，对于简单的方位介词(前后、上下、之间、里外)，4 岁幼儿就可以掌握。但这种能力因测查材料的性质不同而有所变化，特别是当空间关系变得复杂，有嵌套关系时，6 岁组幼儿的理解能力还是比 4 岁和 5 岁组幼儿高；在比较复杂的方位介词"左""右"的理解上幼儿的左右方位的认知能力在 6 岁时初步发展，4 岁和 5 岁儿童还不能正确理解以客体为参照的左右方位。

由此可见，儿童对空间词汇的掌握与实际的空间表征能力的发展有一定的一致性。

三、数概念及几何概念的发展

近年来大量相关研究表明，儿童数概念的发展是一个渐进的过程，这种发展依赖于儿童的具体生活经验。0～7 岁儿童数概念的形成表现出从具体到抽象的逐步发展过程，这个过程经历了直观行动概括、直观表象笼统概括、直观言语数概括和表象言语数概括四个发展阶段(林崇德，1980)。瑞普斯等人(Rips, Bloomfield & Asmuth, 2008)整理了大量的研究报告，详细论证了儿童数概念的形成和发展，他们认为儿童数概念形成是一个自上而下的过程，通过构建数学图式的方法儿童形成自然数和算术的概念。

总体而言，儿童数概念的发展概括起来主要有两个方面，一个是"基数"概念的发展，一个是"序数"概念的发展。基数是指一个数集的绝对大小；序数是指每一个个别的数与数之间的先后顺序。

(一)基数概念的发展

一些研究者(Antell & Keating, 1983；Starkey & Cooper, 1980；Strauss & Curtis, 1981)认为，基数概念的萌芽出现于婴儿期。他们发现 4 个月的婴儿可以从"2"中分辨出"1"来；或从"3"中辨别出"2"来。研究者们所用的方法仍是"习惯化/去习惯化。"主试先给婴儿呈现两两一组的物体，每一组物体的具体内容虽然不同，但都是含有两个物体。婴儿能够对这些不同组别的物体形成习惯化。这说明，婴儿能够将每组物体中的"2"抽出来作为同一个刺激内容去感知，而忽略其他方面的差异；而且，在婴儿对两两一组的物体形成习惯化后，当出现 3 个物体时，婴儿马上产生去习惯化。这个结果似乎说明，婴儿已经能形成"2"的数概念，并能从"3"中将"2"区分出来。

那么，婴儿能否形成"2"以上的数概念呢？斯塔基等人（Starkey & Cooper，1980；Strauss & Curis，1981）仍用"习惯化/去习惯化"的方法对这个问题进行了研究。结果发现，婴儿不能掌握"2"以上的数概念。由此研究者们认为，事实上，婴儿也并不是在真正意义上掌握了"2"这个概念，当婴儿从"3"中辨认出"2"时，凭借的是对"2 个事物"整体形象的一种记忆，与婴儿对其他事物的记忆没有本质的区别，在这里并没有出现"数数"的过程。而当给婴儿呈现的物体增多了以后，婴儿已不可能只通过"扫描"就能记住这些物体，因此则不能作出正确的反应。

许多研究表明，儿童要到 2~4 岁时，才开始学会"数数"。"数数"将引导儿童了解真正的基数概念。格尔曼等人（Gelman & Gallistel，1978）认为，儿童在数数时，遵循着下面五条基本的原则：①一一对应的原则，即儿童在数数时，只能将一个数对应一个物体；②固定顺序原则，即在数与数之间应该有一个不变的顺序；③基本的原则，即在一个数列中的最后那个数的值就代表了这个数集所含的个数；④抽象原则，即关于数数的原则可以用于任何数列上；⑤顺序无关原则，即一个数列的长短，与从什么地方开始数数无关。

一些研究表明，儿童在 5 岁左右就可以掌握上述这些规则。儿童的数数实践将有利于他们掌握这些规则；反过来，一旦掌握了这些规则，儿童的数数就会更加准确。

韦恩（Wynn，1992）认为，对数词的基数含义的习得不是一蹴而就的。她发现儿童先理解小数目的基数含义，然后再理解大的数目。许多儿童可以在数数中运用大的数，但他们在运用这些大的数时仍然不理解他们的基数含义。一般来说，在他们理解了超出目测水平的数的基数含义以后，不用花很长时间就可以理解在他们的数数范围内的任何数词的基数含义。也就是说，一旦儿童对基数原则有了最初的理解，他们会很快地把这一原则用于大的数目。

还有研究者认为（Bermejo，1996），儿童基数概念的获得并不是全有或全无的过程，而是涉及六种不同的发展水平：第一种水平为不理解"有多少物体"，即儿童不理解基数情景，任意随机的回答；第二种水平是不完全的数数和基数的关联，即当提问"有多少个"时，儿童只知道要用一个数词来回答，儿童甚至不看物体就随便报出一个与物体实际数量没有关系的数词；第三种水平为完全的数数和基数关联，即当问到"有多少个物体"时，儿童知道要数物体个数，但数完后不会说出总数；第四种水平是最后一个数词规则，即儿童能将所数的最后一个数词作为答案，在这一水平上，儿童只知道重复最后一个数词，但没有基数含义；第五种水平是儿童不完全的基数反应，即儿童在数完物体后能说最大的数词，这个阶段的儿童可能知道，基数一般是用数数中用过的最大的一个数词来表示；第六种水平是儿童真正的基数反应，即儿童了解基数的含义，用与集合中物体的数量相应的正确数词来回答基数的问题。

(二)序数概念的发展

序数概念的萌芽相对于基数概念的出现要略晚些，在出生后的 12～18 个月。方格等人(2001)的研究发现，幼儿对基数、序数的认知成绩均有随年龄发展的趋势，在 4～5 岁显示出不同步的发展，对基数成绩的认知优于对序数的认知，而到 6 岁两者具有同步发展的趋势。

序数概念的最初始形式是与"多与少"相联系的。因为在一个数列中靠前的数大，代表着"多"；靠后的数小，代表着"少"(或相反)。斯特劳斯等人(Strauss & Curtis，1984)进行了一项有关的实验研究。在实验中，主试不断给婴儿呈现两张图片，其中的一张图片中有 1 个点，另一张图片中有两个点，当婴儿抓取有两个点的图片时就给予强化。然后，主试又给婴儿呈现一些新的、成对的图片，在每对图片中，有一张图片所含的点数少于另一张。结果发现，婴儿总是抓取点数多的那张图片。由此可见，婴儿通过练习，已能了解"多"与"少"的概念。

儿童进入学前期以后，序数概念的发展进入了高峰期。希格勒等人(Siegler & Robinson，1982)要求 3、4、5 岁的儿童对 36 组从 1～9 的组合进行大小的比较。结果发现，3 岁儿童反应的正确率正好处于几率水平，而且所犯的错误平均分布在各种组合中；而 4～5 岁儿童反应的正确率已达到了 80％，而且错误主要分布在那些差异不大的数对中(如 7 与 8 相比)。这种错误与成人所犯的错误相似，成人在辨别那些差别不大的数对时所花的时间也相对较多。

由此可见，5 岁左右儿童的序数概念已有了非常显著的发展。那么儿童是如何实现这种进步的呢？研究发现，成人在教儿童学习序数概念时，常使用一种比较有效的方法，这就是将一个完全连贯的、较长的数列，划分为不同部分，且将每一部分与客观实物一一对应(如"6"就对应 6 个球，"5"就对应 5 个球)。由于儿童已能了解到"大"与"多"相关，"小"与"少"相关，因此依靠实物的帮助，儿童就能逐渐了解一个"数列"中每个数的大小含义以及数与数之间的关系及顺序了，从而形成"序数"概念。这个策略的功能，也类似于儿童在对空间位置进行表征时使用的一些方法。例如，儿童在进行空间关系的认知时，经常应用一些客观标志将一个很大的空间范围划分为不同的、较小的区域，通过对这些小区域的认识，去了解整个空间环境。这种"将大化小"的学习策略，对于儿童数概念的发展具有非常重要的促进作用。研究者采用"实际操作"和"抽象比较"两种方式，测查了儿童相差概念的发展情况。结果发现，儿童相差概念的发展是从具体的认识到抽象的认识、从直接认识到间接认识、从被动加工到主动加工。这个结果也说明了，儿童在学习数概念的初期，特别需要具体事物的帮助和支持。

(三)平面几何概念的发展

儿童在很小的时候就开始接触各种形状。因此他们具有较多的关于形状感知的早期经验。那么他们这种感性的经验是如何发展为抽象概念的呢？其间的心理操作形式都发生了哪些变化？有否规律可循？为了解决这些问题，研究者(陈英和，1992)进行了一项关于个体平面几何概念发展的实验研究。

实验所选被试由幼儿园中班一直到高中二年级共 13 个年级的被试组成。采用平面几何概念(包括等边三角形、正方形、等腰三角形、扇形、正五边形)的获得水平与应用水平的测验进行施测。

研究发现：个体在平面几何概念的发展上共经历七个阶段、四个水平。七个阶段分别为：①具体阶段，②同一性阶段，③分类阶段，④辨认阶段，⑤描述阶段，⑥评价阶段，⑦下定义阶段；四个水平分别为：①具体水平，②同一性水平，③分类水平，④形式水平。其中，前三个阶段与前三个水平是一致的；第四个水平包含了后四个阶段。

个体在平面几何概念发展上的年龄趋势具体表现为：①幼儿园大班的儿童(平均年龄为 5.05 岁)达到了"具体水平"及"同一性水平"；②小学一年级学生(平均年龄为 6.03 岁)达到了"分类水平"；③小学六年级学生(平均年龄为11.05 岁)达到了"形式水平中的描述阶段"；④小学一年级学生、小学四年级学生(平均年龄为 9.04 岁)、初中一年级学生(平均年龄为 12.07 岁)已分别在"具体水平""同一性水平"及"分类水平"上达到了成熟；⑤学生从初中三年级起能掌握本实验涉及的几个平面几何概念的应用；⑥高中一年级学生达到了形式水平中的下定义阶段。

根据结果，研究者认为，个体平面几何概念发展的内部机制是发生于主体内部的、有关认知操作及有关信息的纵向和横向的传递与转换。儿童对几何概念的掌握都要经历从形象具体到抽象概括的发展过程。

第四节　儿童社会性概念的发展

　　儿童不仅是生活于由时间、空间、数字和图形构成的世界里，在儿童的生活环境中还包括各种各样的社会性现象和事件，儿童也必须学会了解和认识这些社会性信息，才能更好地适应社会生活。

　　儿童对各种社会现象和事物的本质特征的认识就形成了社会性概念。社会性概念的种类很多，在此我们只列举几方面的社会性概念的发展情况。

一、对心理现象的认识

　　对自己和他人的心理现象的认识，是儿童认识其所处的社会环境的基础。近年来，很多关于儿童社会性概念发展的研究都集中于这个方面。通过研究发现，儿童首先获得的是对自己心理状态的了解和认识，然后将这种认识推广到他人身上，进而形成了对他人心理状态的推断和了解。

　　对心理现象的认识主要包括对主体目的、信念、知识、意图、愿望等方面的认识。

　　韦尔曼(Wellman，1995)认为，儿童大约在 3 岁的时候，就能对某种心理现象有一个大致的认识。他将这种认识称为"愿望－信念心理学"(Desire-belief Psychology)。韦尔曼说，之所以这样命名，是因为儿童通过这种认识，将其所处的世界划分为不同的等级，并对各种事情发生的可能性原因进行了解释；同时，这个理论的中心是有关主体内在的愿望和信念导致各种行为发生的内容。在这个阶段，儿童在一定程度上表现出对信念的理解，但他们对自己及他人的行为仍主要以愿望为标准来解释。大约在 4 岁时，儿童对信念有了进一步的理解，儿童开始综合信念和愿望等各种因素对自己及别人的行为进行推断。这时他们获得了信念－愿望心理学(Belief-desire Psychology)。

　　韦尔曼认为，3 岁儿童具有的这种"愿望－信念心理学"，是建立在以下四方面认识的基础之上的：①能了解主观世界(人的心理)与客观世界的区别；②能了解信念和愿望的存在与特点；③能了解某些心理现象之间的关系；④能了解心理对客观世界所表征的内容。

　　例如，3 岁儿童已能了解到思想、梦境、记忆等与那些典型的客观事物(如桌子、椅子)是不同的；与那些客观现象，如空气、声音也是不同的。当让儿童解释为什么我们不能摸到像"思想""梦境"这样的东西时，儿童就能从心理现象特点的角度进行解释，如回答"因为它们只是一种'想象'，在人的心里面"。相反，3 岁的儿童并不将这种解释用在回答像"为什么空气和声音也摸不到"这样的问题上。这表明，3 岁的儿童已能从比较本质的方面将心理现象与客观现象区分开来。

韦尔曼等人（Wellman & Bartsch，1988）还发现，3 岁儿童能了解信念、愿望和行动之间的关系。例如，3 岁儿童能够根据他人的某种愿望而指出该人将产生的行为，尽管这些愿望与儿童本身的愿望并不相同。

3 岁左右的儿童也能了解各种心理现象之间的关系。例如，皮洛（Pillow，1988）发现 3 岁左右的儿童能知道实际体验和心理感觉之间的某种依存关系。他们知道，只有亲自去触摸某个物体，才能产生对这个物体的真正感觉；如果只是从这个物体的旁边经过，则不可能产生关于这个物体的感觉。

最后，3 岁左右的儿童还能了解心理表象与物理环境之间的关系。韦尔曼（1990）发现，3 岁的儿童知道心理表象是对于某个可以触及的客观事物的描述。

是什么导致 3 岁儿童产生这种对心理现象的认识呢？

有一种观点（Poulin-Dubois & Shultz，1988）认为，儿童对心理现象认识的基础是对"动力"与行为之间关系的认识，即儿童在约两岁的时候，就能了解自己的行为是由自己发出和控制的，别人也同样是其自身行为的发动者和控制者。在这种认识中，实际暗含了这样一种思想，就是在人的内部存在一种东西，它可以使人产生某种行为，而这种能使主体产生某种行为的东西，就是"心理"。

另一种观点（Leslie，1988）认为，儿童对心理现象的认识可能来自于对主体意图与行为结果之间关系的主观感受和观察。例如，当儿童发现一个放在桌子边缘上的玻璃杯子翻倒后，出于兴趣，他可能会再将杯子放在桌子边缘上，结果又出现了同样的结果。这种观察和体会，就使得儿童逐渐了解了主观"意图"与外在行为之间的依存关系，进而了解了"心理现象"的特点。

还有一种观点（Bretherton，1984；Leslie，1987）认为，儿童对心理现象的认识来自于早期的想象性游戏。因为在想象性游戏中，儿童可以根据自己的需要，用一种东西代表另一种完全不同的东西（如用"树叶"代表"被子"），这就使儿童有机会了解到，主体可以通过心理活动来改变某种事物原来具有的意义，从而了解到心理现象的某种功能。

儿童对心理现象的认识随年龄的发展而发展。泰勒（Taylor，1988）进行了一项研究，他先给被试呈现一种不常见的物体，然后从这个物体上面取下很小一块，问儿童："假如给一个从未见过这个物体的人只看这一小块东西，这个人能否知道这小块东西是什么？"结果许多 4～5 岁的儿童都回答说，那个人能知道这小块东西是什么。而许多 6 岁以上的儿童则给出相反的回答。这说明，4～5 岁的儿童还不能很清楚地将自己的心理状态与他人的心理状态区分开来，常将自己的心理状态投射到其他人身上。在这个具体的任务中，因为他们自己已经知道了那一小块东西是什么，所以也认为其他人也一定知道。

儿童在 3 岁以后对"现象"与"真实"的区分能力也获得了很大的发展。弗拉维尔等人(Flavell & Green，1983)给儿童呈现一些物体，这些物体看起来特别像某些物体，但实际上并不是(如一块看起来非常像石头的海绵)，并让儿童实际接触这些物体。然后要求儿童回答："这些物体看起来像什么？实际上是什么？"

结果发现，大部分 4～5 岁的儿童都能正确回答这个问题，而 3 岁以下的儿童则不能正确回答，他们还分不清"现象"与"真实"之间的区别。正如他们有时将电视节目中的人物视为真实的人物，将看起来像橘子的东西视为真的橘子的情况。

缪小春等人(1994)对我国儿童的各种心理推断能力的发展也进行了研究。结果也发现，3～4 岁是个体对心理现象的认识开始发展的重要时期。

儿童对自己和他人心理现象的认知是其社会性概念发展的一个非常重要的方面，如果儿童在这方面的认识能力发展不足，将会直接导致其在社会认知上的不足，以及在社会生活适应方面的障碍。因此在儿童早期进行这方面的启蒙教育是非常必要的。

二、对生命概念的认识

生命虽然是一种自然现象，但由于与人类个体自身紧密相连，又具有很明显的社会性的特点，因此许多研究者将生命作为一种社会性的内容进行研究。

心理学家对儿童的生命概念发展的研究也有较长的历史，皮亚杰最先开创了这方面的工作。

皮亚杰(1929)使用临床法对儿童的生命概念进行了研究。在研究中，他首先提出一些与被试自身相关的问题，如问儿童：①如果我用针刺你一下，你会有感觉吗？②你能不能感觉到冷和热？③当你在运动时，自己能否对此有所感觉？在儿童对这些问题做出回答之后，皮亚杰再将原问题中的"你"换成一些其他的物体，如桌子、石头、花朵、金属、水、太阳、月亮、云等，继续向儿童提问，并要求儿童对自己的回答进行解释。皮亚杰通过这项研究所得出的结论是：个体在 11、12 岁之前，在对生命概念的理解上，表现出了极大的泛灵论的倾向，即把非生物看出具有生命的特征。

从 20 世纪 30 年代到 70 年代，有不少的研究者应用不同的方法，对儿童的生命概念的发展进行了研究。虽然通过这些研究获得的某些具体结果各有不同，但总体的结论与皮亚杰的结论一致，即认为儿童在对生命概念的理解中表现出泛灵论的认识特点。

从 20 世纪 80 年代开始，人们对这种泛灵论的解释开始提出质疑，认为儿童出现对生命概念的泛灵论的认识是由于某些研究方法上的不足导致的。例如，①格尔曼（1978）认为，在早期的研究中，儿童之所以表现出对生命概念认识的泛灵论倾向，是因为在主试向儿童提的问题中，包括了许多儿童不熟悉的内容，这使得儿童无从思考，从而导致了泛灵论的解释。②施瓦茨（Schwartz, 1980）认为，主试在提问时，使用的刺激物范围太窄或缺乏系统性，也是造成儿童对生命概念泛灵论解释的原因之一。③格尔曼等人（Gelman & Spelke, 1981）认为，研究者在进行实验时，是否真正科学地定义了生物与非生物的本质特征，也将影响儿童对生命概念的真实反应。在这些分析的基础上，研究者们试图对儿童生命概念的发展进行更客观的探讨。

希格勒等人（Opfer & Siegler, 2004）研究了 5 岁学前儿童对生命概念的理解能力的发展。此研究进行了一年的时间，研究发现，①在实验开始阶段，大部分 5 岁儿童相信动物是有目的地去行动的，而植物和人造物不是，而且动物有目的的行为起着维持生命的作用。②当得到植物也能有目的的行动的反馈后，儿童重新整合了自己的知识。③通过对研究结果的分析发现，引起儿童生命概念发展的一个重要的原因是其学习了植物和动物都能有目的的行动。当 5 岁儿童学习了这个特性后，他们就推断植物也能够有目的地行动而人造物不行。绝大多数被试在知道这个特性后都能将植物重新归类为有生命的物体，而没有掌握这个特性的儿童却仍然保持原有的分类。

还有研究者发现儿童在 4～6 岁已经开始自发地将"生命"作为人类身体机能运作的目标（Jaakkola & Slaughter, 2002）。在研究中，研究者采用访谈法考察儿童对人类身体概念的理解程度，访谈的题目是一系列关于身体部位的位置和功能的问题。例如，"心脏在哪里？心脏的作用是什么？如果心脏停止工作了那会发生什么事情？"结果发现，33％的 4 岁儿童，92％的 6 岁儿童和100％的 8 岁和 10 岁儿童提到了"生命""活着"或者"不死"作为身体功能的目标。例如，一个年长的儿童说肺是用来"呼吸"的，如果肺不工作了"人就会死"。相比较，一个 4 岁儿童说肺是用来"保存身体"的，如果没有肺那么"人就看不见了"。研究者将提到"生命"或"不死"作为身体机能目标的儿童称为"生命理论者"。研究结果发现，作为生命理论者的儿童比持非生命理论者的儿童更有可能知道重要生命器官的功能和作用，如心脏是用来为身体输送血液的。所以将身体机能作为维持生命目标的儿童更容易获得关于个体身体器官机能的知识概念。

也有一些研究者从另一个角度研究了儿童对生命现象的认知。这些研究者试图通过儿童对生命的终极现象——死亡的理解来了解其对生命现象本质的认识。斯毕思等人（Speece & Brent，1983）提出了死亡概念的三个定义特征：①普遍性，即所有的生命都会死亡；②不可逆性，即一个生命死后，就不可能再复活；③无功能性，即生命的各种功能在其死亡以后就不存在了。一些研究表明，儿童在 5～12 岁才能逐渐从上述三个方面掌握死亡的概念。杨重明（1991）以上述三个维度作为主体对死亡概念的成熟理解水平，进行了一项关于3～15 岁个体有关死亡概念发展的研究。结果也发现，个体在 12 岁时对死亡概念的理解达到了初步成熟的水平。

在儿童生命、身体及死亡概念的发展研究中（Slaughter & Lyons，2003），研究者以 3 岁 7 个月到 5 岁 11 个月之间的儿童为被试，实验一开始就对所有的儿童进行了结构访谈考察儿童关于人类身体机能和死亡的认识。结果发现，在最初访谈中自发地运用活力观念来描述人类身体机能的儿童在对死亡的理解方面显得更为成熟；研究还发现儿童很容易学会将活力论的方法运用到人类身体机能上，这种知识的获得与儿童对人类身体机能和死亡概念理解的发展是相一致的。

很多研究都发现那些作为生命理论者的儿童更容易理解死亡现象。研究者采用访谈方法考察了 4 岁和 5 岁儿童对死亡概念的理解（Slaughter，Jaakkola & Carey，1999）。研究中设计的访谈问题都是围绕死亡概念展开的，例如，"你能说出一些会死亡的事物吗？""所有的事物都会死亡吗？""一个人死了，有什么东西可以让他重新获得生命吗？""一个死了的人需要食物、水、空气吗？"根据访谈中儿童将生命作为身体机能的目标的倾向将被试分为生命理论者和非生命理论者。通过分析发现，作为生命理论者的儿童更容易了解内部身体器官的特殊功能；而且作为生命理论者的儿童比作为非生命理论者的儿童对死亡的了解程度更深：他们更容易认识到死亡是具有普遍性的，是不可逆的，死亡只对有生命的物体起作用，死亡意味着身体机能的停止。

三、对经济概念的认识

关于儿童对经济概念理解的研究开始于 20 世纪 40 年代末期，但直到 80 年代，这一领域的研究才日益活跃起来。

（一）儿童经济概念的发展

这方面的研究大致可以归为两个类别。

第一个类别是，在皮亚杰理论的影响下进行的研究工作。这些研究者力图用皮亚杰关于儿童认知发展的年龄阶段的理论框架来描述儿童经济概念的发展情况。例如，弗斯（Furth，1976）通过研究认为，儿童到了 11 岁才有了某些连贯的、富有逻辑性的社会经济知识，这时儿童对一些经济概念的认识相当于皮亚杰理论中的具体运算阶段；而在此之前，儿童对于经济概念的掌握要比对自然概念的掌握困难，因为许多经济事件，儿童是没有机会亲身体验的，这就给儿童的认识带来了困难。而杰赫达（Jahoda，1979）通过研究儿童对"买""卖"概念的认识，认为儿童对经济概念的掌握并不比对物理概念的掌握困难，认为儿童经济概念的发展与物理概念的发展是同步的。

关于儿童经济概念发展研究的第二种类别是脱离了皮亚杰理论的影响，对儿童经济概念的发展进行相对独立的描述。例如，丹齐革（Danziger，1958）认为，皮亚杰关于儿童认知发展阶段的理论，主要是建立在儿童对物理概念的认知之上的。因此描述儿童经济概念发展的时候不能机械地套用。丹齐革在测查了儿童对"买""卖""老板""富裕""贫穷"等经济概念的认识之后，将儿童经济概念的发展划分为以下几个阶段：①前分类阶段，儿童的概念系统中还不存在经济概念这一类别；②分类阶段，儿童能对一些简单的经济现象进行分类；③建立初级概念阶段，能够形成一些单个的经济概念；④建立关系阶段，能将各种分离的经济现象联系在一起形成系统，再对某一现象进行解释。丹齐革还研究了儿童在诸如"亲属"等其他的一些社会概念方面的发展。结果发现，儿童对这些概念的掌握也遵循同样的发展阶段。因此，他认为上述这个阶段模式可能适用于儿童的各种社会概念发展的情况。

我国研究者（朱梅、陈英和，1994）对我国 7~11 岁个体经济概念的发展情况进行了研究。所选的经济概念为：钱币、商品、价格、工资、银行。结果发现，被试在上述 5 个概念的发展上是不一致的，他们在 7 岁时就掌握了"工资"概念；9 岁时掌握了"钱币"和"商品"的概念；而到 11 岁时才能掌握"价格"和"银行"的概念。

（二）影响儿童经济概念发展的因素

在这方面的研究中，研究者首先关注的是儿童家庭的经济状况对其相应的经济概念发展的影响。

弗哈姆（Furnham，1982）研究了贫富两种家庭背景下的 15 岁个体对于"贫"和"富"的看法。结果发现，两种家庭中的被试对贫、富的解释不一，富家的被试认为，"贫穷"是由于穷人没有努力工作以改善自己的生活环境所致；而贫家的被试则认为，"贫穷"是因为没有足够的工作机会。

埃姆勒等人（Emler & Dickinson，1985）提出，只将儿童的家庭经济状况作为影响儿童经济概念发展的因素来进行研究，有过于简单化的偏向。因为虽然儿童所处的家庭经济环境确会影响他们对某些社会现象的判断和认识，但他们发现，如果来自不同家庭背景的儿童进入了同一所学校，儿童在对许多事物的认识上有互相同化的倾向。

与埃姆勒等人的观点相一致，一些研究者进行了关于儿童经济概念发展的跨文化的比较研究，试图通过将儿童置于更广阔的文化背景下，以考查那些影响其经济概念发展的因素。例如，洪宽等人（Hong Kwan & Stacey，1981）曾测查了华裔儿童"赌博""银行""贫富"等概念的发展，并以此测查结果与西方儿童经济概念的发展进行比较。结果发现，在有些概念上，华裔被试与西方儿童的认识不同，如华裔被试普遍认为，"钱"是来自于父母工作，而西方儿童对钱的来源更富于想象；华裔被试在9岁时就能了解"获利"的含义，而西方儿童则要到11岁才能理解这个概念。但在另一些概念的发展上，两种文化背景下的儿童没有表现出明显的差异。

朱梅等人（1994）研究了我国儿童具有的一些特殊的经济经验对其有关的经济概念发展的影响情况。结果表明，儿童拥有的零花钱、压岁钱、去商店和银行的经历都对经济概念的发展有一定的影响，但对不同年龄组的儿童来说，上述这几种因素的影响程度不同。对7岁组儿童来说，掌握零花钱的多少是主要的影响因素；9岁组被试去商店的经历成为了主要的影响因素；11岁组被试去银行的经历则成为其经济概念发展的主要影响因素。

在墨西哥和西班牙儿童对社会经济多变性概念理解程度的发展阶段的研究中（Enesco & Navarro，2003）。研究者对100个来自墨西哥和西班牙的6～14岁的儿童进行了半结构访谈，要求儿童回答财富的来源以及社会经济多变性的相关因素，结果发现，在所有的年龄段中，当要求被试描述如何获得财富时，工作是被最频繁提及的因素。研究数据表明，从8岁开始，儿童逐渐认识到并不是所有的工作都是一样的；而且会认为某些工作更重要、更难或者更必需，所以工作者能够获得相应的更高的工资。10岁以前，儿童不会考虑某些与获得一个好工作有关的个体因素，如努力、毅力以及对优秀的期望。到了12岁和14岁，这些概念就成为儿童考虑的中心因素。直到14岁儿童才会对工作系统中的某些方面具有直觉感知（如工作中的晋升）。关于对财富的其他解释，年龄间最显著的差异是一种非现实的回答（如从自动取款机中获得钱、将钱存到储钱箱中）。这些回答在6岁儿童中是比较典型而普遍的，但更年长的儿童很少出现这种回答。另外，研究结果显示出了两个国家之间的显著差异。西班牙的儿童更倾向于两种回答，即违法的方式和随机因素。这是因为西班牙政治的因素使其国家的儿童比墨西哥国家的儿童对破产具有更高的敏感性。研究表明，从 10 岁开始，儿童变得更易受社会环境的影响。

因此，儿童经济概念的发展不仅与儿童的年龄有关，与儿童所处的经济、文化背景以及儿童的实际经济经验也有较为密切的关系。

综上所述，由于儿童要学习掌握的概念非常繁多，涉及的内容也十分广泛，所以在其概念发展的过程中既会表现出一般的年龄规律和认识原则，也将表现出某些与概念本身相关的具体的认知特点，我们在儿童的各种概念教学中应该兼顾这两个方面。

思考题

1. 儿童对客观事物进行概念性表征包括几种方式？每种方式有什么特点？

2. 儿童概念的早期发生表现在哪些方面？

3. 时间概念包括哪些类别？

4. 主体对空间位置的表征包括哪些形式？

5. 儿童几何概念发展有何特点？

6. 儿童经济概念发展的影响因素有哪些？

7. 幼儿对心理现象有哪些认识？

8. 儿童在数数时要遵循哪些原则？

第八章　表征能力的发展

儿童无论在早期的概念形成，还是在判断、推理和问题解决等复杂的认知活动中，都需要利用头脑中已存储的对世界的知识对外界信息进行重新组织，信息在头脑中的组织形式就是心理表征。儿童是否能够建构恰当的心理表征以及建构心理表征的水平，都将影响其对认知任务的有效处理和解决。

第一节　表征的发展阶段

一、关于表征的经典研究

虽然表征一词在现代认知心理学中被频繁使用，但到目前仍然没有一个统一的定义。认知心理学将人脑看作一个信息加工系统，其中涉及信息的表达，如用命题、命题网络和图式来表达陈述性知识，用产生式或产生式系统表达程序性知识，认知科学通常将认知系统中的这种信息表达称为表征。建构主义认为心理表征是针对具体问题的情境对原有知识进行再加工和再创造的过程。所以，建构主义强调个体要根据自己的经验背景，对外部信息进行主动地加工和处理，从而建构信息的意义，他们认为这个过程即为表征。

总之，个体对知识的心理表征就是在原有认知结构的基础上将外部信息以自己独特的方式或形式组织起来，并建构出一定的结构和意义。心理表征包括符号建构、概念意义的确立、视觉图式、空间图式和策略启发等过程，同时与问题相联系的情绪情感因素（如个体的态度、信念和价值观等）可促进或阻碍对问题的理解(DeBellis 1996；Goldin，2001)。

关于表征的经典研究始于 20 世纪 70 年代，研究者首先开展了心理旋转和心理扫描的研究。

(一)心理旋转

谢帕德(Shepard)等人于 20 世纪 70 年代开展了"心理旋转"的研究，这些研究对后来的心理表征的研究产生了重大影响。在实验中，他们以计算机呈现成对图形，让被试尽快判断两个图形是否完全相同，记录其反应时。每个图形由 10 个小方块连接而成，有 3 个直角弯头，构成一个三维图形。这些成对呈现的图形有三种组合方式。第一种方式为一个图形相对于另一个图形在平面上旋转了一定的角度，这种组合方式称为平面对；另一种方式是一个图形相对于另一个图形在三维空间旋转了一定角度，这种组合方式称为立体对；第三种方式为两个图形的镜像对称，无论怎样旋转都无法重合。

实验结果表明，在平面对和立体对中，当图形转动了一定角度出现方位差时，反应时就会增加。反应时随方位差的增加而增加，两者成正比。研究者还采用了各种材料（如数字、字母）来重复心理旋转的实验。这些实验告诉我们，视觉表象拥有客观物体的全部属性，个体可以像旋转客观物体一样操作心理物体。当然，在某些情况下，心理旋转并不等同于物体旋转，如在上述的第三种组合方式中，当心理任务变得非常复杂时，被试就无法像判断客观物体一样做出正确判断了。

最近关于心理旋转的研究主要集中于对视觉加工及其神经机制的探讨上（Gill，O'Boyle & Hathaway，1998；Harris，Egan，Paxinos & Watson，1998），发现心理旋转与眼动之间有着紧密的联系。研究者（De Sperati，1990）发现眼跳潜伏期随刺激和反应之间方向变化量的增加而增加，这一结果表明视觉与心理表征加工之间的密切关系。研究者还通过双重任务范式发现，被试在完成运动旋转之时，必须对其相应的心理表象进行旋转（Wexler，Kosslyn & Berthoz，1998）。

在侯公林等人（1998）的一项研究中发现，幼儿在 4～5 岁时已经开始形成二维心理旋转能力。林仲贤等人（2002）的研究发现，7～8 岁儿童已经开始发展心理旋转能力，但其操作水平却不高，属于逐步向前发展的阶段。在哪个年龄阶段人类心理旋转能力发展到最充分，还有待进一步深入研究。

（二）心理扫描

柯斯林（Kosslyn）等人在 20 世纪 70 年代开始对心理扫描进行研究，试图以此说明表征与现实物体的知觉具有相似性。如在实验中，让被试对呈现的图片（如汽艇）进行心理表象。实验分为两种情况，一是让被试"注视"表象中的图片的一部分，二是让被试"注视"整个表象。然后主试说出原来图片中可能有的一个物体，让被试判断主试说出的这个物体是否存在，记录被试的反应时。

实验结果表明，如果被试"注视"表象中的汽艇尾部，而主试要求被试判断汽艇首部是否有旗子时，被试的反应时较长；如果被试"注视"汽艇的中部时，相同的判断问题被试的反应时较短。当被试"注视"整个表象时，这种反应时的差异就不存在了。这说明表象是可以被扫描的,扫描所需的时间随扫描的距离而增加,这种心理加工过程如同对现实图片的扫描。柯斯林等人还开展了很多类似的实验以说明心理表征像客观物体一样也具有大小、方位、距离等空间特性,个体可以根据这些空间特性进行扫描。

二、表征的发展阶段

表征所用的符号一般经历由动作到表象再到抽象符号发展的三个阶段。在这一发展过程中,符号的系统性、抽象概括程度越来越高,信息或意义与符号之间的联结方式越来越多、越来越复杂。同一信息或意义可用不同符号来表征,同一符号可以表征不同的信息或意义。所有描述儿童表征的发展历程和顺序的理论基本是一致的。按照皮亚杰的思维发展阶段论,我们也将心理表征的发展分为四个阶段。

(一)感知运动阶段(出生到大约两岁)

处于此阶段的儿童通过感觉和动作来认识世界,此时占优势地位的认知图式是行为表征,婴儿开始协调感觉输入(看见并吸吮一个物体)和运动神经反应(抓住物体)。婴儿通过动作解决问题要好于运用头脑,所以他们思考的方式与大一些的儿童有质的区别。在感知运动时期的开始,婴儿看起来没有什么高级的智力活动,但他们已经在积极地探索周围的世界。婴儿经历感知运动时期的子阶段时,我们可以看到越来越多的智力行为的迹象,因为他们逐渐通过行为的效果认识世界。他们从运用先天反射的反射性生物转变成可以在头脑中解决问题的反省性生物。有研究发现,在3个月大的婴儿身上已经可以看到知觉恒常性的最初表现;6个月的婴儿则可以追视一个滚动的物体。虽然从视觉距离上物体小了些,但是婴儿还能看成是同一个物体。这样,依靠作为感性认识的知觉恒常性有利于婴儿适应环境,为在头脑中形成表征创造现实条件。

此阶段后期思维开始出现,儿童可以用一个客体象征另一个客体,这样一个锅可能变成了一顶帽子,或者一只鞋子变成了一部电话——象征思维的获得使得假装这种简单形式的游戏出现了。根据皮亚杰的观点,这一阶段的婴儿可以模仿不在场的事物,因为他们可以回忆起以前看到的事物在头脑中的表征。感知运动阶段的最高目标是内化行为图式以建构可以指导未来行为的心理符号。学步儿童已可以在头脑中设计实验,并且表现出一种对如何解决问题的洞察力。这一新的符号能力,如运用想象、语词、手势表征或代表物体和经验的能力,使得更多复杂的问题得以解决。

（二）前运算阶段（2～7岁）

感知运动阶段后期出现的符号能力在学前期迅速发展，并且成为学前儿童最熟练的认知能力。儿童可以用词语表示那些不在眼前的物体、人和事件，他们可以想到过去和未来，而不再受制于此时此刻的存在。假装和幻想游戏是这个年龄的儿童最喜欢玩的游戏：木块代表电话，纸板盒代表火车。例如，幼儿将铅笔盒放在地上，嘴里念念有声地说"开火车了"，此时幼儿实际上是以铅笔盒来代替并没有存在于眼前的火车，"铅笔盒"成了"火车"的心理符号。学前儿童象征性游戏的出现正是由于幼儿发展出了这种运用心理符号的表征能力。

除了以物代物外，有些儿童甚至会虚构出想象的同伴，尤其是那些没有游戏同伴的头胎子女或独生子女（Bouldin & Pratt，1999；Gleason，Sebanc & Hartup，2000）。其中一些物体代表人物，一些物体代表动物，而且它们还有名字（Taylor，Cartwright & Carlson，1993），儿童非常清楚他们的伙伴并不是真实的。心理符号的运用还体现在角色扮演上，如幼儿假扮妈妈的角色或是假扮司机的角色。幼儿在角色扮演中是通过表征的形式来再现现实生活中的情境。

（三）具体运算阶段（7～11岁）

大约在开始上小学的时候，儿童的思维有了很大的转化。儿童表现出对物体的心理操作，如加减、分类、从大到小排列物体等，这使得学龄儿童能够有效地思考他们日常生活中经历的事物和事件。可逆性的掌握使得儿童能够在头脑中想象水倒回原先杯子的结果，这种转换思维使得儿童能够更好地理解倒水时的变化过程。此时儿童一般具备了逻辑运算能力，认识到当水倒入一个不同的容器后，它的数量是不变的，儿童的思维以逻辑表征为指导。具体运算阶段还有其局限性，这种思维模式可以应用于现实或想象的物体、情境和事件，而在表征抽象观点和没有现实基础的假设命题时就存在困难。

（四）形式运算阶段（11岁一直到以后）

如果具体运算是针对客体的智力活动，那么形式运算就是针对思维的智力活动。因此获得形式运算能力的青少年可以在头脑中逻辑性地思考那些不能看到、听到、尝到、闻到和摸到的思维。换句话说，形式运算思维比具体运算思维更具有假定性和抽象性，并采取更系统、科学的方法来解决问题（Inhelder & Piaget，1964）。总之，形式运算思维比具体运算思维更抽象。形式运算思维能够系统地思考假设，具有抽象的观念，掌握了假设—演绎法，能够形成多个假设并且通过实验法进行系统的检验，这个阶段的青少年运用的是抽象表征。

皮亚杰认为随着儿童年龄的增长,直觉思维会被科学思维代替。但有人认为这两种推理形式在青少年的头脑中似乎是并存的(Klaczynski,2001)。在个体有效选择恰当策略的基础上,直觉和科学思维之间的转化为问题解决提供了灵活的表征方式。

第二节 儿童表征能力的发展

个体表征的发展状况影响着个体的整体认知水平。表征能力的发展分别体现在空间、数字、运算和问题表征等方面。

一、空间表征能力的发展

个体所做的任何事情都依赖于觉察到的周围世界。在生命的前几个月,一个正常发育中的婴儿通过成熟的感觉器官获得了大量的感觉信息,大脑针对这些信息发出指令,从而使得婴儿与周围的环境保持协调。空间表征是指在头脑中构成对象的空间形状和简明结构,并在头脑中做相应的判断和推理。随着年龄的增长,儿童迅速建立起关于周围世界的空间关系体系,并为它们赋予更为丰富的意义,表现出一定的空间表征能力。

(一)空间关系表征能力的发展

3个月大的婴儿能够在空间关系的基础上对知觉的结构进行分类,如形成"上"和"下"的概念。贝拉吉恩和她的同事们(Baillargeon et al.,1987)调查了5.5个月大的婴儿是否能意识到当一只高兔子从一堵矮墙背后经过时应该可以看到兔子。结果发现婴儿对高兔子没有出现在矮墙后面的情况表示惊讶,这说明婴儿能够表征墙和兔子之间在高度上的空间关系。另外,上述研究者对婴儿空间位置记忆力的测量揭示了8个月大的婴儿能保持某些空间记忆的时间达到7秒钟;注视从错误位置拿到杯子(不可能事件)的时间比从正确位置拿到杯子的时间更长。上述研究表明,对婴儿而言,"不在视野内"不等于"不在头脑里",这是对表征能力早期发展极其有效的测试,因为婴儿必须在记忆中将空间关系维持一段时间,这样才能判断正确的位置。

研究者(Mckenzie et al.,1986)设计了另一个关于婴儿空间关系的学习和记忆测试,研究显示出婴儿并不总是在记忆中进行自我中心式的空间位置编码,他们既能根据自身的位置做出能动反应,也能在给予适合的机会时以客体为中心在记忆中编码空间位置。大约5个月时,婴儿就能成功地运用他们的手与环境中的物体进行接触，随后他们可以根据目标物体的大小和定位来调整手的动作，改变抓握的动作；6个月左右，婴儿就可以根据物体的大小来调整自己的动作，如对小物体伸出一只手去抓，对大物体伸出两只手。这些抓握动作看似简单，但却依赖婴儿的空间表征能力。

对年长的儿童来说，实验者选用较为复杂的实验任务来考察他们表征空间关系信息的能力。目前使用最多的任务是柯西木块任务(e.g.，Milner，1971)和视觉矩阵测验(e.g.，Della Sala et al.，1999)。两种任务都是向被试呈现抽象的空间刺激，然后要求被试立即回忆或再认该刺激。

柯西木块任务(Corsi Block)是一个三维的实验任务。任务中有9个木块以非对称的布局连在一个木板上，主试以1块/秒的速度以某种顺序敲击木块，然后要求被试重复主试的操作。被试以正确的顺序敲击木块的数量越多，说明其空间关系的表征能力越强。视觉矩阵测验(Visual Pattern Test)是一个两维的实验任务。在白色方格矩阵中有一些格子被涂以黑色，这种黑白矩阵的设计越不规则越好，尽可能避免非视空间编码的参与，然后让被试复现该矩阵。所能复现黑白矩阵中黑色的格子越多，其空间关系的表征能力就越强。

研究者(Logie & Pearson，1997)考察了5~6岁组、8~9岁组和11~12岁组儿童在柯西木块任务和视觉矩阵测验上的回忆和再认成绩，发现两种任务的成绩随年龄的增长而提高。研究者曾经(Issacs & Vargha-Khadem，1989)对288名7~15岁的儿童进行了柯西木块任务的测试，结果发现被试的成绩从平均4.1个木块提高到5.6个木块。一些研究发现5岁、7岁和10岁儿童在视觉矩阵测验上的成绩也是随年龄增长不断提高的(Miles，Morgan，Milne & Morris，1996)。可见，儿童的空间表征能力是随着年龄的增长不断发展的。

庞丽娟等人(2008)的研究发现，3~5岁儿童理解空间表征的发展水平均显著高于使用空间表征的发展水平。理解和使用空间表征代表着儿童空间表征能力发展的两个不同水平。与理解空间表征相比，使用空间表征对儿童提出的能力要求更高。在儿童早期，儿童对现实空间关系的心理表征和空间表征符号之间似乎是一种单向连接的状态，他们能够理解已有的部分表征符号的含义，却无法提取和组织表征符号与他人进行空间信息的交流。这是因为在使用空间表征的任务中，儿童面对的不再是现有的表征符号，而是需要他们自己寻找和选择合适的表征符号以完成任务，这无疑增大了任务的难度。

(二)空间运动表征能力的发展

空间表征的另外一个重要的方面是知觉物体的运动。尽管学会判断物体运动规律需要花费几年的时间，但是年幼的婴儿已经表现出一些令人意想不到的能力来解释物体运动的空间线索。例如，当物体朝向他们的脸部移动时，他们会做出防御性的反应；对迫近的物体做出眨眼的反应最早出现在1个月大的时候，接下来的几个月这种能力会变得更加连贯（Nanez & Yonas，1994）。新生儿能遵循运动中的物体是大小守恒的原则，如他们能辨认出相同大小的物体，尽管物体的距离影响着大小的判断。在一个研究中（Slater，Mattock & Brown，1990），让婴儿不断地看一些立方体，当让他们选择时，他们喜欢看那个有不同尺寸的立方体。这表明尽管物体以不同的距离呈现，在他们的视网膜上形成了不同的映像，但婴儿认识到了物体的实际大小。斯佩尔克和她的同事（Kellman & Spelke，1983；Spelke，1990）认为，年幼的婴儿对于物体整体的许多线索敏感，特别是对那些物体移动时的线索特别敏感。例如，4个月大的婴儿认为一个物体的所有部分在相同的时间会向相同的方向运动。因此，他们用共同运动判断运动中的物体是否是同一个物体（Kellman & Spelk，1983）。总之，虽未经学习，婴儿已了解关于物体运动中的一些朴素规律，他们表征的世界是一个运动着的且有秩序的世界。

斯佩尔克（1996）和她的同事曾经考察婴儿对牛顿物理学定律是否通晓，如婴儿是否知道在没有遇到任何阻力的情况下，降落的物体是沿一条连续的路径向下降落。斯佩尔克的研究表明，当4个月的婴儿看到一个在屏幕后下降的球最后落在架子下面而不是降落在架子上时表现出吃惊的表情。他们对于这种"不可能"事件比对于一个运动的球因遇到阻力而停止的事件关注的时间会更长。6个月的婴儿看到在屏幕后方降落了一个球，主试移开屏幕，结果发现婴儿对于悬在半空中的球比对落在地上的球表现出更大的惊奇（Kim & Spelke，1992；Spelke et al，1992）。这揭示了婴儿知道一些关于重力的规律，并以此来表征其观察到的现象。

以上结果表明年幼的婴儿不仅仅在简单地感觉世界，他们还具备了组织化程度较高的表征系统，拥有这种系统，婴儿便能更好、更快地感知周围的世界（Wellman & Gelman，1992；Gelman，1996）。

二、数量表征能力的发展

数量表征是指个体在具体数量及数量符号的识别过程中在头脑中建立的数量关系。数量表征的正确使用对儿童思维和认知发展有着重要影响，因为这是儿童从具体思维向抽象思维转化的重要信号之一，研究发现婴儿期就已具备了初步的数量表征。

(一)识别数量表征能力的发展

韦恩(1992)在实验中给 6～7 个月大的婴儿重复呈现有几个点(如两个)的幻灯片,婴儿慢慢地对刺激的注视时间减少,对刺激不再感兴趣,这就预示着他们开始"习惯化"。但这时,如果呈现的幻灯片上出现不同数量的点时(如 3 个),婴儿会重新产生兴趣,他们的注视时间会显著增长,这就预示着婴儿的"去习惯化",上述现象说明了婴儿在"2"和"3"之间能够做出区分。研究者还发现婴儿不仅能辨别出不同数量的物质客体,他们还能对身体动作的数量进行区分。韦恩(1996)在另一项研究中让婴儿对一个木偶的跳跃次数(如两次)形成习惯,当这个木偶跳跃一个新的次数时,6 个月大的婴儿的注视时间显著增长。当把跳跃嵌入到连续运动的系列中,如让木偶的头前后摇摆做出夸张的样子,以此来阻止婴儿简单地从不动中提取出运动的部分,婴儿不得不从摇摆的连续序列中,分离出离散的"运动单元"——跳跃,并且数出这些"运动单元"。这个研究结果表明,婴儿能够从不同成分组成的运动序列中数出离散的"运动单元"。

10 个月大的婴儿能分辨"等于"和"不等于";14 个月大的婴儿能理解"多于"。在斯塔基(1992)等人的实验中,婴儿能将听到的声音数量与看到的物体数量相匹配。研究者在让婴儿听到两声或 3 声鼓声之后,给婴儿看有两个或 3 个视觉对象的幻灯片,当幻灯片中对象的数量与他听到的鼓声相匹配时,婴儿对它有更长的注视时间。这不仅表现了婴儿的视听协调,也表现出婴儿有内在的数量表征。

婴儿可以区分数量较小的数字,如判断木偶跳动的次数,判断听到音节的个数(Bijeljac-Babic,Bertoncini & Mehler,1991),但是这种能力究竟是婴儿通过抽象的表征进行判断的,还是通过感觉来进行判断的,目前尚无定论。

婴儿在生命的早期阶段就已经能表征数目较小的数量关系,因此目前心理学界比较公认的是个体先天就有两个表征数量的系统。一个是客体追踪系统,这一系统负责处理小数量,它可以对一组数量的轨迹进行逐一的追踪,这一表征系统非常精确,但它能表征的数量是有限的,最多为 3 个或 4 个;另一个是数量判断系统,这一系统是以整体的方式来表征数量,没有数量大小的限制,但是这一系统的缺陷在于表征的精确性较低,辨别的精确度遵循韦伯定律。

希格勒等人(Siegler & Booth,2004;Siegler & Opfer,2003)研究了儿童如何估计数轴上的量值,如在 1～100 的数轴上估计 83 的位置,在研究中他们发现,幼儿的数量表征机制有助于他们的估计,当要求幼儿在 1～100 的数轴上放置数字时,他们将 10 放在了很靠右的位置,压缩了大值数字的位置,以至于小值整数间的距离(如 2 和 3)比大值整数的距离更突出和容易辨别,即呈现出对数表征的形式。而到小学结束时，大多数儿童形成了有关数字位置及位置意义的正确的数学表征，呈现出线性表征的形式。

周广东等人(2009)使用数字线估计任务，探讨了中国5～12岁儿童数字估计的表征模式及其发展趋势。结果发现，在0～100范围的数字估计中，幼儿园儿童更多采用对数表征，而一、二年级的儿童在数字估计中更多采用线性表征；在0～1000范围的数字估计中，一年级儿童有一半采用对数表征，另一半采用线性表征，而三、五年级儿童大多采用线性表征。中国儿童的数字估计表现出与美国儿童相同的发展模式，都是由不精确的对数表征逐步向精确的线性表征发展。同时，有研究(Booth & Siegler，2006)发现，儿童在数字估计任务中表现出了一致的发展模式，在一种数字估计中表现较好的儿童倾向于在其他类型的数字估计中也表现较好，相同年龄阶段的儿童在不同的数字估计任务中表现出平行地变化。

(二)数量符号表征能力的发展

儿童数量表征能力的发展是从对具体物体的数量识别过渡到运用数量符号，赫腾洛克(Huttenlocher，1994)用心理模型(mental model)来描述幼儿对数量表征的转化过程。该模型认为尽管幼儿没有达到对数字符号的理解，但是他们可以在头脑中形成某种简化的表征，就好像物理学中的理想模型，它不是真实情景的副本，而只是保留了其中最本质的特征。赫腾洛克认为幼儿早期关于数的心理模型就是只保留了物体数量这一本质，排除了物体的形状、颜色、排列等非本质特征，所以幼儿在形成科学的数字表征——数字符号之前，就可以另一种较低级的方式对数字的本质特征有一定程度的把握了。如3～4岁幼儿会画一幅含有小甜饼的画来标记甜饼数量，有的儿童只画5个圆圈标记数量，而只有到5岁以后，他们才开始逐渐使用习俗化的抽象标记，即数字符号来表示数量(Bialystok & Codd，2000)。所以在儿童真正掌握数学符号之前，他们也能以一种非正式的方式对数量进行表征，以此理解数量的转化。

周欣等人(1998)发现，大多数4岁儿童能自发地运用某种书面符号来表征数量，尽管其中约一半儿童并不知道如何写阿拉伯数字。这些儿童创造了他们自己的表征方法。如儿童在两位数的表征上用103来代表13是一种非常合情合理的创造，因为这时的儿童还不知道在十位上1可以代表10，觉得根据读音，13就是用一个10和一个3来表示，写成103，英国和美国的研究者也发现儿童具有类似的表现。

同时在对4～5岁儿童进行的书面数符号表征的测查中发现，一部分儿童在数字阅读部分得了高分，但在实物—符号(要求儿童把出示的纽扣的数量写出来)和符号—实物(要求儿童根据出示卡片上的数字取出相应数量的纽扣)部分得了低分,甚至零分。这种状况表明,在儿童的数符号阅读能力中存在不同发展水平,其中一种水平是仅会读,不理解其含义;第二种水平是既能读也能理解;第三种水平是儿童能读并理解,但出于某种原因未能做对题目。如果一个儿童在数字阅读部分得高分,在其他两部分均得了低分,这个儿童很可能并不真正理解符号的含义。从实物—符号与符号—实物这两个任务来看,前者更难。因为这两个任务的测查内容对儿童提出了不同的认知要求。在符号—实物测查部分,儿童能同时看到符号和实物本身;但在实物—符号部分,儿童只能看到实物,他们需要通过记忆来回忆与实物数量相对应的符号。

同时在跨文化的比较中发现,能够运用书面数量表征的中国 4 岁儿童的百分比要比英国 5 岁儿童的百分比高。9 个月后,85% 的中国 5 岁儿童运用了书面数符号来表征数量,而英国 6、7 岁的儿童中只有 50% 的人能做到,且大多数中国儿童达到或几乎达到了上限数量(20),远远大于英国被试所到达的数量(1~6)。

跨文化研究表明,不同的数量符号系统有可能影响儿童数学技能的发展。与中国儿童相比,美国儿童在数数、将数字与阿拉伯数字进行匹配等一系列数技能上发展得要晚一些。这主要是数字语言体系上的差异导致的,中文的数字发音较短,组成方式也是容易掌握的十进制,数词的读音与十进制的规则相互对应,清楚地反映出数的个位和十位的关系,因此对儿童学习、理解数词很有帮助。例如,数字"15",该数字读音反映了这个数词包含 1 个 10 和 5 个 1 (Wang,Tanase & Sas,2008)。

三、运算表征能力的发展

运算表征指个体在头脑中对数量关系进行运算操作的过程。更高级的数认知活动,如数学判断、数学推理、数学问题解决等都是以数学运算能力作为前提条件的。大量证据表明婴儿不仅能够辨别出不同数量的客体,而且能够进行简单数量的计算。这些结果引发了对婴儿运算表征能力发展的思考。

(一)数量运算表征能力的发展

研究发现婴儿不仅能对数量进行辨别,而且能在辨别的基础上从事简单的计算。韦恩(1992)试图通过观察 5 个月婴儿注视不同加法和减法问题的时间长短考察婴儿是否能进行加法和减法计算。在实验中,让一组婴儿观看"1+1"的运算情境:给婴儿呈现一个米老鼠,然后出现一个幕布遮住米老鼠。接着婴儿看见实验者将另一个米老鼠放在幕布后。幕布落下后,显示正确数量的结果

（两只米老鼠）或不正确的结果（一只米老鼠）。另一组婴儿观看"2－1"的运算情境：给婴儿呈现两个米老鼠玩具，然后出现一个幕布遮住玩具。接着，实验者用一只手伸入屏幕后拿走一只米老鼠，然后屏幕落下，显示正确数量的结果（一只米老鼠）或不正确的结果（两只米老鼠）。两组的婴儿对结果的注视时间都表现出显著差别：在加法情境中的婴儿对结果是一只米老鼠的注视时间显著长于两只的注视时间；然而在减法情境中他们更多地注视两只米老鼠的结果。研究结果表明，婴儿倾向于对意料之外的事件注视更长的时间，即对不正确的运算结果给予了更长的注视。

有人质疑婴儿是否只是简单地期望在舞台上呈现比以前更多的物品，或是只不过是期望看到屏幕升起之后的一种变化了的情景。为了检验这种假设，韦恩给5个月大的婴儿又呈现"1＋1"的加法情境，但是屏幕落下显示的是两个或三个物品。如果婴儿只是简单地期望舞台在某些方面改变的话，那么他们对两种结果的期望值应该相等。但实际上，婴儿对三个物品的注视时间显著长于两个物品的注视时间。另有研究者（Koechlin，1998）提出另一方面的质疑，即婴儿的行为可能是因为对舞台上的空间位置敏感，而不是对客体的数量敏感。婴儿可能记录下客体的特定位置，当原来没有客体的位置上突然出现一个客体，或是原来有一个客体的位置上没有客体了，婴儿对此将感到吃惊。针对这种疑问，在后来的实验中，研究者再次呈现给婴儿"1＋1"和"2－1"的情境，所不同的是客体都被放置在舞台中央一个旋转的盘子上，从而消除特定位置信息的影响，结果与韦恩的实验一样：婴儿对不正确数量的结果注视时间更长，这一结果表明婴儿是对客体数量进行了计算，而不仅仅是对空间位置的简单知觉。

也有研究者（Simon，1997，1999）认为上述研究结果只表明了婴儿具有从不同数量中找出相同数量的能力，而不是一种理解数量或者正确进行加减法的能力。在韦恩实验中婴儿的大脑形成两个物体的表征。当屏幕降落下来，两个玩具显示出来（即正确的结果），婴儿面前的这种景象与他/她形成的大脑表征相同。但是在错误结果的情况中，当屏幕降落下来只显示了一个玩具，这与婴儿形成的大脑表征不匹配。因此对错误结果注视更长的时间可能仅仅说明婴儿一般的理解"相同"与"不同"，但这不是一种数量加工过程。韦克利和她的同事（Wakely，Rivera & Lanager，2000）重复了韦恩的实验程序，没有发现婴儿进行加法和减法的证据，他们认为对于这种结果可能有另外一种解释，可能是因为5个月婴儿的数量知识是"易变的和脆弱的"。总之，"数字能力是否天生"的观点现在还不是很清楚。某些婴儿进行某些任务时，这种早期的数量运算能力可能会表现得很明显，但是绝大部分能力是后来不断学习才具有的。

斯塔基(1992)采用非言语任务来研究儿童的运算能力。研究者让儿童向不透明的容器里放入一定数量的物体，规则是一次只能放入一个。然后让儿童观看主试的操作——在其中填入或取出物体，使儿童知道改变的数量。最后要求儿童把数量改变后的容器里的物体全部拿出。如果儿童从盒子里取物体的动作次数和物体的数量相等(一次只能拿出一个物体)，则说明儿童可以进行简单的运算。结果表明，在小数目的加减法运算中(如"1＋1""2－1")，两岁的儿童已经能够取得较好的成绩。

本研究中使用的非言语任务尽管在儿童一个一个往外拿物体时对容器中其他物体进行了控制——每次只给出一个物体，防止了儿童因感觉到还有其他物体没有拿出才进行其后操作的可能性。但同时，这也可能误导了儿童，使其因感觉到"没有物体了"而停止后面的操作。总之，知觉线索无法完全排除。因此，研究结果中两岁儿童在小数目题目上的好成绩摆脱不了知觉线索的干扰。如"1＋1"，儿童可能只是知道"加就应增多"，而引发第一次动作。但是具体增加到多少，他们可能并没有精确的概念。所以通过知觉线索——感觉到"没了！"，而停止后面的动作。同样在"2－1"中，第一次动作的停止就可能是由知觉线索导致。因此，两岁儿童会做小数目加减法的结论有待进一步探讨。

但赫腾洛克(1994)的研究证明了早期幼儿具备了简单运算能力。他的实验步骤如下：①主试在幼儿的注视下依次摆放若干小圆盘作为被加数，然后将之遮盖起来；②在儿童的注视下向遮盖起来的小圆盘序列中加入或者取出若干个小圆盘，改变后的小圆盘序列仍然被覆盖着；③请儿童自己摆出被遮盖的小圆盘的数量；④主试揭开遮盖，看看儿童所摆小圆盘数量是否和被遮盖的一样。这样的实验设计要求明确，儿童容易明白，并且排除了那些使儿童不经过运算就能得出正确答案的额外线索的干扰。上述整个过程模拟了加减法运算的心理操作，即实验需要儿童表征被加数或被减数(初始小圆盘数)并且将之暂时存储在记忆中；还要表征加数或减数(加入或取出的小圆盘数量)；最后得出结果(自己摆出和被遮盖的相同数目的小圆盘)。所以它能够比较好地考察幼儿运算能力的发展。赫腾洛克的结果表明两岁半的幼儿已经可以进行一些简单的运算了，他们的正确率超过了几率水平，表明这个年龄阶段的儿童具有了初步的数量运算表征能力。

(二)数量运算表征的机制

一些研究发现，儿童在数量较大的运算中会存在困难(Ashcraft，1992)。如"7＋8"的计算正确率就要低于"2＋3"，反应时也较长。对年幼儿童出现这种数量大小效应有两种解释。一是年幼儿童的注意能力有限，随着数量的不断增加，他们的正确率也就会不断下降；二是较大的数量超越了年幼儿童的工作记忆负荷。在算术任务中，儿童必须在头脑中建构每个算子集（"7""8"）、算术转换（"＋""－"）和结果集（"15"）的模型。这些模型在工作记忆中的表征并非单一编码，如"7"并非用一个单元来表示，而是使用 7 个单元来表示"7"。算子集越大，工作记忆的负荷越大，所以出错的几率也就越大（e.g.，Baddeley，1996）。

我们将个体在解决算术问题时在工作记忆中需要表征的最大数量称为表征集量（Representational Set Size，RSS）。对于"3＋2"来说，个体首先需要表征 3 个单元，然后在进行加法运算后，需要表征 5 个单元，所以表征集量为 5；对于"3－2"来说，个体在减法运算之前，首先需要表征 3 个单元，所以表征集量为 3。总而言之，对于"a＋b"来说，表征集量为加法之和，对于"a－b"来说，表征集量为 a。如果工作记忆的容量对于 4 岁儿童解决实物加法运算来说非常重要的话，那么儿童解决问题的正确率必将随着表征集量的增加而不断下降。

克莱恩（Klein，2000）通过改变幼儿表征集量来控制工作记忆负荷，结果发现 4 岁儿童在简单加减法中的正确率与 RSS 显著相关。这说明年幼儿童的工作记忆容量可能是造成数量大小效应的一个主要原因。该研究说明，对表征集量在算术运算中的充分认识有助于教师针对儿童的特点设计题目，促进儿童当前的学习，减少以后的学习困难。

也有研究者认为工作记忆的容量与运算之间没有那么密切的关系。格尔曼（Gallistel & Gelman，2000）提出累加器模型来解释儿童的数能力。该模型认为儿童通过两种系统来表征数字：一种为类比量值的形式，如把"1、2、3"表征为"—，——，———"；另一种为符号，如用"!，♯，&"代表"1、2、3"，这些符号并没有实质性的意义，只是硬性赋予的，但是每一个符号却对应着相应的类比量值，如"!"对应"—"，"♯"对应"——"，"&"对应"———"。这样，当我们读出符号的同时，也就是向累加器中投入类比量值的过程。

累加器工作的原理与加减法运算具有同构性，是儿童进行加减法运算的基础。加法运算的过程就是将一个累加器中的物质倒入另一个累加器的过程，或者是将两个累加器中的物质一并倒入第三个空累加器的过程；而减法运算则是将一个累加器中的物质不断倒出，直到恰好倒掉减数对应的物质量。由于将数量表征为符号后就不会占用过多的认知资源，所以累加器模型不易受到认知负荷的影响。

四、数学问题表征能力的发展

数学问题是以现实世界中的事件与关系为题材，用自然语言陈述以执行数学运算为主的问题。数学问题表征则是指当解决问题时，个体需要在不同的标志代码间进行转换，将普通语言描述的日常事件转换成数学的概念系统，使其语义和句法变成数学的推理结构。表征的类型会影响问题解决的结果，只有恰当的问题表征才有助于学生理解数学概念，建立相关数学概念之间的关系，从而找到问题解决的正确方法（NCTM，2000）。

（一）直接转换表征与问题模型表征的研究

陈英和等人（2004）对小学 2～4 年级儿童在数学应用题上的表征策略进行了研究。被试为某普通小学 2～4 年级学生，按照他们在最近期中数学考试的年级排名，分别从各年级挑选出年级前 50 名学生和后 50 名学生。然后让各班的数学老师根据学生最近的学习表现及相关测试成绩进行定性评价，从初选被试中挑选出他们认为数学学习的学优生和学差生。实验材料为 8 道比较应用题，其中一致和不一致问题各 4 道，在两种类型的问题中，加、减法各两道。所谓一致应用题是指关键词与实际运算操作是一致的，如题中关键词是"多"或"少"，则进行加法或减法运算；所谓不一致应用题是指关键词与实际运算操作是不一致的，如题中关键词是"多"或"少"，则相应地进行减法或加法运算，即关键词与运算形式恰好相反。

本实验采用个别施测。主试向学生逐张呈现题卡，要求他们每看到一个题目，就将这道题的计算式又快又准地列出来，只需要列出式子，不需要进行计算。每做完一道题，主试会问学生是怎么做出来的（如为什么用加/减法呀）。从呈现题卡开始计时，到学生列出计算式时计时停止，时间精确到秒。如遇到有的学生一分钟还未做出，就跳过该题，继续进行下一题。

结果发现，学优生对一致题目的反应时要显著少于对不一致题目的反应时，这说明他们在表征一致问题上使用的时间要少于不一致问题。这是因为一致问题是以正向的逻辑顺序对题目进行表述，这种表述有利于学优生迅速地建立问题的情境模型；而不一致问题是以负向的逻辑顺序对题目进行表述，这种表述需要进行语义和词序上的转换才可以顺利地建立问题的情境模型。从年级趋势上来看，学优生对一致与不一致题目的正确率差距逐渐缩小，这说明对于低年级学优生来说，在面对不一致问题的时候，虽然花费了一些时间建立模型，但在最后决策运算方式上还是出现了错误，所以他们在使用问题模型策略上还不够稳定和成熟。也可能是因为他们已经掌握了问题模型策略，但在运算方式的选择上还不够稳定。对于高年级学优生来说，他们在运算方式的选择和问题模型策略的使用上都已经非常熟练，所以无论解决哪种问题，他们的正确率都很高。

学差生对一致与不一致题目的反应时差异不显著，这说明他们在表征一致题目和不一致题目上，使用的时间基本相等。虽然一致问题是以正向的逻辑顺序对题目进行表述，而不一致问题是以负向的逻辑顺序对题目进行表述，但学差生并不过多考虑问题表述中的语义和词序是否符合正常的逻辑顺序，只关注题目中的数字和关键词，没有对不一致问题进行语义和词序上的转换，所以他们在一致题目和不一致题目上的反应时基本相等。学差生在一致题目上的正确率要高于不一致题目，这说明学差生在面对一致题目的时候，所用的直接转换策略只关注题目中的数字和关键词，但因为题目的表述是正向的逻辑顺序，所以他们可以得出准确的列式，而在面对不一致题目的时候，因为题目的表述是负向的逻辑顺序，所以数字和关键词就不能帮助他们得出准确的列式了。

本研究结果表明，学优生倾向使用问题模型策略，学差生倾向使用直接转换策略，由此看来，一些学生在数学问题解决中的困难在于其问题表征，而不在数学操作；问题表征的困难在于理解条件关系，而不在理解单独条件；理解条件关系的困难在于使用了直接转换策略，而没有使用问题模型策略。

研究中，学优生对不一致题目的反应时逐渐缩短，正确率不断提高，这说明随着年级的升高，学优生使用问题模型策略越来越成熟。但学差生并没有使用更加有效的表征策略，仍然停留在直接转换策略上。从学差生的自我报告来看，随着年级的升高，直接转换策略使用的越来越少，问题模型策略使用的越来越多，但自我报告的策略变化并没有提高他们的成绩，也就是说，虽然学生主观上已经认识到应该使用高级的问题模型策略来解决问题，但是这种认识还没有深刻地影响他们行为的改变。

(二)图像表征与图式表征的研究

赫加蒂等人(Hegarty et al.，1999)指出，视空间表征形式又分为图像表征(pictorial imagery)和图式表征(schematic imagery)。前者是建构生动详细的视觉图像，后者建构物体之间的空间关系，并进行空间上的转换。他们还采用MPI测验考察了这两种表征与数学问题解决以及空间能力的关系。结果发现，运用图式表征与成功解决数学问题间呈正相关，而运用图像表征与成功解决数学问题间呈负相关。空间能力中的空间视觉化能力与图式表征有正相关，却与图像表征无关。

哈尔德伦等人(Garderen et al.，2003)从六年级中选取学习困难儿童、学业中等儿童和学业优秀儿童，让他们完成一套数学测验，并评价其视空间表征的使用情况。视空间表征分为图式表征和图像表征。图式表征指对问题中的空间关系进行编码；图像表征指对问题中的人物、地点和事件进行编码。实验中，主试向被试提问以确定被试主要使用了何种策略。研究中将每个题目印在一张卡片上，向学生呈现。然后，询问并记录学生他们是如何解决问题的，是否使用了视空间表征。以下为提问的问题：①你是如何得出答案的？（如果学生没有做出来，就问"你刚才是怎样试图解决问题的"）②当你解决问题时，你在头脑中看到一幅图画了吗？（如果答案为肯定的，则继续回答后面两个问题；否则，停止提问）③请描述一下你头脑中的图画；④问题图画是如何帮助你解决问题的？

如果被试在描述他们的策略时使用画图表、手势来表示问题中事物的空间关系和动态转换，或者口头报告出这种关系和转换，则计为图式表征策略；如果被试报告说在脑中出现问题中人或物的具体形象而不是他们之间的关系，则计为图像表征策略。结果显示，学业优秀儿童更多使用图式表征，学习困难的儿童更多使用图像表征；问题解决成功与图式表征的使用呈正相关，与图像表征的使用呈负相关。

曾盼盼等人（2003）对我国小学 4～6 年级儿童的表征方式进行了研究。结果发现，在小学高年级阶段，5、6 年级学生数学问题解决的正确率、使用图式表征策略的程度显著高于四年级学生，而使用图像表征策略的程度各年级无显著差异。实验中发现，四年级儿童极少主动使用画图表的策略帮助解题；五年级儿童在解题过程中常机械地将画图表作为解题的一道必要程序，其解题过程与画出的图表关系有时不甚紧密；六年级儿童在使用图式表征时则更具有计划性、灵活性，在必要时才借助画图表，而且会根据需要画出一部分或全部。这说明，五年级可能是图式表征策略的过渡阶段。

还有研究者（Presmeg et al.，1986）指出，可以根据学生在解决数学问题时对使用视觉表象或图表的喜好程度将他们置于一个连续体中。据此，苏维森（Suwarsono）编制出一种测量个体视觉表象水平的工具——MPI（the Mathematical Processing Instrument）。然而，采用这个工具的后继研究却发现视觉表象并不一定促进数学问题的解决，有时甚至起妨碍作用。基于这些研究，研究者（Presmeg）总结出中学生在解决数学问题时常用的五类表象：①具体图形表象（在脑中出现图形）；②模式表象（以视觉—空间格式勾勒出纯粹的关系）；③动觉表象（包括手的运动和其他的手势）；④动态表象（包括对几何图形的动态转换）；⑤记忆表象（将数学公式以视觉化的方式提取出来，进行问题解决）。

虽然这五种表象形式各有用途，但是她认为，具体图形表象在解决数学问题中是不太有效的表象形式，因为它会使学生拘泥于对无关细节的推理，而忽视原问题表征中的重要成分；模式表象在数学问题解决中起着关键作用，因为它显示出了问题信息之间的关系，更有利于个体进行抽象和概括。研究发现，对问题关系能够进行很好理解的问题解决者倾向使用模式表象和动态表象，而对问题关系不能很好理解的问题解决者倾向使用具体表象和记忆表象。

针对不同的问题解决阶段表征策略的使用情况，有研究者（仲宁宁、陈英和、王晶，2009）进一步运用实验法考察了某普通小学的 158 名 4~6 年级学生在问题理解阶段和执行阶段使用表征策略的情况。结果发现，学生在理解阶段更多使用情境表征策略来表征问题，在问题执行阶段，学生需要在头脑中将文字符号转换成数学符号，此时一些支持性信息被剔除了，只保留了问题解决的必要条件，所以学生此时使用问题表征策略来表征问题。同时研究还发现，表征水平对表征策略的选择具有重要的影响作用，表征水平越高，学生在理解阶段更多采用情境表征策略，在执行阶段更多采用问题表征策略。

第三节　表征能力的培养和训练

表征是问题解决的开始，表征能力的提高是促进儿童问题解决能力发展的一个重要环节。研究者（仲宁宁、陈英和、张晓龙，2009）发现，表征水平越高，学生在问题解决上的成绩越好。学生在数学任务中出现错误是由于对问题信息的表征失败。一些研究已经发现，通过对儿童表征能力的培养和训练，可以有效地提高其问题解决的成绩，并促进其思维能力的发展。下面将以数学问题解决为例，从不同方面介绍提高儿童表征能力的方法。

一、知识经验

比如，数学应用题解决的首要前提是对问题进行正确的表征，即理解和分析题意确定问题的初始状态和目标状态。要做到这一点，必须借助于学习者原有的基础知识和解题经验。

在专家/新手的研究中发现（梁宁建，1997），专家和新手最重要的差异在于二者对问题空间信息进行编码时建立的心理表征不同。在专家建立的心理表征中，事物之间的关系与现实问题结构中的关系相对应，而新手则不然。所以这就要求教师在教学过程中应充分考虑学生已有的知识，按照学生掌握的知识特点来解决新的问题。要想让学生能够利用自身已有的知识解决新的问题，需要教师在平时的教学过程中对讲授的知识进行及时的归纳和总结，使零散的知识内容能够以图式的形式附着于学生强大的知识结构之中。这样当面临需要解决的问题时，学生可以根据问题的初始条件和约束条件激活记忆系统中的某一知识框架和抽象表征图式，从而利用先前的知识对问题形成正确的表征。同时，教师还应注意成功解决的问题样例对学生今后问题表征的影响。因为这些样例会储存在学生的长时记忆系统中，当新任务出现时，问题情境的信息会激活头脑中相应的样例，学生可以按照先前样例的成功表征模式形成对新问题的表征，从而准确解决问题。

总之，过去的知识经验作为一种知识的储备是可以促进今后问题的顺利解决的，具有一定数量的知识是形成良好表征的前提。需要注意的是，仅有一大堆知识是不够的，要形成对问题解决有利的问题表征必须达到问题的情境特征与问题解决者的知识相联系。只有个体将获得的知识不断精致化、结构化，形成互相关联的组块，才能在形成问题表征时提取这些组块，产生有利的问题表征。

二、元认知

元认知是指对认知活动进行监控和调节的过程。随着对元认知研究的兴起，人们发现学习不仅是对材料的识别、加工和理解的认知过程，同时也有对该过程进行监控和调节的元认知参与其中。通过元认知的作用，儿童才能更好地对问题进行理解，建立或提取适当的表征，并按照对问题的表征制订计划和选择策略。所以要想提高儿童的表征能力，可以从元认知角度入手制订一些培训方案。

有研究者(Mevarech & Kramarski, 1997)提出元认知训练的方案，这种方案强调学生应该对当前解决的数学问题进行自我提问，通过这些提问指导学生对问题建立准确的表征。提问的问题分为四类：理解问题、联接问题、策略问题和反思问题。理解问题可以帮助学生在解决问题之前对问题进行更深入的思考。为了回答这些问题，学生需要大声地念出要解决的任务，并用自己的语言描述任务，以理解任务或概念的意义。理解问题包括，"整个任务是什么""提出的问题是什么""这个数学概念的意思是什么"。连接问题有助于学生发现当前解决任务和先前成功解决的任务之间的相同点与不同点。连接问题包括，"当前的任务与先前已解决的任务有哪些相同点""不同点又在哪""分析一下原因"。策略问题帮助学生思考哪些策略有助于解决问题，原因是什么。策略问题包括，"什么样的策略适合解决这种问题""为什么这种策略更适合解决这个问题""如何组织信息以解决这个问题""如何执行计划"。反思问题可以帮助学生更深入地思考在问题解决过程中自己的理解。反思问题包括"我正在做什么""这样做有意义吗""在解决任务过程中我所面临的困难是什么""如何证实这个答案""还有其他解决方法吗"。实验研究发现，进行自我提问的元认知训练组的成绩要明显好于控制组，并且这种效果在一学年之后仍然明显。

童世斌（2004）等人制订的元认知培养方案是先向学生讲授如何建立并保持良好的问题表征，这一过程分为四个步骤：①准确理解题意，包括把握应用题的基本数量关系和准确理解语句；②利用图解法、关系句理清复杂数量关系；③寻找隐含的数量关系；④总结解题思路。然后要求学生在做习题的每个思维阶段都必须结合题中条件，回答"元认知监控自我提问单"上的每个问题，并将每个问题的答案写在作业本上，然后再完整地列出解题步骤。"元认知监控自我提问单"的内容如下。

一是准确理解题意阶段：

①我把握住基本数量关系没有？

②我将关系句准确地转化成代数式没有？

③我将复杂句子成功分解没有？

④题中的隐含条件我充分挖掘没有？

二是列方程阶段：

①我进行了双向推理了吗？

②我可以利用题中哪些等量关系列出方程呢？

③列出方程后我检验了等式两边的单位是否一致，其含义是否相同了吗？

三是解方程及检验、总结阶段：

①解方程时我是否考虑了有没有简便解法？

②解题后我检验答案了吗？

③遇到难题时，解答后我归纳了思路吗？

研究证明，对学生进行思维表征策略训练是有效的，在思维表征策略训练之后，进行有针对性的元认知监控训练，能进一步提高思维表征策略训练的效果，使得学生能够自觉对思维表征策略进行自我监控。

三、概念性理解

概念性理解是指学生对知识间相互联系原则的内隐和外显的理解。概念性知识与程序选择、程序监控和将程序性知识转换到新情境中等过程相联系，有研究表明，概念性知识对于儿童的数学问题解决非常重要。希伯特和沃恩（Hiebert & Wearne）发现，大部分具有概念性知识的学生可自行创新问题解决程序，而不具有概念性知识的许多学生只是使用标准的解决程序。正如吉尔瑞（Geary，1995）所说的，概念性知识与灵活性是紧密联系的。概念性知识是解决数学问题的前提条件，具备了概念性知识就可以选择恰当的表征。

陈英和等人（2005）运用实验法和临床访谈法对某普通小学的 123 名 2～4 年级学生进行了非规则数学应用题测验，以考察数学学优生和学困生在解决这些应用题时表征策略的差异。研究发现，在条件多余和条件不足应用题中，学优生的成绩均好于学困生的成绩。学优生能够理解条件之间的内在关系，较准确地判断出多余条件和未给出条件；而学困生不能对题目中的条件是否充要进行判断，而仅根据数字和关键词来解题。当解决问题时，学生首先要理解呈现的问题，理解过程实际上就是学生用自己独特的方式重新组织问题中的条件，并根据自己的经验和知识对关键信息进行分析。对于学生来说，只有被自己重新组织的知识才是被理解的知识，所以概念性理解是心理表征的重要前提。在准确理解的基础上，学生才会发现哪些是问题解决中需要的相关信息，哪些是不需要的无关信息，相关信息会受到注意并被组织到心理表征中，形成问题解决的方案，而无关信息将被舍弃掉。

研究还发现，在三年级时，儿童对于条件多余和条件不足应用题的解题正确率有所增长，但到四年级时，正确率却有所下降。究其原因，研究者认为当前的数学教育课本中提供的都是一些刻板化的标准型应用题，这些题目总是可以通过对明显数字的运算得以解决，所以教师在教学过程中更注重解题的程序，而非学生对程序的概念性理解。由于受课堂解题范式训练的影响更多一些，四年级的学生虽然在常规应用题上成绩很好，但在解决非常规应用题时，灵活性、变通性上就显得有些不足。

教师经常鼓励学生对解题的程序进行记忆，特别是在特殊教育的数学指导中，教师更多强调的是对计算过程的机械记忆，而忽视概念性知识和将数学应用到现实问题情境中的能力（Woodward & Montague，2000）。许多研究者认为程序性指导使得学习不良儿童变成了被动的学习者，无法对数学中的核心概念和规则进行理解（Parmar et al.，1994；Woodward & Montague，2000），所以他们也就缺乏高级的数学技能。一些心理学家认为，数学教学应同时强调概念性知识和程序性过程，学生不仅要关注数学计算，还必须理解数学知识的本质，这样才能进行更广泛的数学推理，以便在不同情境中建立对问题的表征。如研究者（Rittle-Johnson et al.，1999）在一项研究中，考察了儿童解决等式问题中的程序性知识和概念性知识，他们把儿童分为程序教学组和概念教学组。研究结果表明，两组儿童解决问题的能力都得到了提高，但接受程序教学的儿童，其概念性知识的提高是有限的，而接受概念教学的儿童，其程序性知识得到了有效的提高，且表现出很强的迁移性。因此，概念性知识要比程序性知识表现出更为重要的作用。

思考题

1. 个体对事物的表征发展过程中，表征形式经历了怎样的变化？

2. 各种表征能力的发展对个体早期适应的意义有哪些？

3. 教师在教学活动中，如何提高学生对问题表征的灵活性？

4. 在儿童表征的形成过程中，还受到哪些外在因素的影响？

第九章　问题解决能力的发展

问题解决（problem solving）是从问题的起始状态（给定）出发，经过一系列有目的指向的认知操作，达到目标状态的过程。问题解决存在于人类生活的方方面面，我们每天都要面临许多有待于解决的问题。问题解决能力与人类的生存和发展密切相关。

对儿童来说，问题解决能力的发展非常重要。由于儿童在其成长的过程中将遇到各种各样的问题，所以他们必须不断地解决它们，使其不再成为问题，以便集中心理能量去应对新的挑战。

皮亚杰学派和现代认知心理学都十分重视儿童问题解决能力的发展，并主要从问题解决能力的发生和发展特点以及儿童在问题解决过程中使用的策略等方面进行了大量的理论和实证研究。

第一节　婴儿期问题解决能力的发生

虽然问题解决是一项复杂的认知活动，但处于人类个体发展早期的婴儿就已经表现出某些最初的问题解决行为。这些最初的对问题解决的尝试使其相应的技能很快发展起来，为他们之后进行更为有效的问题解决操作奠定了良好的基础。婴儿期问题解决能力的发生主要表现在以下四个方面。

一、制订计划

计划是指在行动之前预先拟订的具体行动内容和步骤。制订计划是有效问题解决的重要组成部分，尤其在许多复杂的问题解决中，更是实现目标必不可少的步骤之一；同时，由于集中地体现了问题解决活动的目的指向性和有意性以及认知操作的序列性，制订计划的发展也标志着问题解决能力的逐渐成熟。

对于婴儿来说，发展制订计划的能力是一项比较困难的任务，因此在多数时候，他们几乎没有什么计划，而是通过尝试—错误来直接面对问题，即使制订了计划，也很少能做得很好。希格勒等人认为缺乏抑制与元认知知识、耗时、问题难度高、常常遭遇失败、按部就班的计划使人感到无趣等方面原因限制了个体制订计划能力的发展(Ellis & Siegler，1997)。

尽管如此，婴儿也并非完全没有带有计划性的问题解决行为。虽然婴儿大多数的问题解决都有尝试—错误学习的性质，好像是杂乱无章地随机乱撞，最后终于碰上了正确的解决方法。但实际上，他们最终解决问题很少是完全出于偶然，其行为往往带有一定目的性和有意性，有时还可以按照特定的目的来安排行为序列，虽然这种能力还不能和年长儿童以及成人的制订计划相提并论，但已经初步体现出了计划的性质。

婴儿的问题解决是从目标—指向行为(goal-directed behavior)开始的。目标—指向行为要求"需要领先于动作"。也就是说，婴儿并不是首先进行一些操作，而后偶然发现一个有趣的结果(如拉动身边的绳子发现头顶悬挂的玩具开始转动并发出声音)，反而是首先寻求一个特定目标(如拿到远处的一个玩具)，然后进行相应行动。在这个过程中，婴儿必须认识到，在拿到玩具之前他们需要作一些"特别的事情"(如拉动玩具下面的布料)。从两个月开始，婴儿就已经能够学会有意识地控制环境的某一方面，来实现一定目标(Rovee-Collier & Gerhardstein，1997)。例如，2～8 个月的婴儿会通过压杠杆来看一张婴儿脸的彩色图片，并听到伴随的歌曲(Lewis，Alessandri & Sullivan，1990)。

随着目标—指向行为的发展，婴儿进入了有目的动作逐步形成时期，婴儿开始能够为了一定目的而产生有意的反应，手段与目的出现了最初的分离，这也是婴儿计划性的最初体现。之后，婴儿进一步发展起了安排行为序列的能力，他们不仅发展了目标指向行为，而且能够把两个或者更多行为整合为一个动作序列完成简单的目标。如当一个有趣的玩具被放在一个垫子下面时，婴儿会用一只手抬起垫子，而另一只手去抓玩具，在这里婴儿的行为是由两个本来无关的反应(抬起和抓握)整合而成的，它们构成一个有意的行为序列，成为婴儿实现目的的一种手段。在皮亚杰看来，这种行为整合是真正问题解决的开始。

研究者发现(Willatts，1999)，婴儿在 7～8 个月时，已经发展起了这种有意的动作序列，并能够以此来解决简单的问题。例如，用手去拉动一块布料，从而拿到放在布料远端的玩具。这种能力是随着年龄的增长以及动作经验的丰富而发展起来的，6 个月的婴儿还不能有效发展这种有意的动作序列，他们常常只是拿布料来玩，远远看着玩具，并不会把布料拉向他们，也不能把他们的注意力始终集中在玩具上；而到了 8 个月，婴儿则很少玩布料，他们抓住布料，并很快开始拉动它，以便使玩具靠近他们，他们的注意力保持在玩具上，常常在拉动布料的同时，举起另一只手等待玩具的到来，然后迅速和有效地把玩具拿到手中。

婴儿甚至能够灵活地根据情境采取不同的行为序列。例如，9 个月的婴儿为了拿到够不着的玩具，可以推开作为障碍的一个泡沫塑料块，然后伸手拖动一块布料，把布料上的玩具拖到自己身边来。控制组同样有玩具、布料、泡沫塑料块障碍，所不同的是玩具没有放在布料上，而是放在布料旁边，结果这些婴儿表现出了完全不同的问题解决行为，他们没有费力去拉布料，而是把泡沫塑料块当作玩具玩了起来。在这个过程中，两组婴儿几乎都没有进行任何试误，而是根据面临的不同的问题情境，采取了最适合其情境的行为，表现出了计划行为能力。

二、工具运用

为了实现目标而运用工具解决问题是人类问题解决的重要手段，研究者发现婴儿已表现出了这种能力并认为它源于婴儿对物理世界进行操控的渴望，在婴儿探索环境时、在婴儿的感知—动作程序（perception-action routine）中可以看到人类工具运用的起源（Lockman，2000）。在儿童早期发展中，利用一个物体取得另一个物体，被看作是运用工具的最早形式，而且一旦儿童学会了使用工具，工具运用就成了他们解决问题技能的一个重要组成部分，同时也成为人类认知的基本组成部分。

由于工具运用的重要作用，很多研究者对此进行了研究（Brown，1989；Chen，Sanchez & Campell，1997；Schlesinger & Langer，1999；Lockman，2000），他们与皮亚杰一样主张工具运用是婴儿期问题解决能力发展的重要成就，同时也强调这种能力的出现比皮亚杰指出的时间要早。

按照皮亚杰（1954）的观点，婴儿工具运用出现在 1 岁左右。但是新近的研究表明（Bjorklund，2005），在婴儿的目标—指向行为出现后不久，他们就能够运用工具去解决问题了。

大多数关于婴儿和幼儿工具运用的研究，都采用了引诱—提取任务（Lure-retrieval Task）。这是科勒（Kohler，1925）研究黑猩猩时开创的，在这个任务中，把儿童渴望得到的一个物体放在他们够不着的地方，旁边放了一些可供利用的工具。研究发现，虽然可能会受到一些因素的影响，如工具是否靠近目标、工具和目标的相似程度、工具类型等，9、10 个月的婴儿已经能够运用工具解决引诱—提取问题（Bates，Carlson-Luden & Bretherton，1980；Flavell，2002；Bjorklund，2005）。

在婴儿末期，他们还发展出运用符号表征（symbolic representation），如图、表、比例尺、图片等作为问题解决工具的能力。

对符号表征的研究一般采用以下模式：把一个玩具藏在房子的一个地方，然后给儿童看房子的比例模型，一个按比例缩小的玩具藏在房子模型的同样位置，实验要求儿童在真实的房子里找到玩具，主试会告诉儿童"看，我藏了一个小的史诺比在这儿，我把一个大的史诺比藏在大房子里的同样地方"(Deloache，1994)。结果发现，2.5岁的儿童成功找到玩具的百分比不足20%，而3岁的儿童成功率则达到了70%，其差异明显。

研究者分析了差异的原因，认为年幼儿童更多是把比例模型当作一个有趣的物体，而不是工具，他们不能把它看作是另一个物体的符号表征，而并非不能理解表征可以作为工具来解决问题。实验者改用大房子照片和图纸替代比例模型继续实验，发现那些在比例模型实验中失败的2.5岁儿童在新的实验中取得了成功，说明他们是可以运用一些符号表征作为工具来解决问题的。

儿童早期开始出现的运用符号表征作为工具的现象，在个体问题解决发展上具有重要的意义，因为人们生活中许多工具都离不开符号：书面语言、口头语言、计数系统、测量工具以及计算机等。

随着年龄增长，婴儿对工具的运用也随之增多，但是在整个婴儿期自发运用工具的比例依然不高。研究表明，熟悉用作工具的特定物体(Cheyne & Rubin，1983；Simon & Smith，1983)、对工具进行更多的探索和实践(Gredlein，Bjorklund & Hickling，2003)、成人的暗示或者示范(Chen & Siegler，2000)、理解运用工具的行为和结果之间的关系(Want & Harris，2001)等，都能大大促进婴儿的工具运用以及问题的成功解决。

三、运用规则

规则体现了两个或者更多变量之间的关系，许多问题的解决都需要发现并运用规则。大多数认知发展就其实质而言都是归纳规则并用此解决问题的过程，希格勒(1976，1981)甚至强调认知发展的特征就是获得越来越强有力的解决问题的规则。因此，研究儿童问题解决乃至其认知发展的一种重要的方式就是探讨他们规则的获得和运用。

儿童什么时候能够归纳或发现规则？什么时候能够把得到的规则运用到问题解决上？研究者运用独特性问题(oddity problem)的任务范式对此进行了探讨。独特性问题是一种简单的、需要发现规则的任务，即使在尚未学会说话的儿童和动物中也能施测。在这个任务中，人们需要确定出相对这一组中的其他物体来说，哪一个物体不同或者比较独特。例如，建立在"知觉相似性"基础上比较简单的问题，如"§、§、¥"，或者建立在"概念相似性"基础上比较复杂的问题，如"衬衫、帽子、桌子"或"苏珊、琼、戴夫"。

奥弗曼等(Overman et al., 1996)运用了类似独特性问题的范式，以探讨个体对规则的发现。在给被试呈现的一组三个物体中，其中两个是同样的，如果被试选择"独特的物体"就能获得一个奖励，结果表明，这个任务对于16～31个月的婴幼儿来说很困难，但对于6岁儿童以及成人来说则相对简单得多。不过，在经过几百次尝试之后，大多数婴幼儿最终还是习得了"独特性"规则。而且在第二次实验中，当给予被试言语指导"挑出不同的那个"时，大多数婴幼儿都解决了这个问题。

此前，其他研究者(Inhelder & Piaget, 1964)也报告过类似的发现。可见，婴儿已经能够归纳和发现规则，只是他们的方式与年长儿童和成人有所不同，更为低效(Overman et al., 1996)；但当给予他们言语指导时，问题解决就变得容易起来，这说明他们是能够在不同问题中运用这个规则的，只是在以非言语信息为基础归纳出规则上有些困难。

在婴儿末期，儿童遵循和执行规则的能力也得到了发展，尽管这种能力远未完善。在一个早期实验中，有研究者(Zelazo & Reznick, 1991)让31～36个月的儿童完成一个分类任务。实验中给儿童看一组图片，并给他们两个需要遵循的规则："如果它是房子里边的东西，就把它放进这个盒子里；如果它是房子外边的东西，就把它放进那个盒子里。"同时对儿童进行"知识"测试，方法就是给儿童看每一张图片，然后问他们："这是房子外边的东西还是房子里边的东西?"实验发现，所有儿童在"知识"任务上都表现得很好；然而，在按照规则进行分类的任务上，只有36个月的儿童能够正确地完成，其他儿童不能有效地执行规则，尽管他们知道每一个物体的类别。在后来的研究中，实验者把每一个物体都标上了标签，提醒儿童"这是一个床，它要去哪儿"，也提醒儿童规则"记住，如果它们在里边，你就要把它们放在这儿；如果它们在外边，你就把它们放在那儿"，并对正确的反应给予反馈和奖励，但通过"知识"任务的32个月的儿童还是没能正确地运用规则(Zelazo, Reznick & Piňon, 1995)。

尽管3岁的婴儿已经能够遵循和运用规则，但他们运用规则解决问题的能力还远不成熟，这种情况在比较复杂的任务上或当规则发生变化和转换时表现得十分明显。泽勒佐等人(Zelazo et al., 1996)开发了一种维度变化卡片分类任务(Dimensional Change Card Sorting Task)，用以测试儿童在规则发生变化和转换时能否选择适当的规则以及正确地执行。在这个任务中，主试给儿童看一组图片，这些图片在颜色和形状两个维度上有所不同，之后给儿童看两张目标图片：一个黄色的卡车和一朵绿色的花。在任务的第一阶段，首先告诉他们规则：同样颜色的图片要在一起，如所有黄色的图片都和黄色卡车图片放在一起，所有的绿色图片都和绿色花朵图片放在一起；然后给儿童一系列测试卡片，如黄色的花朵和绿色的卡车，然后请他们按照颜色对这些卡片分类。在任务的第二阶段，告诉儿童要玩一个新游戏——形状游戏；要求儿童把卡车卡片和黄色卡车图片放在一起，而把花朵卡片与绿色花朵图片放在一起；由于规则发生了转换，即从按照颜色分类到按照形状分类，因此这个阶段又叫做"转换阶段"。结果发现，在任务的第一阶段，大多数儿童都完成得很轻松；而在转换阶段大多数 3 岁儿童都失败了，因为他们还是按照原来的维度（颜色）对卡片进行分类，尽管他们中的大多数儿童都能够很清楚地说明新规则是什么。可见，就像 32 个月的儿童在简单任务上的表现一样（Zelazo & Reznick，1991），3 岁儿童在复杂任务中虽然能够描述出新规则，但是却不能有效地遵循和执行它。

究其原因，一方面可能是婴儿低效的抑制控制能力所致，在规则转换的时候，婴儿不能很好地控制先前占优势的反应，如按照颜色分类；另一方面，规则的协调，如对规则的有意识地选择和运用，需要更高水平的自觉反思（conscious reflection），而婴儿期这种能力还比较低下，需要到学前期才能发展起来（Bjorklund，2005）。

四、类比迁移

儿童能否将在一个情境中获得的问题解决方法迁移到其他情境中去（类比迁移），超越其直接经验在更广阔的范围内应用，是个体问题解决发展中的重要组成部分。已有研究表明，类比迁移这种能力在个体早期就已发生。

在一些研究者（Inhelder & Piaget，1958）看来，问题解决的类比迁移是一种复杂的技能，在青少年期以前尚未发展完善。然而，另一些研究者则提出，类比思维是问题解决技能以及许多其他推理的基础，并且可能早在婴儿期即已出现（Goswami，1996，2000）。

陈哲等人（Chen，Sanchez & Campell，1997）的实验为儿童问题解决迁移的早期发展提供了有力的佐证。实验以 10～13 个月婴儿为被试，实验的基本情景是：让婴儿设法拿到他们够不着的玩具，在婴儿和玩具之间有一些障碍；有两根绳子，一根系在玩具上，另一根则没有，这两根绳子婴儿也都够不着，但是每一根绳子都在一块布料上，布料是婴儿够得着的。为了得到玩具，婴儿必须把布料拉向自己，然后拉动系着玩具的绳子。实验包括三个相似的任务，只是在这三个任务中玩具、障碍和布料的颜色都不相同。如果在 100 秒之后，婴儿不能解决问题，他们的父母就会示范正确的解决方法。该研究的一个主要问题就是：在解决完第一个问题之后，婴儿能够看到这个问题与后来问题的相似性，进而更容易地解决后来的问题吗？也就是说，婴儿会运用类比吗？

结果发现，尽管婴儿"原创性"的问题解决能力较差，没有几个婴儿能够自发地解决第一个问题，他们大多数需要父母的示范；但是婴儿解决问题的比例，从第一个问题的29％上升到第二个问题的43％，第三个问题更上升到67％。陈哲等人（Chen，Sanchez & Campell，1997）通过一系列实验证实，婴儿在后来的尝试中问题解决成绩提高，并非由于在第一次尝试中成功地拿到目标玩具对婴儿以后尝试活动的强化作用，也不是因为热身效应；而且婴儿在把先前问题成功的解决方法应用到新问题时，也并非是一种盲目的模仿，而是了解了问题解决方法的作用，明白了布料、绳子和玩具之间的关系。因此，婴儿在后来的第2次和第3次尝试中较好的问题解决成绩确实是婴儿把从先前问题中习得的解决方法迁移到新问题上的结果。

这表明，在为婴儿提供一定支持的情况下，在比较简单的问题解决任务上，甚至10个月的婴儿也能把从一种任务情境中获得的问题解决方法迁移到另一种情境中去。

随着年龄增长，儿童在突破背景的限制、知觉关系和因果结构方面越来越有效，这使得他们能够超越最初的经验去解决新的问题。对于一个特定的问题情境，儿童能够更容易、更有效地迁移先前获得的问题解决方法，并逐渐能够把有关的方法应用到越来越不相似的情境中去（Goswami，1996）。在布朗（Brown，1989）的一项实验中，实验者首先让20个月的婴儿学会使用一根长钩拿到想玩的玩具；之后在一个新的情境中，实验者为婴儿提供了各种可能用到的工具，包括与原来的长钩在颜色、形状上都十分相似的工具，但是婴儿并未被知觉相似性迷惑，而是选用了一根长度足够拿到玩具同时又具有钩子的钉耙，解决了这个新的问题。

当然，从成人的视角来看，婴儿解决的问题似乎过于简单，问题之间结构的同质性也过于明显。通常用于研究其他年龄阶段类比迁移的任务，诸如"A：B∷C：?"形式的传统四项比例任务，如鸟：鸟巢∷狗：?（狗舍）（Goswami & Brown，1990）以及以"攻克堡垒问题"为源问题解决"邓克尔（Duncker）辐射问题"（Gick & Holyoak，1983）之类的任务，这些任务中问题的相似性更多是关系的，而不是知觉的。与婴儿的问题解决相比，这些任务显然考查的是类比迁移的更高级形式。由于研究者要求儿童解决的问题性质不同，这也是导致关于人类个体何时出现类比迁移分歧的原因之一。

尽管如此，在婴儿问题解决类比迁移的实验中，还是能够看到实验者给婴儿呈现的问题在表面特性的各个方面都有所不同，对于婴儿来说，这些不同的方面意味着需要解决的问题不同。而且在这些实验中，成功的迁移至少需要两个认知成分(Berk, 2004)，其一是注意到习得的问题解决方法能够应用到新的问题情境中去，为了实现迁移，问题解决方法必须从原来的特定情境中摆脱出来；其二是把习得的问题解决方法应用到新的情境中去，为了解决新的问题，婴儿必须明白行为之间的关系、行为和目标之间的因果联系，而不仅仅是对示范行为的简单再现。儿童在这个过程中，发展了建构内部心理图式的能力，而且还拥有了一定程度的灵活性、概括性和抽象性，是儿童问题解决迁移能力的最初体现。

第二节　儿童青少年问题解决能力的发展

一、儿童青少年问题解决能力的发展

婴儿期发展起来的问题解决能力远远超出了我们的预想，但是许多研究发现年长儿童甚至成人的问题解决能力并不像我们认为的那样理想，他们在制订计划、科学推理等方面表现出了许多弱点。这些发现并不表明个体在问题解决能力方面没有年龄差异，对个体而言问题解决能力方面的变化并不是突然出现的，而是有一个渐变过程。但从总体来看，儿童问题解决能力的各个方面均表现出随着年龄而增长的趋势。

(一)计划性

手段—目标分析(means-ends analysis)是体现儿童计划性的一种重要形式，在个体问题解决过程中被广泛地运用。手段—目标分析能力随着儿童年龄的发展得到了较大程度的提高，一方面表现为在儿童完成任务的过程中，所形成的亚目标数量增多，复杂度也有所增加；另一方面表现为儿童能够抵制一些眼前的小目标的诱惑，直接向总目标靠近。这使得年长儿童越来越能够解决比较复杂的问题。从3~6岁儿童解决河内塔(Tower of Hanoi)问题的表现中可以看到这种发展变化(Klahr, 1989；Welsh, 1991)，大部分3岁儿童只能解决两步移动问题，大部分4岁儿童能够解决4步移动问题，大部分5~6岁儿童则能解决5~6步移动问题；而且3岁儿童往往只能直接向最终目标移动，而年长儿童为了实现最终目标可以安排亚目标，向亚目标移动。

　　计划性的另一个体现就是选择最有效的实现目标的路线，随着年龄发展，儿童计划路线的能力得到提高，选择路线相对更为迅速、错误更少，而且表现出了相对较高的环境适应性。许多研究采用了要求儿童到一个空间，如一个模拟的杂货店，取一些物体的任务，以考察儿童计划路线的能力。研究发现（Gauvain & Rogoff，1989；Hudson，Shapiro & Sosa，1995；Judith Hudson et al.，1995），3、4 岁儿童计划很少，选择路线能力较差，他们表现出更多的"原路返回"（Backtracking）动作，而 5 岁儿童计划已经比较普遍，甚至做出相当数量的预防错误的计划；在对错误或问题的补救计划方面，也存在明显的年龄差异；而且随着年龄的增长，年长儿童的行为更多表现出了对路线的计划性，也更为有效。在另一项对 4～10 岁儿童的研究中（Gardner & Rogoff，1990）要求儿童从一处到另一处，对一组儿童要求他们要避免错误，而对另一组则告诉他们速度和避免错误都很重要，结果发现 7～10 岁儿童能够根据情境要求灵活地选择计划的重点，而 4～7 岁儿童则表现出了明显的刻板性。

　　总的来说，制订计划是一项难度较大的任务，年长儿童甚至成人也常常很难进行计划（Chalmers & Lawrence，1993）。在问题解决的发展过程中，计划能力的发展相对较慢，儿童运用计划去处理问题的情形还不够多，甚至一些成人也不习惯运用计划。

（二）自我产生工具

　　虽然婴儿运用工具的能力还不是很高，但是在随后的几年里这种能力发展得很迅速，到 3、4 岁的时候，儿童已经能够运用许多工具。这些工具是在特定的文化背景中被传承的，如筷子、勺子、叉子、铅笔、锤子或者剪子等。更为重要的是，儿童也发展了运用符号表征工具的能力，并且能够根据情境运用自我产生的工具（self-created tools）。卡米洛夫-史密斯（1979，1992）对 7～11 岁儿童进行了一系列实验，在实验中儿童扮演救护车司机的角色，要求是把病人送到医院。在正式运送病人之前，儿童可以先"尝试"一次相关的路线。结果发现，在实验者的鼓励下，即使 7 岁儿童也能在纸上做出标记，如用一个"×"表示死胡同等，来帮助他们记忆路线，并且有意识地改变他们所做的标记的类型，尝试去发现最有效、最经济的标记。特别值得注意的是，在对不同标记的尝试过程中，儿童会对其作用进行思考，如为什么这种方法起作用、还有没有更好更高级的方法等，这个过程促进了儿童更高效地运用工具并解决问题。

（三）运用逻辑规则

　　儿童运用规则的能力也表现出显著的进步。与年幼儿童相比，年长儿童更容易发现规则。婴儿甚至学前儿童都感到比较困难的独特性问题(Overman et al.，1996)，对于6岁和更年长的被试来说已经变得相对容易，即使是在缺乏言语指导的情况下，他们也能发现规则。

而且，规则的逻辑性、抽象性和系统性也在不断提高，如在皮亚杰著名的守恒问题上，由于更容易以知觉到的物体外表为依据或者以问题在一个维度、一个方面的变化为依据，年幼儿童几乎都无法顺利完成；而年长儿童由于发现了"可逆性"的逻辑规则并同时关注问题的多个维度和方面，因此可以很容易地完成这些任务。同样，在解决诸如"约翰比马克高，而马克比山姆高，谁更高"之类的传递性问题上，由于缺乏对大小关系传递性的概念，学前儿童主要依赖知觉回答问题，之后才能逐渐掌握传递性的逻辑(Chapman & Lindenberger，1988；Markovits & Dumas，1999)。

随着年龄增长，儿童越来越能够突破事物本身特点和自身的限制，遵循逻辑规则去解决问题。在维度变化卡片分类任务(Zelazo，Frye & Rapus，1996)中，当规则发生转换时，婴儿虽然能够描述出新规则，却不能正确地遵循。而到了4岁，大多数儿童在描述和遵循规则两个任务上都已经做得很好，固着错误(Perseverative Error)(Zelazo et al.，1995，1996)大大减少。原因之一是儿童抑制能力的发展促进了他们灵活地运用规则(Bjorklund，2005)；泽勒佐等人(Zelazo，1997)认为，随着年龄的增长，儿童对问题解决的"有意控制"能力不断提高，当其在面对作用于一个问题的多个规则时，他们越来越能够有意识地选择对于情境最适当的规则，并据此做出反应；而当儿童缺乏这样高级的认知时，他们就只会坚持那些看起来最为强势的低级规则。泽勒佐等人认为，这种能力从学前晚期到青少年期逐渐发展起来，随年龄的增长儿童对规则的运用得以改善，也使其问题解决更加完善。

儿童规则运用发展上的另一大进步表现在，儿童在最初只能把这些规则应用到真实的或者可能的物体、情境或事件中；渐渐地，儿童能够把这种关系逻辑应用到抽象的符号中，儿童能够对那些假设性的过程和事件进行逻辑推断，对概念、命题进行更为充分的心理操作。但对于复杂规则或者涉及多个维度变化的规则以及抽象程度较高的规则，儿童甚至许多成人的掌握水平也不高。

此外，儿童运用规则解决问题的能力在很大程度上依赖于知识背景及对问题的熟悉度。研究者发现，个体对一个特定的客体知道得越多或者对背景越熟悉，问题解决就越熟练。切奇(Ceci，1996)报告了一个让儿童发现和执行计算机游戏规则的实验。实验者要求10岁的儿童预测物体在计算机屏幕上的着陆点，并通过操纵杆在屏幕上标记物体的下一个位置。物体的大小(大或小)、颜色(深或浅)、形状(方形、圆形、三角)各有不同，并且遵循着特定的运算法则运动，这个任务对儿童来说很困难，即使对成人也并不容易。在实验中，这些儿童被分为两组，都要完成 15 节测试，其中一组只是简单地完成实验任务；而另一组则在假定的捕捉动物的游戏背景下进行，三种形状被换成蝴蝶、蜜蜂和鸟，告诉儿童用操纵杆控制"捕网"就能捉住动物。虽然在两种条件下运算规则都是一样的，但结果发现，两组儿童开始成绩十分相似，对规则的掌握都不理想；然而到第 9 节时，游戏背景下儿童的操作水平大幅度提高，已经接近90％成功；相反实验背景下的儿童依然表现很差，直到最后成绩几乎没有改善。可见，发现运算规则依赖于问题呈现的心理背景，当问题以儿童熟悉的知识形式呈现时，儿童运用规则和问题解决的成绩得到了明显的改善。

与此相似的发现是，研究者对一些经典的皮亚杰任务进行了改造，改成儿童熟悉的物体，并与他们的日常生活相联系，结果儿童的表现比皮亚杰预料得要好得多（Newcombe & Huttenlocher，1992；Ebeling & Gelman，1994；Au，Sidle & Rollins，1993；Rosen & Rozin，1993）。

(四)关系性迁移

随着年龄的增长，在婴儿期萌芽的问题解决迁移能力也得到了进一步提高，从基于知觉性特征的迁移越来越向基于关系性特征的迁移发展。

在比较熟悉的事物上，学前儿童已经能够利用事物之间共同的物理关系特征实现问题解决的类比迁移（Goswami，1996）。比如，给学前儿童呈现图片-匹配问题，橡皮泥：切开的橡皮泥::苹果：?"，甚至 3 岁的儿童也能从一组选项中选择正确的答案。而且研究表明，学前儿童已经能够透过外表，逻辑地思考熟悉背景中的原因和结果。在另一项有关的研究（Goswami，1995 ）中，实验者通过一个儿童熟知的故事——金发姑娘和三只熊（熊爸爸所有的东西都是大号的，熊妈妈所有的东西都是中号的，熊宝宝所有的东西都是小号的），成功地帮助儿童解决了数量、响度、音调、高度等多方面的传递性关系问题。在实验中，4 岁儿童已经能够在一个维度上运用这种传递关系（如熊爸爸、熊妈妈和熊宝宝）产生类比，并把这种传递关系映射到另一个维度，如大小或者高度上，从而很好地完成所有任务。

儿童基于关系性特征实现问题解决迁移的能力随着年龄而获得非常显著的发展。在高斯瓦米和布朗（Goswami & Brown，1990）采用传统的四项比例任务对 4、5、9 岁儿童进行的一项研究中，实验者要求儿童完成一系列如鸟：鸟巢::狗：? 的任务，在这个任务中，鸟和狗、鸟巢和狗舍看上去均不相像，因此儿童并不是根据知觉相似性而是要根据关系相似性来解决问题，他们必须发现鸟和鸟巢之间的关系，然后基于这种关系去寻找狗的最佳搭档。结果发现，尽管所有年龄儿童的成绩都远远优于期望概率(25%)，但 4 岁和 5 岁儿童的正确率分别为 59% 和 66%，而 9 岁儿童的正确率则高达 94%。

上述能力的发展是一个渐进的过程，当面对更为复杂的问题，如英海尔德和皮亚杰等人(1958)曾研究过的单摆问题时，小学儿童在把经训练习得的解决问题方法迁移到新的问题时，也显得力不从心，只有一些更为年长的青少年才能胜任(Chen & Klahr，1999)。

二、解决某些具体问题能力的发展

(一)天平问题

为了避免知识基础的影响，便于对各个年龄段个体施测，更好地获得问题解决发展的资料，研究者一度将研究热点集中于那些无须特殊训练也无须某种具体的专业基础知识作为问题解决支撑的一些领域，发展了一些经典的问题解决研究任务，天平问题就是非常具有代表性的一个。

在天平问题中，被试的任务是根据天平两侧的重物以及重物到支点间的距离等条件，判断天平向哪一侧倾斜或是否平衡。其中，放在天平两端重物的重量和重物到支点的距离是影响问题结果的两个重要维度，解决天平问题的关键取决于儿童运用的规则能否同时考虑到这两个维度并把二者恰当地结合起来。不仅如此，在希格勒看来，规则运用也是认知发展的关键，我们可以看到，随着年龄发展，个体逐渐能够运用越来越强有力的规则来解决问题。

那么，如何知道儿童运用的规则呢？为了克服儿童直接口语报告的局限性，希格勒(1976)设计了一种规则评估方法(rule assessment method)，将儿童运用的规则与其解决问题的反应联系起来，根据儿童在解决不同问题时的反应模式，就可推断其运用的具体规则。

在天平问题中，希格勒用于评估儿童规则的具体问题有以下六种类型。①平衡问题(balance problems)：在天平两侧的重物重量及重物到支点的距离都是相等的。②重量问题(weight problems)：两侧的重物到支点的距离相等，但两侧的重物重量不相等。③距离问题(distance problems)：两侧的重物重量相等，但重物到支点的距离不相等。④重量—冲突问题(conflict-weight problems)：天平一侧的重物较重(程度较大)，而另一侧的重物较轻，且距支点的距离较远(程度较小)。这时，较重的一侧将向下倾斜。⑤距离—冲突问题(conflict-distance problems)：天平一侧的重物较重(程度较小)，另一侧的重物距支点的距离较远(程度较大)。这时，后者即距支点距离较远的一侧将向下倾斜。⑥平衡—冲突问题（conflict-balance problems）：虽然天平两侧的重物重量及重物到支点的距离均不相等，但两侧的力矩相等，这时天平仍处于平衡状态。

同时希格勒归纳出儿童解决天平问题时应用的四种规则。规则 1：如果天平两侧的重物重量相等，天平将处于平衡状态；如果天平两侧的重物重量不等，较重的一侧将向下倾斜。规则 2：如果天平某一侧的重物较重，这一侧将向下倾斜；如果天平两侧的重物重量相等，重物距离支点较远的一侧将向下倾斜。规则 3：如果天平两侧的重物重量及重物距支点的距离均相等，天平将处于平衡状态；如果两侧的重物重量相等，但重物距支点的距离不等，距离较长的那一侧将向下倾斜；反之，如果两侧重物距支点的距离相等，而重物重量不等，则较重的那一侧将向下倾斜；如果两侧的重物重量及重物距支点的距离均不相等，则出现猜测或混乱。规则 4：如果天平某一侧的重物较重，但重物距支点的距离却较短，而另一侧的重物虽较轻，但重物距支点的距离却较长，在这种情况下则需要计算力矩，即重物的重量乘以重物到支点的距离，力矩较大的一侧将向下倾斜。

研究对儿童运用规则解决六类问题的情况进行总结，可以看到：①那些能够运用规则 1 的儿童，能够正确解决平衡问题、重量问题和重量—冲突问题，而不能保证正确解决其他类型问题；②那些能够运用规则 2 的儿童，除了能够正确解决上述三种类型问题以外，还能正确解决距离问题；③那些能够运用规则 3 的儿童不仅可以正确解决前三个问题，而且还可以在几率水平（33％）上正确解决后三个含有各种冲突的问题；④那些能够运用规则 4 的儿童将能正确解决所有的问题。

研究发现，88％的 5～17 岁儿童能够使用上述一个或多个规则解决天平问题。大多数 5 岁儿童使用规则 1，而 9 岁儿童则经常使用规则 2 或规则 3，13～17 岁的青少年常常使用规则 3，几乎没有多少儿童运用最为复杂的规则 4，甚至许多大学生也都运用了规则 3，只有少数大学生始终运用了能正确解决问题的规则 4。其他的一些研究也证实了这种发展顺序（Amsel et al.，1996；Jansen & van der Maas，2002）。

值得关注的是，虽然 5 岁儿童只能运用规则 1，但他们解决重量—冲突问题的正确率高达 89％；相反，那些已经能够运用规则 3 的 11 岁儿童解决重量—冲突问题的正确率只有 51％。这个结果提醒我们，有时儿童完成认知任务时，表现出来的随年龄增长成绩反而下降的情况，并不代表儿童认知能力的真正下降，而是反映了年长儿童在开始应用更高一级规则去解决问题时还不够熟练。因此，这种表面上的退步正代表了一种实质上的进步。

(二)数学问题

在认知发展领域，对某种专业领域问题解决的探讨也受到了广泛的重视，迄今为止，研究者已经在象棋、桥牌、数学、物理、医学诊断以及计算机程序等领域进行了探讨并卓有成效。其中，与学科相结合的问题解决研究，由于更富有教育价值引起了研究者更大的关注，数学问题解决研究即是其一。数学问题内容丰富，种类繁多，我们仅以最基本的简单算术问题解决和复杂算术问题解决为例说明儿童相关能力发展的大致脉络。

1. 简单算术问题

数学问题解决能力建立在一定的数学知识基础之上。新生不久的婴儿对小规模(通常小于 5 个)物体的数量差异已经很敏感(Antell & Keatin，1983)。到 5 个月时，婴儿已经能够习得特定的数字线索。比如，当在他们的左边呈现两个物体时很快就会有一个有趣的刺激出现在其右边，那么他们就会习得对两个物体进行反应，而不是一个或三个(Canfield & Smith，1996)。在 14～16 个月，婴儿开始获得了对序数关系的理解，如 3 比 2 大、2 比 1 大，而且很快就达到了言语水平，同时发展起来的还有数量标签(quantitative labels)，如多、少、大、小等的获得和运用，这意味着婴儿已经为学习数数或思考数量做好了准备。2～3 岁时，他们开始学习"数数"，从含糊逐渐到精确。到了 3～4 岁，大多数儿童能够在比较小规模的数词和它们代表的物体之间建立准确的一一对应关系(Gallistel & Gelman，1992)。4～5 岁，大多数儿童掌握了基数的基本原则，即在数数过程中，最后一个数字代表着这一组物体的数量(Bermejo，1996)。这一知识的获得十分重要，不仅提高了儿童数数的效率，更重要的是为儿童解决简单的算术问题奠定了基础。

对于儿童早期算术问题解决(如加、减)，皮亚杰(1965)曾指出，由于需要理解和运用可逆性规则，7 岁以前的儿童基本无法胜任。根据研究结果，他把儿童早期算术能力的发展分为三个阶段。阶段 1：5～6 岁，儿童明显需要依赖物体的空间排列判断两组物体数量上的差异，导致得出错误的结论；阶段 2：儿童只能在数过物体之后，或者是在两组物体之间建立了空间上的一对一的对应关系之后，才能够正确地解决问题；阶段 3：7 岁儿童不需要借助于数数就能解决问题。按照皮亚杰的观点，没有对可逆性规则的理解，儿童不可能真正掌握加减法。

不过，近期的一些研究对皮亚杰的观点提出了质疑。韦恩(1992)采用违背—预期范式(Violation of Expectation Paradigm)发现，5 个月的婴儿对简单的加法和减法已经表现出一种初步的理解。这个结果已经得到了后续研究的证实(Simon, Hespos & Rochat, 1995；Uller et al., 1999)。此外，有研究表明，4 岁的儿童已经能够运用数数的方法解决简单的算术问题(Ginsburg, Klein & Starkey, 1998)。

儿童解决简单算术问题的发展突出表现在他们对算术策略的运用上。开始时，儿童更多借助于一些辅助性的外部策略，如数数(counting strategy)或者数手指(counting fingers)；之后，他们的策略集中在所呈现的数字上，如总和策略(sum strategy)，从第一个加数的值开始加起，累加上第二个加数的值(Ginsburg, Klein & Starkey, 1998)；渐渐地，儿童开始选择更迅速、更有效的策略，如小值策略(minimum strategy)，从较大数值的加数开始向上数，累加上另一个加数的值(Siegler, 1996)，并把这种策略推广到减法上；最后，随着不断地练习，儿童能够运用事实提取策略(fact retrieval strategy)直接从长时记忆中提取答案。

显然，随着年龄的增长，儿童解决问题运用的算术策略越来越隐蔽，同时在复杂性、有效性和敏捷性上不断提高。但从近期的研究结果来看，这些策略并不是遵循台阶式的模式呈现出此消彼长的简单更替，相反，个体拥有多种策略可以利用，这些策略相互竞争，问题解决者将依据当时的主、客观条件选择最具适应性的策略来解决问题(Siegler, 1996, 1999)。

2. 复杂算术问题

在儿童拥有了简单加、减法经验之后，他们记忆库中储存的基本算术事实渐渐增多，伴随着数字系统知识的增长，通常是在接受正规的学校教育之后，儿童解决复杂算术问题的能力开始发展起来。

这种发展一方面表现在，随着教育与成熟，儿童能够基于 10 以内数字系统的知识运用新的更加有效的算术策略。例如，对"11＋7"这样的问题，儿童可以采取分解策略(decomposition strategy)(Bjorklund, 2005)，将原来的一个问题转换成两个简单问题"1＋7＝8，8＋10＝18"从而获得答案。起初，策略的运用比较缓慢，随着年龄的增长、练习的增多，会越来越熟练。研究者(Lemaire & Calliesa, 2009)以两位数加法(如 27＋48)和两位数减法(如 73－59)两类题目分别探讨了 3、5、7 年级儿童与成人在复杂算术问题上的策略运用。结果发现，被试在解决复杂问题时都运用了分解策略；策略运用和执行除了与问题特征有关之外，还会受到策略表现、问题呈现方式的影响，不过更重要的是会受到儿童年龄和成熟的作用，与年龄相关的变化既影响策略的运用、执行，也影响对策略的选择和策略的表现。

另一方面，这种发展还表现在儿童对新的数学规则的掌握和利用上。教师会向儿童传授数字的计算规则，如在解决多位数加减法问题、大数相乘问题、多位除法问题中都要用到的"进位"规则和"借位"规则（Shaffer，2002），这些规则是儿童顺利解决复杂算术问题所必需的。有许多小学生在掌握和利用这些规则方面会有困难，通过分析他们对问题的回答尤其是所犯的错误，就会发现他们的问题所在，大多数儿童可以很快被矫正。

同样，对分数和小数问题的解决也依赖于在数字知识基础上对相应规则的掌握。儿童易犯的错误如 $1/2+1/3=2/5$，主要源于没有掌握或错误理解了规则、没有考虑到分数或者小数所代表的数量含义。但相对于整数运算问题，儿童在解决分数和小数问题上的困难持续的时间要更长一些。

第三节　问题解决策略的发展

策略是指向认知目标的心理操作，主体通过运用策略，可以达到解决问题的目的（Siegler，1987；Bjorklund，1990）。因此，任何策略实质上都是一种问题解决策略，问题解决活动总是由一定策略来引导进行的。

一、策略发展的理论

个体是如何获得并发展策略的呢？一些研究者通过研究提出了不同的理论观点。

（一）阶梯理论

凯斯在他的著作《心智的阶梯》（*The Mind's Staircase*）（1992）中指出，作为认知发展的一个特殊组成部分，策略的发展和一般的认知发展一样是阶梯状的。如图 9-1 所示，儿童在一段时间里以某一种策略来解决问题（阶梯中的一级），然后他们突然运用了更高一级的策略（在阶梯中上升了一级），然后他们在接下来的一段时间里又运用一种不同的、更高级的策略解决问题（再升一级阶梯）。

例如，5 岁儿童在解决简单的加法问题时，运用的是从 1 加起的策略，7 岁儿童从较大的加数加起，9 岁儿童则从记忆中直接提取答案。而且有研究发现当人们解决顿悟问题时，策略往往是突然出现的。

阶梯理论与皮亚杰学派以及新皮亚杰学派的观点紧密联系在一起，信息加工理论通常也秉持这种观点。阶梯理论建立在许多实验和数据的基础上，长期

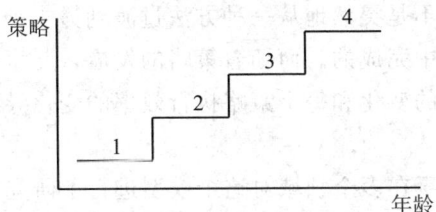

图 9-1　策略发展的阶梯模型

用来说明儿童认知(包括策略)的发展状态。但是,该理论对儿童策略发展上突变的内在机制缺乏解释,而且该理论过于概括和宏观的特点也使得它不能说明个体在解决具体问题时策略复杂多样的现象。

(二)重波模型

近来研究者们通过录像评估外显行为并结合策略访谈的方法,发现了一系列令人惊讶的结果,无论任务是问题解决、推理、记忆、语言还是身体运动,也不论研究对象是婴儿、学步儿童、学前儿童、小学儿童还是青少年,在解决问题时都运用了多样的、变化的策略。进一步的研究发现,即使成人在解决同一种类型的问题时,如空间推理、科学实验、计算、检查句子及其他任务,也会采用多样变化的策略。

因此,希格勒(1996)提出了认知策略发展的重波模型。该模型强调,在几乎任何时间里,在大多数问题上,儿童运用多种策略,表现出策略的多样性,实验发现,第一,儿童在完成算术、拼写、科学实验等任务时,都采用多种问题解决策略。甚至连续两天向同一个儿童呈现同一个问题时,他们第二天解决问题时所用策略都可能和第一天的策略不同。第二,多种问题解决策略在很长的一段时间里共存,并且彼此竞争,体现出策略的竞争性。即使 5 岁的儿童也能运用多种策略解决,而且即使在同一个问题上,竞争的结果也是不同的。第三,随着年龄和经验的增长,策略及其运用随之改变。但是策略的选择不是随意的,策略的发展也不是没目标和方向性的,甚至连婴儿和学步儿童都会根据情境的需要而选用恰当的策略,儿童的策略选择越来越具有适应性,具体表现在,其一,儿童在简单问题上倾向于运用提取这种更快捷的策略,这样操作正确性高且花费的时间更少,而在较难的问题上,则倾向于运用那些需要更多努力的策略,这种策略是准确操作所必需的;其二,在解决某一特定问题时,儿童会最频繁地运用在一个问题上最有效的策略,而不是其他的一些策略。第四,除了已有策略的变化外,还会有新的策略产生,伴随着原有策略的淘汰。

总之，策略发展不是突然地从一种方法过渡到另一种方法，而是在一个动态、不断变化的系统中完成的。而随着策略的发展，儿童也开始更快更准确地解决问题，策略运用的变化和每个策略执行效率的变化导致了问题解决速度和准确性的变化。

希格勒和他的同事在多个领域对这个模型进行了研究，发现策略发展的重波模型比阶梯模型更能与实验数据吻合；另外，重波模型能够更好地说明策略发展的动态、连续变化的特点。

（三）混合模型

詹森等人（Jansen et al.，2002）运用希格勒的规则评估方法，通过天平任务，研究了儿童策略的发展。通过对 805 名 5～19 岁的被试的实验以及对实验结果的分析，詹森等人发现，无论是典型的阶梯模型还是典型的重波模型都不能有效地解释实验结果。因此，他们提出了一个新的发展模型，这个模型是希格勒重波模型的限制形式，模型中包含高度重叠的波形，也包含几乎不重叠的波形，其中几乎不重叠的波形就类似于阶梯模型中的阶梯，因此此模型实质上是阶梯模型和重波模型的一种混合形式。

该模型认为，有些策略的发展是不连续的，类似于阶梯状的转变；有些策略的发展是稳定渐进的，类似于重波形。而且儿童对不同策略的偏爱会随着年龄而改变，但转变的原因以及是如何改变的还有待于进一步探讨；对于其中一些策略运用上的突然转变，詹森等人推测或许是学校教育的原因，或许是由于儿童思维转换到了形式运算的更高水平。

国内研究者（陈英和、赵笑梅，2007a）对小学中高年级儿童的问题解决及其策略进行了研究，结果发现，儿童策略运用存在随年龄发展取代和更替的现象，同时也表现出了多样性和竞争性的特点，因此比起单纯的阶梯模型和重波模型，混合模型可能更适合于解释儿童策略运用的发展。当然对于混合模型的解释力还需未来作进一步的探讨。

二、策略的发展过程

策略的发展不是一蹴而就的，研究者们从不同角度探讨了策略发展的过程。

（一）策略意识的发展

心理活动的有意性是人类心理由低级向高级发展的标志之一，一些研究者从意识水平角度探讨了儿童策略发展的趋势，研究者都基本认同策略发展是经过从无意识到有意识的发展过程。

一些研究者也认为，策略起初处在内隐的、无意识程序性水平，以后才处在外显的、意识的元程序水平（Karmiloff-Smith，1992；Kuhn et al.，1995）。有人对儿童解决问题时的姿势、言语报告和反应时等进行了研究，特别研究了姿势和言语的一致性，发现儿童的姿势有时比语言暴露了更多有关策略运用的知识，暗示着策略开始可能处在无意识、非言语水平，以后发展为意识的、言语水平（Alibali & Goldin-Meadow，1993；Alibali，1999）。希格勒（1998）也指出，儿童策略的发现可能是一个从最初的无意识逐渐到意识层面的过程。如对二年级儿童解决相反数问题的研究发现，尽管反应时以及对儿童问题解决活动的记录及分析表明了儿童运用了捷径策略，但是他们却没有做出相应的口语报告，说明他们对于这种策略的认识还没有进入到意识层面；随着儿童的发展，该策略运用逐渐增加，特别是成为儿童的主导策略之后，儿童开始越来越清晰地表达出他们所使用的策略，表现出了策略有意性的增长。

但是对于策略意识发展的具体时间目前尚无一致意见。有研究者发现，4岁儿童已能有意识地运用策略去解决问题（Tunteler & Resing，2002）；贾斯廷斯和他的同事（Justice，1986；Justice，et al.，1997）认为策略意识在整个儿童早期和中期就已经发展起来；而另有研究者（Winsler & Naglieri，2003）通过对 2156 名 5～17 岁儿童所做的横断研究却表明，策略意识随着儿童年龄显著提高，但儿童期策略意识水平普遍较低，只有少数儿童显示出了策略意识，大多数儿童甚至到青少年期还未出现策略意识。

（二）策略的产生和运用

许多研究者认为，儿童能否自发产生并有效运用问题解决的策略代表了儿童策略的发展，其过程大概可以分为三个阶段（Siegler，1998；Bjorklund，2005）：

第一阶段，儿童不能自发地产生策略，而且即使别人教给他们某种策略，他们也不能运用它来指导操作。

第二阶段，儿童不能自发地产生某种策略，但可以在他人的指导下学会某种策略，从而提高认知活动的反应水平。

第三阶段，儿童可以自发地产生策略，同时也能有效地运用策略。

最近，有些研究者对儿童策略发展的上述进程产生了质疑，因为他们观察到策略发展上的一个新现象，即年幼儿童有时也能像年长儿童一样有效地运用一个策略，但在成绩上却没有什么提高。米勒等人（Miller，1994；Miller & Seier et al.，1994）将其称为利用缺失，其出现在"产生缺失"之后。因此，米勒等人认为，至少在一些任务上，儿童的策略运用经历了四个发展阶段。

米勒等人最早在儿童选择性注意策略研究中发现了利用缺失现象，在记忆（Ackerman，1996）、阅读（Gaultney，1995）和类比（Muri-Broaddus，1995）等其他更为复杂的策略方面也得到了证实。以往研究表明，90%以上关于儿童自发运用记忆策略的研究都充分或者部分地支持了利用缺失现象（Miller & Seier，1994）；同样，在近30年来记忆训练研究中有50%以上发现了利用缺失现象（Bjorklund et al.，1997）。通过研究，别尔克伦德指出，相对而言大多数利用缺失发生在二年级和三年级，但在他所做的其他实验中（Bjorklund et al.，1992；Coyle & Bjorklund，1997）发现四年级儿童也存在利用缺失现象。

最近的研究对利用缺失现象也有一些不同的结论，例如，研究者（Schlagmüller & Schneider，2002）分析了三年级和七年级学生在完成分类回忆任务上的策略运用，发现这些学生很少出现利用缺失现象，即使是与别尔克伦德等人实验中同龄的三年级儿童也没有表现出缺失现象。因此策略的利用缺失是否是一个普遍现象还有待于进一步研究。

虽然对策略发展中的一些问题，如利用缺失现象，还有待进一步确定，但是策略发展的基本趋势是可以确定的。即随着年龄增长，儿童越来越能够有意识地控制他们的问题解决，儿童的问题解决越来越策略化；儿童有了更广泛的策略可供选择；而且儿童不仅更加了解他们运用的策略，也更加了解这些策略的效果，从而对策略的选择和监控也越来越有效（Bjorklund，2005）。

（三）策略水平的发展

也有研究者从策略运用水平角度探讨了儿童策略的发展。例如，张智、左梦兰（1990）对5～13岁儿童在类似人工概念形成中的问题解决策略的研究发现，儿童解决任务时策略呈现四级发展水平：大部分5岁儿童为0级水平，无策略；大部分7岁儿童为一级水平，应用的是低水平的保守扫描策略；大多数9岁儿童为二级水平，能初步应用分类策略；而大部分11岁儿童，处在三级水平，能应用高级分类策略，对信息进行本质编码，并有效地解决问题。

三、影响策略发展的因素

策略发展是个复杂的过程，影响策略发展的因素也多种多样。具体来说可以概括为以下四个方面。

（一）知识基础

许多研究者都十分重视知识基础对策略的作用，并反映在他们提出的各种

理论和模型中。例如，希格勒等人的联结分布模型（Siegler，1988；Siegler &
Shrager，1984）、适应性策略选择模型（Siegler & Shipley，1995）以及施雷格
等人（Shrager & Siegler，1998）的策略选择和发现模型中都强调了儿童未来的
策略选择建立在不断更新的知识基础之上。里特尔—约翰逊等人（Rittle-John-
son，Siegler & Alibali，2001）提出了一个陈述性知识和程序性知识相互促进
的模型，指出陈述性知识可以促进程序性知识的获得；从知识的角度来看，策
略是一种特殊的程序性知识，因此该模型也表达了知识与策略相互之间的促进
作用。

　　知识基础对问题解决及策略的研究最早发端于专家和新手的比较。有关研
究表明，二者在策略的运用上存在差异，专家通常通过正向工作来解决问题，
这个经过计划的正向工作策略能够很有效、较迅速地解决问题；而初学者可供
选择的原理不多，往往通过逆向工作来解决问题，并且往往只能顾及一个未知
量（Vanlehn，1998）。

　　随后研究者对知识基础与策略运用的关系进行了更为广泛的探讨，如分别
以数学、阅读、课文理解、记忆、推理等（Bjorklund，2005）为任务。别尔克
伦德（Bjorklund，2005）对 IQ 相匹配的阅读良好和阅读不良儿童进行了研究，
结果发现，阅读不良儿童在其缺乏知识经验的项目上策略表现较差；而在其拥
有知识经验的部分，他们的策略表现和最后成绩并不比一般儿童差。希格勒和
斯特恩（1998）对儿童解决相反数问题的实验发现，给儿童提供一定的知识，有
助于儿童策略的发现和运用。反过来，盖瑞和布朗（Geary & Brown，1991）比
较了不同儿童简单加法题策略的选择，发现学习困难儿童运用的策略是不成熟
的，原因在于他们的记忆中缺乏相应的加法事实（如 2＋5 等于几），由此他们
推测，知识基础是儿童策略运用差异的主要原因。在最近的一项研究中，研究
者（赵笑梅、陈英和，2007b）发现，知识经验无论是对儿童策略运用的总体分
布还是具体差异都产生了影响，拥有相应知识经验的儿童比起控制组儿童来
说，能够更多地运用有关策略来解决遇到的新问题，举一反三。

　　研究者也探讨了影响策略的知识类型。对领域知识和策略有效性的研究发
现，与没有领域知识的条件相比，在拥有领域知识的条件下，个体策略运用的
效果明显优于前者（Kee，1996；Schneider & Bjorklund，1992）；希格勒
（2000）也证明了，对本领域概念的理解程度影响和制约了新策略的发现及运
用。麦吉利等人（McGilly & Siegler，1990）通过实验探讨了策略知识和问题特
异性知识对儿童适应性策略选择的影响，结果发现，在儿童都拥有大量知识
时，年幼儿童和年长儿童的策略选择和运用一样具有适应性，但在缺乏相关知

识时，策略选择和运用的适应性随着年龄增长。赵笑梅和陈英和（2007b）探讨了不同知识经验对儿童问题解决的作用，结果发现，无论是向儿童传授问题解决策略知识还是类比关系知识都有助于儿童对类比策略的运用，尤其是问题解决策略知识可以帮助儿童理解和运用规则进行高水平的类比，做到触类旁通。

研究者指出（Kee，1994）尽管由于任务的性质不同，知识基础对策略的作用有所不同，不同的知识作用也有所不同。但是，可以肯定的是，策略加工依赖于相关知识的可利用性和通达性，其原因可能在于特定领域的知识基础可以促进信息加工速度，进而导致更有效的加工和对心理资源更全面的利用。

（二）工作记忆

工作记忆是一个同时存储和加工临时信息的容量有限的系统（Baddeley，2000）。在巴德利最初的模型中，它由中央执行系统、语音环路和视—空间模板三个部分组成，在最新提出的修订模型中，又增加了第四种成分——情景缓冲器。

在问题解决时，无论策略的产生、选择还是策略的运用都需要心理资源，这种资源首先表现为工作记忆容量，而工作记忆只能以某一速度对一定容量的信息进行加工，因此工作记忆上的差异导致了儿童策略表现上的差异以及最终问题解决效果的不同。研究发现，不同问题的策略差异是由于题目的工作记忆负荷，李晓东等人（李晓东、张向葵、沃建中，2002）研究了小学生解决比较型算术应用题的表现，结果发现，小学生使用何种表征策略都受到了题目工作记忆负荷性质的影响，不一致问题相对于一致问题、乘除问题相对于加减问题，会给儿童带来更多工作记忆负荷，进而影响了儿童策略使用的种类。

策略运用上的差异与个体工作记忆容量密切相关。有研究者（Steel & Funnell，2001）对儿童乘法策略选择和工作记忆容量的考察发现，采用低效策略的儿童其工作记忆广度也低。刘凡（1994）作的一项数字记忆广度与策略应用模式的研究发现，中、美两国儿童解决数学问题时的策略运用不同，中国儿童多采用效率较高的言语计算策略，而美国儿童则多采用计数手指策略，而且中国儿童在言语计算策略和检索策略上的加工速度也超过了美国儿童。进一步的分析表明，这种策略应用模式上的文化差异与数字记忆广度有关。盖瑞等人（Geary et al.，2004）则发现，从解决简单加法问题到复杂加法问题，会使儿童表现出问题解决策略联结的转换，在策略联结和转换上的个体差异也部分地与个体的工作记忆容量有关。

（三）策略意识

儿童为何在策略选择和运用上不同，是由于缺乏某些策略涉及的信息或操作，还是缺乏对策略、策略运用以及运用效果的意识？一些研究者认为，儿童并不缺乏策略涉及的信息或操作，只是这些信息和操作没有被意识激活，因而没有在问题解决中得到实际的运用。杨心德(1996)对学习不良儿童和学优儿童进行了比较，发现学习不良儿童似乎没有意识到语义编码策略有利于完成任务、提高学习效率。一些研究者在问题解决之后对儿童进行了访谈。结果发现，在谈到问题解决成绩提高的原因时，不少儿童都认为是他们意识到运用策略的结果(Bjorklund，2005)

策略意识对策略运用的效果有何影响？综合来看，目前主要有三类不同意见。一些研究表明，策略意识并不是策略或者有效性的先决条件。如希格勒和他的同事(Siegler，2000；Siegler & Stern，1998)以及其他人(Karmiloff-Smith，1992；Kuhn，Garcia-Mila，Zohar & Anderson，1995)通过大量实验证明了，年龄较小的儿童往往可以在没有策略意识的情况下运用策略，策略的运用可能有效也可能无效，并且他们认为，策略意识可能是在策略发现之后逐渐形成的，是在对策略运用效果反馈的基础上形成的。

第二种观点认为，策略意识并不是策略运用的先决条件，但是与策略的有效性呈正相关。研究者(Winsler & Naglieri，2003)对2156名5～17岁儿童进行了横断研究，发现年幼儿童的策略意识水平普遍较低，但随着年龄而显著增加；而且虽然儿童可以在没有意识的情况下运用策略，但是这时策略的有效性很低，随着策略意识的提高，策略的有效性也显著升高。

而另一些研究者则认为策略意识既是策略运用的前提也是策略有效性的必要条件。如贾斯廷斯及其同事发现(Justice，1986；Justice et al.，1997)儿童对自己和他人认知策略的意识随着年龄在整个儿童早期和中期发展起来，儿童的策略意识积极地预测了策略的运用及其有效性，其策略意识和他们策略行为之间的相关随着年龄而增加，而且对儿童策略迁移到其他情境也非常必要。

(四)抑制能力

抑制是个体对某些无关认知过程或内容的压抑，是执行功能中一个重要的子成分。对于抑制能力与问题解决策略的关系也有不同的解释。一种观点认为，抑制机制作用于问题解决的表征阶段，它能够阻止无关信息进入工作记忆(Hasher & Zacks，1988)，以使主体在问题解决过程中只注意和选择有关的信息形成正确的问题表征，从而能够更有效地利用以往的问题解决策略或者形成新的问题解决策略。同时也有人认为，抑制在选择和执行策略阶段也起作用，但对其方向目前存在正反两种观点。正方观点认为，在运用一个问题解决策略时，需要抑制以前的策略，有效的抑制可以提高当前任务成绩。如有研究发现，不论儿童还是成人常常不能有效依赖他们获得的新策略，尽管这些策略比以前的策略更加有效，而这些新策略被限制的原因恰是在提取新策略以及抑制以前策略方面产生的困难(Chen & Siegler，2000)。而反方观点则认为，有时解决一个问题需要运用多种策略，这时一个策略对其他策略的抑制反而会妨碍有效地解决问题(田学红、方格，1998)。

希格勒等人(1998)则从比较辩证的角度探讨了抑制和策略之间的关系，他们提出抑制在问题解决的不同阶段作用不同。在问题解决的初期，策略内部的操作关系很松散，抑制功能负责防止无关操作或者错误操作，以提高策略正确执行的可能性；而随着这些操作之间的联系变强，策略的执行趋于自动化，用于抑制的认知资源就可以转换到对策略发现的探索上。不过，抑制效应对问题解决策略乃至问题解决的作用到底如何，还需要更多研究。

思考题

1. 问题解决活动对于儿童的发展非常重要，其重要性具体体现在哪里？

2. 在生命的早期，婴儿的问题解决活动是如何开始的？又是如何逐渐发展起来的？

3. 运用工具是解决问题的重要手段之一，随年龄的增长个体在运用工具方面有哪些进展？

4. 为什么制订计划或发展计划性对个体来说具有一定困难？

5. 有哪些重要的因素影响着个体问题解决策略的发展和运用？

第十章 推理的发展

推理是指主体从一个或几个已知命题得出另一个新命题的思维过程。推理是一种高级的认知能力，是以诸如注意、记忆、概念、表征等基本的认知能力为基础而逐渐产生并发展起来的，思维的抽象性、逻辑性及概括性是推理的核心要素。随着年龄的增长，儿童逐渐形成了这种能力，凭借着推理儿童可以习得更复杂的知识、解决更多的问题并发展起更加精深的思维技能。推理能力又因其具体形式不同而分成因果推理、类比推理、形式推理、科学推理等，新近的研究发现所有这些推理能力在儿童早期就都有所表现。

第一节 因果推理的发展

因果关系是普遍存在于客观世界中万事万物间的最基本的联系方式，因果判断是人们经常遇到的问题。无论在日常生活还是在科学研究中，人们都在努力寻找事情发生的原因，儿童也不例外。例如，当一个儿童看到钟表的指针能够走动的时候，就想将钟表拆卸开，看看究竟是什么使钟表的指针发生运动。儿童的因果推理发展是其认知发展的一个重要的方面，了解儿童的因果推理对探讨其认知发展具有重要意义。

一、儿童因果推理的一般发展趋势

最早对儿童因果推理发展进行研究的是皮亚杰。皮亚杰采用其独特的临床法，系统地研究了儿童因果观念的发展，将儿童因果观念的发生发展分成了17 种由低到高的不同类型，他认为，学前儿童的思维是"前因果性的"，儿童要到形式运算阶段才能真正形成因果观念。

皮亚杰认为，儿童因果推理的发展具有领域普遍性，即儿童在不同领域的推理能力发展是同步的。皮亚杰的这个观点受到了人们的广泛质疑，越来越多的研究者开始确信，虽然人们在不同领域的因果推理发展有其共性的一面，但是儿童在不同领域的因果推理发展也存在巨大的差异。

（一）儿童对因果推理规则的掌握

在进行因果推理的过程中，人们普遍遵循着某些基本原则。休谟（David Hume）是英国早期著名的哲学家。他对因果判断的问题曾进行了许多的研究，并提出了人们在进行因果推理时依循的三个定律：第一是接近律，即两个事件如果在时间上或空间上很接近的话，两者之间可能会存在因果关系；第二是优先律，即那个被认为是原因的事件肯定发生在那个被认为是结果的事件之前；第三是协同律，即从事件发展的角度看，原因和结果不能绝对地分开，有时这二者是混杂在一起的，B 事件是 A 事件的结果，同时也可能是 C 事件的原因。这三个定律影响着成人和儿童的因果推理过程，但儿童掌握三个定律并用于因果推理的时间是不同的。

莱斯利（1982）发现，半岁左右的婴儿已表现出应用"接近律"去判断因果关系的能力。当 4～5 个月的婴儿看到某个物体在受到推力后而不运动时，就会对这个物体注视更长的时间；同样，当婴儿看到某个物体在没有受到任何推力而自己运动时，也会对此情况给予更长时间的注视。这表明，半岁左右的婴儿已能根据"接近律"对推力和运动这两个在时间上紧密相连的因素之间的关系进行某种解释。

儿童到 4 岁左右时，表现出了应用"优先律"来判断因果关系的能力。当给 3～4 岁的儿童呈现 A、B、C 共 3 个事件，并问"哪一个事件导致了 B 事件的发生"时，大部分 4 岁儿童选择事件 A；虽然一些 3 岁儿童也能做出正确的选择，但他们对"优先律"的掌握不稳定，在有些情景下，3 岁儿童认为后发生的事件是先发生事件的原因；儿童到 5 岁以后应用"优先律"对事件因果关系的判断达到稳定。

儿童对"协同律"的使用出现得较晚。在 5～6 岁以后，儿童才能逐渐理解"协同律"的意义。我国学者在关于儿童因果判断能力发展方面也进行了研究（刘范、方富熹，1988；方富熹、方格、刘范，1989）。结果发现，学前儿童已经开始发展起依据因果关系系列事件中的一定时序关系或空间关系做出因果判断的能力；随着年龄的增长，儿童越来越倾向于选择那些在时间或空间上最接近"结果事件"的事件为原因；在利用时空信息时，对时间信息更为敏感。

（二）儿童关于不同知识领域的因果推理的发展

随着对儿童因果推理发展研究的深入，人们发现幼儿对不同领域内容的推理发展并不是同步的，他们在对生物世界、物理世界和心理世界的推理发展上会有彼此不同的发展方式，在形成时间早晚上也可能不同。韦尔曼和赫尔曼

（Wellman & Gelman，1992）认为，儿童至少有三个核心领域：朴素生物学、朴素心理学、朴素物理学，因果认知是各领域发展的核心成分，儿童依据各个领域的原则进行因果推理。因此，我们要了解和研究儿童的因果推理发展可以从研究儿童对客观世界不同领域因果关系认知的发展入手。

1. 在朴素生物学中儿童因果推理的发展

早期的相关研究多运用皮亚杰式的临床法，实验任务太难，可能低估了儿童的认知水平。近期的研究大都降低了实验任务的难度，提高了实验的灵敏度和有效性。研究者（Massey & Gellman，1988）认为，学前儿童已经具备了对生物因果关系的认知，他们通过研究发现，学前儿童知道生物的运动是由它自身引起的而非外力作用的。曼德拉（1992）研究发现，儿童能用不规则的路径来表征生物的运动，用直线来表征非生物的运动。赫尔曼和韦尔曼（Gelman & Wellman，1991）的研究结果表明，4 岁儿童能正确预测动物（如小牛）和植物长大后具有的特征。

儿童已经能区分心理和生理，能用自然因果关系机制来解释植物的生长。稻垣和波多野（Inagaki & Natano，1993）的研究发现，6 岁儿童已经能区分生理和心理，甚至 4～5 岁的儿童也知道改变生理特征和心理特征的手段是不同的。研究还发现，儿童对因果关系的认知处于意图解释和自然因果解释之间，即儿童会用拟人化的类比方式来解释生物行为或用"活力"作为原因解释。希克林和赫尔曼（Hickling & Gelman，1995）发现，4 岁半的儿童能用自然因果关系机制而不用人的干预机制来解释植物的生长。

儿童能根据各种生命现象进行因果推理。罗森格林和赫尔曼（Rosengren & Gelman，1991）发现儿童知道动物能够自己长大，与人造物不一样。稻垣等人（1987）的研究发现，6 岁儿童能够区分动物和人造物且知道生物的生长是不可避免的，5～6 岁的儿童知道生物的生长是因为吃饭而非自己想长大。欧朴弗和希格勒（Opfer & Siegler，2004）研究发现，绝大多数 5 岁儿童知道植物与动物一样，能有目的地移动，据此儿童推测植物为非人造物，是有生命的。朱莉琪和方富熹（2000）研究发现，学前儿童大部分能用"进食"和"浇水"来解释动植物的生长原因。

此外，一些研究者还对儿童朴素生物学中的因果认知进行了跨文化研究。大量这方面的研究表明，4 岁左右的儿童已经初步具备了对生物特征的因果关系的认知，能够用生物的内在机制来对各种生物现象作因果性的解释。

2. 在朴素心理学中儿童因果推理的发展

对儿童朴素心理学理论的研究始于 20 世纪 80 年代初期，围绕这方面的研究，西方心理学家们提出了"心理理论"（Theory of Mind）概念。"心理理论"是用于认识自己和他人心理状态的一种系统性的知识结构。儿童借助于自己的"心理理论"，不仅可以监控自己的情绪和行为，还可以对他人的行为和情绪做出因果性的判断、解释与预测。

唐纳德森和韦斯特曼（Donaldson & Westerman，1990）研究发现，儿童对情绪的因果认知是以其心理理论的发展为基础的，儿童早期对情绪的理解是与具体事件相关联的，而且情绪与事件间呈一一对应的因果关系，如得到生日礼物与快乐情绪相联系；而丢掉心爱的玩具则与悲伤的情绪相联系等。随着儿童心理理论的发展，他们对情绪的理解便有了相对性，能了解到同一个情景或事件对不同的人可能会引起不同的情绪。尤尔等人（Yuill，1984；Wellman，1990）也发现，当让儿童说出在什么情况下可以使一个人快乐时，许多3～4岁的儿童都能考虑主体的愿望；且儿童对他人情绪的因果推理最初来自于对自我心理状态的理解，再迁移到其他人身上，从而对情绪进行相似的因果推测。

巴奇和韦尔曼（Bartsch & Wellman，1995）通过研究发现，儿童心理理论的发展大致要经历三个阶段：①大约在两岁时，儿童获得初级水平的愿望心理。这种心理不仅包括简单愿望的基本概念，而且包括简单情绪和可感知到的经验或注意。在这个阶段，儿童有明显的"自我中心"倾向，只能够基于自己的主观愿望来判断他人行为与心理间的因果关系。②大约在3岁时，儿童开始谈论信念、思维和需要。他们似乎明白，信念是一种心理表象，它可能是错误的也可能是正确的，并且人与人之间的心理表象是不同的。但此阶段的儿童仍经常根据需要而不是信念来解释他们自己和其他人的行为表现。随着年龄增长儿童在推测他人行为时，能够逐渐考虑到每个人的需要或信念不同，并认识到信念是影响一个人行为的重要原因。③大约在4岁时，儿童开始了解到人类所认为的、所需要的和所思考的东西是影响他们行为的关键。这个阶段的儿童在对他人行为作因果推测时，能够较全面地考虑对象之间的差异性。关于这方面的研究也表明，4岁以后的儿童就能够对他人的心理或行为反应进行比较全面的因果性推测。

3. 在朴素物理学中儿童因果推理的发展

朴素物理学中儿童因果推理的发展主要体现在对因果机制的理解上。

有研究表明，学前儿童就已知道因果顺序，能够进行因果推理。库胡等研究者（Kuhu & Phelps，1976；Shults & Mendelson，1975）发现，即使是低年龄的幼儿，在进行因果判断时也会利用时间信息，但是一部分儿童不能理解因果联系的单向性质，有时会把后发生的事件当成先前事件的原因。库胡（1978）

的研究还发现，当要求学前儿童判断图片的顺序时，他们也能使用有次序的信息。莱瑟尔(Lesser，1977)的研究显示，学前儿童往往只把空间上有接触的事件作为原因。其他研究者(Wilder & Coker，1978)也发现，3岁儿童在判定有关运动和碰击事件的因果关系时，他们要求原因事件和后果事件要有空间上的接触。

巴亚热昂和布洛克(Baillargeon & Bullock，1981)探查了儿童的因果判断是否会随时空接近性的变化而产生变化，结果发现，当单独改变时间接近性时，大部分幼儿选择第一个事件，而不像成人那样选择接近结果的第二个事件作为原因；当单独改变空间的接近性时，儿童的表现随年龄增长越来越接近成人，即愿意选择在空间上接近的事件作为原因；当时空接近性一致时，儿童和成人都选择时空更接近的事件作为原因；而当时空的接近变化不一致时，儿童和成人都选择空间上更接近结果事件的事件作为原因。

此外，苏联心理学家文格尔(1987)用儿童熟悉的物理现象为内容，以307名3~7岁的儿童为被试进行了相关研究，揭示了儿童因果关系认知发展的主要线索，即随年龄的增长，儿童因果认知能力的发展为从实际上掌握因果关系到意识到因果关系，从把握外部原因到把握内部原因，从对因果关系的笼统理解到准确理解，从认识具体原因到认识一般原因。

刘范、方富熹(1985)进行了儿童因果判断的系列实验，结果表明，儿童对时间信息的利用比空间信息更为敏感，而且儿童也能同时考虑时空信息的相互作用、客体的运动速度及因果事件的可能机制等因素，并认为儿童因果认知水平的提高主要表现在整合影响因果判断的各有关因素的能力上。

二、儿童因果推理发展的影响因素

在自然界中，因果关系是普遍存在的，因果推理能力是儿童发展较早的一种能力。综合前人的研究发现，儿童因果推理的发展主要受到推理方向、规则复杂性等因素的影响。

(一)推理方向

因果联系是我们理解生活中客观事件间关系的最基本的方式，事件的原因总是在结果之前出现，人们对事件间因果关系的表征具有一定的顺序性。哈腾罗切尔(Huttenlocher，1968)认为推理的前提间逻辑的表征按一定的顺序排列，任何一个特定的推理问题的难度都取决于前提的逻辑顺序与给定前提的顺序。谢弗等人(Shaver et al.，1975)也发现了同样的趋向。皮亚杰提出了互反可逆与反演可逆性概念，其中互反可逆性是指在两个事物或两个因素之间关系的逆转中，运算的出发点(观察点)发生了改变；反演可逆性是指同一个事物或因素的反方向变化，最终的结果相反但它的出发点(观察点)并不改变。吴国宏、李其维(1999)也探讨了儿童思维互反可逆性的特点，认为可逆与不可逆性是儿童认知发展过程中出现的一个重要特征。

舒尔茨和曼德森(Shults & Mendelson，1975)设计了一个有两根杠杆和一盏灯的实验装置，实验发现，3~4岁的儿童能够有规律地选择出现在某一个事件前的事件作为原因。布洛克和赫尔曼(Bullock & Gelman，1979)使用与舒尔茨等人相类似的机械装置，为3~5岁的儿童演示了三个连续发生的事件X-Y-X'，X与X'作为供选择的原因，内容完全相同，仅先后不同。结果发现，大部分3岁儿童也懂得原因在结果的前面而不是后面。随后，赫尔曼和布洛克(1980)用不同的方法得出了同样的结论，他们通过研究还发现，一部分幼儿似乎能够用"可逆"的方式思考物体的因果变化，能从果到因反向"阅读"事件。李红等人(2004)采用弗莱和泽勒佐等人(Frye et al.，1996)设计的"二进二出"装置(斜面滚球装置)，设置了具不同推理方向的因果推理任务，研究发现，3.5~4.5岁的儿童在不同方向的因果推理任务上成绩差异显著，因→果推理成绩要好于果→因推理。

(二)规则复杂性

儿童因果推理的发展，不仅受推理方向的影响，还受规则复杂性的影响。布洛克发现规则复杂性是影响儿童对因果机制理解的重要因素。赫尔曼等人(1980)进行了简单因果推理的实验(如苹果、小刀、切开的苹果)，他们发现3岁多的儿童就能够进行基于单维规则的因果推理任务。弗莱、泽勒佐和帕法(Frye, Zelazo & Palfai, 1996)利用他们设计的斜面滚球装置研究了儿童早期的因果推理能力的发展状况，他们发现无论是让儿童预测事件的结果还是让儿童自己动手根据结果选择原因，3岁的儿童都只能完成简单规则的任务，而4、5岁的儿童则能够完成更复杂规则的任务。丹姆帕斯特等人(Dempaster，1992，1993)认为，3岁儿童不能进行因果推理是由于这个年龄的儿童很难对已经形成或固有的反应进行抑制。

李红等人(2004)设置了不同规则维度的因果推理任务对3.5~4.5岁的儿童进行研究，发现不同维度下儿童的推理成绩有极显著的差异性，一维的因果推理更容易，三维合取规则的因果推理任务更难。

第二节 类比推理的发展

类比推理是人们最熟悉的一种推理类型。从形式逻辑的角度来看，类比推理就是根据两个（或两类）对象在某些属性上相同或相似，而且已知其中的一个（或一类）对象还具有其他特定属性，从而推出以另一个（或另一类）对象也具有该特定属性为结论的推理。基于逻辑定义，心理学家进而提出，类比推理是在理解成对事物间关系的相似性的基础上做出的关于事物、事件或概念的结论的推理（唐慧琳、刘昌，2004）。

皮亚杰早在 20 世纪 70 年代，就采用经典的A：B：：C：D 的类比任务探讨儿童类比推理的发展。皮亚杰等人（1958）认为类比推理是一项复杂的能力，只到青少年期才会出现。但是，新近的研究却表明，类比推理是其他推理和问题解决的基础（Halford，1993；赵笑梅，2006），它出现在儿童早期（Brown，Kane & Echols，1986；Singer Fsreeman 2005），而且在一出生时可能就已经拥有其初级形式（Goswami，1996）。

一、儿童类比推理的发展趋势

（一）类比推理的阶段式发展

皮亚杰（1969）认为类比推理的发展与一般认知发展相一致，也是以分阶段的"全或无"式进行。通过图片式经典类比任务，皮亚杰将儿童类比推理的发展分成与一般认知发展相对应的三个阶段。

第一阶段：前运算阶段，自我中心阶段（5～6 岁）。

儿童完全以自我为中心，以"个性化"的方式建立事物间的低级关系，不能对图片进行正确分类，更不能认识到 A 与 B 和 C 与 D 之间关系的相似性，不能正确建构高级逻辑关系。

第二阶段：具体运算阶段，试误阶段（7～11 岁）。

儿童开始理解关系的相似性，并出现关系类比能力。该阶段又可分为两个亚阶段：第一个亚阶段（7～8 岁），通过试误儿童有时能够成功形成类比，但他们不能理解关系相似性，主要表现在他们会受到"反暗示"（counter suggestion）的影响、不能抑制干扰项的干扰因而破坏了类比的形成。第二个亚阶段（9～11 岁），儿童能够拒绝反暗示、抑制干扰项的干扰，但仍不很稳定。皮亚杰的研究表明，在 A：B：：C：D 的作业中，儿童能够在关系相似性基础上进行类比,但是儿童只能理解表面关系相似性,而且往往需要通过试误来形成类比。

第三阶段:形式运算阶段,完全形成阶段(11~15 岁)。

这时儿童完全能够理解关系相似性,不再通过试误进行类比,而是根据关系的相似性来类比,并能始终抑制"反暗示"和干扰项的破坏正确地解决问题,表明儿童已经具有了抽取和运用高级关系的类比能力,出现了真正的类比问题解决。

除了皮亚杰之外,哈尔福德(Halford,1993)也认为,由于建立在心理资源可利用性的基础上,因此类比推理按阶梯式发展。阶梯式发展的观点得到了一些研究的支持。伦泽(Lunzer,1965)以 9~17 岁儿童为被试进行了传统的语词类比和数字类比研究,结果发现,9 岁儿童仅能解决 30% 的言语类比,11~12 岁的儿童仅升高到 50%;数字类比成绩的正确率从 9 岁的 12% 升到11~12岁的 50%。伦泽因此得出结论:"即使对于最简单的言语类比任务,推理水平处于具体运算阶段的儿童也不能解决。"研究者(Levinson & Carpenter,1974)运用准类比(quasi-analogies)和真类比(true-analogies)两种任务对 9、12、15岁儿童的类比推理能力进行了探讨,在准类比任务中,详细说明高级关系(如鸟用空气::鱼用?),各年龄的儿童都解决得很好;在真类比中,让儿童自己思考高级关系(鸟:空气::鱼:?),结果发现,9 岁儿童解决准类比问题的成绩明显好于真类比,而 12 岁和 15 岁的儿童在两种任务上表现相当;9 岁儿童在两种任务中的成绩都比 12 岁和 15 岁儿童差。国内邵瑞珍等人(1982)使用传统的言语类比材料研究了儿童类比推理发展的特点,材料中涉及了客观事物中较为普遍的六种关系(工具与功用、部分与整体、对立、并列、从属、因果),要求儿童进行类比。结果发现小学生类比能力随年级升高而上升,低年级正确率仅为 20%,中年级正确率为 35%,高年级为 59%,差异显著。

(二)关于类比推理发展状态及发展时间的争论

1. 类比推理的非阶段式发展

自皮亚杰提出儿童类比发展的阶段理论以来,虽许多研究者对皮亚杰的理论给予了验证,但也有一些研究者提出了质疑,其中欧森菲德等人(Hosenfeld et al.,1997)指出,儿童类比推理的发展阶段并不像皮亚杰描绘的呈"线性发展",而是非线性的。欧森菲德等人用五个非线性指标描述了儿童类比推理发展的特点,即双峰性、不可接近性、突升性、突变性、突降性。为了证实儿童类比推理的发展是否表现出这些特点,他对 6~8 岁儿童进行了短期的纵向研究,结果发现,除了"不可接近性"表现不明显外,其他几个特点都得到了证明。也就是说，儿童类比推理的发展过程是非线性的，呈现出多峰、突变等特点。

2. 对发展时间的质疑

皮亚杰等人认为 12 岁以下的儿童缺乏类比的心理能力，因而不能进行类比推理。而许多研究者认为 12 岁以下的儿童并不缺乏类比能力，而是由于这个年龄的儿童缺乏相应的概念知识，同时又缺乏类比意识而导致在某种情况下不能很好地进行类比推理（Alexander & Daugherty，1995）。

后来的研究表明年幼儿童的确具有类比推理的能力（Brown，Kane & Echols，1986），即使是婴儿也能够进行类比推理（Singer & Karen，2005；Goswami，1996）。

陈哲等人（Chen et al.，1997）的一项研究表明，10～13 个月的婴儿就能够进行类比推理。研究者在研究中设置了三种问题情境（如图 10-1 所示），在情境 1 中，儿童要移开障碍物（一个盒子），拉动一块蓝色的布以拿到上面的黑绳子，然后拉动绳子以拿到红色小汽车。当然，婴儿要完成这样的任务似乎是比较困难的，于是在情境 1 中，研究者及婴儿的父母给予婴儿足够的反馈甚至演示，直到婴儿完成任务。然后在情境 2 和情境 3 中，让婴儿自己来解决问题，但在情境 2 和情境 3 中的道具有所改变，目标物也不再是红色小汽车。研究发现，10～13 个月的婴儿能够完成情境 2 和情境 3 中的任务。可见婴儿能够把在情境 1 中学习到的知识类比到情境 2 和情境 3 中。

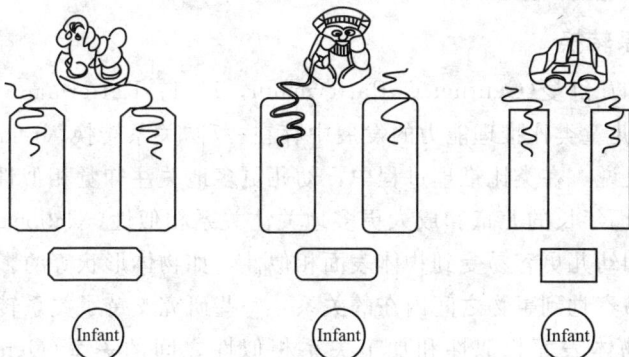

图 10-1 实验中的三个问题情境

引自"From Beyond to Within Their Grasp：The Rudiments of Analogical Problem Solving in 10-and 13-month-olds,"by Chen，Z.，Sanchez，R. P. and Campbell，T.，1997，Developmental Psychology，33，p. 792. Copyright © 1997 by American Psychological Association.

婴儿期以后，儿童的类比推理能力不断增长。高斯瓦米和布朗(1990)模仿皮亚杰的实验，以物理变化为内容设计了一组图片式A∶B∷C∶D类比任务，采用的是3、4岁的儿童都能够理解的关系，如切(cutting)和溶解(melting)，并运用多项选择形式给儿童提供五种可供选择的答案，包括与皮亚杰实验中相类似的干扰项，要求儿童完成选择，并解释每个答案的类比依据。3、4、6岁儿童接受了测验，结果表明，4、6岁儿童表现得很出色，在有反馈的条件下，90%以上的4、6岁儿童能成功地解决至少5/8的类比任务；3岁儿童很少成功，但是在有反馈的条件下，50%的3岁儿童能成功地解决大部分类比任务。

哈尔福德(Halford，1993)也提出儿童类比推理的能力在4岁时就已经具备，认为4岁儿童就可以通过建构与现实世界相类似的心理模型来表征周围的环境。

总之，大多数研究者都认为类比推理在前运算阶段便得到了有效的发展，而不是像皮亚杰所说的要等到进入形式运算阶段后，儿童才能发展起较好的类比推理能力。

二、儿童类比推理的影响因素

类比推理是一种复杂的能力，尽管有研究表明，即使是婴儿也能够进行类比推理，但是仍然有很多因素影响儿童进行正确的类比推理，下面就是一些影响儿童类比推理的因素。

(一)关系转换

根特纳和瓦舒曼(Gentner & Rattermann，1991；Rattermann & Gentner，1998)认为在儿童类比推理能力的发展中存在一种"关系转换"(relational shift)现象，也就是说，在类比推理过程中，幼儿更多地关注知觉相似性(perceptual similarity)，而年长的儿童和成人更多地关注关系相似性(relational similarity)。例如，婴儿和幼儿更容易受到物体表面相似性，如物体形状等的影响。而年长儿童则更容易察觉到事物之间内在的关系。一些研究支持了关系转换假说，表明幼儿加工物体表面相似性和加工关系相似性之间的关系(Gentner，1988；Gentner & Toupin，1986)。若表面相似性与关系相似性存在冲突，就会阻碍幼儿运用关系相似性进行正确的类比推理。

(二)知识

知识是影响儿童能否运用关系相似性正确解决类比推理问题的因素之一。类比推理的目的是利用某种已知的知识帮助个体理解未知的事物。只有儿童熟悉某事物的基本关系，其类比推理才能有效。例如，当我们把神经系统类比成电路时，某人可能才会对神经系统有较好的理解。但是，无论这个人的类比推理能力发展到了何种程度，如果其对电路本来也是一无所知的，那么上述的类比根本就不会帮助他理解神经系统。大部分研究者都承认知识经验在类比推理发展中的重要作用，尽管他们在其确切的作用上存在争议（DeLoache et al.，1998；Goswami，1996；Richland，Robert & Keith，2006）。

其中，高斯瓦米等人认为知识获得是类比推理发展的机制，并提出了"关系优先假说"，该假说认为类比推理是从婴儿早期就开始具备的一种基本能力，并且儿童的类比推理表现随年龄的增长而提高，因为伴随年龄的增长，儿童的关系知识也不断增长（Goswami & Brown，1990；Goswami，1992，2001）。同时高斯瓦米及其同事也开展了一系列的实证研究。如，高斯瓦米和布朗（Goswami & Brown，1990）通过研究发现，当向儿童示范熟悉的关系知识时，3 岁的儿童也能够成功地进行类比推理。在高斯瓦米、李维斯、普莱斯利和威尔赖特（Goswami，Leevers，Pressley & Wheelwright，1998）的研究中，首先向儿童呈现复杂的类比任务，在该任务中，存在两对物理因果关系（如切开和变湿），研究者当着儿童的面使物体 A 变成物体 B，然后要求儿童将 A 与 B 之间的关系映射到一个不同的物体 C 及变体 D 上，研究者向儿童呈现一系列的备选项目，要求儿童判断哪一个物体是 D。在另一个任务中，研究者检查了儿童在解决每一个问题中使用的知识。结果发现，当向儿童示范知识后，4 岁的儿童已经能够在上述的问题上表现出相当不错的能力。因此，高斯瓦米等人认为知识是限制儿童类比推理的重要因素。

国内学者王树芳、莫雷和金花（2010）的研究支持了高斯瓦米的观点。他们采用情景类比任务，通过两个实验对 180 名小学生进行纸笔测验，探讨任务难度对儿童类比推理的影响。结果发现，当进行反馈学习以降低任务难度时，7～8 岁儿童能完成更高年龄段儿童才能完成的任务。也就是说，随着相关知识的积累，儿童能够表现出更强的类比推理能力。

（三）元认知

高水平的元认知使类比推理更容易。研究（Brown & Kane，1988；Daehler & Chen，1993）发现，当儿童接受关于基本原理的外显指导时，类比推理的训练会非常成功。这说明，当儿童知道自己在做什么（即拥有元认知知识）时会使类比推理更容易。

许多人研究了类比推理的"失败"现象（Gick & Holyoak，1980；Catramobone & Holyoak，1989；Novick & Holyoak，1991；Reeves & Weisberg，

1993)。在这类研究中，首先向被试呈现源问题，然后呈现靶问题，解决者常常不能自发地注意到源问题和靶问题之间的关系，特别是当源问题和靶问题缺乏表面相似性时。如果告诉他们，源问题可以用来解决靶问题，被试就可以映射并解决靶问题，这表明类比的失败与缺乏策略意识关系密切。如吉克和霍利约克(Gick & Holyoak，1980)发现被给予暗示的被试中有92％运用了一般的类比，对靶问题产生了辐射的解决方法；而没有被给予暗示的被试中，仅有20％能够这样做，而且在后一种情况下大多数学生不能有意识地运用类比(Pierce et al.，1993)。

国内学者杨卫星等人(杨卫星、王学臣、张梅玲，2001)通过对初中生解决平面几何问题的研究发现，在问题解决过程中，无论解题者推理能力强弱，解题者对先后问题之间共性关系的意识水平对类比问题解决都有显著的影响，这表明意识到先前问题的解决方法对于解决新问题的重要性。张庆林等人(张庆林、徐展，2000)的研究也发现，在解决类比问题时，有些儿童由于缺乏解决问题的策略而不能进行类比推理，即使给予了外部的提示，也依然无效；而有些儿童，具备了问题解决的策略，只是缺乏策略意识，不懂得有意识地去运用所掌握的策略，因此当给予了外部的提示时，他们头脑中储存的策略被激活，导致成功地类比推理。

(四)工作记忆

早期的类比理论和类比映射理论(Gentner，1983；Holyoak & Thagard，1989)普遍忽视了工作记忆对类比的影响，似乎人们可以很容易地进行大量类比。最近研究者开始比较系统地关注工作记忆的制约作用。例如，有关类比的计算机模型IAM把算法式(Algorithms)的本质具体化为降低工作记忆的负载，LISA也通过对类比阶段集合规模设定容量限制表达了工作记忆的制约作用。建立在ACT-R理论框架内的路径映射模型更强调了工作记忆对类比映射的重要作用，因为如何习得和提取知识组块、随着练习这些组块如何激活以及这些组块如何衰退都要受到工作记忆的制约(Salvucci & Anderson，2001)。在类比问题解决过程中，如果类比源很少使用，就无法提取类比源，或者在提取时激活达不到阈限，也无法提取；类比越复杂，需要维持激活的心理资源越多，这些都说明了工作记忆的限制。因此，年幼儿童不能有效完成较复杂的类比推理任务也是由于其工作记忆的容量有限或其工作记忆的功能尚没有很好地发挥。瑞奇兰德等人(Richland，Morrison & Holyoak，2004)的研究以3~4岁、6~8岁、13~14岁的儿童为被试，通过图形类比推理任务，测查了工作记忆对儿童类比推理发展的影响。结果发现，随着年龄的增长，儿童的类比推理能力在逐渐地提高；儿童在类比推理任务中的表现受制于工作记忆的容量，年幼组儿童尤其如此。国内学者唐慧琳和刘昌(2006)采用工作记忆双任务的范式进一步探讨了工作记忆各子成分与类比推理之间的关系。结果表明，在图形类比推理中，主要有视空间模板中的空间成分、语音回路中的发音成分以及中央执行器的参与；在言语类比推理中，则是视空间模板中的空间成分起主要作用。

此外，在有些研究者(Keane，1997；Spellman & Holyoak，1996)看来，工作记忆容量影响着映射过程，或者影响着映射与其他的任务—特殊性技能的相互作用，如对类比源的编码，当类比源很多、很复杂时，就需要更多的努力来维持激活。莫瑞森(Morrison，2005)的研究也发现类比推理主要激活前额叶与工作记忆相关的脑区。

(五)抑制

运用类比最大的阻碍之一在于人们更多地被与问题解决无关的表面内容而吸引，忽视了问题抽象的本质内涵，即问题的结构特征，因而不能有效地提取源问题和靶问题之间的相似性。任何一个问题都包含许多内容，解决者在解决问题时，往往容易被具体内容迷惑，看不见深层的问题结构。要从问题的表层到问题的深层，形成一个抽象的问题表征，任务之一即需要抑制那些不重要的细节，使储存的信息量降低，减轻记忆的负荷。在解决类比推理问题时，5岁以下的儿童容易受到知觉特征的干扰。研究者(Diamond et al.，2002)发现，这是因为5岁以下的儿童注意抑制能力差，在类比推理中不能很好抑制无关刺激的干扰。

高德曼等人(Goldman et al.，1982)发现，年幼儿童和那些较差的类比问题解决者除了难以描述类比问题中的相似关系之外，主要困扰在于他们严重地受到其他联想事物或关系的干扰，且不能有效地对其进行抑制。也有研究发现，人们解决类比问题常常要受表面相似问题的干扰，尤其是在他们问题解决能力较低的时候(引自张亚旭，2001)。瑞奇兰德、罗伯特和基斯(Richland，Robert & Keith，2006)的研究发现，类比推理依赖于对那些分散特征的抑制性控制(Inhibitory Control)。有关发展的研究也表明，有效抑制和集中注意的能力能够部分地解释类比能力上的年龄差异效应(Halford，1992)。

第三节　形式推理的发展

　　因果推理和类比推理都是关于日常生活的推理。在这一节里，我们将分析与之相对的推理类型：形式推理。研究者(De Loache，Miller & Pierroutsakos，1998)认为，形式推理的关键是命题的形式，而不是语义内容。它是逻辑的，而不是经验的、真实的事件。各前提之间的内部一致性及由前提得出的结论都依赖于逻辑，而与其是否反映了客观现实或者在多大程度上反映了客观现实无关。

　　为什么这种去背景化的推理得到了发展心理学家的如此关注？是因为长期以来形式推理能力被认为是成人特有的(Inhelder & Piaget，1958)，因此皮亚杰将认知发展的最后阶段称为形式运算阶段也并非偶然。但是后来的研究并不总是支持皮亚杰的观点。下面我们就重点介绍在形式推理的发展研究领域中，普遍被研究者关注的三种类型：条件推理、传递推理和范畴三段论推理。

一、条件推理的发展

　　条件推理(conditional inference)是逻辑思维的最主要成分，是很多实证和理论研究的主题。马克维茨和巴奥依莱特(Markovits & Barrouillet，2002)认为条件推理是将人和动物区分开来的认知能力中最清晰的例证之一。

　　具体来说，条件推理是指根据所给条件"如果 P，那么 Q"及四个小前提(P、Q、非 P、非 Q)来做出推断。它有四种主要的推理形式。

　　①肯定前件式(Modus Ponens，MP)：

　　如果 P，那么 Q，

　　P，

　　因此 Q。

　　②否定后件式(Modus Tollens，MT)：

　　如果 P，那么 Q，

　　非 Q，

　　因此非 P。

　　③肯定后件式(Affirming the Consequent，AC)：

　　如果 P，那么 Q，

　　Q，

　　因此 P。

④否定前件式(Denying the Antecedent，DA)：

如果 P，那么 Q，

非 P，

因此非 Q。

其中，肯定前件式和否定后件式推理是有效的推理形式，肯定后件式和否定前件式是无效的推理形式。只有当前提条件被理解为充分必要条件时(仅且如果 P，那么 Q)，肯定后件式和否定前件式才被视为有效的。

皮亚杰等人(Inhelder & Piaget，1958)认为条件推理是形式思维的一种表现形式。通过对实验任务的观察及被试口语报告的分析，英海尔德和皮亚杰推断具体运算阶段的儿童不能解决条件推理问题，而只有到形式运算阶段，被试的认知能力才能满足任务的要求。后来大量的研究基本上支持了这种观点，即认为青春期前的儿童不具备条件推理能力，这种能力在十几岁时才会得到发展(Markovits & Vachon，1989，1990；O'Brien & Overton，1980，1982；Overton，Ward，Black，Noveck & O'Brien，1987；Müller，Overton & Reene，2001)。然而另外的一些研究则发现条件推理能力比皮亚杰认为的要早熟得多(Dias & Harris，1988，1990；Greenberg，Marvin & Mossler，1977；Kuhn，1977)。同时，关于成人的推理研究发现，成人并不总是按照条件推理的规则来思考，即使是相当直接的推断性推理也受到多种内容和背景因素的影响，这些因素系统地影响着成人做出关于"如果—那么"的推断(Johnson-Laird & Steedman，1978；Quinn & Markovit，1998；Thompson，1994)，并且这些因素也同样在年幼儿童推理时表现出来(Janveau-Brennan & Markovits，1999；Markovits，Fleury，Quinn & Venet，1998；邱江，吴玉亭，张庆林，2005)。

显然，经典的皮亚杰理论并不能对上述结果进行很好的解释，因此研究者试图探寻某些新的理论，他们尤其热衷于诠释人们在推理中表现出来的各种偏向，以证明新理论的合理性。约翰森—莱尔德及其同事提出的心理模型理论获得了较大的成功(Johnson-Laird，1983；Johnson-Laird & Byrne，1991；Johnson-Laird，Byrne & Schaeken，1992；Johnson-Laird，Byrne & Tabossi，1989)。该理论认为推理过程是非理性的，是对心理模型的表征和操作。人类在进行条件推理时，首先会建构关于前提的外显心理模式(pq)，接着判断该模式是否可以得出相应的结论，并进一步建构关于前提的内隐心理模式(非 pq、非 p 非 q)来对得出的结论进行证伪。因此推理过程主要是通过搜寻反例来证实前提是否成立，内容和背景的熟悉性等将直接影响反例搜寻的速度与准确性，并进一步决定成人和儿童的推理判断。也就是说，个体不需要任何逻辑规则便可以进行条件推理。

此外，近年来关于条件推理的研究，出现了一种新的取向，即从概率的角度探讨条件推理的认知机制（Evanss & Simon，2003；Oaksford & Chater，1994，2000），值得关注。

二、传递推理的发展

传递推理（transitive inference），是指根据当前这两个事物分别与其他已知事物之间的关系，推出这两个事物之间的关系。例如，已知"甲高于乙，丙高于甲"，那么我们就能据此推出"丙高于乙"的结论。

皮亚杰是第一个提出传递推理在儿童智力发展研究中具有重要作用的心理学家，他认为传递推理是逻辑思维发展的标志之一，这种推理将影响儿童对许多数学概念，特别是长度、高度等的理解。皮亚杰等人（Piaget，Inhelder & Szeminska，1960）认为，传递推理是具体运算阶段（7～11、12 岁）以后的儿童才具有的能力，6～7 岁以下的儿童不能理解传递推理问题中的基本逻辑关系。皮亚杰的这一观点在很长时期内都被发展心理学家所接受，然而后来，不断有研究者对传递推理的获得年龄提出质疑。

布莱恩特和托巴索（Bryant & Trabasso，1971）在一篇著名的研究报告中指出，儿童完成传递推理任务的困难在于他们不能很好地记住前提或不能形成正确的关于刺激的表征。布莱恩特和托巴索认为，如果儿童能够理解蕴含在有关事物中的逻辑关系，只是因为记不住前提而不能顺利解决问题，那么只要训练儿童去记忆前提就可以使他们完成传递推理的任务。为了检验这个假设，布莱恩特和托巴索给儿童呈现了 5 根长短、颜色不一的小木棍，并训练儿童记住在长度上接近的小木棍之间的关系（如 A<B<C<D<E），然后在不呈现小木棍的情况下，随机询问儿童关于上述 4 组木棍的关系，当儿童完全能够正确回答这些问题之后，再询问儿童某两根在长度上不是最接近的木棍之间的关系（如 A 和 C 相比，哪根木棍较长），这两根木棍的关系在已知的条件中并没有直接给出，需要儿童进行推理。结果发现，那些能够记住已知前提的儿童通常都能够解决传递推理问题，并且研究者证明，如果给予 4 岁儿童足够的训练，保证他们记住前提的话，4 岁儿童也能够进行传递推理。

布莱恩特和托巴索也对年幼儿童不能完成传递推理任务的第二个原因，即儿童不能形成正确的关于刺激的表征进行了检验。结果发现，儿童只应用心理表征也能解决这种比较简单的传递推理任务。有效的心理表征形式是，儿童在头脑中形成一个按高矮顺序依次排列的含 5 根小木棍的序列。当要求回答某两根木棍之间的关系时(如 B 与 D 相比，哪根木棍更长)，依据心理表征，儿童可采用两种方法来解决问题。其中一种方法是，将 B 与 D 直接安放在有关序列表象的对应位置上，可以发现这两者之间的关系；另一种方法是，将 B 与 D 分别与表象中的木棍 A 相比，哪一个更靠近 A，哪一个就较长，这样也可以发现 B 与 D 之间的关系。

因此，当通过训练使儿童增强上述这两方面的具体能力以后，儿童解决传递推理问题的能力都获得了相应的提高。

然而，有研究者指出，在布莱恩特和托巴索的实验条件下，只选择那些能够正确回忆出前提条件的儿童作为实验的被试，而那些因为没能记住条件而被排除在外的被试没有给予考虑。因此这样的手段虽然排除了儿童记忆容量的影响，却由于在样本选取中挑选了能力较高的被试，因而高估了同年龄儿童的水平。

为了避免高估的偏差，又能消除记忆的影响，皮尔斯和布莱恩特(Pears & Bryant，1990)设计了一项相当巧妙的"组合塔"实验，给幼儿呈现一系列由两种颜色的木块搭成的"塔"，要求他们按照其呈现出的关系在想象中建造更高的塔，并回答原本不在一起的两种颜色的木块的高低关系。在这一实验中，他们准确测量了幼儿空间传递推理的能力，再次证实了 4 岁儿童就可以进行传递推理。

在国内，胡清芬和陈桄(2007)的一项研究也得到了相似的结论。他们发现，5～6 岁是儿童传递推理能力迅速发展的时期，6 岁左右的大多数儿童已经能够进行真正意义上的传递推理。

三、范畴三段论推理的发展

在解决范畴三段论推理(syllogistic inference)问题时，要求被试根据前两个陈述来判断第三个陈述的正确性。并且第三个陈述的正确性是建立在前二者基础上的，而与现实世界的现状无关。它的形式如下：

①所有的男人都是大夫。
②所有的大夫都是女人。
③所以，所有的男人都是女人。

范畴三段论推理是推理研究的重要领域，早在 20 世纪 20 年代，就有人用心理学的方法对范畴三段论推理进行研究(Wilkins，1928)。皮亚杰(1984)认为抽象的、演绎的能力要到青春期(14～15 岁)才完全成熟，对于大部分青春期前期的儿童来说，不能进行形式的、逻辑的推理，当然也包括范畴三段论推理。一些研究支持了皮亚杰的观点（Markovits & Vachon，1989；Müller，Overton & Reene，2001）；但是更多的研究则表明，年幼儿童甚至学前儿童也能进行有效的范畴三段论推理（Bara，Bucciarelli & Johnson-Laird，1995；Hawkins，Pea，Glick & Scribner，1984）。

霍金斯等人（Hawkins et al.，1984）利用言语的范畴三段论问题对 4 岁和 5 岁儿童的推理能力进行了测查，他们的发现令人兴奋。在研究中，霍金斯及其同事向学前儿童呈现了三种类型的三段论问题：①想象的问题（Fantasy，F），包含假想的事件，儿童对其没有任何先前的概念（如所有的 banga 都是紫色的）；②与现实一致的问题（Congruent，C），即该类问题涉及的前提与儿童现有的关于世界的知识是一致的（如熊有巨大的牙齿）；③与现实不一致的问题（Incongruent，I），在该类问题中涉及的前提是与儿童的知识相冲突的（如眼镜掉到地上的时候会弹起来）。以下对这三类问题各给出一例。

①想象的问题：

　　所有的 Banga（假词）都是紫色的。

　　紫色的动物蔑视人类。

　　Banga 蔑视人类吗？

②与现实一致的问题：

　　熊有巨大的牙齿。

　　有巨大牙齿的动物是不会看书的。

　　熊会看书吗？

③与现实不一致的问题：

　　眼镜掉到地上的时候会弹起来。

　　所有能够弹起来的东西都是用塑料做的。

　　眼镜是用塑料做的吗？

该研究一共设计了 24 个问题，每种类型的问题分别为 8 个。这些问题以四种方式呈现给儿童，每个儿童接受一种方式：①FIC，即先呈现想象问题，接着呈现不一致问题和一致问题；②IFC，即先呈现不一致问题，接着呈现想象问题和一致问题；③CIF，即先呈现一致问题，接着呈现不一致问题和想象问题；④随机顺序，即三种问题是随机排列的。

研究发现，首先，儿童在不一致问题上的正确率为 13％，这一结论与皮亚杰的观点是一致的。也就是说儿童不具有"形式"思维的能力，他们在思考这类问题的时候会受到关于现实世界知识的影响。其次，儿童在一致问题上的表现都非常优异，正确率为94%。但是，要成功回答一致问题几乎不需要进行推理，儿童完全可以根据他们的知识来回答这些问题。事实上，当要求儿童对他们的回答进行解释时，大部分儿童(81%)都是根据他们的经验来回答的，几乎很少有儿童(10%)根据前提理论来回答一致问题。

然而儿童在想象问题上的表现则要有趣得多。儿童在想象问题上的得分也很高，正确率为72%。尤其是当想象问题首先呈现时，儿童在想象问题上的正确率为94%，当一致问题或不一致问题首先呈现时，儿童在想象问题上的正确率则要低得多，分别为71%和55%。并且当要求儿童对他们的回答进行解释时，如果想象问题首先呈现，儿童根据理论进行解释的比例为58%，而当想象问题随后呈现时，儿童根据理论进行解释的比例仅为8%。

根据上述结果，霍金斯及其同事认为，4～5岁儿童已经能够表现出范畴三段论推理的能力，但是他们只能在高度限制的条件下才能展示这种能力。而且该研究还表明，年幼儿童的范畴三段论推理受到问题的内容及问题组织方式的影响。

无论儿童在进行范畴三段论推理的时候会受到哪些因素的影响，研究发现(Bara，Bucciarelli & Johnson-Laird，1995；Hawkins，Pea，Glick & Scribner，1984)，年幼儿童都比皮亚杰想象的更有能力。那么，成人是否像皮亚杰描述的那样，真的始终如一地按照逻辑规则来进行思考呢？新近研究表明，答案是否定的，成人在进行相应的推理时有时也不会运用逻辑规则，并且他们也会犯与儿童一样的错误(王沛，李晶，2003；Ball，Phillips，Wade & Quayle，2006)。

第四节　科学推理的发展

科学思维能力是人类众多能力的核心，而科学推理作为人类的一种高级科学思维形式，在人类认知世界的过程中起着重要作用。皮亚杰在其认知发展理论中首次提出了科学推理的概念。自20世纪60年代以来，科学推理已成为认知与发展心理学研究的一个重要领域，那么，科学推理的内涵是什么？儿童的科学推理如何发展？哪些因素影响儿童的科学推理？这些都是值得关注和探讨的问题。

一、科学推理的概念

科学推理(scientific reasoning)，又称科学思维，是现今发展心理学家最感兴趣的推理形式之一(Flavell，2002)。什么是科学推理？不同的学者根据自身强调的内容不同，对科学推理的表述也有所不同。库恩等人认为(Kuhn，Amsel & O'Loughlin，1988)科学推理的本质是理论和证据的协调。克拉尔等人(Klahr & Dubar，1988；Klahr，2000)将科学推理看成是问题解决的过程，认为科学推理是一个导向搜索和收集的过程。据此他们提出了科学发现的双重搜索模型(Scientific Discovery as Dual search，SDDS)，认为科学推理是对假设空间和实验空间的双重探索。别尔克伦德(Bjorklund，2005)认为，科学推理是产生世界上的事物是如何工作的假设并系统地检测这些假设的过程。

总之，科学推理是科学活动中的思维过程，包括产生假设、设计实验和评估证据(Dunbar，1999)。

二、科学推理的发展特点

科学推理的发展研究起源于皮亚杰的先驱性工作。英海尔德和皮亚杰(1958)使用一系列任务(如单摆任务)对儿童的科学能力进行评估，认为只有进入了形式运算阶段，儿童才能提出正确的假设并得出有效的结论，也就是说只有到了青少年阶段，个体才具有科学推理能力。后来的研究者虽然并不总是支持皮亚杰的观点，但是他们一般都认为科学推理是一种较晚发展起来的能力，甚至在很多成人身上都不是那么容易被发现(Kuhn，Amsel & O'Loughlin，1988)。但是，也有研究者认为，即使是小学低年级儿童甚至幼儿都能进行科学推理(Sodian，Zaitchik & Carey，1991；Ruffman，Perner，Olson & Doherty，1993；Koerber，Sodian，Thoermer & Nett，2005)。

库恩等人(Kuhn，Amsel & O'Loughlin，1988)的研究是里程碑式的。该研究的目的是测查被试如何调和关于因果变量的先前信念与呈现给他们的证据。研究者使用简单、日常的情景来进行研究，如在一个实验中，他们首先通过访谈了解成人、三年级、六年级和九年级儿童关于某种食物(实验中一共提供了35种食物)是否会导致一个人患感冒的信念。然后，研究者向被试呈现一系列证据，即图片，图片上包含一种食物及食用该食物带来的后果。其中一些食物总是与感冒相连，而另一些食物却总不与感冒相连，第三种食物则有时与患感冒相连、有时不与患感冒相连。但至少存在一个与被试先前信念一致的结果和一个与被试先前信念不一致的结果。接着，要求被试回答这些证据说明了什么。研究者将被试的回答编码成"以事实为基础"或者"以理论为基础"。"以事实为基础"的回答是指被试以呈现的数据为基础来做出判断，即使这些数据完全不顾及合理的背景信念；与此相反，"以理论为基础"的回答是指被试通过先前的信念或者理论做出判断，而不顾呈现的数据是什么。

通过一系列的实验，库恩等发现：①三年级和六年级的儿童不能够区别理论和证据。②从童年中期到青春期一直到成年，调和先前理论与证据的技能呈单调的发展趋势，这种技能到成年时都未达到最佳水平，而且成人也有将理论和证据混合在一起的倾向，他们只是简单地将理论和证据都表征为"事情就是这样的"。③被试拥有一系列的策略使证据和理论看起来一致。一种倾向是使用忽视、扭曲或者有选择性地关注等方式来对待那些与喜爱的理论不一致的证据或似是而非的背景信息；另一种倾向是调整理论以适应证据。后一种行为听起来似乎是合理的，但人们往往是无意识地使用了这些策略，被试并没有意识到他们修正了自己的理论，当要求被试回忆其先前信念时，一些被试报告的理论与证据相符，但并不是他们最初的陈述。

奇尔吉(Tschirgi，1980)通过研究发现小学低年级的儿童甚至是成人都倾向于制造期望的结果而不是去检验因果假设。他采用故事问题(story problems)作为研究任务，测查了"自然"问题情境下实验设计和假设检验之间的关系。该研究假设，结果的性质可能是影响人们选择寻找证伪或证实性的证据的因素。研究任务涉及两个或三个变量，这些变量导致好的或坏的结果(如烘烤出一块美味的蛋糕)。实验要求成人及二年级、四年级、六年级的儿童通过改变或者保持变量的水平来对因果性进行验证。例如，在"蛋糕故事"中有 3 个变量：油脂的品种(天然黄油或者人造黄油)、甜料的品种(食糖或者蜂蜜)、面粉的种类(精粉或者全麦粉)。在研究中，告诉被试故事的主角使用人造黄油、蜂蜜和全麦粉来制作蛋糕，并且相信蜂蜜是导致结果(好或坏)的原因。然后，要求被试回答故事中的主人公应如何验证他的信念，被试可从以下 3 个选项中选择答案：①使用蜂蜜再做一个蛋糕，但是改变油脂和面粉("一次保持一个不变"策略，即"Hold One Thing At a Time"，HOTAT)；②使用食糖、人造黄油及全麦粉再做一个蛋糕("一次仅改变一个"策略，即"Vary One Thing At a Time"，VOTAT)；③使用天然黄油、食糖和精粉再做一个蛋糕("改变所有变量"策略，即"Change All"，CA)。在本研究中，总共要求被试回答了 8 个问题，其中 4 个为积极结果，另外 4 个为消极结果。结果发现，在所有年龄组中，当结果为"积极"时(烘烤出美味蛋糕)，被试会选择 HOTAT 策略来寻找证实性的证据(在上述的选项中选择 1)，即被试倾向于保持假定的因果变量不变以维持好的结果；相反，当"消极"结果出现时，被试倾向于寻找证伪性的证据。被试倾向于制造期望的结果而不是去检验因果假设；另外，研究结果表明被试使用 VOTAT 策略的频率远远高于 HOTAT 或者 CA。唯一的发展差异在于，二年级和四年级的儿童更有可能选择 CA 策略，并且这种差异只出现在消极结果情况下。

布洛克和齐格勒(Bullock & Ziegler，1999)的研究亦证实了皮亚杰的研究结论，认为儿童只有到了形式运算阶段，才能进行科学推理。该研究同样使用故事问题对儿童的科学推理能力进行了追踪测查，要求被试操作一系列变量从而决定哪些变量是导致某一特定结果出现的原因。儿童从三年级开始直至六年级，每年都参加一次测试。研究发现，儿童能够设计对比性的实验，但是直到五年级(接近于形式运算阶段)，儿童才能设计正确的控制实验，且六年级儿童的成绩与对比组的成人成绩相近。设计或识别控制实验的能力表现出线性发展的趋势。

但是，这种认为年幼儿童在科学推理能力上存在缺失的观点近来受到了许多挑战。拉夫曼等人(Ruffman，Perner，Olson & Doherty，1993)认为即使是学前儿童，对假设—证据之间的关系亦有一个基本的理解，这种关系与错误信念任务的要求相联系。在错误信念任务上，要求被试在其(错误)信念的基础上预测某个主角的行为。类似的，在证据评估的任务上，则是要求被试以故事中某个主角对证据的理解为基础来预测主角的信念。因此能够以相似的方式来评估关于假设形式的元认知理解。在拉夫曼等的第一个实验中，主试向被试呈现了 20 幅图片，其中 10 幅图画描述的是吃了绿色食物的儿童，他们的牙齿都坏掉了；另外 10 幅描述的是吃了红色食物的儿童，他们的牙齿都是健康的。然后，主试问儿童是哪种食物促使儿童的牙齿脱落。接着，主试声称他们想来欺骗一个不在场的人物——萨里(Sally)。被试目睹主试改变了证据，使红色食物与坏牙齿的儿童联系起来，而使绿色食物与健康牙齿的儿童联系起来。主试提醒儿童这不是真的。然后，儿童目睹萨里进来，并且看到了假的证据。最后，主试问被试萨里会认为哪种食物导致了坏牙，并要求解释原因。拉夫曼等人发现，当儿童把他们自己的假设和主角的假设之差异归于不同的人造证据时，儿童从 5 岁开始就拥有了区分假设和证据的能力。并且，拉夫曼等人的第二个实验表明，6 岁的儿童就能够处理不完整的共变信息，这说明学龄初期的儿童已经开始留意证据的模式。在第三个实验中，拉夫曼等人发现，6～7 岁的儿童不仅能够理解所给的证据是如何影响假设的，还能够理解其是如何影响后来的行为并对结果做出预测。综上，可以发现即使是 5 岁的儿童也能够进行科学推理。我们认为，拉夫曼等人发现的 5 岁儿童能够进行科学推理，可能有两方面的原因。首先，与传统的科学推理任务(如库恩等，1988)不同，拉夫曼等人仅使用一个潜在的因果变量(食物的品种：绿色食物或红色食物)降低了任务的难度，另外他们使用的因果因素(红色食物和绿色食物)都未明确指代何物，因此拉夫曼等人研究中的证据没有与儿童的先前信念相冲突。

在拉夫曼等人研究发现的基础上，克贝尔等人(Koerber，Sodian，Thoermer & Nett，2005)通过两个实验测查了4~6岁儿童证据评估能力的发展及儿童证据评估能力和领域特殊性的因果信念之间的关系。克贝尔等人认为，拉夫曼等人的研究仍可能低估了儿童的科学推理能力，因为在他们的任务中，儿童需要同时进行两种表征，即真实事情状态的表征和人造证据的表征。因此，为了更全面地测查儿童对假设—证据的理解及他们的证据评估技能，克贝尔等人在其实验1中使用了3种证据评估任务："人造证据"任务、"先前信念转换"任务和"部分证据"任务。实验1的结果表明，4岁的儿童能够评估共变证据，但是即使是6岁儿童在解释非共变证据时也存在困难。尽管如此，在实验2中，研究者发现当向5岁的儿童提示两个变量之间没有因果关系时，他们能够战胜这一困难。实验2进一步表明，儿童的证据评估技能受到其先前的因果信念的影响。但是即使在证据与儿童的先前信念相冲突时，他们的成绩仍在机遇水平之上。总之，该研究证明了学前儿童能够理解假设—证据之间的关系，修正了以前关于学前儿童不能进行科学推理的看法。

三、影响科学推理的因素

一些研究表明，科学推理通过练习可以得到提高。在谢布雷(Schauble，1990)的一项研究中，主试给9~11岁的儿童呈现了一个微型小赛车，要求儿童回答在下列5种因素中，哪一种或哪几种因素将决定小赛车的速度。这5种因素分别为：发动机的大小、轮子的大小、是否有尾部突起物、是否有消音器和小车的颜色。结果发现，大部分儿童认为，发动机的大小、车轮的大小和消音器的存在将决定小赛车的速度，即认为大的发动机、车轮和消音器将使小赛车的速度更快，而是否有尾部突起物及何种颜色与车速无关。事实上，在通常情况下，大功率的发动机和中等大小的车轮将使车的速度更快；而是否有消音器及车子的颜色与车速无关；当发动机的功率很大时，没有车尾凸起物将会加快车速；当发动机的功率较小时，是否有车尾突起物对车速没有影响。在儿童给出自己的预测后，主试给他们8次实验的机会，在每一次实验中，儿童可以根据自己的假设来改装小赛车以考察每一种因素对车速的影响。在实验过程中，只要每次改变其中的一个因素，而控制其他4个因素不变，就能找到影响车速的因素。

结果发现，9~11岁的儿童对这5种因素的检验次数明显多于成人。主要原因是，儿童进行的许多次实验都是无效的。在这些无效的实验中，因为每一次都不仅改变了一种因素，这样就不能确定究竟是哪一种因素影响了车速；而且，即使有时儿童能够进行有效的实验，也不能根据这个有效实验所产生的结果得出正确的推论，仍是根据自己的想法得出结论；有时在根据实验结果得出结论后，还出现摇摆不定的情况。

尽管如此，9～11岁儿童的科学推理能力并不是完全令人沮丧的。在8次实验中，儿童表现出了很强的学习能力。他们设计的有效实验增加了，得出的正确结论也增加了，他们对小车速度的预期也更准确了。因此通过科学推理领域的适当训练，儿童设计实验的方法和他们得出正确结论的能力都能得到提高。这一结论得到了陈哲和克拉尔(Chen & Klahr，1999)的支持。

陈哲和克拉尔进行了一项有关变量控制策略(Control-of-Variables Strategy，CVS)学习和迁移的研究。CVS是一种设计实验的方法，在这一方法中，可以将实验条件进行单一的对比，从而得出结论；它的获得是科学推理技能发展中的重要一步，因为它的正确使用有利于搜索实验空间(Klahr & Dunbar，1988；Chen & Klahr，1999；Klahr，2000；王瑞明、莫雷，2003)。而在陈哲和克拉尔的研究中，他们个别地训练2年级、3年级、4年级的儿童学习变量控制策略。有3个训练条件，第一个条件是外显训练，主试直接指导儿童如何使用变量控制策略；第二个条件是内隐训练，主试只在被试进行实验的时候向他们提出一些系统的问题；第三个条件是让被试进行发现学习，在被试进行实验的时候不给予指导也不给予提问。同时，该研究还提供了新的任务来评估CVS的迁移情况。研究结果表明，①经过训练，儿童在变量控制策略上的分数都得到了提高，并且外显训练的效果比内隐训练的效果好；同时儿童不能够独自发现变量控制策略。②三年级和四年级的儿童在一两天之后的近迁移中，仍然能够保持变量控制策略较高水平的使用。③在7个月后的远迁移测验中，四年级的儿童表现出较好的成绩，他们能够将习得的策略迁移到新的任务中。这说明，经过学习，小学儿童能够有效地运用科学推理策略解决问题，并能够把策略迁移到新任务中。

即使我们发现了幼儿也能进行科学推理，但是很明显这是因为降低了任务难度。总体上来说儿童、青少年和许多成年人在科学推理上的表现仍并不尽如人意(Klahr & Dubar，1988；Klahr，2000；Kuhn，Amsel & O'Loughlin，1988)。研究者对上述情况的原因进行了探讨。

首先，库恩及其同事认为科学推理涉及对理论的思考而不仅仅是使用它，即科学推理需要较高水平的元认知，它要求主体能将理论(假设)和数据(证据)

整合起来。当两者一致时，就不存在任何问题；但当假设和证据相冲突时，问题就产生了。库恩(1989)推测儿童(以及许多成人)都有两种假设—数据冲突范式：被假设束缚的儿童会扭曲数据使之与假设相符；而那些被数据束缚的儿童则是用部分理论来解释他们的数据(通常是与数据相一致的)，而不是用整个理论来解释。

其次，儿童和青少年经常不能设计有效的实验。他们通常不能系统地变化一个因素，即他们很难自觉地使用 CVS 策略(Tschirgi，1980；Schauble，1990，1996；Penner & Klahr，1996；Chen & Klahr，1999)，或者他们在所有可能的因素都被检测之前就迫不及待地得出结论(Schauble，1990，1996；Penner & Klahr，1996；Chen & Klahr，1999)。

再次，儿童的科学推理会受到情境因素的影响，如在结果被解释成积极或消极时儿童完成科学推理的情况就很不一样(Tschirgi，1980；Zimmerman & Glaser，2001；Zimmerman，2007)。研究表明，儿童更看重那些积极的结果(如好的学习表现、健康的身体)而不是那些消极的结果(DeLoache et al.，1998)。

最后，儿童、青少年的先前信念(prior belief)同样也对科学推理有很强的影响。谢布雷(1990)发现即使在儿童进行有效的实验时，他们也通常得出与证据不一致的结论，但是这些结论却与其先前信念一致。克莱克恩斯基等人发现儿童能够很快且不加批判地接受那些与他们的先前信念相一致的结果，并且会带着更加批判的眼光去钻研那些与其先前信念不一致的结果(Klaczynski，1997；Klaczynski & Narasimham，1998)。克贝尔等人(Koerber et al.，2005)的研究也发现学前儿童的证据评估技能受到其先前因果信念的影响。一项关于大学生先前信念、方法概念(methodological conceptions)(如实验证据的功能、调查的客观性、信度、实验控制和共变)和科学推理的相关研究也表明，大学生的个人结论受到他们的先前信念的影响。因此，即使学生在抽象的水平能够理解数据和科学结论是如何相关的，但是在要求他们表述自己的观点时先前信念仍然处于优势的地位，尤其是在他们没有完全理解客观性这一概念时更是如此(Greenhoot，Semb，Colomno & Schreiber 2004)。

思考题

1. 儿童因果推理的发展受哪些因素的影响？设计实验说明某一因素如何影响儿童的因果推理发展？

2. 比较类比推理发展的阶段论(皮亚杰)和非线性发展理论(欧森菲德)。

3. 任意选择一个类比推理的影响因素设计一个实验，证明该因素如何影响类比推理的发展。

4. 请思考一下你在日常生活中是如何利用类比推理解决问题的，并给出一个例证。

5. 阅读课外材料，试总结范畴三段论推理的影响因素。

6. 科学推理的过程是什么，受哪些因素的影响？这些因素如何分别对科学推理的各个过程产生影响？

第十一章　社会认知的发生与发展

从某种意义上说，人类行为的所有方面都是其认知的功能和结果，儿童社会行为的发生与发展也可以从这一观点中得到解释。儿童的社会行为水平是与他们相关的社会认知水平紧密联系在一起的，是以社会认知为基础的。所谓社会认知即对社会信息的知觉、解释和评价，具体包括对个人的认知、对人与人之间相互关系的认知以及对群体内部或群体之间各种关系的认知三个相互联系的层次（郑全全，2009）。

在儿童日常生活的大部分活动中，都包括与他人的相互作用。这种相互作用的顺利进行和完成，要求主体社会认知的参与，儿童必须能够评价与他人构成某种关系的特定社会情境、了解自己与他人的社会角色、推断他人的情感与意图，以选择和执行某种恰当的社会交往策略。所有这些都将促进某种积极的社会关系的产生和发展，如母子间的依恋、同伴之间的友谊以及完成合作性的任务。

对儿童社会认知的研究与对其自然认知的研究几乎具有同样长的历史，如皮亚杰对儿童社会性游戏规则以及在假设情境中道德判断的研究就被认为是关于儿童社会认知的早期研究。但社会认知作为一个与儿童自然认知及社会性发展相联系的、独立的研究领域则开始于 20 世纪 60 年代末期，以弗拉维尔与其同事共同撰写的《儿童的角色采择及交流技能的发展》一书为重要标志（Flavell et al.，1968）。此后，关于成人及儿童社会认知的研究被大大扩展，到 80 年代以后，该方面的研究已成为心理学研究的一个热点。下面分别介绍有关儿童社会认知发展的几个方面。

第一节　个体社会认知的早期形式

人是社会性的动物，婴儿从一出生就开始了与他人社会交往的活动。在这种交往活动中，婴儿学到了许多关于社会关系及社会性反应方式的知识和技能，他们逐渐地可以用微笑、啼哭、咿呀作语以及身体运动等方式与母亲进行社会交流，与母亲形成非常亲密的感情联系。母子间这种亲密的感情联结被心理学家称为母婴依恋。母婴依恋的形成，是儿童长大以后建立各种其他社会关系的基础，对儿童各个方面的发展都具有十分重要的意义。近年来的研究也表明，母婴依恋的形成与婴儿认知发展密切相关，其基础是儿童早期的社会认知。

一、婴儿社会认知的基础

婴儿很早就开始形成关于自己、他人以及自己与他人关系的观念。一方面，在生命的早期拥有这些能力是具有重要的现实意义的，婴儿必须依赖于他人才能生存下去；另一方面，婴儿似乎天生就具有某种认知装置，以促进其社会认知的发展。

近30年来的研究表明，新生儿的感知觉系统具有很强的工作能力，并表现出明显的偏好，这种偏爱性是导致产生母婴依恋的重要因素之一。

早期对婴儿视知觉能力的研究都发现（Haith，1966；Ruff & Brich，1974；Salapatek & Kessen，1966），出生不久的婴儿对那些运动的、有边界及轮廓表现出高度的明暗对比度的、亮色的以及曲线式的客体表现出更大的兴趣，而这些特征都在不同程度上与人脸的特征有关。人类的面孔有着高度对比的曲线状的头型轮廓和明亮的双眼，这使得婴儿更倾向于注视人的面孔，尤其是母亲的面孔。婴儿在出生后的头两个月里，由于双眼还不能很好地聚焦，因此，对注视的距离有特殊的要求。海恩斯等人（Haynes，White & Held，1965）发现8~9英寸是婴儿能看清楚对象最合适的距离，而当婴儿在母亲怀中吃奶的时候，其与母亲面孔的距离就恰好是8~9英寸，这使得婴儿能够经常看到母亲面孔的细节，由此提高了对母亲的熟悉程度。

最近的研究发现，在对人类面孔的识别上，婴儿表现出令人惊讶的能力，8周大的婴儿就能够区分人脸的内部（五官）和外部（发型等）特征（Blass & Camp，2004），3个月时就可以区分出正常的人脸和五官移位的人脸（Cassia et al.，2005），到了6个月大时甚至表现出对面孔的判断力，对有吸引力的面孔给予更多的注视（Langlois et al.，1991）。知觉偏爱还表现在婴儿的听觉中。德凯斯普等人（Decasper & Fifer，1980）研究发现，出生仅3天的婴儿就表现出对自己母亲声音的偏好。婴儿还表现出对"妈妈语"的偏好，"妈妈语"是母亲或成人对婴儿说话时用的一种特殊形式的话语，这种语言一般语速较慢、声音高并且音调夸张。刚出生几天的婴儿，对"妈妈语"的兴趣要明显高于对成人间谈话的兴趣（Cooper & Aslin，1990）。

这种感知觉偏好的存在，能帮助婴儿更全面地认知母亲，与母亲保持更亲密的关系。注视面孔和声音的倾向，可以使婴儿长久地关注他们最经常看到的人，产生对面孔的偏好，尤其是对母亲面孔的偏好。随着感知觉能力的增强，婴儿能够将抚养者的形象、声音、气味和情感等一系列复杂特征的组合与其他人的特征区分开来，进而发展到能将其他人与所依恋的人区分开。

模仿能力在婴儿的社会交往中也起到了重要的作用。2～3周的婴儿就能够模仿成人的面部表情（Meltzoff & Moore，1977），甚至可以模仿其他的动作行为，如摇头等，而且在不同的民族和文化中都有类似的发现（Meltzoof & Kuhl，1994）。这种模仿反映了婴儿与他人交流的强烈需求，同时也是学习的一种有力工具。通过模仿成人的动作，婴儿逐渐了解并探索他人与周围的世界。在这一过程中，婴儿注意到自己的行为与他人行为的相似性，并逐渐发现了自我。另外，成人在与婴儿进行模仿游戏的过程中，不仅强化了他们期望的婴儿的行为，也建立起同婴儿之间的情感联系。

婴儿具备的这些基本的机能或能力是其早期社会关系建立的基础，同时也促进了他们与其他人类个体，尤其是与母亲的社会交往。虽然，母婴之间的相互作用开始于婴儿出生后的头几周内，但婴儿的依恋行为是随着这些基本机能的发展而改变的。婴儿在6个月或7个月的时候表现出对某个人（通常是母亲）的依恋。早期的依恋行为多是对母亲表现出更多的微笑、咿呀作声、注视、依偎及拥抱等行为，但对与母亲分离尚未表现出更多的消极情绪。随着婴儿与母亲依恋关系的发展和稳固，婴儿表现出了与母亲的分离焦虑，即当母亲离开时，表现出伤心、痛苦、活动水平降低等特点。

二、婴儿社会交往的内部工作模式

虽然，婴儿的依恋是从其外在行为表现出来的，但像个体的其他行为一样，也存在相应的内在依据。鲍尔贝（Bowlby，1969，1982，1973，1980）认为行为系统的变化要以表征水平的变化为基础，并提出婴儿的依恋行为是基于其对母婴关系的认知表征图式，进而提出了"内部工作模式"（internal working model）的概念。他指出婴儿使用他们的依恋的内部工作模式来感知和评价有关信息并计划未来行动，在此基础上，婴儿（包括儿童和成人）建立和发展出其对自我和他人的预期：自己是否值得关心和保护，他人是否可以提供关怀和保护。在婴儿内部存在的这种支持其社会交往的内在心理组织模式，反映出个体早期对社会信息进行加工的过程和方式。

其他人也对依恋的内部工作模式进行了深入的探讨。布雷瑟顿（Bretherton，1980，1985）提出了一个关于婴儿依恋的内在认知工作模型（图11-1）。在这个工作模式中，婴儿首先要对来自外界的信息进行监控，并将外部信息与自身已有的信息作比较，进而对新的刺激和情境等做出评价（如这是否为一种潜

在的危险情境），在此基础上决定与对方的亲密程度。上述所有这些环节，都
是在婴儿对自己及依恋对象进行分析的基础上完成的。其过程相当于图中所描
述的内容。因为这个模式是建立在来自环境信息的基础上，并不断被婴儿的经
验修正，所以被称为工作模式。它的一个重要的作用是，给婴儿提供关于在特
定情境下的、对自己及母亲行为的期待（如当我哭叫时妈妈将如何反应，当我
的水杯翻了时，我是否感到需要妈妈的帮助等）。由此可见，婴儿依恋不仅是
个体社会性及社会交往机能发展的结果，也是婴儿所具有的、并在不断变化的
内在认知工作模式的功能表现。这表明婴儿依恋行为的性质和特点是随其表征
有关信息和关系的能力的变化而变化的。

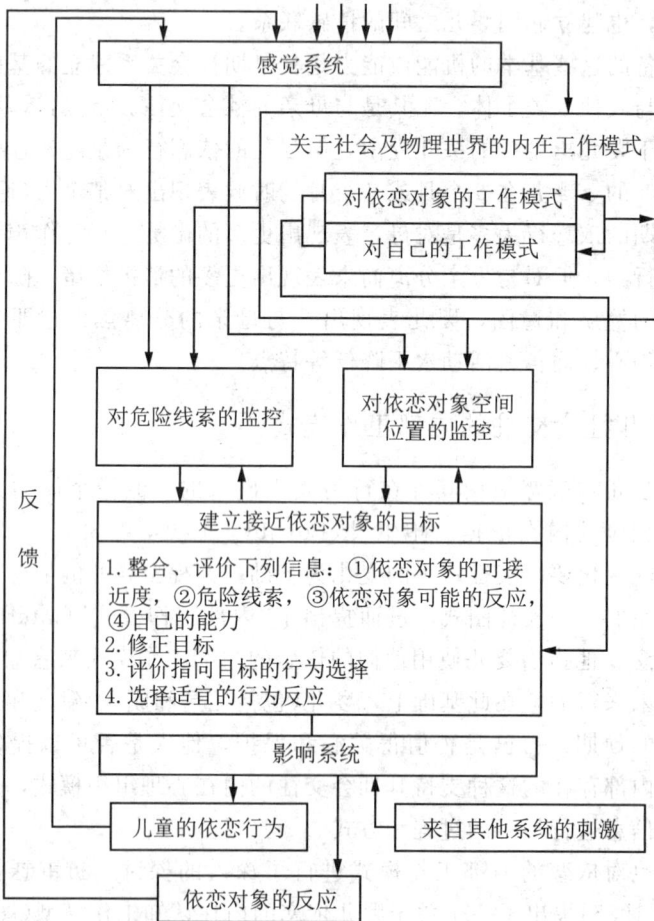

图 11-1　婴儿依恋的认知模式

近年来，研究者还将上述模式应用到对幼儿、青少年（Spieker & Bensley，1994）及成人（Judith et al，2002；Shemming，2006）的依恋行为的研究中。研究发现，随着儿童认知能力的发展以及对外部世界的探索和了解的增加，他们对事物的反应可能会发生某些变化，但关于依恋的内在工作模式却保持着连续性。个体早期的依恋经验被储存在模式中，并影响其对后来经验的知觉。因此，虽然不同年龄的个体在社会交往中的外在行为表现会有许多的不同，但是控制这些行为的内在系统却是根植于婴儿期的、关于社会交往的早期认知工作模式。

三、依恋行为对认知的影响

从前面的介绍中可以看到，婴儿依恋行为受到认知因素的影响。那么，这种影响是否是交互的，或者说儿童早期的认知发展是否也受到依恋这种社会行为的影响？长期以来，许多研究者们都坚信，儿童在早期获得的、来自家庭的经验将影响到其后来的认知发展。而在这些早期经验中，有相当一部分是关于母子交往方面的社会经验。

有关母子依恋的研究主要是围绕鲍尔贝和安斯沃斯（Bowlby，1969，1982；Ainsworth，1967，1979；Ainsworth et al.，1978）的理论进行的。安斯沃斯依据其设计的陌生情景测验（Strange Situation Test）中婴儿的表现将依恋划分为三种不同的类型，即安全型、回避型和反抗型，之后又增加了一种矛盾型（Ainsworth，1993）。其中，后三种类型统称为非安全型依恋。陌生情景测验研究一般包括 8 个实验情景，详见表 11-1。

安斯沃斯认为，当母亲重新回到婴儿的身边时，婴儿的行为表现最能代表其分离焦虑或依恋的类型。属于安全型依恋的婴儿，会很热情地欢迎母亲的返回，立即寻求与母亲的接触，很容易被抚慰，并继续探索环境或者玩玩具或者与陌生人交往。而非安全型依赖的婴儿拒绝注视返回的母亲，并对母亲表示气愤、出现反抗行为；或者缠着母亲，在接下来的整个实验过程中，再也不离开母亲而独自去探索环境；或者在母亲离去时大哭大闹而在母亲回来时却表现冷漠。

不同的依恋类型对儿童的认知发展有不同的影响。那些属于安全型依恋的婴儿，在探索环境的过程中，表现出更多的积极性和独立性，这使他们有更多的机会与客观世界发生相互作用，更多地积累社会经验，更快地发展起应付环境、解决问题的社会性技能和策略。由此，安斯沃斯将母亲的教养方式、婴儿的依恋类型与认知发展之间的关系作了以下的总结。

表 11-1　陌生情景测验过程

场景	事件描述	时间	观察到的依恋行为
1	观察者要求母亲与婴儿同时进入一个放置很多玩具房间内	30 秒	
2	婴儿可以自由地探索和摆弄玩具，母亲只在一旁看着不能参与	3 分钟	母亲作为安全保证
3	一个陌生成人进入房间，第 1 分钟保持沉默；第 2 分钟同母亲谈话；第 3 分钟朝向婴儿。之后母亲悄悄离开	3 分钟	对陌生人的反应
4	陌生人不和婴儿玩，尝试安抚婴儿	3 分钟或更短	分离焦虑
5	母亲回来安抚婴儿，使其继续玩玩具	3 分钟或更长	对重聚的反应
6	当婴儿继续玩时，母亲再次离开并说再见	3 分钟或更短	分离焦虑
7	陌生人尝试安抚并与婴儿玩	3 分钟或更短	能否被陌生人安慰
8	母亲回来，陌生人离去	3 分钟	对重聚的反应

母亲对婴儿信号的敏锐感觉→婴儿的安全依恋→婴儿独自探索行为的增加→婴儿认知能力的提高。

苏菲(Sroufe)及其同事对婴儿期的依恋与其在幼儿阶段的认知能力和社会性能力的关系进行了长期追踪考察，他们对一组儿童从婴儿期一直追踪到 5 岁，获得大量的研究成果。研究者首先用陌生情景测验，将 12～18 个月的幼儿划分为安全型依恋和非安全型依恋。然后对这些儿童进行了追踪观察，重点观察了儿童在幼儿早期的认知和社会性能力方面的表现。结果表明，在 18 个月时属于安全型依恋的儿童，在两岁时表现出更好的解决问题的能力(Matas，Arend & Sroufe，1978)；在 3.5 岁时表现出更好的社会技能、自我指向性行为及良好的注意力(Erlckson，Sroufe & Egeland，1985；Waters，Wippman & Sroufe，1979)；在 5 岁时表现出更好的应变力、坚持性以及对冲动及情绪的控制力，并具有更多的好奇心和解决问题的方法(Arend，Govd & Sroufe，1979)。

近期的研究也表明，良好的依恋关系可以使婴儿通过与依恋对象的交互作用学习必要的生存技能，并促进其认知能力的发展。通过对多项有关依恋与智力关系研究的元分析表明，一般来说，安全依恋的婴儿语言发展较好，智力相对较高，长大后表现出较好的问题解决能力。当母亲和婴儿共同解决某种认知问题时，安全型依恋的婴儿会表现出较高的元认知技能，说明了安全的母婴依恋能够促进儿童学习制订计划以及提高自我调节能力（MossEllen et al.，1996）。

上述研究结果清楚地说明了婴儿依恋行为与后来认知发展的关系。但是我们在解释这种关系时，必须谨慎小心。因为，并不是说在18个月时表现出安全依恋行为的儿童，到5岁时就自然会表现出更好的智力发展。因此在孩子出生后不久，父母亲就应鼓励他们去积极地探索环境，而且在孩子长大以后，父母亲仍应坚持这种做法。这种良好的家庭教养方式是促进儿童认知发展的更关键的因素。

从前面列举的研究中我们可以看到，儿童的认知能力影响其对社会关系的感知和理解；反过来，儿童的认知水平也将受自身各种社会性因素的影响。两者交错在一起，互为因果，在个体心理发展过程中共同起着重要作用。

第二节　儿童自我知识的发展

认知发展心理学家对个体自我概念的发展以及自我与其他方面发展的关系问题表现出浓厚的兴趣。在皮亚杰的四个认知发展阶段中就详细地描述了有关自我的发展。第一阶段为感知运动阶段（从出生到约两岁），这一阶段的儿童只能依靠自己的肌肉动作和感觉应付外界事物，分不清物与我，缺乏自我意识；第二阶段为前运算阶段（2～6、7岁），形成了自我意识，自我中心的思维状态是这一阶段的突出特点；第三阶段为具体运算阶段（6、7～11、12岁），这一阶段的儿童发展了"去中心化"，即先前那种只能站在自己角度看问题的自我中心的认知特点逐渐消失；第四阶段为形式运算阶段（11、12～16岁），到这一阶段个体形成了完整的认知结构系统，能进行形式命题思维，自我发展趋于成熟。

其他研究者也提出了关于自我发展的理论。如哈特（Harter，1983）提出的自我系统（self-system），认为自我是包含在一个相互作用的系统之中的，其中有三个成分：自我知识（self-knowledge or self-awareness）、自我评价（self-evaluation）和自我调节（self-regulation）

一、自我知识的发展

婴儿是什么时候知道他们和外在世界不同的？长期以来，发展心理学家对这一问题兴趣不减。一些研究者认为婴儿天生就具有对他们自身存在的意识，或者至少这种意识在他们出生后几周内就发展起来了，而另一些研究者则认为没有足够的证据表明婴儿具有先天的关于自己的意识。

婴儿并不是生来就具有自我的存在感，而是在不断的与物理和社会环境的交互作用中逐渐形成的。婴儿逐渐了解到自己的身体和外在环境的不同，然后知道了自己的行为和产生的结果之间的联系，这种联系帮助婴儿确定自己是独立的个体。

在生命的头 3 个月中，婴儿似乎建立起对他人的兴趣，特别是对其他婴儿。3～8 个月时，婴儿对镜子中或播放的录像中的自己具有特别的兴趣，他们的反应会很强烈，会对着自己的影像微笑，并且手舞足蹈，但不能根据外表识别出是自己的形象。

从 1 岁到 3 岁这段时期，儿童对主体的自我和客体的自我都有了较多的了解。儿童对自我的知识从表面可观察的特点转向不可见的更为细节的特质。此时，儿童的一个重要的认知成就是获得了客体永久性，即认识到经验的事物即使离开了自己的视线也仍然存在，这样婴儿就能将认识的主体和客体区分开，认识到了自身的独特存在，自我意识由此逐渐产生。到了 3 岁以后，由于儿童语言能力的发展，研究者就可以通过访谈等其他方法来揭示儿童自我概念的发展。大约 3.5 岁时，儿童开始可以使用情绪和态度等词汇来描述自己（如我和朋友玩的时候很高兴），表明他们已经开始理解自己独特的心理特性了（Eder & Mangelsdorf, 1997）。但是，儿童对自己的概念较多局限在某种物品或者获得拥有物体权利的行动上，那些对自我界定越强的儿童，就表现出越多的占有欲，声称东西是自己的（Fasig, 2000），这种对物体的争夺是要将物体清楚地区分出自己的还是他人的，而不是自私的表现。

到学龄期之后，儿童发展出了更全面的自我概念，将对行为的观察和内部的心理状态整合到了一起，不仅会描述独特的行为，也强调自己的能力特点。另外，由于社会比较的出现，他们会对照他人的表现、能力和行为等来判断自己，与 4～6 岁的幼儿只能从外在表现来比较别人与自我的情况不同，学龄初儿童已能从多角度来比较，如自己在某方面非常好，另一些人一般，而还有的人不怎么好（Butler, 1998）。

到青少年期，认知的发展使得主体的自我概念变得更加复杂。青少年在其自我概念中能将分离的特质整合成更加抽象的描述，但是这些概化的自我描述并不一定是相互关联的，经常会是矛盾的。这种矛盾性可能是由于社会情景压力导致的，当面对不同的社会关系（如父母、同学、老师、朋友等）时需要表现出不同的自我。随着青少年社会生活的逐渐扩大，这种矛盾的自我描述就会增加，同时他们也会逐渐意识到这些不一致性并经常被类似"我到底是谁"的问题困扰（Harter，2003）。不过到青年晚期时，他们就能将自身的特质整合为一个有组织的系统，并意识到人的心理状态会随所处情境变化而有所改变。

二、自我评价的发展

随着儿童年龄的增长，他们不仅开始对自己了解得更多，也开始对这些方面的信息进行评价。

研究发现，4 岁儿童已产生多方面的自我评价，如学习、交朋友、与父母相处等（Marsh，Ellis & Craven，2002）。然而，因为他们还不能区分自己的愿望和实际的能力，当问到他们能做到多好时，他们通常都高估自己的能力而低估了任务的难度（Harter，2003）。

进入学校以后，由于儿童可以从同伴中获得更多的反馈信息，他们的自我评价能力也得到提高。这些评价一般可以分成四个方面：学业能力、社会能力、体育能力和身体外表。随着年龄的增加，类别会划分得更为细致（Marsh & Ayotte，2003；Van den Bergh & De Rycke，2003）。随着在多种领域中的比较增多，儿童的自我评价不像学前期那样乐观，而是有所降低（Marsh，Craven & Debus，1998；Wigifield et al.，1997）。这可能是因为与能力相关的反馈变得频繁，儿童也更多地倾向于将自己的表现与他人的表现相比较，而且儿童对社会比较的认知能力也有所增加。

到青年期后，随着儿童接触社会的增多，其自我评价的范围会有所扩大，出现了一些新的维度，如工作能力、亲密关系、吸引力等，同时自我评价的水平也有了比较明显的提高（Harter，1999，2003）。

三、自我控制的发展

自我控制是个体自我意识发展到一定程度体现出来的功能，是指个体自主调节（监控）自己行为的能力。自我控制可以使个体的行为与其价值追求和社会期望相匹配。自我控制主要包括以下五个方面：一是抑制冲突行为；二是抵制诱惑；三是延迟满足或奖赏；四是制订和完成行为计划（其中包括需要做什么、能够做什么以及如何使个人行为与行为意图相协调）；五是采取与社会情境相适宜的行为方式。

儿童自我控制的发展是随着年龄的增长而从外部控制到内部自我控制转化的过程。

科普等(Kopp et al.，1983)对婴幼儿自我控制的发生发展做了大量研究，并描述了发展主要经历的一系列时期。

第一时期为神经生理调节期（0～3个月）。这时由于神经系统没有发育成熟，很多外界刺激得不到加工。婴儿用一些方式来保护自己免受过多刺激，如通过自我吮吸来减少自身的唤起水平。

第二时期为知觉运动调节期（3～12个月）。这时儿童能自发做出动作（如伸手抓物或人）以及改变调节自己的行为。但是儿童调节自己行为动作时并没有自觉或意图，也不明白情境的意义，只是与当前交往的人或其他的刺激相联系。当婴儿知道自己能够决定自己的行为，并且能够记忆和表征所不允许的行为时，就表现出自我控制能力。随着婴儿的成熟和经验的积累，他们逐渐学着对外做出反应并以此指导自己的行动。12～18个月时，婴儿就已经表现出大量的自主行为并以恰当的方式作用于周围的环境。

第三时期为外部控制期（9/12～18/24个月）。这一时期由于认知和运动能力的迅速发展，使得婴儿逐渐能将自我与他人或物体区分开，行动中有意的成分增多，行为具有了目标导向性，在此基础上开始能够服从照看者的命令，并自发抑制自己先前被禁止的行为。他们行动的目标中会更多地涉及其他人，尤其表现在他们能够清楚地意识到抚养者的愿望与期待并能遵守简单的要求和命令方面。

第四时期为自我控制出现和朝向自我调节的发展期（24个月以后）。到2～3岁时，儿童的自我控制能力就更加突出地表现出来了，他们开始拒绝成人为他们做好的事情并坚持按照自己的愿望来行事。

第五时期为自我控制转化为自我调节期（4岁以后）。自我调节相对于自我控制在对变化的适应方面具有更大的灵活性和自觉性，它是自我控制的更为成熟的形式，意味着对反省思维和策略的运用。这时儿童知道采用策略拒绝每天遇到的诱惑，学会了延迟满足，忍耐即刻较小的奖励来换取之后较大的奖励。他们也获得大量技能来指导自身的行为，如有些儿童还会使用自我言语等策略来抑制自己做出被禁止的行为。研究还发现，持续注意能力和语言发展较好的儿童自我控制能力也更好，在这些方面一般女孩要优于男孩。

四、性别角色的发展

儿童对自我认知的重要表现之一是具有了性别角色的意识和知识。性别角色指主体除了解自己在生物学特点上的归属以外，还应了解他（她）所属的社会所规定的、适合于某一性别的个性特征、行为特征以及社会功能等，并以这种关于性别的社会文化标准去指导自己的行为、评价他人的行为。

儿童性别角色的发展是一个渐进的过程，也是多种有关认知成分综合发展的过程。完整的性别概念至少应该包括两个基本成分，性别同一性和性别恒常性。

性别同一性不仅包括对自身性别的认同，即对自己是男性还是女性的自我分类；还包括对性别角色的认同，即对自身兴趣、行为及个性的性别特点的感知和认识。科尔伯格(Kohlberg)认为，儿童在3岁左右可以在第一个层次上达到性别的同一性，也就是能够知道自己是男孩还是女孩，但要达到性别角色同一性则是以后的发展任务。

性别恒常性包括三个方面的内容：①性别的时间恒常性，也称为性别的稳定性；②性别的情景恒常性，也称为性别的一致性，指个体知道一个人的性别不会随其服饰、发型及所从事的活动而发生变化；③性别的非动机性，指个体知道一个人的性别不会随其愿望而改变。

科尔伯格(1966，1969)指出，儿童性别角色的发展，是以其认知发展为基础的。儿童对有关性别事件的认知与对物理事件的认知一样，也遵循皮亚杰提出的个体认知发展的阶段性模式。只有当儿童进入了具体运算阶段以后，才可能获得比较成熟的性别概念。

许多研究表明，儿童性别概念的发展是一个从简单到复杂、从单一维度到多维度、从只注意鲜明的物理特性到注意隐蔽的人格特征、从刻板教条到具有一定的灵活性的过程。研究者(Slaby & Frey，1975)测查了学前儿童的性别自认和性别恒常性的发展情况，结果发现，儿童需要经过一系列的阶段才能获得较完整的性别概念，大约2.5岁时获得性别自认，4~5岁时达到性别的稳定性，6~7岁获得性别的一致性。关于性别恒常性发展的另一个事实是，儿童首先获得的是关于自己的性别恒常性，然后是关于其他同性别儿童的，最后是关于其他异性别儿童的(Eaton & Von Bargen，1981)。

从个体发展的角度来看，性别角色的获得和发展也是儿童社会认知发展的过程。那么，儿童性别恒常性、性别类型化行为是否与其智力水平相关呢？研究表明这种相关的确存在。早期研究发现，3.5~7岁儿童性别恒常性水平与韦氏学龄前儿童智力测验中的词汇分测验成绩有显著的正相关(Gouze & Nadelman，1980)；幼儿的性别类型化行为也与韦氏测验中词汇分测验的得分呈显著正相关(Connor & Sebin，1977)。

一般来说，总体智力水平及性别化的有关知识为性别类型化行为的发展提供条件；而类型化行为反过来对儿童的性别化知识也具有强化和修正的作用。

关于儿童如何获得性别角色有着不同的理论解释，主要有社会学习理论、认知发展理论和整合前两种理论的性别图式理论。

社会学习理论认为，儿童性别角色的发展是通过观察学习和工具性条件反射的形成而获得的。该理论认为，儿童在早期的某些行为中，可能共有男性和女性的特点，但只有那些符合儿童自身性别的行为会不断受到正强化，而那些从社会的眼光看来不符合儿童自身性别的行为会不断减弱；同时，儿童从父母、教师及其他成人那里，逐渐了解到社会对不同性别个体的要求和期待；也能从周围年长儿童那里，学习性别类型化行为。儿童通过上述这些自身经验的积累和对他人的观察与模仿，慢慢地发展起来了性别角色概念。

而认知发展理论则认为，性别角色的获得并不需要学习多么复杂的知识，它是受个体的自然成熟及认知发展的一般规律支配的。一方面，儿童首先学会完成性别分类任务，在此基础上，他们更易于感受、注意和记忆那些与自身性别一致的活动和行为，发展起与自己性别相联系的行为模式。另一方面，个体获得性别恒常性之后才能以此来指导行为。研究发现直到儿童通过皮亚杰的守恒任务之后，性别恒常性才能完全得发展起来(De Lisi & Gallagher，1991)

性别图式(gender schemas)理论则是从信息加工的角度将社会学习理论和认知发展理论结合在一起，强调环境压力和儿童的认知能力共同导致性别角色的发展(Martin，Ruble & Szkrybalo，2002)。儿童先从他人那里获得性别行为，同时，他们将这些经验组织到性别图式或解释自身世界的性别分类中，如儿童会说，"只有男孩才能成为消防员"或"做饭是女孩子干的"。一旦他们有了对自己性别的概念之后，他们就选择与其一致的性别图式，将这些分类用于自身，之后他们的自我知觉就变成性别类型化的，并用来加工信息和指导自身的行为。

马丁等人(2002)指出，性别图式的最初发展是来于观察，之后儿童能应用逐渐发展起来的性别图式去评价自己和他人行为的适当性。那些性别适应性行为会不断获得发展，而那些非性别适应性行为会不断受到抑制。还有研究发现，随着儿童性别图式的稳固和成熟，他们不但对性别差异的理解变得更加灵活，对其他人表现出的异性行为或特点能给予理解，而且在对他人进行评价时，不再仅仅依据性别特征，而越来越多地依据其他心理及行为方面的特征。

第三节　儿童对他人知识的发展

从儿童发展心理学的整个发展史来看，心理学家们最初关注较多的是儿童如何认识外部的自然世界，如客体、时间与空间、物理因果性等概念的发生和发展。最近几十年，研究者更多地开展了关于儿童如何认识心理世界，尤其是对儿童如何认识他人的心理世界进行了研究。皮亚杰是这一领域的开创者，他采用的临床法至今仍被广泛使用。皮亚杰用"三座山"实验说明前运算阶段的儿童思维的"自我中心性"；塞尔曼等人采用两难故事法测查了儿童的观点采择能力，并将儿童观点采择能力划分为 5 个发展水平；而到了 20 世纪 80 年代以来，研究者开始关注儿童"心理理论"的研究领域，心理理论一般是指儿童具有一种根据信念、愿望、意图等来解释人的行为的常识心理学。下面从观点采择和心理理论这两个角度来阐明儿童对他人认知的发展。

一、儿童观点采择能力的发展

自我中心的产生（这是皮亚杰确信的年幼儿童的特点）以及不断发展的观点采择能力（role-taking or perspective-taking skills）是研究者非常关注的儿童社会认知发展的能力。自我中心是指，儿童认为自己的思想也是别人的想法，别人会拥有与自己一样的想法、意图、态度及情绪体验等；而观点采择能力是指，主体能够认识到对于同一个事物或事件别人可能会有不同的观点和看法，并能试图站在他人的立场上去看待问题的能力。观点采择能力是与个体的自我中心相对应的，而与去自我中心相一致。显然，观点采择能力在主体思考道德问题、预测他人的行为以及对他人的移情等方面都是特别重要的。

塞尔曼（Selman，1976，1980）用人际间的两难问题考察了儿童观点采择能力的发展特点。

塞尔曼给儿童呈现了一系列两难故事并请儿童回答问题，如：

霍莉是一个 8 岁的女孩，她喜欢爬树。她是附近最好的爬树能手。一天，当她从一棵高高的树上爬下的时候，摔倒了……但是没有伤到自己。父亲看到她掉下来了感到很不安，要她答应以后再也不要爬树了，霍莉答应了。

后来的一天，霍莉与朋友遇到了肖恩，肖恩的猫爬到了树上不能下来，现在必须马上采取行动，否则猫有可能掉下来。霍莉是唯一有能力爬树并且有能力将猫救下来的人，但是霍莉记得曾经给父亲许下不再爬树的承诺。

为了评估儿童怎样理解霍莉、父亲和肖恩各自的观点，塞尔曼提出如霍莉知道肖恩对小猫的感觉吗，如果霍莉的父亲发现她又爬树了将会有怎样的感觉，霍莉认为当父亲知道她又爬树了将会做什么呢，在这种情景下你会怎样做等问题，通过儿童对这些问题回答的分析，塞尔曼得出结论，认为观点采择能力是以类似阶段的形式发展的，并强调个体在观点采择中对不同的观点进行整合的能力也在发展着，他认为这一能力是儿童理解各种人际关系（如个体、同伴关系、亲子关心等)的关键。

塞尔曼将儿童观点采择能力的发展概括为以下五个水平。

水平0(3~7岁)：自我中心的或无区分的观点采择阶段。此阶段的儿童能了解自己和他人的心理状态分属不同的主体，但不能对此作具体的区分。

水平1(4~9岁)：主观的或分化的观点采择阶段。虽然此阶段的儿童仍有将自己的观点投放到他人身上的情况，但这仅限于儿童自身与他人在同一社会情景的时候。在这个阶段的后期，儿童表现出对他人心理状态的关心，并且已能认识到，每个人都有自己的主观世界。因此尽管在相同的社会情景下，自己与他人的观点可能相同，也可能不同。

水平2(6~12岁)：自身反省和交互的观点采择阶段。此阶段的儿童不仅能认识到自己能推断别人的观点，而且能认识到自己也能成为别人思考的对象，并能学会根据他人的观点来评价自己的观点和情感。

水平3(9~15岁)：第三者或共同的观点采择阶段。此阶段的个体能了解到，自己和别人都能设想出有一个第三者存在，此第三者将以公平的眼光来观察两个人的交互作用。儿童能通过站在第三者的角度看问题，从而了解到人们的观点也具有共同性的特点。

水平4(12岁至成人)：社会或更深层次的观点采择阶段。此阶段的个体可以从更广阔的社会系统和背景上去衡量人的观点，由此而产生一些关于社会法则方面的概念，如法律、道德等，并能了解到人类不仅可以共享某些语言及表面上的经验，也可以共享更深层次的情感及价值观念。

另一个关于观点采择能力发展的模式是由弗拉维尔(1986)提出的。在这一模式中，观点采择能力被视为一种指向了解别人观点的、由不同的环节组成的认知加工过程。在这个过程中，四个心理操作阶段将依次出现。

第一阶段：存在阶段。主体应了解他人具有与自己不同的观点、经验和知识等，并了解到这种区别是客观存在的。在此阶段中，自我中心与非自我中心的两种表现相互交融。

第二阶段：需要阶段。主体产生推断他人观点、意志等的需要，而且这种需要经常是指向人际交往中的某种具体的目标的。

第三阶段：推断阶段。主体的心理操作内容已超过了手头的信息，即能根据当前线索对他人较隐蔽的心理活动进行推断。

第四阶段：应用阶段。主体能应用通过推断获得的信息，决定自己下一步的行为。

弗拉维尔提出的这个模式，既可以被视为关于个体观点采择能力的发展模式，又可以被视为观点采择过程中信息加工的微观模式。从发展的角度看，在一至四阶段中包含的能力在难度上是逐渐递增的；从认知加工的具体过程的角度看，当个体具有了较成熟的认知能力后，上述四个阶段将先后出现在很短的时间间隔内，有时主体甚至可能根本意识不到某个阶段的存在。

这些社会认知中的进步对于儿童、青少年构成与他人的关系具有重要的意义。与同伴交往的经验加强了观点采择能力的发展，反过来，成熟的观点采择能力也使得儿童对同伴更为敏感和关切。研究表明，那些观点采择能力好的儿童要比那些观点采择能力差的儿童的社会化能力强，并受到更多的欢迎，建立起更亲密的同伴关系。更重要的是，那些具有破坏性的儿童能够通过接受包含观点采择在内的社会技能训练改善其不合适的行为(Grizenko et al.，2000)。

二、儿童心理理论的发展

(一)心理理论的理论取向与研究范式

20 世纪 80 年代以来，关于儿童"心理理论"方面的研究成为热点之一。对此，理论界主要有三种理论取向：理论论、模块论和模拟论。

理论论的观点认为儿童具有关于某一领域的日常的非正式的理论框架，儿童对心理的认识或理解本质上是和理论类似的，具有和一般科学理论相似的基本特征。其中有两个主要假定：第一，成人(或科学家)和某一年龄的儿童利用一种内聚性的概念框架预测和解释他人的动作与思想；第二，这种关于心理理解的发展机制是一种"理论形成"的过程，遵循与任何科学理论的建构同样的过程。威尔曼(1990)认为，信念和愿望能够形成某种基本的理论构造物，这种理论能够通过一种规则系统将各元素结合起来，用以预测和解释人的行动与思想。一旦具有了这种理论，儿童的思维就会更加的灵活，能够对不同情景和不同类型的人进行相对准确的概括。

模拟论是同理论论相对应的，这种理论认为儿童是利用对自己的心理状态的认识，去推测他人的心理状态的。儿童无须形成一种理论的东西来解释他人的思想和行动，而只要注意到自己的有意识的经验，并模拟在某种情景下自己所想、所做或所感受到的东西去理解他人的心理就可以了。哈瑞斯(Harris，1992)提出，儿童对其他人的心理状态的认识部分来源于假装游戏。在 2～2.5 岁时，儿童就能利用自己的想象赋予玩具娃娃以愿望、情绪或感觉能力等。一旦儿童能够建构起来其他人的愿望或意图，就可以预期这个人试图达到目标的行为，以及愿望是否得到满足时的情绪。随着儿童想象力的提高，他们就能够根据自己对世界的知识进行推想，以想象那些与他们自身不同的心理状态。到 4 岁时，他们能够模拟或想象那些他人会信以为真的虚假情境，因此就能通过错误信念任务。

模块论与理论论和模拟论都不同，更强调儿童心理理论发展中的天赋因素。这种理论认为导致心理理论发展的是神经成熟。莱斯利是这一理论的代表人物。他从福多(Fodor)的模块理论出发，提出人脑中存在一个"心理理论机制"(Theory of Mind Mechanism，TOMM)。这一心理理论机制是"硬件化"的，具有固定的神经结构；同时也是"领域特殊的"，只关注与心理理论有关的信息，它的出现为儿童提供了元表征的能力。多数研究表明儿童在大约 4 岁时通过错误信念任务，也就认为其获得了心理理论。而莱斯利认为先天的心理理论机制在儿童 18~24 个月时就已经起作用了，主要表现在假装游戏上。假扮和理解他人的假装行为需要具有和理解心理状态同样的心理结构，即一种能表征和操作内部认知与外部信息之间关系的专门化的机制。他又提出了 ToMM-SP (Theory of Mind Mechanism-Selection Processing)模型，强调信念—愿望推理中选择加工的作用。他认为心理理论机制作为先天基础提供了对心理状态进行多种表征的能力，而通过抑制的选择加工，则可以根据在这些可能的表征中进行有效的推理来实现选择。他认为人脑中有一个预置的作为模块的心理理论机制，在儿童大约 4 岁的时候启动。

对心理理论的研究有两个标准的实验范式。一个是维默尔等人(Wimmer & Perner，1983)设计的意外地点任务(Unexpected Location Task)，是用玩偶演示的故事。马克西帮母亲把巧克力放在绿色的柜子里后出去玩耍，马克西不在家的时候，母亲为了做蛋糕用了一些巧克力，随后将剩下的放在蓝色的柜子里就出门买鸡蛋了。不久，马克西肚子饿了回家找巧克力吃。这时问儿童马克西将要到哪里找巧克力。对这个问题，4 岁以下儿童几乎都回答"蓝柜子"。后来这个实验发展成为"错误信念"的范式，许多测验都从这个实验变化而来。这一范式就是，A 将物 m 放在地点 X 处，当 A 不在时，B 将它转移到 Y 处，当 A 回来后，是去 X 处还是 Y 处找 m。

另一个标准任务是意外内容任务(Unexpected Content Task)。实验采用一种特殊的糖果盒，问儿童里面装的是什么，一般会回答糖果；但打开盒子后发现里面装的是铅笔，这时再问儿童打开盒子前认为里面装的是什么，一般 3 岁左右儿童会回答铅笔，说明他们还不能意识到自己的错误信念。

尽管对大多数正常儿童来说，要到 4 岁或者说 3 岁晚期才能通过标准的错误信念任务，但研究者还是探测到获得心理理论的年龄可以提早到生命的头一年的情况，而且现在也相信在儿童通过错误信念任务之前心理理论就开始逐渐发展起来(Bloom & German，2000；Gopnik，Capps & Meltzoff，2000)。

(二)心理理论的早期表现

联合性注意(joint attention)、假装游戏、模仿和情绪理解被看作是心理理论的早期表现。大约 9 个月时，婴儿和家长能够产生大量的联合性注意，即他们在同一时间看同样的物体。在这个年龄，婴儿有时指着玩具，然后望着周围的人，鼓励其他人去看自己正在看的东西。通过这种行为，婴儿表现出了一种意识，即其他人与自己有着不同的知觉体验，但是他们两个都能够分享知觉体验。当婴儿到了 1～2 岁时，会开始进行假装游戏，这时他们对假装(错误信念的一种)与现实的不同表现出某种原始理解。例如，他们知道假装的茶与现实中的茶有所不同，然而当你假装将假想的茶倒在桌子上，然后将纸巾递给一个两岁的儿童时，他们会很快做出将其擦干净的动作(Harris，1989)。这时出现的与他人行为的配合性模仿，也表明婴儿具有了从内心表征他人行为的能力。在大约两岁时，婴儿认识到他人具有内在的体验，他们会用拥抱和亲吻的方式安慰哭泣的同伴及那些受到欺负戏弄的兄弟姐妹，这些行为反映出婴儿对他人情绪的理解，并说明其已经认识到自己能够操纵他人的情绪，并开始辨识引起和改变情绪状态的条件(Flavell，1999)。

有更多的证据证明，儿童从大约两岁开始，语言中就涉及心理状态的词汇，这可以说明儿童正在形成心理理论。诸如"知道""记住"和"想"这类认知性的词汇，一般出现在感知觉词汇和情绪词汇之后，但出现于 3 岁之前。而后，儿童能够对那些有关心理现象的语言进行更精细的区分，如"猜想"与"知道"、"相信"与"想象"、"有意"与"无目的"等。当然，儿童使用这些词的时候可能内心并不具有这些心理状态，他们可能指的是行为和内在的身体状态。

(三)心理理论的发展阶段

威尔曼(1990)等理论论的研究者认为，儿童的心理理论发展主要经历三个阶段。

第一阶段，大约在两岁，儿童获得了愿望心理学(Desire Psychology)。这种心理学包括关于简单愿望、简单情感和简单知觉经验或注意的初步的概念。两岁儿童开始谈论他们的需求，甚至会用需要和愿望这样一些术语来解释自己与他人的行为。

第二阶段，大约在 3 岁，儿童获得了愿望－信念心理学。他们开始谈论愿望，也谈论信念和思想。他们不但能够理解人的愿望会引导人的行为；而且他们理解了人的信念并不总是对现实的准确反应，每个人有可能存在不同的心理表征。但在此阶段他们仍然用是否符合愿望来解释自己或他人的行为。

第三阶段，大约在 4 岁，儿童获得了和成人一样的信念－愿望心理学儿童开始理解他人的信念和想法，尤其是儿童知道自己应如何根据他人信念和想法做出行为反应。

威尔曼等人(Wellman，Cross & Watson，2001)在对 178 个心理理论研究的元分析基础上，认为研究结果非常支持从两岁时的愿望心理学向大约 4 岁时的信念－愿望心理学的转变。尽管简单化的任务有时会给儿童提供一些帮助，使年幼儿童与年长儿童两者的成绩都好一些，但是这也不能使年幼儿童完成得像年长儿童一样好，这表明在学前阶段心理理论发生了概念性的变化。显然，当儿童发现他们关于人类心理的愿望理论不能够解释人们所做的每一件事情时，就开始在他们的理论中形成关于真实与错误信念的概念。

(四)影响儿童心理理论发展的因素

语言在儿童心理理论发展中占有重要位置。儿童在获得错误信念任务之前，在语言发展上必须达到一定的水平，这可能因为语言的发展与心理理论的发展二者都需要表征或者符号化的思维技能，并且很可能语言为描述和分享某个人的现实经验提供了一种手段。

已有研究表明，儿童的语言发展和错误信念任务上的成绩相关达到 0.6～0.7(Watson，Painter & Bornstein，2002；Farrar & Maag，2002)；那些经常与大人进行有关心理状态交流的学前儿童在心理理论的任务中表现也会好一些(Symons，2004)；采用不同的训练方式对儿童进行有关心理状态词汇和对话的训练，可以显著促进儿童在错误信念任务上的成绩(Hale & Tager-Flusberg，2003；Lohmann & Tomasello，2003)。

另外，大多数自闭症儿童对心理状态，如感情、愿望、信念和意向以及它们在人类行为中的作用缺乏理解——缺乏心理理论(Baron-Cohen，2000)，且这类儿童在婴儿期时没有表现出心理理论的迹象，如自闭症儿童在婴儿期没有表现出对他人的移情、与社交伙伴一起关注某一物体或事件并维持注意、假装游戏和模仿(Charman，2000)等。

对盲童的研究发现，在错误信念任务上，他们虽然能够最终达到视力正常的同伴的水平，但是他们对错误信念任务掌握得很慢(Peterson，Peterson & Webb，2000)。同样对聋孩的研究也发现，父母正常的聋孩对错误信念的掌握迟缓，但是父母失聪的聋孩能够按照正常的时间进程形成心理理论(Marschark，Green，Hindmarsh & Walker，2000；Peterson & Siegal，1999)。

有些研究发现那些语言经验有限的聋孩的心理理论成绩与自闭症儿童的心理理论成绩之间具有一定的匹配关系，这种事实对心理理论的"大脑模块"理论带来了质疑，因为没有证据表明聋孩的脑功能是不正常的（Wellman & Lagattuta，2000）。可能的解释是自闭症儿童在心理理论上的缺陷，也许有一部分原因是语言缺陷，即他们缺少用来学习解读心理所需的社会输入。

对于心理理论发展影响因素的一个新的研究角度是关注更具有领域普遍性的执行功能。执行功能是指计划能力、反应抑制能力、自我调节能力以及认知的灵活性或复杂性等。伯纳和朗（Perner & Lang，2000）对已有的关于两者之间关系的研究进行了元分析，发现儿童在不同的心理理论任务（如欺骗、误念理解和表面现实任务）上的成绩与在不同的执行功能任务（如白天/黑夜的stroop任务、卡片分类、窗口任务等）上的成绩达到了显著的相关。当控制其他因素，如年龄、性别、言语、动机、家庭等以后，学前儿童的抑制性控制与心理理论之间的相关仍然显著（Carlson & Moses，2001）。杨等人（Yang，et al，2009）对中国样本中自闭症儿童和正常儿童的对照研究也发现，心理理论和执行功能存在相关，尤其是抑制在其中起重要作用。

总之，心理理论的发展是由最初的联合性注意和假装游戏到后来的愿望心理学再向普遍的信念愿望心理学的转变。心理理论的获得需要正常的生理机能、认知以及语言的发展，与父母、兄弟姐妹以及其他同伴进行更多的关于心理状态的交谈等社会经验也将大大促进儿童心理理论的发展。

第四节　儿童对社会关系认知的发展

前面谈到的观点采择和心理理论，是指主体对他人各种心理状态或心理活动的认知能力，认知所指的对象是个体。而关于社会关系的认知，则是指对人与人之间双边关系及团体关系等多维性社会关系的认识，认知对象不只限于个体。对社会关系的认识，是儿童社会认知发展的又一个十分重要的方面，相对于前面谈到的各种能力而言，它代表了个体社会认知发展的更高层次。有些研究者认为，要想了解儿童社会认知及社会行为的发展，必须将儿童置于一个更大的社会关系系统中去考察，以了解儿童对周围信息的认识和反应能力。儿童对社会关系的认识主要包括对权威、友谊、冲突及社会团体性质等方面的认识。

一、对权威的认知

一般认为，儿童的社会化及其他方面的发展，主要受两种人际关系的交互影响。一种是以合作为特征的同侪平等的关系（同伴间的关系）；另一种是以尊重和单向服从为特征的权威约束性的关系（成人与儿童间的关系）。前者主要包括朋友和友谊关系，后者主要包括权威和领导关系。当然，上述区分只是相对的，在儿童的同伴中也有权威存在，如团组的领导、在成人与儿童之间也存在平等关系。

对儿童来说，尊重正确的权威，会促进儿童知识的获得、正确行为方式的获取以及其他方面的发展；而对权威的漠视和反抗则有可能造成以后的自由人格和反社会人格。儿童独立性和自主性的发展，又需要在一定程度上对权威有所脱离。对权威尊重及脱离的适度性发展，是以儿童对权威的认识和理解为基础的。

最初对权威的研究多与道德发展和道德判断相联系，主要是皮亚杰和科尔伯格等人的贡献。到了 20 世纪 70 年代以后，研究者对权威研究的实验设计逐渐精细化，主要以访谈的方式考查儿童对权威概念的认知，并将其反应划分为不同的发展阶段。其中较有代表性的是达蒙等人的研究成果。

达蒙（Damon，1977）利用两难故事法，采用横向研究和纵向研究的方式对 4～11 岁的美国儿童的权威概念进行了研究。整个研究分为两个部分，分别从假设情景和真实情景两个角度探讨了儿童对权威的认知特点。

在第一部分中，达蒙使用了两个两难的故事情景：①皮特是听从母亲的命令留在家里打扫房间，还是与同伴一起出去野餐（成人与儿童的关系）；②皮特非常想在篮球比赛中打某一个特定的位置，而他的同伴，同时也是球队的队长，不同意他的这个想法（儿童与儿童之间的关系）。根据故事提问儿童 11 个问题，研究分析发现，随着儿童年龄的增长，其在关于权威的合法性及服从权威的理由方面的认识有了明显的变化；但是在关于权威的权限及服从权威的正确性方面没有明显的变化。

而且，研究发现儿童权威概念的发展呈阶段性的变化，可划分为以下三个水平。

水平 0（4～7 岁）：开始儿童并不能区分自己的意愿与权威的要求。在此阶段的后期虽已经能够做出上述区分，但只重视服从权威的实际效果，如认为"服从是对的，因为这样做就可以得到想要的东西"。

水平 1（7～9 岁）：开始重视服从权威的道德定向。权威的概念是与权威本身具有的社会或物理力量联系在一起的。认为权威是与权力相联系的，不服从就会有不好的结果。在此阶段的后期，儿童将权威解释成具有特殊才华和能力的人，不再简单地将权威与力量相联系，并认为服从权威是对权威形象曾给予帮助的回报，或者权威形象"值得"服从。

水平 2(9 岁以上)：认识到对权威的服从，既可以是自觉自愿的也可以是被迫的。并认为拥有权威的人应该具有特殊经验及领导才能，并能解决特殊情景下的问题。服从是建立在个体对这种特殊能力尊敬的基础上的。在此阶段后期，权威被看作是一种在双方之间分享的、协商的关系。服从是一种特定情景中的合作努力。

在上述的两个两难故事中，儿童对成人权威及同伴权威的认识是一致的。在两个故事中，有 92％的人反应是处于相同或相近的水平。在对权威的认识上，也没有表现出性别差异，但与年龄有较高的相关($r=0.58\sim0.60$)。

达蒙在第二部分研究中，考查了 64 名 4～10 岁的儿童在真实情景下对权威的认识情况(在选举小队长和进行篮球比赛的前后对儿童进行访谈)。结果发现，儿童在真实情景下对权威的认识与在假设情景中的认识有较高的相关($r=0.75\sim0.80$)。

儿童权威概念的发展与其道德认知的发展有密切的关系。皮亚杰和科尔伯格曾分别从遵从规范和避免惩罚的角度对儿童的权威概念及相应的行为进行了探讨。他们均认为，儿童对权威服从的根源是道德意识和道德认知。

最近，研究者将层次复杂性理论(Model of Hierarchical Complexity)和层级复杂性评分系统(Hierarchical Complexity Scoring System)(任何领域知识中发展阶段的一般性表现)与科尔伯格的道德发展阶段理论结合在一起，提出了关于权威概念的层级复杂性发展顺序(Dawson & Gabrielian，2003)。

前运算(preoperational)水平：3 岁，为一级表征。儿童还没有真正的权威概念，主要是遵从成人。

初级(primary)水平：5 岁，为二级表征。认为权威就是能力大；权威变得有目的性；权威不再被视为是绝对的，如果权威有不被认可的行为的话可以不去遵从。

具体(concrete)水平：7 岁，为三级表征。认为应该遵从权威是因为权威知道更多的事情；如果权威要求做的事情是不正确或不公平的，可以不去遵守。

抽象(abstract)水平：10 岁，一级抽象。认为遵守权威不仅因为成人知道的事情比儿童多，还因为教育儿童区别正确和错误是成人的责任，或者因为儿童太小不能自己做出某些决定。

形式(formal)水平：14 岁，二级抽象。认为权威给予儿童指导、支持和教育等是为了促进儿童能成长为好的父母，并更好地生活；儿童遵从父母是因为其角色就是指导、教育和抚养儿童；但父母应给儿童从自己的错误中学习的机会。

系统论(systematic)：22 岁，三级抽象。更强调家庭的和睦和福利。认为父母权威的目的是促进儿童发展成为心理健康、有道德的且能为社会做出贡献的人。

元系统论(metasystematic)：26 岁，一级原理。强调社会与个人利益的冲突和整合，父母尊重儿童的权利被概化到整个社会的基本权利中，这一原则引导其思考权威的有限性。

二、对友谊及冲突的认知

友谊在儿童的社会性发展中起着非常重要的作用。童年时期的友谊可被视为儿童除了家庭以外的最重要的依恋关系。心理学家对友谊作了如下界定：①友谊是两个个体之间的一种相互作用的双向关系，而非单向的喜爱或依恋的关系；②友谊是一种较为持久的稳定性关系；③友谊是以信任为基础、以亲密性为情感特征的关系(Berndt，2003)。

关于儿童友谊发展的研究，过去主要是集中在儿童的友谊行为方面，直到20 世纪 70 年代，此方面的研究焦点才逐渐转移到儿童的友谊认知方面，研究者现在更加关心儿童对友谊概念本身的认知发展的过程。

儿童对友谊概念认识的发展最初表现在对待同伴的不同行为方式上。在两岁左右，儿童就对某一玩伴产生特殊的喜好并且在行为上也有区分。这种偏好和行为的区别是相对稳定的，表明这些现象可能是儿童最初的友谊形式，即亲密的、共同的、双向的关系。到了 4 岁左右，友谊的概念被表达得更为明显，儿童开始使用"朋友"这个词来指代某一同伴。

儿童的友谊认知首先表现在对友谊关系的双向性、友谊的稳定性及持久性、友谊的亲密性及支持性等有关友谊的一般属性的认识上。随着儿童年龄的增长，其认知发生以下的变化。

①儿童在早期时，只根据一些表面的行为和关系(如在一起游戏、互赠小礼物)来断定是否存在友谊；到后来慢慢发展为将友谊视为更抽象的相互关心、互享情感和思想、互相安慰的内在的关系。

②儿童最初的友谊只集中在"我"的感受及满意度方面，是一种自我中心的

单向关系，以后渐渐发展成为互为满意的双向关系。

③从儿童最初的一种暂时的、只能共享的友情关系，发展到能经受住时间和冲突考验的关系。

儿童友谊认知的上述发展也表现为不同的水平或阶段，达蒙(1977)应用访谈法测查了儿童对友谊的认识，并将儿童的反应划分为以下三个水平。

水平1(5~7岁)：认为朋友就是玩伴，能互享物质上的东西，在一起时快乐、友好；朋友关系是暂时的、可变的；朋友之间没有差异。

水平2(7~10岁)：认为朋友之间的互相帮助，既可以是出于自愿的，也可以是受朋友请求的。这一水平核心的特征是对朋友的信赖及内在品质的关注。

水平3(11岁左右)：认为朋友可以相互理解，共享内在的思想和感情，甚至包括秘密；朋友间能相互帮助解决心理上的问题，并避免伤害对方；同时认识到，兴趣及个性上的和谐是择友的基础；当朋友双方中的一方对另一方表示不忠时，友谊即可终止；并强调交流情感既是交友的目的也是维持友谊的手段。

塞尔曼(1981)用两难故事法，研究了儿童友谊认知的发展情况。其研究主要涉及友谊概念的六个方面的特质，即形成、亲密性、信任及互惠、忌妒、冲突的解决、结束。塞尔曼将儿童对上述六个方面的反应概括为下面不同的阶段。

阶段0(7岁以前)：认为朋友是暂时的游戏伙伴。

阶段1(4~9岁)：单向帮助的友谊关系。认为朋友的行为能满足自己的要求。儿童自己设定了一个表征，用此标准来衡量及评价对方的行为。

阶段2(6~12岁)：融洽合作的友谊关系。认识到友谊不但要满足一方的需求，而且双方均应从中获得满足。

阶段3(9~15岁)：亲密分享的阶段。将友谊看成是发展亲密和支持的手段，而不仅仅看成是逃避寂寞的手段。此时儿童出现了对友谊的占有性。

上述这些研究，都是以阶段的形式揭示了儿童友谊认知发展的一般顺序。除此之外，由于生活环境、社会经验等方面的差异，同一年龄阶段的儿童，对友谊的认知也表现出分化性。由于性别差异及不同社交地位的儿童在认知上的差异，受欢迎的儿童、被忽略的儿童及被拒绝的儿童对友谊的认识会有所不同。帕克等人(Parker & Asher,1993)的研究表明，低社交地位的儿童与社交地位正常的儿童相比，在对友谊所提供的支持、关心、帮助、交换及解决冲突的有效性等方面的评价均较低。

冲突是与友谊相对立的、表示人际关系的另一个概念。冲突是指存在于人际交往中的那些不和谐及矛盾的现象。冲突也是儿童在社会生活中经常遇到的现象。儿童在感受友谊的同时，也在感受着冲突。皮亚杰认为社会性冲突，尤其是儿童间冲突具有重要的价值。他认为这种同伴间平等权利的冲突对于自我中心主义的减少是必不可少的，这种人际间的冲突将导致个体内部的认知冲突，它对于儿童协调与别人的合作关系及儿童的认知能力、社会观点采择能力以及社会交往技能的获得都具有促进作用；并且同伴间的讨论和争论是道德判断能力发展所必需的。英国学者多伊斯（Doise，1990）认为，冲突是同伴互动效果的关键机制，儿童的"社会认知冲突"机制导致了儿童的"心理建构"（mental restructuring），从而促进了儿童社会认知能力的发展。

冲突同儿童的社会适应能力密切相关。斯皮瓦克等人（Spivack & Shure，1974；Shure & Spivack，1978）对儿童的冲突认知与适应行为的关系进行了研究。他们认为儿童及青少年的社会适应性在很大程度上是由其对有关社会现象（包括冲突）的认识所决定的。儿童对冲突的解决与下面的这些具体的能力有关：能想出解决问题的各种变通方式；预知他人对某种特定情景的可能性反应；能应用各种解决策略。研究者们还应用"幼儿解决人际冲突测验"来测查幼儿解决冲突时所使用方法的种类和数量。该测验的内容主要是一些假设的故事情境。例如，"当一个小朋友正在玩一个你特别喜欢的玩具时，你将用什么办法得到那个玩具"被试尽可能想出各种办法，如用另一个玩具交换、骗取、抢夺、请成人帮助等。通过分析被试想出的解决问题的办法的数量和质量，来看其解决冲突的水平。伊莱亚斯等人（EIias，Lareen，Zlotlow & Chinsky，1978）发现，儿童依据问题情境所设想出的达到目标的策略以及消除障碍的方法的适当性水平与儿童的认知能力相关。

儿童认识冲突及解决冲突的能力是随其年龄的增长而发展的，一项考察日本小学生在假设情境中的冲突解决策略的研究发现，随着年龄的增长，儿童使用策略的数量逐渐增多；另一方面，个体偏好的策略类型存在年龄差异，年长儿童比年幼儿童更多使用双向策略（Ohbuchi et al.，1990）。对同伴冲突解决的元分析进一步证实了这种年龄发展特点：年幼儿童较多使用强制策略，而较少使用回避策略；而青少年和成年早期已比较普遍使用协商策略。青少年在强制和回避策略的使用上虽无差别，但成年早期更倾向于使用回避策略。可见，不同年龄的儿童或成人在解决冲突时选择的策略不同，年龄越小，选择的策略越不成熟（Luarsen，2001）。

三、对社会团体的认知

同伴团体在童年晚期形成，从童年期到青春期，同伴团体的结构也相应发生变化。儿童对社会团体的认知，集中表现在对团体的社会结构的认知上，一个团体的组织结构反映了团体内部成员间的关系，这种关系超越了个体自身的特征及双边关系。

研究者主要从以下三个维度考察了儿童对团体社会结构的认知，即社会权利（谁可以让你做他想让你做的事情）、接纳性（你喜欢谁）、能力（谁擅长于做什么）。许多研究表明，儿童对团体的社会结构的认知有一个逐渐发展变化的过程。当研究者要求幼儿指出班级里谁最强有力时，回答表现出明显的非一致性（Edelman & Omarmk，1975；Sluckin & Smith，1977）。出现这个结果的原因是多方面的，可能是由于年幼儿童对于团体内部的权力等级尚无精确的感知；也可能是其团体内部根本还不存在等级明显的权力结构；或者是因为年幼儿童在对事物进行比较时，更习惯二元的方式，即两两比较，而不习惯对整体进行比较和评价。研究者们还发现，成人在对一个学前团体进行观察后所做的等级评定与幼儿自己所做的等级评定的相关很低，而且发现幼儿有过高地估计自己力量的倾向。

小学儿童对团体内部权力等级的评定显示出较高的一致性，而且对等级划分得更为精确。研究发现（Lippitt，1970），在一个小学儿童的夏令营组织内部，成员间的评定相关达到 $r=0.90$，而且学龄儿童与教师之间评定的相关也越来越高。学龄儿童对权力等级的评定也表现出相对的稳定的特点。维斯伏德等人研究表明，在某一特定的班级里的学生，其在小学一年级和三年级时所做的评定与八年级时做的评定相关为 $r=0.69\sim0.74$。

青少年对团组内部权力等级的评定一致性有继续提高的趋势，男孩间评定的一致性高于女孩。而且，与成人的评定相关达 $r=0.90$ 或更高（Savin-villiams，1976，1979）。

团体社会结构的另一个较为重要的方面是团体中的相互接纳结构，或称为友好结构。它与权力结构具有同等重要的功能，可以增强一个团体的内聚力。哈夫斯（Haves，1980）发现，彼此相互认定为好朋友的学前儿童，78％的自由活动时间里在一起游戏，而且彼此间的相互接纳表现出较高的稳定性。这说明，相对于权力结构来说，学前儿童对于友好结构有更好的感知力。在小学阶段，一个团体中常有 85％～90％的儿童被提名为某人的好友。

随着儿童对人与人之间的双边关系及团体关系认识的提高，他们将表现出更多社会行为方面的进步。

第五节　社会信息的加工模式

近30年来，围绕着自然认知中的信息加工问题已产生了许多理论，提出了各种加工模型，并且不同的研究者在许多方面逐渐形成了某些共识。相比之下，对于社会认知中的信息加工问题的研究还显得薄弱。随着对社会认知研究的日益深入，研究者发现，对社会信息进行加工，也必须经过对信息的编码、与大脑已储存的相关的信息进行比较、提取等环节。儿童对社会性信息加工的技能越高，所表现出来的社会性技能也越高。道奇及其同事（Dodge，1986；Crick & Dodge，1994）提出了一个关于儿童在交往过程中评价社会信息的心理加工模型。之后，拉莫里斯和阿斯诺（Lememerise & Arsenio，2000）又在此基础上加入了情绪因素，提出了一个新的社会信息加工模型——情绪－认知整合模型，这个模型不仅把情绪和认知的作用结合起来，而且详细阐述与论证了情绪过程在社会情境中对儿童社会信息的线索编码与解释、目标分类、反应提取与决定及行为实施的影响。

一、社会信息加工模型

道奇（Dodge，1986）在最初的模型中，认为儿童是带着本身具有的生理上的能力限制和对过去经验的记忆去面对社会情景的，从面对某一社会情景线索到做出社会行为反应的全过程中，要经历四个心理阶段，①对情景信息的编码；②对这些线索的表征和解释；③对这种情景的可能反应的心理搜索；④选择反应。在第一阶段和第二阶段中（对社会线索的编码和解释），儿童注意到特定的线索并对其进行编码，以此来建构对某一情景的解释（如对交往的同伴的意图进行推断）。在第三步和第四步中，儿童从长时记忆中提取出对此情景可能的反应方式，评价这些反应，然后从中选取最适当的行为去执行。

后来道奇和科瑞克（1994）在上述模型的基础上进行了一些调整，认为儿童在社会交往过程中，上述环节呈循环状态，并且每个环节都与一个数据信息库（data base）相联系。整个模型也是一个动态的过程，对过去事件的心理表征存储在长时记忆中，而之后，这些已有的记忆会和其他引导社会线索加工的一般心理结构相整合，并逐渐建立起来对某一种情景的社会图式或脚本，最终建构起来一个人的社会知识。在这一调整后的模型中，虽然儿童对刺激的加工遵循一个线性的系列过程，但是整体上所有的步骤可能会同时发生，如图11-2所示（王沛、胡林成，2003）。

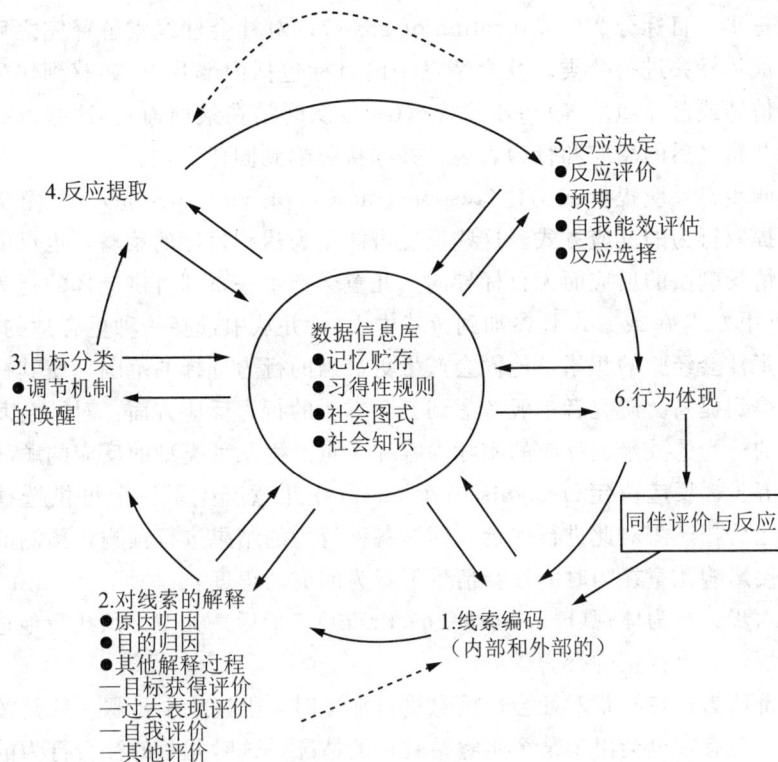

图 11-2　儿童社会判断的社会信息加工模型(Crick & Dodge，1994)

　　第一步：线索编码(encoding of cues)。儿童首先对其所面临的社会性信息进行编码。这要求儿童必须给予社会性刺激以充分的注意和精细的感知，还必须知道哪些信息对他是有意义的，哪些信息是无意义的。例如，对于一个想要参加一项已经开始了的游戏的儿童来说，同伴对他的微笑和皱眉是重要的社会性暗示，而其他儿童的衣着、发式等则是非重要的信息。

　　第二步：解释线索(interpretation of cues)。一旦某种社会性信息被编码之后，就必须对此做出解释，以便了解该信息的意义。为此，儿童需要将这个信息与他已有的某些经验精细对照和比较。例如，当儿童要判断其他儿童对他微笑的意义时，就需要回忆以前在类似的情况下，这种微笑曾产生的结果，如微笑可能代表欢迎，但也可能代表一个恶作剧的开始。因此，儿童还要根据其他的辅助性线索对微笑的意义进行进一步的准确推断。儿童随其年龄的增长，逐渐发展起一些解释社会性刺激的原则。但对这些原则的应用，在有些情况下是无意识的。

第三步：目标分类(clarification of goals)。对社会性线索解释完之后，儿童就形成目标并进行分类。社会情景中的目标包括内部状态(如感到快乐、调节负性情感或避免尴尬等)和外部状态(如排队时站在最前面)。这些目标可能会影响儿童之后的反应和行为表现，并间接影响到同伴交往。

第四步：反应提取或构建(response access or construction)。儿童从长时记忆中提取行为的反应方式。这些反应可能是为达到目标的策略，也可能只是对社会情景刺激的反应而无目标导向。儿童会产生一系列可供选择的行为计划(如我可用方式A或方式B参加到游戏中去)，并从中选择一种更合适的行为。随着儿童社会经验的积累，他们会产生更恰当的行为选择的范围，使其社会交往技能得到提高。研究者一般考虑到三个重要的行为反应方面：对社会刺激产生反应的行为的数量、反应的实际内容和儿童产生某种类型的反应的顺序。

第五步：反应决定(responsedecision)。在儿童产生了一个可供选择的行为系列之后，还需对此进行评价，即对各种行为的结果进行预测，预测的准确度将直接影响儿童在当时的社会情景下行为的成功程度。

第六步：行为体现(behavioral enactment)。最后，儿童必须执行他选择的行为计划，做出真正的行为反应。

道奇认为，在儿童对社会性信息进行加工时，上述六个步骤一般是按顺序发生的。但有时也会出现某个步骤被跳过的情况，这时儿童的社会行为的适当性会受到影响。

二、认知—情绪的整合模型

情绪理论家一致认为不确定的因素或不完整的知识是情绪过程发挥调节作用的基础。而在情绪发挥作用的过程中，情绪因素降低了对信息加工的要求而使个人能进入实际行动阶段。基于这种认识，拉莫里斯和阿斯诺(2000)认为可以把情绪过程整合到前面的模型中(见图11-2)，这样就会使其解释力大大提高。在儿童对过去经验的表征中还包含情绪和认知成分，即"情绪—事件联结"(见图11-3)，所以儿童的社会知识的线索可以是事件也可以是情绪，甚至事件也可以成为情绪的线索。

在编码和解释线索阶段，模型更强调了他人的情绪线索是重要的信息源，应该给予编码和解释。自己和他人的情绪信号提供了事件进行的连续信息，并能对行为做出及时的调节。唤醒水平和情绪(不论是先前存在的还是由于唤醒而产生的)都能影响编码和解释。快乐情绪的效果与忧伤或愤怒情绪的效果非常不同。儿童情绪体验的强度及情绪调节的技能也会影响其对社会事件与情境的看法。在整合模型中，各种箭头的作用与前面的模型中的一致。

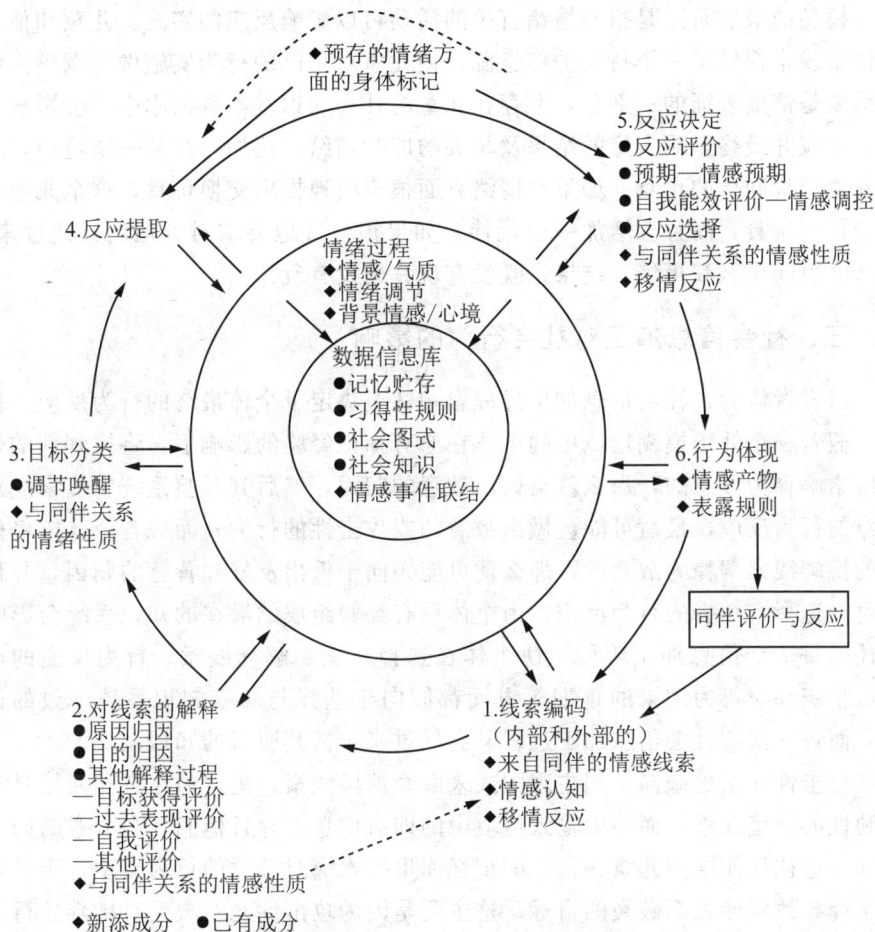

图 11-3 中的内容：

预存的情绪方面的身体标记

5.反应决定
- ●反应评价
- ●预期—情感预期
- ●自我能效评价—情感调控
- ◆反应选择
- ◆与同伴关系的情感性质
- ◆移情反应

4.反应提取

情绪过程
- ◆情感/气质
- ◆情绪调节
- ◆背景情感/心境

数据信息库
- ●记忆贮存
- ◆习得性规则
- ◆社会图式
- ◆社会知识
- ◆情感事件联结

3.目标分类
- ●调节唤醒
- ◆与同伴关系的情绪性质

6.行为体现
- ◆情感产物
- ●表露规则

同伴评价与反应

2.对线索的解释
- ●原因归因
- ●目的归因
- ●其他解释过程
- —目标获得评价
- —过去表现评价
- —自我评价
- —其他评价
- ◆与同伴关系的情感性质

1.线索编码
（内部和外部的）
- ◆来自同伴的情感线索
- ◆情感认知
- ◆移情反应

◆新添成分　●已有成分

图 11-3　社会信息加工中情绪活动与认知的整合模型(Lememerise & Arsenio，2000)

在目标分类阶段中，该模型认为情绪可以为特定的目标提供能量。例如，一个有愤怒情绪的孩子很有可能集中注意于一个工具性目标，而一个处于积极情绪的孩子选择的目标则有助于保持其快乐的情绪。目标选择及保持也会起到调整情绪或心境的作用。

在反应提取和决策两个阶段中，增加的新观点是：①儿童与他人在社会情境中的情绪联系及其他儿童的声誉会促使儿童在提取反应时进行更充分地加工，换言之，如果儿童想让别人喜欢他的话，他会更多地顾及他人的反应；②情绪不仅有助于从不同的信息中确定重点，而且有助于缩小"在线"信息加工的搜索空间。

模型的最后阶段是指与情绪有关的活动可以影响反应的实施。儿童和他人的情绪线索提供了一个持续的信息源，使儿童对自己的行为实施做出调整。情绪线索是情境表征的一部分，贮存在儿童的社会知识基本数据库中，会影响儿童的反应并最终影响实施的结果及相关的即时情绪。比如，在某一情境中，一个儿童想玩同伴的玩具。如果在情绪方面很积极地提出交换玩具，这个儿童不仅会得到玩具，而且会增加一个玩伴；如果很生气地要求对方把玩具递过来，那么会引起愤怒和拒绝，结果是既没有玩具也没有玩伴。

三、社会信息加工对社会行为的影响

研究者认为，社会信息加工过程影响甚至决定了个体最终的行为反应。例如，假若一个处于模糊情境中的个体在原有知识经验的影响下，将挑衅性的情境线索解释为敌意的，那么就会做出敌意的归因，然后到经验系统中搜索应对敌意的行为反应，最后可能会做出敌意的或攻击性的行为；而假若个体未将模糊的挑衅线索解释为敌意的，那么他可能倾向于做出友好和善意的归因，并最终可能选择亲社会的行为反应。由个体原有经验组成的潜在的知识系统会影响上述的每一个信息加工阶段，使个体在选择线索、解释线索、行为反应的产生、组织和对行为结果的预期等方面都倾向于选择与原有知识系统一致的信息，而每一次的社会信息加工过程又会反过来丰富其原有的知识系统。

攻击性儿童更倾向于用主观图式来解释情境线索，更容易注意和回忆具有威胁性的情境线索，而很少输入情境中的即时信息，并且他们具有敌意的归因倾向。这往往使这类儿童在自己的记忆库里搜索应对敌意的行为类型，于是可能选择导致同伴关系破裂的目标。这主要是因为攻击性儿童缺乏对挑衅性行为的意图进行探索的动机，而是倾向于扭曲情境中较有煽动性但不一定是攻击性的信息，于是更有可能做出敌意性的归因，而研究发现敌意归因倾向和攻击行为存在显著的关联，所以这类儿童最终采取攻击性解决问题方法的可能性就更大（Anderson & Bushman，2002）。

在特定的社会情境中，攻击性儿童针对该情境的可能应对反应的数量较少，并且产生的可能应对反应大多具有攻击性，即使开始时的行为是非攻击性的，后来也会逐渐向攻击性转化。在反应的变通性方面，攻击性儿童也缺乏构想出可以解决问题的其他替代性反应的能力；他们对于执行攻击性行为的自我效能感也很高（Warden & Mackinnon，2003）。另外，攻击性儿童通常更积极地评估攻击行为，更消极地评估非攻击行为；攻击性儿童更倾向于认为攻击行

为是可以接受的，更有可能获得奖赏。

相比于攻击性儿童，亲社会儿童对即时情境线索更敏感，并倾向于从积极的方面去考虑和解释情境线索；他们一般不会扭曲情境，较少选择具有挑衅性的情境信息。所以，即使在挑衅情境中，也较少会有敌意的归因，而更加倾向于做出积极的和善意的归因，并倾向于选择能增进同伴关系的目标，如原谅、和解，或是其他满足他人需要的行为目标。一般说来，亲社会儿童和攻击性儿童相比，不太会追求使他们产生负性情绪或者攻击性结果的目标（寇彧、谭晨、马艳，2005）。

亲社会儿童倾向于认为亲社会行为会产生比较好的结果，他们对亲社会反应评价更积极，对攻击性反应的评价更消极（Nelson，1999），他们也比攻击性儿童对自己行为的消极后果具有更好的预测能力。他们对行为结果的积极预期使他们最终会决定实施良性行为或亲社会行为，即使在面临挑衅情境时，亲社会儿童也报告出更多的回避攻击性的行为，并且会针对他人的攻击行为做出亲社会的应对。在面临冲突的时候，亲社会儿童比攻击性儿童建设性解决问题的能力更强（Warden & Mackinnon，2003）。

四、社会信息加工能力的发展

在上述的社会信息加工模型中，随年龄增长儿童的社会知识也产生了量和质的变化。比如，儿童逐渐获得了更多对社会情景的反应方式（量的变化），而且大多数年长儿童学习到了当与同伴发生冲突时如何采用相对更恰当的方式来应对（质的变化）。

随儿童年龄的增长，社会知识各个方面都有所变化，主要包括以下几个方面：①社会结果（如对某种行为导致的结果的信息的增加）；②社会目标（如对可能目标的意识的提高）；③他人的意图（如对他人可能意图的知识的增加）；④社会事件的原因（如对事件可能原因与对这种行为反应之间联系的有关知识的提高）；⑤社会行为的适当性（如对某种行为判断为好或坏的程度的变化）。

一方面，注意能力随年龄的增长也变得更加准确（如对更多有关的而不是无关的社会线索进行加工），更加有效（如加工时间不会被无关的社会线索所浪费），也更加复杂（如考虑到细节的社会线索）；另一方面，儿童逐渐发展出对社会信息和社会知识更为有效与熟练的表征、组织和解释方式，如有比较丰富的亲密友谊经验的儿童，在加工与友谊相关的背景信息时要比那些缺乏友谊经验的儿童更加迅速和熟练。

儿童社会信息加工能力的再一个变化是加工速度的提高，他们逐渐会使用更多的认知策略，在加工的有效性和复杂程度上都有所改进。

在学前期到小学阶段，儿童处理社会问题的能力迅速提高。幼儿经常使用霸占、强制或打架的方式使他人听从自己，而5～7岁的儿童就倾向于依靠友好的劝说和承诺等方式达到目的，而当最初的方法不管用时他们会考虑其他策略，并能在没有家长干预的情况下解决冲突(Chen et al.，2001)。较大的儿童也更有能力采用多种独特的方式去面对社会情景，他们的反应在数量和有效性上都好于年幼的儿童，主要表现在使用更加符合社会要求的方式，那些社会不赞许方式的使用逐渐减少了。而且儿童社会问题解决策略的使用也更加稳定，到青春期时已达到了相当好的水平(Mayeux & Cillessen，2003)。

儿童的社会认知对其社会行为具有很大的影响，并为相应社会行为的出现提供了必要基础。

思考题

1. 如何研究儿童的依恋行为及其发展特点？

2. 儿童对自我认知的整体发展趋势如何？

3. 观点采择和心理理论这两个研究领域关注的问题有何关联与差异？

4. 如何理解心理理论的发展机制及其影响因素？

5. 如何理解在社会信息加工的认知—情绪整合模型中，情绪所发挥的作用？

第十二章 元认知的发展

20世纪70年代初期，认知发展领域出现了一个新的研究热点——元认知。关于"元认知"这一概念的内涵，许多学者提出了自己的观点。弗拉维尔（1976）在《认知发展》一书中把元认知界定为"主体对自身认知活动的认知，其中包括对当前正在发生的认知过程（动态）和自我的认知能力（静态）以及两者相互作用的认知"。斯滕伯格（Sternberg，1994）对比元认知与认知，认为"元认知是'关于认知的认知'，认知包含对世界的知识以及运用这种知识去解决问题的策略，而元认知涉及对个人的知识和策略的监测、控制和理解"。主体的元认知能力与认知能力有着本质的区别。认知能力指那些指向具体的认知对象的智力功能，如对某个具体信息的记忆、理解和其他方面的心理加工。而元认知能力则是指对认知能力进行调节和监控的、更高一级的能力。因此，我们认为元认知是认知主体对自身的身心状态、能力、任务目标及认知策略等多方面因素的认知；它是以认知过程和认知结果为对象，以对认知活动的调节和监控为外在表现的认知。

发展心理学家对于元认知的研究最初主要集中于元记忆（metamemory）的发展，逐渐涉及元理解（metacomprehension）、元学习（metalearning）以及问题解决等领域，目前已经成为儿童认知发展研究的又一个有特色的领域，人们试图从元认知这一视角对人类认知和学习以及人类个体认知发展等问题进行更深入地探讨。

第一节 元认知发展概述

一、元认知的组成成分

关于元认知的组成成分，研究者们具有不同的看法。弗拉维尔最初认为元认知主要包含两大成分，即元认知知识和元认知体验（Flavell，1979）。另有一些研究者强调元认知的调节和控制成分，如布朗（1987）认为元认知的两大要素是关于认知的知识和对认知的调节。纳森等人（Nelson & Narrens，1990，

301

1994)提出的元认知动态模型则认为元认知是监测和控制这两种过程的循环往复。

我国学者对元认知的探讨和研究始于20世纪80年代，与西方研究者对元认知内涵的二分法观点不同，我国学者多采用整合的观点来理解元认知，认为元认知由三个成分所组成，即元认知知识、元认知监控和元认知体验。

(一)元认知知识

元认知知识是主体通过经验而积累起来的关于认知活动的一般性知识，即对影响认知活动的因素、各因素间的相互作用以及作用的结果等方面的认知。元认知知识一般储存在个体的记忆中，具有比较稳定的特点，它以意识化或非意识化的方式对认知活动施以影响。元认知知识又包括以下三个具体的部分。

1. 关于认知主体的知识

关于认知主体的知识是指主体关于自己和他人作为认知加工者的所有知识，其中既包括对存在于个体内和个体间的认知差异性的认识，也包括对不同个体间认知相似性的认识。

2. 关于认知任务的知识

关于认知任务的知识是指主体关于认知活动的任务要求等方面的知识。其中包括对认知材料的性质、长度、结构特点、呈现方式、逻辑性、熟悉度以及难度等方面的认知，还包括对认知任务的目的、要求的认知。

3. 关于认知策略的知识

关于认知策略的知识是指主体对于完成某项认知任务需要的认知方法的各方面的知识，如认知策略的种类、不同认知策略的特点、各种认知策略应用的条件以及认知策略的有效性等。

(二)元认知监控

元认知监控是指主体在进行认知活动的过程中，将自己正在进行的认知活动作为意识对象，不断对其进行积极而自觉的计划、监测和调整的过程。计划，即个体对即将进行的认知行动进行策划的活动。在开展某一认知活动的初期，主要表现为明确任务要求、明确目标、回忆相关知识、选择问题解决策略、确定问题解决的思路等。值得注意的是，计划并非仅存在于认知活动的初期，在认知活动进行过程中，计划也在发挥着作用。例如，当个体发现认知活动不能按原计划顺利进行时，也会对原计划进行适时的调整。监测，即主体对认知活动的进程及效果进行评估和反馈，在认知活动进行中，监测可表现为检查自己是否正确理解任务、掌握认知活动的进展、检查问题解决有无出错、检验思路的可行性等。在认知活动的后期，监测表现为评价认知活动的效果和总结经验及教训等。调整，即根据监测所获得的信息，对认知活动采取适当的矫正性或补救性措施，包括纠正错误、排除障碍、调整思路等。

(三)元认知体验

元认知体验是主体在从事认知活动时产生的情感体验。它可能被主体清晰地意识到，也可能是处于无意识的状态；在内容上可简单，也可复杂，可以是对知的体验，也可以是对不知的体验；可发生在认知活动开始前，也可以发生在认知活动的过程中或者认知活动结束之后。不同的元认知体验往往与主体在某项认知活动中所处的具体位置以及认知活动的进展状况有关。元认知体验直接影响认知任务的完成情况，积极的元认知体验会激发主体的认知热情，调动主体的认知潜能，从而提高认知加工的速度和有效性。

(四)元认知各成分间的关系

在儿童认知发展的过程中，构成元认知的各成分并不是孤立地起作用，而是相互联系、相互依存，其中一种成分功能的实现，往往需要另一种成分的辅助和支持。

首先，元认知知识与元认知监控之间具有密切的关系。这主要表现在：①儿童拥有的各种元认知知识只有通过元认知监控这个具体的操作过程才能发挥出效用。例如，一个具有很好的关于阅读理解的元认知知识的儿童，在面临一项具体的阅读任务时，就能根据自己已有的元认知知识，制订计划，选择和执行最有效的策略，以圆满地完成任务。相反，如果缺乏相应的元认知知识，儿童在元认知监控的各个环节上均会表现不利，以致影响任务完成的质量。②儿童可通过元认知监控这个实践性环节，不断地检验、修正和发展有关的元认知知识，使自己拥有的元认知知识结构更加丰富和完善。董奇(1989)进行的关于我国10～17岁个体元认知发展的研究就表明了在元认知知识和元认知监控之间存在密切的关系。该研究以小学四年级、六年级、初中二年级和高中一年级的10～17岁学生为被试，测查了他们关于阅读的元认知知识、元认知监控和实际的阅读能力的发展。结果发现：各年龄组被试在阅读方面的元认知知识与元认知监控之间呈显著的正相关。由此可见，元认知知识与元认知监控之间存在十分密切的关系，它们相互依存、相互制约、协同发展。在发展的过程中，元认知知识与元认知监控这种联系的存在，一方面是由于在实际的认知活动中，元认知知识来源于儿童对认知活动进行监控和调节等实际经验，那些善于对认知活动进行自觉监控的儿童，自然会有更多的元认知体验和经验，从而积累起更多的元认知知识，实际认知活动中元认知监控的水平制约着儿童元认知知识的获得。另一方面，丰富的元认知知识将有助于儿童在实际认知活动中对认知活动进行有效的监控，并指导其主动地采取各种适当的策略，以顺利地完成任务，这又说明元认知知识也制约着儿童在实际认知活动中的监控水平。

其次，在发展过程中，元认知知识与元认知体验之间也呈相辅相成的关系。儿童产生的关于某项具体认知任务的元认知体验是受制于相关的元认知知识的。如果一个儿童具有的关于某项认知任务的元认知知识是充分而正确的，他产生的元认知体验也将是积极的。反过来，持续而稳定的元认知体验也将会转变成元认知知识而进入儿童的长时记忆中，成为其元认知知识结构中的一部分。元认知知识影响着元认知体验，同时又在某种程度上成为元认知体验的内容。

最后，在元认知监控与元认知体验之间也具有明显的联系性。元认知监控的每一步具体的效应都对元认知体验产生直接的影响；元认知体验有时也会对元认知监控的进行产生动力性的影响。

二、元认知的早期表现

一般认为，就人类个体而言，元认知的出现远在其他认知能力的出现之后。这是因为，一方面元认知的形成和发展必须以主体在大量的认知活动中积累的经验为基础；另一方面，具有元认知能力，就意味着儿童在认知活动中，不仅要关注认知活动指向的客体，同时也要关注自身及正在从事的认知活动的过程，这就需要儿童能够既将自己视为认知活动的主体，又将自己视为认知活动的客体。因此，进行这种元认知活动要比那种仅仅将注意力集中在认知活动所指向的客体上的认知活动复杂和困难得多，在个体身上出现的时间也相对较晚。

由于心理理论和元认知本质上都是对儿童"关于人类心理的知识"的研究（Flavell，1999）。因此，学前儿童理解、觉察自己和他人心理状态可以视为个体元认知发展的早期形式（Khun，2000）。这些相关的研究成果有助于揭示儿童元认知的早期发生和发展。

研究发现，婴儿对于人类声音、面部和运动等有特殊的偏爱，而且婴儿对人和物体有不同的反应。比如，当婴儿想获得的物体消失时，他们会用身体运动去接近物体消失的位置，但是当婴儿想要接近的人消失时，婴儿会发出声音来召唤这个人（Legerstee，1992）。这些证据表明婴儿能够区分人和物，这可能是个体"关于人的知识"的发展基础。

　　从 1 岁后期开始，婴儿开始理解人与物之间的心理关系，如"看某个物体""叫物体的名称"及"我想要某物"等都属于人与物之间的心理关系。12 个月大的婴儿能够预测成人会接近正在注视的物体而不会接近没有注视的物体(Spelke，1995)。当成人说出一个动词并注视相应的动作时，19～20 个月的婴儿知道该动词意指的就是这个动作(Baldwin & Moses，1994)。

　　1 岁半到两岁时，儿童开始使用"看到""想"等词来表达自己的心理状态，如"我看到一辆车""想要果汁"等，这表明他们对于特定的心理状态已经有了更明确、更清晰的理解。

　　到 3 岁时，儿童开始能够理解愿望、情绪及其与行为之间的简单因果关系。比如，他们知道个体得到自己想要的东西时会高兴，找到自己想要找的东西后就会停止寻找活动。这一时期的儿童还能够区分意图行为和非意图行为。比如，让 3 岁儿童复述一个绕口令，儿童难免要出错，但是儿童会报告自己不是"故意"说错这个句子的(Shultz，1980)。到 4、5 岁时，儿童已经能够区分意图和愿望或者喜好，也能够区分意图和行为的结果。此外，该年龄段儿童也能够把情绪、动机、能力、知识、信念等行为的心理起因与意图区分开来。

　　我们的研究也发现幼儿在心理理论与元认知策略方面有较高的相关(陈英和、王雨晴，2006；王雨晴、陈英和，2008)。3～5 岁幼儿在分类和拼图任务活动操作过程中，随着年龄的增长，注视目标的次数增多，完成任务的总时间缩短，正确率提高，同时注视目标的次数和停顿次数随着任务难度的变化而变化，表现出了一定的计划性及监控性；幼儿对主体性的元认知知识、任务难度的元认知知识和策略的元认知知识也在逐步发展，特别是内部策略的运用随着年龄的增长越来越多，而对外部策略的运用越来越少。这些研究均表明，在个体发展的早期就已经开始出现了元认知的端倪。

三、元认知各成分的发展

　　随着儿童思维实践活动的增多和自我意识的提高，儿童逐步获得更多的关于认知主体、认知任务和认知策略的知识，能够更清晰地意识到自我的元认知体验，在认知活动中随时监测自我的认知过程，并学会据此控制和调节相应的认知活动。如前所述，元认知各成分相互依存、协同发展，但是各成分在不同时期的发展速度有所不同。

　　在幼儿晚期，儿童已具有一定的元认知知识。例如，在任务元认知知识方面，幼儿已经知道增加项目的数量会加大记忆的难度；在主体元认知知识方面，5 岁儿童已经能够较好地理解不同年龄的人完成某项特定任务时面临的难度；在记忆、阅读、数学计算等任务中，幼儿也表现出了一定的策略元认知知识（Kreutzer et al.，1975；陈英和、王雨晴，2008；王葵，2004）。但是他们关于自己心理过程功能的知识还不够稳定，有些时候并不能将自我视为认知活动的主体，因此还不能有效地管理自己的认知（Georghiades，2004）。例如，儿童可以理解任务的要求，却不能自发地评价自身的表现；儿童可以学会某些策略，但在实际的认知活动中却不一定能够选择恰当的策略。

另一方面，元认知监测的发展要早于控制的发展。儿童在学龄阶段逐渐能够将自我的认知活动作为认知对象，并对认知过程及阶段性成果做出判断与评价。但要到小学高年级，儿童的元认知监测和控制才趋于协调，如开始能够较好地根据元记忆知识和对自己记忆状态的意识来调节自己的记忆行为，决定学习的内容，分配学习时间，并且把自己元认知监测的判断作为一种记忆控制的反馈，达到一种监测—控制不断循环的动态元记忆监控过程（邓铸、张庆林，2000；Schneider et al.，2004）。

在一项研究中，以二年级、四年级、六年级儿童为被试，考查儿童在任务复杂度不同的拼图游戏中的元认知表现，具体包括计划和检查等在问题解决过程中发生的在线元认知监控，以及预测、评价等发生在问题解决之前或之后的离线元认知监控（郝嘉佳、陈英和，2010）。研究结果发现，在线和离线元认知监控水平在二年级、四年级、六年级的儿童中逐步提高，但是前者的转折点在二、四年级，后者的显著差异则在四、六年级。对于四年级儿童来说，其离线元认知监控已发展较为成熟并趋于稳定，而在线元认知监控水平则还在不断完善中。

如前所述，拥有元认知知识并不一定具有相应的元认知技能。离线元认知监控基本上是在元认知知识的基础上对认知对象做出判断，而在线元认知监控则需要更高的技能，既要具备相应的元认知知识并对认知对象做出相应的判断，还要根据对任务的定义、个体本身能力的认知、策略及其有效性的认知等对认知过程进行计划、调整、评价，对认知资源进行分配。从这个意义上来说，相对于离线元认知监控，在线元认知监控是更高级的元认知技能，其发展出现于离线元认知监控之后。此外，在线元认知监控作为元认知调节的一个表现，会随着任务难度的不同而发生变化；而离线元认知监控更多依赖于个体的元认知知识，在不同任务中的表现则相对稳定。

第二节　儿童具体元认知能力的发展

元认知能力与认知能力相对应也有不同的种类，如元记忆、元理解、元学习等，从这些具体的方面可看出儿童元认知能力发展的某些规律。

一、元记忆的发展

(一)元记忆知识的发展

元记忆知识主要包括主体对于记忆活动的过程、特点以及与之相联系的自身能力方面内容的了解和认识。其中包括：①对于记忆任务的认识(如对某一个特定的材料，是只记其基本要点的效果好，还是逐字逐句进行记忆的效果好)；②对于记忆策略的认识(如当记一个电话号码的时候，是意义识记的效果好，还是机械识记的效果好)；③对于记忆主体的认识(如年纪大的人的记忆能力强，还是年龄小的人的记忆能力强)。布朗等人(Brown，Bransford，Ferrara & Campione，1983)认为，主体的元记忆知识可以分为两类：一类是可以被主体清晰地意识到的，并具有明确含义的关于记忆的知识，也被称为陈述性知识(declarative knowledge)。例如，人们都知道，记忆较少的物体要比记忆较多的物体容易，这就是一种陈述性的元记忆知识。另一类是主体不能清晰地意识到的、具有行为特点的元记忆知识，也被称为程序性知识(procedural knowledge)。例如，当一个较好的阅读者在阅读过程中遇到较难读懂的段落时，就会下意识地放慢阅读速度，并反复阅读。这就是有关程序性元记忆知识的例子。

总的来说，伴随着儿童记忆能力的发展，儿童元记忆知识的发展表现出明显的年龄趋势。在一项早期的研究中，克罗茨尔等人(Kreutzer et al.，1975)使用访谈法考察幼儿园、小学一年级、三年级和五年级儿童的元记忆知识的发展情况，研究者所问的问题包括：①你是否曾忘记过事情？②当告诉你一个电话号码后，马上去记它容易，还是在喝了一杯茶之后再去记它容易？③是记忆一些反义词容易，还是记忆那些没有任何联系的词容易？结果表明，儿童对于这些与记忆有关的变量的理解随着年龄的增长有明显的发展。比如，一些幼儿园的儿童认为他们从未忘记过事情；只有少于一半的幼儿园儿童认为马上记一个电话号码比过一会儿再记容易。70%的 6 岁儿童不知道记住成对的反义词要比记忆无关词对简单，但是到 10 岁时，所有儿童都认为成对的反义词更容易被记住。当问及人的记忆能力时，只有高年级的学龄儿童知道不同个体的记忆能力是有很大的差别，6岁和7岁儿童都认为自己总能记得很好而且自己的记忆力要优于自己的朋友。施内德（Schneider，1998）的研究也发现年幼儿童与记忆相关的自我概念偏高。

上述研究的结果表明，虽然学龄前儿童和小学低年级儿童的元记忆知识水平还相对较低，但他们的元记忆知识已经有了一定的发展。学前儿童已经知道记住大量项目要比记住少数几个项目难，他们也知道自己可以使用外部的、辅助性的记忆工具（如把电话号码记在纸上）来帮助自己记忆，知道与回忆目标相联的提取线索的重要性，并认为增加努力或者激励能够提高回忆成绩（Kreutzer et al.，1975；Justice，1985；O'Sullivan，1993）。

尽管年幼儿童对于记忆已经有了基本的理解，但是更复杂的元记忆知识则是后来才出现的。关于任务特征和记忆策略的事实知识在儿童入学后迅速发展，但是小学儿童关于任务特征和记忆策略对记忆效果的影响并没有明确的理解，在随后的几年中情况有所变化。施内德等人进行的一项纵向研究中考察了小学儿童的言语记忆、记忆策略和元记忆，结果发现元记忆知识与记忆测验得分的相关随着年级的升高而越来越高，表明儿童的元记忆在小学阶段显著提高（Schneider et al.，2004）

（二）元记忆监控的发展

根据纳森等人（Nelson & Narrens，1990，1994）的理论，人类认知过程应分为元水平（metalevel）和客体水平（objectlevel）两个水平，那么个体的记忆过程则可相应地被划分为元记忆（metamemory）和客体记忆（objectmemory）。客体记忆就是通常说的对信息的编码、储存和提取的加工过程。元记忆则是主体对客体记忆的认识、评价和监测。依据元水平和客体水平之间不同的信息流向，可划分为两种主要的关系或作用，即"控制"（control）和"监测"（monitoring）。如果信息由元水平流向客体水平，则为控制作用；如果信息由客体水平流向元水平，则为监测作用。已有关于元记忆监控的研究主要集中在学习容易度判断（Easy of Learning，EOL）以及学习程度判断（Judgment of Learning，JOL）等元记忆监测和记忆过程中的元记忆控制等方面。从发展的角度来看，元记忆监测能力发展早，元记忆控制能力发展晚。但就特定情景下具体的监测和控制而言，元记忆监测和元记忆控制的联系程度是有弹性的。

学习容易度判断（EOL）通常发生在学习活动开始之前，它主要是推断性的，是个体对尚未学习的材料的判断（Nelson & Narren，1994），相关的研究范式是成绩预测范式（Performance Prediction）。其程序是，依次向个体呈现长度逐渐增长的记忆材料，如图片、词汇等，让他们判断自己能不能回忆这样长度的记忆材料。然后用同样的材料考察儿童的记忆能力，通过比较儿童的预测和其真实的记忆成绩间的差距作为元记忆监测的指标。

通过使用学习容易度判断范式，研究者发现，学龄儿童和学前儿童都倾向于高估自己的记忆成绩，但是小学儿童对于自己记忆成绩的估计就相对更准确一些(Schneider et al.，1986)。年幼儿童对于熟悉的记忆材料的回忆成绩的预测要比他们对不熟悉、实验室条件下的记忆材料的记忆成绩的预测更加准确。而且儿童和幼儿在预测他人的记忆成绩时比预测自己的记忆成绩时更准确(Schneider，1998)。尽管 EOL 判断在小学低年级儿童身上已经比较准确了，但在整个学龄期，这种能力仍然有一定的发展(Pressley & Ghatala，1990)。

学习程度判断(JOL)范式是让个体在学习过程中或者学习结束后判断自己在记忆测验中的成绩。弗拉维尔等人(Flavell, Friedrich & Hoyt，1970；Flavell & Wellman，1977)关于儿童预测自己瞬时记忆广度能力的研究表明，儿童有高估自己记忆能力的倾向。在实验过程中，主试向儿童呈现印有不同数量的图画的若干张卡片，每张卡片呈现的时间很短，即让儿童看一下之后，就被翻过去，并问儿童是否记住了这些卡片。给儿童呈现了 10 张卡片以后，测试儿童实际的瞬时记忆广度并将此与儿童的预测相比较。结果发现，学前儿童对自己的瞬时记忆广度的预测与真实的记忆能力之间具有很大的差距，他们对自己的记忆能力有明显地过高估计的倾向。而学龄儿童对自己的记忆能力的估计比较接近实际，小学四年级儿童对自己记忆广度的估计已基本达到了成熟的水平。施耐德(2000)使用配对联结学习任务(paired-associate learning task)来检查 6 岁、8 岁和 10 岁儿童对学习程度判断的发展趋势。结果表明，10 岁儿童对记忆掌握程度判断的准确性已经与成人非常接近。

弗拉维尔等人(1970)发现学前儿童通常会对自己在测验中的成绩过分自信，他们常常说自己已经准备好了，但实际的回忆成绩却很低。相比之下，学龄儿童对于自己的学习程度的监视就相对准确一些。研究者认为，这一结果表明年长儿童对于自己的记忆程度有更准确的评价，因为他们能够更好地进行自我检测(self-testing)。

还有一些研究重点探讨了个体如何分配他们的注意和努力、如何选择性地关注记忆任务的某个方面。例如，一项以 7 岁、9 岁儿童和大学生为被试的研究考察学龄儿童和成人是否更愿意花费更多的时间学习那些没有很好掌握的学习材料。结果表明，虽然所有的被试都能区分自己能正确回忆的项目和那些不能回忆的项目，但是年长儿童和成人更倾向于选择先前没有回忆出来的项目继续学习（Masur，McIntyre & Flavell，1973）。另有研究给儿童呈现一系列的图片对（如"苹果—梨"之间的联系紧密，是"容易"记忆的图片对；"胡萝卜—书"之间没有语义相关，是"困难"的图片对），让儿童进行自由学习。结果发现，年幼学龄儿童花费在"容易"和"困难"项目的时间一样多，而年长儿童会在"困难"项目上花费更多的时间（Lockl & Schneider，2002）。这表明有效的元认知调控能力在小学高年级已经出现，而低年级儿童则不具备这种能力。

二、元理解的发展

元理解是指认知主体对自身的阅读理解活动及其有关的各种主客观因素的认知、监控和调节。元理解知识是其中的一个重要的方面，主要包括主体对影响阅读理解活动主体因素、材料和任务因素以及策略因素的知识。

儿童在接受正式的学校教育之前已经接触了大量与阅读有关的知识。早期的研究（Clay，1967，1973）表明，4～5 岁的幼儿已经知道阅读是从左到右、从上到下的，标点符号与单词不同，单词间的空格是单词的边界等。但是他们对于阅读活动的目的和过程不太理解，他们不理解复述故事和阅读故事的差别，甚至将阅读视为一种神秘的活动。

在小学阶段，儿童关于阅读的理解有所加深，但是他们仍然缺乏清晰的元理解知识。一项早期研究就元阅读知识访谈了 1665 名 1～8 年级的儿童，涉及的问题有："阅读是什么？""你是如何阅读的？""如果需要你教某个人学习阅读，你会如何教？"结果表明，只有 15% 的儿童知道阅读是建构意义的过程，只有 20% 的儿童报告他们在阅读过程中试图理解文章的内容，而且这些合理的回答大都来自 7～8 年级儿童（Johns & Ellis，1976）。

元理解能力的另一个重要方面是元理解监控，是指认知主体为了达到理解的目的，采取有效的策略，并不断地对当前的理解活动进行调节的过程。贝克等人（Baker & Brown，1984）指出，能够促进阅读理解的有效策略包括：①明确阅读目的，充分理解外显的和内隐的任务要求；②对阅读材料包含的重要信息进行识别；③分清阅读材料中的主要内容和次要内容，并将注意点集中在那些主要的内容上；④对当前的阅读活动不断进行调节；⑤随时进行自我提问以了解是否已经达到了阅读的目标，如果尚未达到，还相差多远；⑥随时采取修正的策略。熟练的阅读者通常会在阅读前、阅读进行的过程中和阅读结束后使用各种有效的阅读策略来促进理解。已有研究发现，儿童的大部分阅读策略都是在 7～13 岁获得的，而且许多阅读策略都是儿童在教学活动中习得的。年幼儿童使用阅读策略的活动往往需要成人（老师）的帮助和引导，10 岁以后儿童自发地、适应性地使用阅读策略的能力迅速发展，他们对阅读策略进行自我调控的能力不断提高。但是，运用策略促进理解的能力在个体间存在很大的差异，许多个体进入青春期以后仍不能在阅读过程中使用那些高效但是比较复杂的策略(Paris et al.，1991)。

随着年龄的增长和阅读实践的增多，儿童的元理解知识逐渐丰富起来，其元认知监控水平也在不断提高。曹锋、朱曼殊(1989)采用错误检测法对儿童阅读理解监控能力的发展进行了研究。在正确的材料中，人为地加入一些能使主体产生阅读困难的错误，考察儿童对这些错误的觉察情况以及阅读文章所用的时间、遍数和理解的情况。结果发现，随着被试年龄的增长，其对阅读的监控能力在不断提高，但这种能力的发展较为缓慢，其中五年级是一个转折期。从整体上看，被试理解的监控能力与实际的理解能力之间具有密切的联系。潘建忠(2005)考察了小学高年级儿童的阅读及元理解策略，发现年级较高的儿童更多使用全局监控策略，这从另一个角度反映了小学儿童元理解监控能力的逐步增强。

在中学阶段，儿童的元理解能力迅速发展并趋于稳定。董奇(1989)关于我国10～17岁儿童青少年阅读中的元认知发展的研究发现，在10～17岁，随着被试年龄的增长，其阅读元认知知识日益丰富，元认知监控水平也在不断提高。龚少英和刘华山(2003)采用问卷的形式研究中学生阅读理解中的计划、调节和评价等元认知监控的发展。结果发现，从初一到高二，随着年级的升高，中学生的阅读理解元认知迅速发展，至高二达到比较稳定的水平。

同时，上述研究还反映了儿童的元理解监控与其阅读能力和理解水平之间的密切相关。研究者认为，之所以表现出这种相关，是与儿童的元认知知识本身的内容以及元认知监控所含的具体环节相关联。儿童有关阅读方面的元认知知识主要包含以下几个方面：有关阅读策略的知识、有关阅读任务及目标的知识和有关本人特点的知识。而儿童阅读监控能力则集中表现为在实际的阅读过程中如何有效地协调上述几种因素的相互作用上。那些具有较充分的元理解知识的儿童，在理解活动中，能够较清楚地意识到自己的理解过程、任务的要求、材料的特点和差异等，并对这些因素进行主动的调控。具体来说，所谓的阅读监控就是认知主体根据材料的特点、个人的特点以及任务目标和要求等相应地制订计划、选择有效的阅读策略、评价策略的有效性、检查结果、修订策略，并对存在的问题及时采取补救措施的过程。由此可见，儿童阅读元认知的发展水平直接制约着其阅读能力的发展水平。

三、元学习的发展

元学习能力主要指主体对其从事的学习活动进行自我调节和控制的能力，既包括对认知过程的调节，也包括对与学习有关的情绪、动机等方面的调节。元学习的能力也具有不同层次。研究者认为，那些最初级的学习能力在幼小儿童身上就已经有所表现。克拉克(Clark，1978)发现，两岁的儿童就在语言学习方面表现出自我调节能力，他们经常自发地练习和纠正自己的发音、语法和对物体的命名，以增加自己与他人交流的准确性和有效性。

在儿童发展的早期还表现出一种对学习的自我监控的能力，这种能力使儿童产生一种关于自己知识的切实体验，即比较真切地感觉到自己已经知道的东西和尚不知道的东西，并据此对自己下一步的学习情况进行预测。例如，卡尔蒂斯等人(Cultice，Somerville & Wellman，1993)发现，当给被试出示一组不同熟悉程度的儿童的照片时，4～5岁儿童就能够预测出自己对照片中儿童名字的回忆程度，但这种预测还是很初步的，基本上是直觉水平的，缺乏准确性和稳定性。

在儿童进入小学之后，儿童对学习的自我监控能力有了很大的发展。例如，随着儿童年龄的增长，他在选择学习内容和学习方法方面表现出了与年幼儿童不同的特点。达夫雷森等人(Dufresne & Kobasigawa，1989)发现，在4～12岁，随着年龄的增长，儿童在对某种学习任务做出反应之前，所用于学习的时间在稳定地增加，而且学习效果也是稳定地增加。在具体的学习方法方面，年长儿童更经常运用诸如重读、随时检查自己的记忆效果以及将注意力较多放在以前尚未掌握的学习材料上等策略。在对学习时间的分配方面，也表现出年龄差异。

由于自我监控学习能力是一个较为复杂的能力系统，所以它的形成和发展要经过一个较长的时间过程。董奇、周勇(1995)关于中小学生自我监控能力的发展研究表明，从总体情况看，随着年龄的增长，个体自我监控学习能力的各个方面以及整体水平都在不断发展和提高。具体来说，不同时期的发展速度是不同的，呈现出先慢后快的趋势，同时自我监控能力的不同方面的发展也表现出不平衡性。随着年龄、年级的增长，自我监控学习能力对儿童学习效果的可能影响开始显著地表现出来。

儿童元学习研究的另一个重要研究方向即关注儿童具体学科学习中的元认知，如数学问题解决的元认知。关于数学问题解决的早期模型(Polya，1957)认为数学问题解决包含四个环节，即理解、计划、执行和反思。如果只关注数学问题解决相关的元认知行为，则可以将其具体分析为定向、组织、执行和检查四类行为（Garofalo & Lester，1985）。

相关领域的很多研究都得出了较为一致的结论，元认知监控被认为是问题解决成绩的高相关的预测源。有研究考察小学儿童的元认知监控与数学问题解决之间的关系，发现元认知能解释 60％以上的问题解决差异。这表明，在智力水平一样的情况下，元认知的差异导致问题解决的差异（Desoete et al.，2001）。

关于数学问题解决过程的研究表明，数学学习困难儿童在某些元认知的技能和能力方面存在困难。Carol 等人总结以往的研究指出，这些困难主要表现在以下方面：①评价自己解决问题的能力；②确定和选择适当的策略；③组织信息；④监控问题解决过程；⑤对结果正确性进行检查；⑥将策略推广到其他情景。另有研究发现，数学学习障碍者的预测、评估能力也显著低于正常儿童（Desoete et al.，2003）。

另有研究（郝嘉佳、齐琳、陈英和等，2010）以小学六年级儿童为研究对象，以分数应用题解决为例，通过儿童的口语报告及对其解题过程的观察，考察了数学学习困难儿童在数学问题解决情境的具体表现。按照应用题解决过程，元认知行为包括明确解决问题、制订解题计划、监控解题过程、检查解题结果四个方面，分别从出现行为和行为有效性两个方面进行分析。结果发现，对于六年级儿童而言，数学困难儿童在明确问题方面表现良好，在制订计划方面也能表现出一些元认知行为，但是行为的有效性相对较低。而在监控过程和检查结果方面，数学困难儿童则表现出更多的局限性。

第三节 元认知的培养和训练

自弗拉维尔于 1976 年提出了元认知的概念以后，心理学家不仅进行了大量的关于儿童元认知发展的实验研究，也开始了关于儿童元认知的培养和训练的研究。很多研究发现，通过对儿童元认知的培养和训练，可以改进和提高儿童的学习能力并促进其智力的发展。关于元认知的培养、训练有不同的理论和方法，所产生的效果也不尽相同。

一、关于元认知培养和训练方法的讨论

（一）训练的有效性问题

目前大部分关于元认知的培养研究主要集中在对儿童各种不同的认知策略

的训练上。其中包括记忆策略的训练、阅读策略的训练、写作策略的训练以及解决数学问题的策略训练等。相比之下，有关记忆策略和阅读策略训练的研究较多，但研究者们在此方面得到的结论却不尽相同。格尔泽斯尔（Gelzheiser，1984）对学习困难儿童进行了有关记忆策略的训练。结果表明，训练组的记忆成绩与非训练组儿童没有显著的差异。哈格纳特等人（Haganetal，1982；Kirk & Gallagher，1979）通过实验也发现，对学习困难的儿童进行有关的记忆策略的训练并不能产生效果。但另有一些研究却发现，对儿童的记忆策略进行指导性训练，可以显著提高儿童的记忆成绩。例如，科萨尔等人（Corsale & Ornstein，1980；Ornstein，Medlin，Stone & Naus，1985）发现，通过训练小学二年级的儿童使用"多项目复述"的记忆策略，其记忆成绩获得了明显的提高；施奈德等人（Schneider & Pressley，1989）也发现，通过教给儿童使用"组织化和具体化"的记忆策略，可以改善其记忆成绩；布坎南等人（Buchanan & Bjorklund，1989）对小学一年级、二年级、三年级的儿童进行了有关记忆组织策略的训练，其结果也提供了训练有效性的证明，而且还发现了训练的迁移效果。

在数学问题解决方面的元认知训练大多数都取得了良好的效果。如在近期的一项研究中，对小学儿童进行元认知干预和其他数学问题解决相关训练后发现，接受元认知训练的儿童在后测中获得了更高的预测得分和评价得分，同时也取得了更好的数学问题解决成绩。而且，这种元认知训练的效应在六周后的数学问题解决测验中仍然得以保持。这表明儿童的元认知监控对儿童的数学问题解决具有良好的预测且元认知监控具有良好的可塑性（Desoete et al.，2003）。

对于元认知训练效果的不一致，布朗（1978）认为某些策略训练之所以不能产生良好的迁移效果，是因为某种策略只适用于某种特定的任务，并将此称为"粘着"现象。而弗拉维尔则认为，训练未能产生明显效果的根本原因在于，在某些训练中，儿童只学会了对策略的具体操作，但对策略的功能并不了解，即关于策略的元认知水平没有得到相应的提高。因此，策略训练的核心任务和最终目标还是要提高儿童的元认知水平。另外，元认知训练的方式也具有一定的适应性，在训练方案的设计和实施时需要考虑儿童的发展特点及个体差异。

（二）训练中的迁移问题

评价某种认知策略的训练是否有效，除了要看通过该策略的使用能不能使儿童更好地完成同种任务，更重要的是看该训练产生的迁移效果。

研究者们围绕着如何促进策略训练的迁移效果进行了广泛的探讨，并提出了两条可能促进迁移产生的途径。

第一种途径是，在训练过程中，引入某一种单一的可以促进产生迁移的因素。如教给儿童有关使用策略的时机方面的知识（Osullivan & Pressley，1984），教给儿童关于自我的知识或教给儿童体会使用策略的好处的方法（Ghatala，1986；Pressley & Ghatala，1990），等等。

第二种途径是，在训练中同时引入一切可能促进迁移的因素。例如，德什尔等人（Deshler & Schumaker，1988）从以下一些因素入手对儿童进行认知策略的训练：①与学生进行某种约定，要求他们将在课堂上学到的有关策略知识尽可能地运用到平常的各种作业中；②对于改进哪一种策略与提高哪一门学科的成绩，学生自己有权做出决定；③采用灵活多变的方式，给学生提供一些与原来的训练内容有所区别的任务，让其进行练习；④教给学生如何自学这些策略以及如何进行自我检查和奖励；⑤在教学活动一开始时，就教给学生应在何时何地使用这些策略；⑥对学生的迁移表现予以及时的强化。结果表明，该训练模式在促进策略使用的迁移方面是成功的。普雷斯利（Pressley，1991）分析各种不同的阅读策略教学模式并结合自己的研究结果，概括出了一种适用于各种不同情景下的通用的策略教学方法，其要点是：①一次只向学生介绍一种策略；②在一系列的练习中，都反复向学生示范一种新策略的使用方法；③教师要根据每个学生的情况进行个别辅导，然后有重点地向全体学生作解释说明；④教给学生对自己认知活动的进程进行自我监控的方法；⑤教给学生如何掌握运用策略的时机，并让其在广泛的情境中练习使用策略。布朗（1984）曾对三种不同的认知策略训练方法进行了检验。这三种方法为：①盲目训练法，只教给学生如何运用策略，但不帮助他们理解策略的具体功能，也不告诉他们在何时何地应该应用何种策略；②感受训练法，帮助学生理解和感受使用策略的好处、时机和条件；③感受自控训练法，在感受训练法的基础上，让学生自己练习使用策略，给他们提供掌握各种策略的机会。检验的结果表明：第一种方法难以产生训练效果的迁移，而后两种方法则产生了明显的迁移效果。

目前，关于认知策略训练的比较一致的看法是：要促进迁移，不仅需要教给儿童使用各种具体的认知策略，更重要的是要让儿童了解应该在何时何地使用何种策略，提高儿童认知活动的自我监控能力，进而提高其元认知水平。阿什曼等人（Ashman & Conway，1989；Singley & Anderson，1989）认为，在对儿童进行认知策略训练的过程中，将训练的目的直接指向提高主体的元认知能力，这将是导致产生训练迁移效果的至关重要的因素。

二、一项有关儿童概念发展的元认知训练实验

从前面的介绍中可以看出，元认知并不是一种独立的认知活动，而是对各种认知活动的自我意识、自我监控和自我调节。因此，在任何认知领域都存在元认知问题，元认知对儿童任何一方面的认知发展均具有影响作用。概念是人类个体进行抽象逻辑思维的最基本的单位，而且主体的任何一个概念的形成，都离不开诸如分析、比较、抽象、概括等认知活动。那么，元认知在儿童的概念形成上将起什么作用呢？能否通过训练儿童的元认知能力而促进其概念水平的提高？为了解答上述问题，研究者(陈英和、刘玉新，1994)进行了一项有关研究，试图从训练儿童的认知策略入手，探讨提高儿童有关形成人工概念的元认知水平，进而促进儿童人工概念的发展以及其他相关的认知能力发展的可能性。

本研究的被试是从某小学的四年级中随机抽取的两个班，一个班作为实验班，一个班作为控制班。经前测表明，实验班和控制班都有 75% 以上的儿童不能形成布鲁纳的人工概念，并且两个班的团体智力测验成绩和学业成绩均无显著差异。

实验班的儿童接受历时半年(每周一课时)的有关训练。训练内容主要是人工概念形成的四种策略(保守策略、冒险策略、同时扫描、继时扫描)。在吸收"感觉—自控"法和"多重成分模式"二者优点的基础上，结合形成人工概念的具体特点，研究者提出了一个具体的训练方案，包括以下四个阶段。①明确要求。让被试充分熟悉和认识卡片(在训练过程中，每个儿童手中都有一套布鲁纳人工概念卡片，共 81 张)，并明确形成人工概念的任务的要求，让学生通过自己操作，来解决老师提出的有关卡片的各种问题。②策略讲授。老师逐一讲授四种策略，老师边讲，学生边练。练习的形式采用全班集体练习与两人一组练习相结合。③讨论比较。在掌握四种策略的基础上，老师组织同学讨论并总结，比较四种策略的优劣以及适用的情况等。④练习巩固。学生做练习，反复体会四种策略的适用条件和功能特点等。

训练结束以后，对实验班和控制班的儿童进行后测，测验内容包括以下三个部分。①布鲁纳人工概念形成测验。②两个迁移能力测验。其中之一为一套 25 张(5×5)的字词卡片，分别由动物、植物、交通工具、形容词等构成。主试将卡片随机摆放在被试面前，并说出如下的指导语："现在我心里想了一张卡片，它就在这 25 张卡片之中，请你用最好的方法、最少的次数向我提问，尽快地猜出我心里想的是哪一张卡片，对于你的提问，我只回答'是'或'否'。"

其中之二是一套 10 张含阿拉伯数字 1～10 的数字卡片。主试也是将这些数字卡片随机摆放在被试面前，并告诉被试："现在我心里想了一个数字，它就在 1～10 之中，请你用最好的方法、最少的次数向我提问，尽快地猜出我心里想的数字是什么。"③有关概念形成的元认知能力的测查。也包括两部分：第一部分是元认知知识的测查，含关于个体的元认知知识、关于材料和任务的元认知知识、关于策略的元认知知识；第二部分是元认知监控能力的测查，主要根据被试在完成任务的过程中选择卡片的行为及其对选择卡片的原因的口头报告进行评定。结果发现：①策略训练对儿童人工概念的发展具有显著的促进作用，主要表现在对形成人工概念所需步数的影响上，实验班只需 3.23 步即可形成人工概念，而控制班却需 8.2 步才能形成，两者差异非常显著。②策略训练对儿童解决字词问题和数字问题具有明显的迁移效果，实验班儿童在这两项任务中的得分明显高于控制班的儿童。③策略训练对儿童有关的元认知知识和元认知监控能力也具有明显的促进作用，实验班儿童在关于人工概念形成的元认知知识方面的得分显著高于控制班儿童；在元认知监控方面，实验班儿童能更清晰地意识到自己的行为目的，计划性更强，选择的策略更有效。④在元认知知识、元认知监控、解决字词和数字问题的能力及形成人工概念的步数之间均存在非常显著的相关。元认知知识和元认知监控与形成人工概念能力之间的相关，在一定程度上表明了，形成概念水平较高的学生能更多地认识到在形成概念这一认知活动中，有关个体、材料和策略的性质和特点，从而可对自己正在进行的认知活动进行更主动的监控。从另一角度看，关于概念形成的元认知知识丰富和元认知监控水平高的儿童，其形成概念的水平也相应较高。解决字词和数字问题的能力与形成人工概念的能力之间的相关，则在一定程度上反映了策略训练的迁移效果。

综上所述，我们认为，在儿童的认知操作过程中，主体的元认知与认知策略在功能上既相互区别，又相互联系，共同促进着儿童认知能力的发展。认知策略的主要功能是，在主体进行认知活动的时候，通过给主体提供解决问题的具体手段而使主体更接近目标；而元认知的主要功能是通过对认知活动的总体监控而给主体提供有关认知活动进展的信息。使用认知策略是为了取得在某一认知活动进程中的进步，而使用元认知则是为了监控这种进步。可见，元认知的发展水平直接制约或促进认知策略的发展。也就是说，主体元认知知识的丰富性、元认知体验的深刻性以及元认知监控的能动性，将直接影响主体使用策略的自觉性水平和有效性水平。因此，在儿童认知发展的过程中，元认知系统居于最核心的地位，它对儿童的认知策略起定向、调控、整合和修正作用；反过来，儿童运用认知策略的主动性和有效性的程度将展示出其深层的元认知水平。正因为在主体的元认知与认知策略之间存在这种密切的关系，所以通过采用适当的方法，对儿童的认知策略进行训练，就可以提高其相应的元认知水平，进而提高其具体的认知能力。

自从弗拉维尔提出元认知的概念以后，研究者们又重新开始关心人类个体的思维结构问题，并对以往的有关理论提出质疑或予以补充。斯腾伯格（1983）从信息加工的角度对人的智力结构进行了分析，指出人的智力至少应包括5种成分：元成分、操作成分、获得成分、保持成分、迁移成分。其中元成分是智力结构中最主要、最核心的成分，主体对认知活动的一切控制都是通过元成分的工作而得以实现的，其他成分之间的相互激活或传递信息也都必须通过元成分的中介作用而实现。因此，只要在认知训练的过程中，将训练内容与元认知这个人类认知结构中最重要的部分直接或间接地联系起来，就能收到良好的训练效果。

思考题

1. 如何理解元认知及其各个成分？

2. 元认知早期的发展有哪些表现？

3. 儿童在元记忆、元理解、元学习领域的发展各有哪些特点？

4. 进入成年期后，个体的元认知能力将继续发展吗？个体的元认知能力在老年期会衰退么？请查阅相关文献并回答这些问题。

参考文献

一、英文部分

1. ACKERMANN D K. New trends in cognitive development: theoretical and empirical contributions. Learning and instruction, 1998, 8(4): 375-385.

2. AINSWORTH M S. Attachment as related to mother-infant interaction. Advances in Infancy Research, 1993, 8: 1-50.

3. AKHTAR N, JIPSON J, Callanan M A. Learning words through overhearing. Child Dev, 2001, 72(2): 416-430.

4. BADDELEY A D. The episodic buffer: a new component of working memory? Trends in Cognitive sciences, 2000, 4(11): 417-422.

5. BAHRICK L E, LICKLITER R. Intersensory redundancy guides attentional selectivity and perceptual learning in infancy. Dev Psychol, 2000, 36(2): 190-201.

6. BAILLARGEON R, DEVOS J. Object permanence in young infants: further evidence. Child Development, 1991, 62: 1227-1246.

7. BAILLARGEON R, GRABER M. Where is the rabbit? 5. 5-month-old infants' representation of the hight of a hidden object. Cognitive Development, 1987, 2: 375-392.

8. BALL L J, PHILLIPS P, WADE C N, et al. Effects of belief and logic on syllogistic reasoning: eye-movement evidence for selective processing models. Experimental Psychology, 2006, 53(1): 77-86.

9. BAUER P J. Long-term recall memory: behavioral and neuro-developmental changes in the first 2 years of life. Current Directions in Psychological Science, 2002, 11: 137-141.

10. BELLUGI U, LICHTENBERGER L, JONES W, et al. The neurocognitive profile of williams syndrome: a complex pattern of strengths and weaknesses. Journey from Cognition to Brain to Gene: Perspectives from Williams Syndrome, 2001, 1: 7-29.

11. BERK L E. Development through the life span. 3rd Ed. Boston, MA: Allyn and Bacon, 2004.

12. BERNDT T J. Children's friendships: shifts over a half-century in perspectives on their development and their effect. Merrill-Palmer Quarterly, 2003, 50(3): 206-223.

13. BIRDSONG D. Introduction: whys and why nots of the Critical Period Hypothesis // BIRDSONG D. Second language acquisition and the Critical Period Hypothesis. Mahwah,

NJ: Erlbaum, 1999: 1-22.

14. BJORKLUND D F. Children's thinking: cognitive development and individual differences. 4th ed. Belmont: Wadsworth/Thomson learning, 2003.

15. BJORKLUND D F, HARNISHFEGER K K. The role of inhibition mechanisms in the evolution of human cognition// DEMPSTER F, BRAINERD C. New perspectives on interference and inhibition in cognition. New York: Academic, 1995.

16. BJORKLUND D F, MILLER P H, COYLE T R, et al. Instructing children to use memory strategies: evidence of utilization deficiencies in memory training studies. Developmental Review, 1997, 17: 411-442.

17. BLASS E M, CAMP C A. The ontogeny of face identity: I. eight-to 21-week-old infants use internal and external face features in identity. Cognition, 2004, 92: 305-327.

18. BLOOM L. Language acquisition in its developmental context// DAMON W, KUHN D, SIEGLER R. Handbook of child psychology: Vol. 2. Cognition, erception, and language. New York: Wiley, 1998: 309-370.

19. BLOOM P, GERMAN T P. Two reasons to abandon the false belief task as a test of theory of mind. Cognition, 2000, 77: 25-31.

20. BOHANNON III J N, BONVILLIAN J D. Theoretical approaches to language acquisition// GLEASON J B. The development of language. Boston, MA: Allyn and Bacon, 2001: 254-314.

21. BOLLER K, GRABELLE M, ROVEE-COLLIER C. Effects of postevent information on infants' memory for a central target. J Exp Child Psychol, 1995, 59(3): 372-396.

22. BOOTH J L, SIEGLER R S. Developmental and individual differences in pure numerical estimation. Developmental Psychology, 2006, 41: 189- 201.

23. BOWLBY J. Attachment and loss, Volume I: Attachment. 2nd ed. New York: Basic Books, 1969/1982.

24. BRAINERD C J, GORDON L L. Development of verbatim and gist memory for numbers. Developmental Psychology, 1994, 30(2): 163-177.

25. BRAINERD C J, KINGMA J. Do children have to remember to reason? a fuzzy-trace theory of transitivity development. Developmental Review, 1984, 4: 311-377.

26. BRAINERD C J, REYNA V F. Gist is the grist: fuzzy-trace theory and the new intuitionism. Developmental Review, 1990, 10: 3-47.

27. BRAINERD C J, REYNA V F. Fuzzy-trace theory and memory development. Developmental Review, 2004, 24(4): 396-439.

28. BRUCE D, DOLAN A, PHILLIPS-GRANT K. On the transition from childhood amnesia to recall of personal memories. Psychological Science, 2000, 11: 360-364.

29. BRUCK M, CECI S J. The suggestibility of childern's memory. Annual Review of Psychology, 1999, 50: 419-439.

30. BUSS D M. Evolutionary psychology: the new science of the mind. Boston: Allyn & Bacon, 2008.

31. CAMPIONE J C, BROWN A L. Linking dynamic testing with school achievement// LIDZ C S. Dynamic testing. New York: Guilford Press, 1987: 82-115.

32. CAREY S. Conceptual change in childhood. Cambridge, MA: MIT press, 1985.

33. CASE R. Intellectual development: Birth to adulthood. Orlando, FL: Academic Press, 1985.

34. CAVALLINI A, FAZZI E, VIVIANI V, et al. Visual acuity in the first two years of life in healthy term newborns: an experience with the teller acuity cards. Funct Neurol, 2002, 17(2): 87-92.

35. CHARLES R, RUNCO M. Developmental trends in the evaluative and divergent thinking of children. Creativity Research Journal, 2001, 13(3): 417-437.

36. CHEN Z, SIEGLER R S. Across the great divide: bridging the gap between under-standings of Toddlers' and older children's thinking. Monographs of the Society for Research in Child Development, 2000, 65(2): 7-11.

37. CHOI S. Caregiver input in English and Korean: use of nouns and verbs in bookreading and toy-play contexts. Journal of Child Language, 2000, 27: 497-529.

38. CHOMSKY N. On the nature, use, and acquisition of language// RITCHIE W C, BHATIA T J. Handbook of child language acquisition. San Diego: Academic Press, 1999.

39. CLAXTON A, PANNELLS T, RHOADS P. Developmental trends in the creativity of school-age children. Creativity Research Journal, 2005, 17(4): 327-335.

40. COURAGE M L, ADAMS R J. Visual acuity assessment from birth to three years u-sing the acuity card procedure: cross-sectional and longitudinal samples. Optom Vis Sci, 1990, 67(9): 713-718.

41. CULL W L. Untangling the benefits of multiple study opportunities and repeated tes-ting for cued recall. Applied Cognitive Psychology, 2000, 14(3): 215-235.

42. DANNEMILLER J L. Competition in early exogenous orienting between 7 and 21 weeks. J Exp Child Psychol, 2000, 76(4), 253-274.

43. DAWSON T L, GABRIELIAN S. Developing conceptions of authority and contract across the lifespan: Two perspectives. Developmental Review, 2003, 23: 162-218.

44. DEMARIE-DREBLOW D, MILLER P H. The development of children's strategies for selective attention: evidence for a transitional period. Child Development, 1988, 59: 1504-1513.

45. DESOETE A, ROEYERS H, BUYSSE A. Metacognition and mathematical problem solving in grade 3. Journal of Learning Disabilities, 2001, 34: 435-449.

46. DESOETE A, ROEYERS H, CLERCQ A D. Can offline metacognition enhance mathematical problem solving? Journal of Educational Psychology Copyright, 2003, 95(1):

188-200.

47. DIAMOND A, GOLDMAN-RAKIC P S. Evidence that maturation of frontal cortex underlies behavioral change during the first year of life. Society for Research in Child Development Abstracts, 1985, 5: 85.

48. DIAMOND A, KIRKHAM N, AMSO D. Conditions under which children can hold two rules in mind and inhabit a proponent response. Developmental Psychology, 2002, 38(3): 352-362.

49. DOBSON V. The developing visual brain. Perception, 2000, 29: 1501-1503.

50. DOUGLAS G, RIDING R. The effect of pupil cognitive style and position of prose passage title on recall. Educational Psychology, 1993, 13(3): 385-393.

51. ELY R. Language and literacy in the school years// GLEASON J B. The development of language (5th ed.). Boston: Allyn & Bacon, 2001.

52. ENESCO I, NAVARRO A. The Development of the conception of socioeconomic mobility in children from Mexico and Spain. Journal of Genetic Psychology, 2003, 164(3): 293-317.

53. EVANS B T, SIMON J H. Conditionals and conditional probability. Journal of Experimental Psychology: Learing, Memory, and Cogniton, 2003, 29(2): 321-335.

54. FARRAR M J, BOYER-PENNINGTON M E. Remembering specific episodes of a scripted event. Journal of Experimental Child Psychology, 1999, 67: 389-408.

55. FARRAR M J, MAAG L. Early language developmen and the emergence of a theory of mind. First Language, 2002, 22: 197-213.

56. FASIG L G. Toddlers' understanding of ownership: implications for self-concept development. Social Development, 2000, 9: 370-382.

57. FEUERSTEIN R, FEUERSTEIN R, GORSS S. The leanring potential assessment device// FLANAGAN D P, GENSHATF J L, HARRISON P L. Contemporary intelleetual assessment: theories, tests and issues. NewYork: Guilofrd Press, 1997.

58. FEUERSTEIN R, RAND Y, HOFFMAN M B. The dynamic assessment of retarded performers: the learning potential assessment device, theory, instruments and techniques. International Journal of Rehabilitation Research, 1981, 4(3): 465-466.

59. FISCHER K, BIDELL T. Dynamic development of psychological structures in action and thought// DAMON W. Handbook of child psychology: introduction. NY: John Wiley & Sons, Inc, 1998: 467-562.

60. FLANAGAN D P, HARRISON P L. Contemporary Intellectual assessment: theories, tests and issues. NewYork: Guilofrd Press, 1997.

61. FLAVELL J H. Stage-related properties of cognitive development. Cognitive Psychology, 1971, 2(4): 421-453.

62. FLAVELL J H. Cognitive development. Englewood Cliffs, NJ: Prentice-Hall, 1977.

63. FLAVELL J H. Cognitive development: children's knowledge about the mind. Annual Review of psychology, 1999, 50: 21-45.

64. FLAVELL J H, MILLER P H, MILLER S A. Cognitive development. 4th Ed. Upper Saddle River, NJ: Prentice-Hall, 2002.

65. FRIEDMAN N P, MIYAKE A. The relation among inhibition and interference control functions: a latent-variable analysis. Journal of experimental psychology: General, 2004, 133(1): 101-135.

66. GAM? F, CARCHON I, VITAL-DURAND F. The effect of stimulus attractiveness on visual tracking in 2- to 6-month-old infants. Infant Behavior and Development, 2003, 26 (2): 135-150.

67. GARDEREN D, MONTAGUE M. Visual-spatial representation, mathematical problem solving, and students of varying abilities. Learning Disabilities Research & Practice, 2003, 18(4): 246-254.

68. GATHERCOLE S E, PICKERING S J, AMBRIDGE B, et al. The structure of working memory from 4 to 15 years of age. Dev Psychol, 2004, 40(2): 177-190.

69. GEARY D C. Reflections of evolution and culture in children's cognition. American Psychologist, 1995, 50: 24-37.

70. GEARY D C, HOARD M K, BYRD-CRAVEN J, et al. Strategy choices in simple and complex addition: contribution of working memory and counting knowledge for children with mathematical disability. Journal of Experimental Children Psychology, 2004, 88(2): 121-151.

71. GERKENS D R, SMITH S M. Effects of perceptual modality on verbatim and gist memory. Psychonomic Bulletin and Review, 2004, 11(1): 143-149.

72. GLASS A, RIDING R. EEG differences and cognitive style. Biological Psychology, 1999, 51(1): 23-41.

73. GOLDIN G, SHTEINGOLD N. Systems of representations and development of mathematical concepts. National Council of Teachers of Mathematics, 2001: 1-23.

74. GOPNIK A, CAPPS L, MELTZOFF A N. Early theories of mind: what the theory theory can tell us about autism//BARON-COHEN S, et al. Understanding other minds: perspectives from autism and cognitive neuroscience(second edition). Oxford: Oxford University Press, 2000.

75. GREENE G A. Comparison of learning disability subtypes on independent and concurrent measures of metamemory. Dissertation Abstracts International: Section B: The Sciences and Engineering, 2001, 61(9-B): 5027.

76. GREENHOOT A F, SEMB G, COLOMNO F, et al. Prior beliefs and methodological concepts in scientific reasoning. Applied Cognitive Psychology, 2004, 18(2): 203-221.

77. GRIGORENKO E L, STERNBERG R J. Dynamic testing. Psychological Bulletin,

1998，124：75-111．

78. GRIGORENKO E L, STERNBERG R J. Thinking styles// SAKLOFSKE D, ZEIDNER M. International handbook of personality and intelligence. New York: Plenum, 1995: 205-229.

79. HADEN C A, HAINE R A, FIVUSH R. Developing narrative structure in parent-child reminiscing across the preschool years. Dev Psychol, 1997, 33(2): 295-307.

80. HAKUTA K, BIALYSTOK E, WILEY E. Critical evidence: a test of the critical-period hypothesis for second-language acquisition. Psychol Sci, 2003, 14(1): 31-38.

81. HALE C M, TAGER-FLUSBERG H. The influence of language on theory of mind: a training study. Developmental Science, 2003, 6(3): 346-359.

82. HARLEY K, REESE E. Origins of autobiographical memory. Dev Psychol, 1999, 35(5): 1338-1348.

83. HARM M W, SEIDENBERG M S. Computing the meanings of words in reading: cooperative division of labor between visual and phonological processes. Psychological Review, 2004, 111(3): 662-720.

84. HARM M W, SEIDENBERG M S. Phonology, reading acquisition, and dyslexia: insights from connectionist models. Psychological Review, 1999, 106(3): 491-528.

85. HARNISHFEGER K K. The development of cognitive inhibition: Theories, definitions, and research evidence// DEMPSTER F, BRAINERD C. New perspectives on interference and inhibition in cognition. New York: Academic, 1995.

86. HARNISHFEGER K K, BJORKLUND D F. Individual differences in inhibition: implications for children's cognitive development. Learning and Individual Differences, 1994, 6: 331-355.

87. HARTER S. The development of self-representations during childhood and adolescence//LEARY M R, TANGNEY J P. Handbook of self and identity. New York: Guilford, 2003: 610-642.

88. HAYNE H, BONIFACE J, BARR R. The development of declarative memory in human infants: age-related changes in deferred imitation. Behav Neurosci, 2000, 114(1): 77-83.

89. HENRY L A, GUDJONSSON G H. The effects of memory trace strength on eyewitness recall in children with and without intellectual disabilities. Journal of Experimental Child Psychology, 2004, 89(1): 53-71.

90. HERTERSTEIN M J. Touch: its communicative functions in infancy. Human Dvelopment, 2002, 45: 70-94.

91. HILDRETH K, SWEENEY B, ROVEE-COLLIER C. Differential memory-preserving effects of reminders at 6 months. J Exp Child Psychol, 2003, 84(1): 41-62.

92. HOCK H S, PARK C L, BJORKLUND D F. Temporal organization in children's

strategy formation. Journal of Experimental Child Psychology, 1998, 70(3): 187-206.

93. HOGAN G, CATHERINE R. Working memory and mathematics: cognitive learning strategies use with students with learning disabilities. Dissertation Abstracts International Section A: Humanities and Social Sciences, 1999, 59(8-A): 2924.

94. HOIJTINK H, NOTENBOOM A. Model based clustering of large data sets: tracing the development of spelling ability. Psychometrika, 2004, 69(3): 481-498.

95. HOLLICH G J, HIRSH-PASEK K, GOLINKOFF R M, et al. Breaking the language barrier: an emergentist coalition model for the origins of word learning. Monogr Soc Res Child Dev, 2000, 65(3): 1-123.

96. HOUSTON D M, JUSCZYK P W. The role of talker-specific information in word segmentation by infants. Journal of Experimental Psychology. Human Perception and Performance, 2000, 26(5): 1570-1582.

97. HOWE M L. Memories from the cradle. Current Directions in Psychological Science, 2003, 12: 62-65.

98. HUTTENLOCHER J, JORDAN N C, LEVINE S C. A mental model for early arithmetic. Journal of Experimental Psychology: General, 1994, 123(3): 284-296.

99. JAAKKOLA R, SLAUGHTER V. Children's body knowledge: understanding 'life' as a biological goal. British Journal of Developmental Psychology, 2002, 20(3): 325-342.

100. JANSEN B R J, van der Maas H L J. The development of children's rule use on the balance scale task. Journal experimental child psychology, 2002, 81(4): 383-416.

101. JOHNSON M C. The role of conceptual structure and background knowledge in category learning. Dissertation abstracts international section B: the sciences and engineering, 1999, 59(112B): 60-85.

102. KAIL R V. Information processing and memory// BORNSTEIN M H, DAVIDSON L, KEYES C L M, et al. Well-being: Positive development across the life course. Mahwah, NJ: Erlbaum, 2003: 269-280.

103. KEIL F C. Concepts, kinds, and cognitive development. Cambridge, MA: MIT Press, 1989.

104. KIPP K, POPE S. The development of cognitive inhibition in streams-of-consciousness and directed speech. Cognitive Development, 1997, 12: 239-260.

105. KLAHR D. Exploring science: the cognition and development of discovery processes. Cambridge, MA: MIT Press, 2000.

106. KLEIN J S, BISANZ J. Preschoolers doing arithmetic: the concepts are willing but the working memory is weak. Canadian Journal of Experimental psychology, 2000, 54: 105-116.

107. KOERBER S, SODIAN B, THOERMER C, et al. Scientific reasoning in young children: preschoolers' ability to evaluate covariation evidence. Swiss Journal of Psychology,

2005，64(3)：141-152.

108. LABOUVIE-VIEF G. Modes of knowledge and the organization of development// COMMONS M L，ARMON C，KOHLBERG L，et al. Adult development(Vol. 2). Modes and methods in the study of adolescent though. New York：Praeger，1990.

109. LEICHTMAN M D，PILLEMER D B，WANG Q，et al. When baby maisy came to school：mothers' interview styles and preschoolers' event memories. Cognitive Development，2000，15(1)：99-114.

110. LEMAIRE P，CALLIESA S. Children's strategies in complex arithmetic. Journal of Experimental Child Psychology，2009，103(1)：49-65.

111. LESLIE A M，GERMAN T P，POLIZZI P. Belief-desire reasoning as a process of selection. Cognitive Psychology，2005，50：45-85.

112. LEWKOWICZ D J，MARCOVITCH S. Perception of audiovisual rhythm and its invariance in 4- to 10-month-old infants. Dev Psychobiol，2006，48(4)：288-300.

113. LIU H，KUHL P，TSAO F. An association between mothers' speech clarity and infants' speech discrimination skills. Developmental Science，2003，6：F1-F10.

114. LIU X，LESNIAK K. Progression in children's understanding of the matter concept from elementary to high school. Journal of research in science teaching，2006，43（3）：320-347.

115. LIU X，MCKEOUGH A. Developmental growth in students' concept of energy：analysis of selected items from the TIMSS database. Journal of research in science teaching，2005，42(5)：493-517.

116. LIU S，ZHAO X，LI P. Cognitive Science Society. Proceedings of the 30th Annual Conference of the Cognitive Science Society，Austin，TX：Cognitive Science Society，2008.

117. LOCKE J L. A theory of neurolinguistic development. Brain Lang，1997，58(2)：265-326.

118. LOHMANN H，TOMASELLO M. The role of language in the developmental of false belief understanding：a training study. Child Development，2003，74(4)：1130-1144.

119. MACWHINNEY B，CHANG F. Connectionism and language learning// NELSON C. Basic and applied perspectives on learning，cognition，and development：the minnesota symposium on child psychology，Vol. 28. Mahwah，NJ：Eelbaum，1995.

120. MANDLER J M. Perceptual and conceptual processes in infancy. Journal of Cognition & Development，2000，1(1)：3-36.

121. MANDLER J M，MCDONOUGH L. On developing a knowledge base in infancy. Developmental Psychology，1998，34(6)：1274-1288.

122. MARESCHAL D，PLUNKETT K，HARRIA P. Cognitive Science Society. Proceedings of the Seventeenth Annual Conference of the Cognitive Science Society. Mahwah，NJ：Erlbaum，1995.

123. MARSH H W, AYOTTE V. Do multiple dimensions of self-concept become more differentiated with age? The differential distinctiveness hypothesis. Journal of Educational Psychology, 2003, 95(4): 687-706.

124. MARSH H W, ELLIS L A, CRAVEN R G. How do preschool children feel about themselves? Unraveling measurement and multidimensional self-concept structure. Developmental Psychology, 2002, 38(3): 376-393.

125. MARTIN C L, RUBLE D N, SZKRYBALO J. Cognitive theories of early gender development. Psychological Bulletin, 2002, 128(6): 903-933.

126. MARX M H, HENDERSON B B. A fuzzy trace analysis of categorical inferences and instantial associations as a function of retention interval. Cognitive Development, 1996, 11(4): 551-569.

127. MAYBERRY R I, LOCK E, KAZMI H. Linguistic ability and early language exposure. Nature, 2002, 417(6884): 38.

128. MCCLELLAND J L. Parallel distributed processing: implications for cognition and development//MORRIS R. parallel distributed processing: implications for psychology and neurobiology. Oxford: Clarendon Press, 1989.

129. MCLEOD P, PLUNKETT K, ROLLS E T. Introduction to connectionist modeling of cognitive process. Oxford New York Tokyo: Oxford University Press, 1998.

130. MILLER J L, EIMAS P D. Internal structure of voicing categories in early infancy. Percept Psychophys, 1996, 58(8): 1157-1167.

131. MILLER P H, SEIER W L. Strategy utilization deficiencies in children: when, where, and why// REESE H W. Advances in child development and behavior (Vol. 25). New York: Academic Press, 1994.

132. MORRISON R G. Thinking in working memory// HOLYOAK K J, MORRISON R G. Cambridge handbook of thinking and reasoning. Cambridge, UK: Cambridge University Press, 2005: 457-473.

133. MUIR-BROADDUS J E. Gifted underachievers: insights from the characteristics of strategic functioning associated with giftedness and achievement. Learning and Individual Differences, 1995, 7(3): 189-206.

134. M? LLER U, OVERTON W F, REENE K. Development of conditional reasoning: a longitudinal study. Journal of cognition and development, 2001, 2(1): 27-49.

135. MUNAKATA Y, CASEY B J, DIAMOND A. Developmental cognitive neuroscience: progress and potential . TRENDS in Cognitive Sciences, 2004 , 8(3) : 122-128.

136. NAIRNE J S, PANDEIRADA J N S, THOMPSON S R. Adaptive memory: the comparative value of survival processing. Psychol Sci, 2008, 19(2): 176-180.

137. NAIRNE J S, PANDEIRADA J N S. Adaptive memory: remembering with a stone-age brain. Current Directions in Psychological Science, 2008, 17(4): 239-243.

138. NELSON T O, NARENS L. Metamemory: a theoretical framework and new findings// BOWER G. The psychology of learning and motivation. NY: Academic Press, 1990.

139. NELSON T O, NARENS L. Why investigate metacognition// METEALFE J, SHIMAMURA A P. Metacognition: knowing about knowing. Massaehusetts: The MIT Press, 1994: 1-26.

140. NEWCOMBE N S, DRUMMEY A B, FOX N A, et al. Remembering early childhood: how much, how and why (or why not). Current Directions in Psychological Science, 2000, 9(2): 55-58.

141. OKAMOTO Y. A developmental analysis of children's processes for solving word problems. Stanford: Stanford University, 1992.

142. OKAMOTO Y, CASE R. Exploring the microstructure of children's central conceptual structures in the domain of number. ? Monographs of the Society for Research in Child Development, 1996, 61 (1-2): 27-58.

143. OPFER J E, SIEGLER R S. Revisiting preschoolers' living things concept: a microgenetic analysis of conceptual change in basic biology. Cognitive Psychology, 2004, 49(4): 301-332.

144. PASCALIS O, DE HAAN M, NELSON C A. Is face processing species-specific during the first year of life? Science, 2002, 296(5571): 1321-1323.

145. PASCALIS O, DE HAAN M, NELSON C A, et al. Long-term recognition memory for faces assessed by visual paired comparison in 3- and 6-month-old infants. J Exp Psychol Learn Mem Cogn, 1998, 24(1): 249-260.

146. PERNER J, LANG B. Theory of mind and executive function: Is there a developmental relationship // BARON-COHEN S, TAGER-FLUSBERG H, COHEN D. Understanding other minds: perspectives from developmental cognitive neuroscience(2nd ed). Oxford, UK: Oxford University Press, 2000: 150-181.

147. PIAGET J, INHELDER B. The growth of logical thinking from childhood to adolescence. New York: Basic Book, 1958.

148. PLAUT D C, MCCLELLAND J L, SEIDENBERG M S, et al. Understanding normal and in paired word reading: computational principles in quasi-regular domains. Psychological Review, 1996, 103(1): 56-115.

149. PRESMEG N C. Visualization and Mathematical Giftedness. Educational Studies in Mathematics, 1986, 117: 297-311

150. QUINN P C. Developmnet of subordinate-level categorization in 3- to 7-month-old infants. Child Development, 2004, 75(3): 886-899.

151. Quinn P C, Johnson M H. Global-before-basic object categorization in connectionist networks in 2-month-old infants. Infancy, 2000, 1(1): 271-287.

152. RAMSEY J L, LANGLOIS J H, MARTI N C. Infant categorization of faces: ladies

first. Developmental Review, 2005, 25(2): 212-246.

153. REDDY V. Prelinguistic communication// BARRETT M. The development of language. Philadelphia: Psychology Press, 1999: 25-50.

154. REYNA V F. Interference effects in memory and reasoning: a fuzzy-trace theory analysis// DEMPSTER F N, BRAINERD C J. New perspectives on interference and inhibition processes in cognition. San Diego: Academic, 1995: 29-61.

155. REYNA V F, ADAM M B. Fuzzy-trace theory, risk communication, and product labeling in sexually transmitted diseases. Risk Analysis, 2003, 23(2): 325-342.

156. RICHLAND L E, MORRISON R G, HOLYOAK K J. Cognitive Science Society. Proceedings of the Twenty-sixth Annual Conference of the Cognitive Science Society. Mahwah, NJ: Erlbaum, 2004.

157. RICHLAND L E, MORRISON R G, HOLYOAK K J. Children's development of analogical reasoning: Insights from scene analogy problems. Journal of Experimental Child Psychology, 2006, 94(3): 249-273.

158. RIDING R. On the nature of cognitive style. Educational Psychology, 1997, 17(1-2): 29-49.

159. RIDING R, GLASS A, BUTLER S, et al. Cognitive style and individual differences in EEG alpha during information processing. Educational Psychology, 1997, 17(1): 219-234.

160. RIPS L J, BLOOMFIELD A, ASMUTH J. From numerical concepts to concepts of number. Behavioral And Brain Scences, 2008, 31(6): 623-687.

161. RITTLE-JOHNSON B, ALIBALI M W. Conceptual and procedural knowledge of mathematics: does one lead to the other? Journal of Educational Psychology, 1999, 91(1): 1-16.

162. RITTLE-JOHNSON B, SIEGLER R S, ALIBALI M W. Developing conceptual understanding and procedural skill in mathematics: an interative process. Journal of Educational Psychology, 2001, 3(2): 346-362.

163. ROBERTS K P. Children's ability to distinguish between memories from multiple sources: implications for the quality and accuracy of eyewitness statements. Developmental Review, 2002, 22(3): 403-435.

164. ROESSLER J S, DANNEMILLER J L. Changes in human infants' sensitivity to slow displacements over the first 6 months. Vision Res, 1997, 37(4): 417-423.

165. ROSCH E, MERVIS C B, GRAY W D, JOHNSON D M, et al. Basic objects in natural categories. Cognitive Psychology, 1976, 8(3): 382-439.

166. ROVEE-COLLIER C. The development of infant memory. Current Directions in Psychology Science, 1999, 8(3): 80-85.

167. ROZENCWAJG P, CORROYER D. Cognitive processes in the reflective-impulsive cognitive style. The journal of genetic psychology, 2005, 166(4): 451-463.

168. SALVUCCI D D, ANDERSON J R. Integrating analogical mapping and general

problem solving: the path-mapping theory. Congnitive Science, 2001, 25(1): 67-110.

169. SARACHO O. Matching teachers' and students' cognitive styles. Early Child Development and Care, 2003, 173(2): 161-173.

170. SCHAIE K W, WILLIS S L. Age difference patterns of psychometric intelligence in adulthood: Generalizability within and across ability domains. Psychology and Aging, 1993, 8(1): 44-55.

171. SCHAIE K W, WILLIS S L, JAY G, et al. Structural invariance of cognitive abilities across the adult life span: a cross-sectional study. Developmental Psychology, 1989, 25(4): 652-662.

172. SCHLAGM? LLER M, SCHNEIDER W. The development of organizational strategies in children: evidence from a microgenetic longitudinal study. Journal of Experimental Child Psychology, 2002, 81(3): 298-319.

173. SCHNEIDER W. Performance prediction in young children: effects of skill, metacognition and wishful thinking. Developmental Science, 1998, 1(2): 291-297.

174. SCHNEIDER W, BJORKLUND D F. Memory// KUHN D, SIEGLER R S. Cognitive, language, and perceptual development, Vol. 2// DAMON W. Handbook of child psychology. New York: Wiley, 1998.

175. SCHNEIDER W, LOCKL K. The development of metacognitive knowledge in children and adolescents. // PERFECT T, SCHWARTZ B L. Applied Metacognition. Cambridge: Cambridge University Press, 2002: 224-257.

176. SCHNEIDER W, KRON V, HUNNERKOPF M, et al. The development of young children's memory strategies: first findings from the Wurzburg Longitudinal Memory Study. Journal of Experimental Child Psychology, 2004, 88(2): 193-209.

177. SCHUMAKER J B, DESHLER D. Can students with LD become competent writers? Learning Disability Quartely, 2003, 20: 129-141.

178. SCHUNN C D, MCGREGOR M U, SANER L D. Expertise in ill-defined problem-solving domains as effective strategy use. Memory & Cognition, 2005, 33(8): 1377-1387.

SEAMON J G, BERKO J R, SAHLIN B, et al. Can false memories spontaneously recover? Memory, 2006, 14(4): 415-423.

179. SEGALL M H, DASEN P R, BERRY J W, et al. Human behavior in global perspective. Boston: Allyn & Bacon, 1990.

180. SELMAN R L. Social-cognitive understanding: a guide to educational and clinical practice// LICKONA T. Moral development and behavior: theory, research, and social issues. New York: Academic Press, 1976: 299-316.

181. SHAFFER D R. Developmental psychology childhood and adolescence. 6th Ed. Belmont, CA: Wadsworth/Thomson Learning, 2002.

182. SHEMMING D. Using adult attachment theory to differentiate adult children's in-

ternal working models of later life filial relationships. Journal of Aging Studies, 2006, 20(2): 197-191.

183. SIEGLER R S. Strategy choices in subtraction// SLOBODA J, ROGERS D. Cognitive processes in mathematica. Oxford: Clarendon, 1987a.

184. SIEGLER R S. The perils of averaging data over strategies: an example from children's addition. Journal of Experimental Psychology: General, 1987b, 166: 250-264.

185. SIEGLER R S. Children's thinking. 2nd ed. Englewood Cliffs, NJ: Prentice-Hall, 1991.

186. SIEGLER R S. Emerging minds: the process of change in children's thinking. New York: Oxford University Press, 1996.

187. SIEGLER R S. The rebirth of children's learning. Child development, 2000, 71(1): 26-35.

188. SIEGLER R S, Booth J L. Development of numerical estimation in young children. Child Development, 2004, 75(2): 428-444.

189. SIEGLER R S, OPFER J. The development of numerical estimation: evidence for multiple representations of numerical quantity. Psychological Science, 2003, 14 (3): 237-243.

190. SIMCOCK G, HAYNE H. Age-related changes in verbal and nonverbal memory during early chilhood. Developmental Psychology, 2003, 39(5): 805-814.

191. SINGER-FREEMAN K E. Analogical reasoning in 2-year-olds: the development of access and relational inference. Cognitive Development, 2005, 20(2): 214-234.

192. SLATER A, QUINN P C, HAYES R, et al. The role of facial orientation in newborn infants' preference for attractive faces. Developmental Science, 2000, 3(2): 181-185.

193. SLAUGHTER V, JAAKKOLA K, CAREY S. Constructing a coherent theory: children's biological understanding of life and death// SIEGAL M, PETERSON C. Children's understanding of biology, health, and ethics. Cambridge: Cambridge University Press, 1999.

194. SLAUGHTER V, LYONS M. Learning about life and death in early childhood. Cognitive Psychology, 2003, 46(1): 1-30.

195. STARKEY P. The early development of numerical reasoning. Cognition, 1992, 43 (2): 93-126.

196. STEINER H H. A microgenetic analysis of strategic variability in gifted and average-ability children. The Gifted Child Quarterly, 2006, 50(1): 62-75.

197. STERNBERG R J. Beyond IQ: a triarchic theory of human intelligence. New York: Cambridge University Press, 1985.

198. STERNBERG R J, RIFKIN B. The development of analogical reasoning processes. Journal of Experimental Child Psychology, 1979, 27(2): 195-232.

199. SUGARMAN S. Piaget's construction of the child's reality. Cambridge, England:

Cambridge University Press, 1988.

200. SWANSON H L. Using the cognitive processing test to assess ability: development of dynamic assessmnet measure. School Psychology Review, 1995, 24(4): 672-683.

201. SWANSON H L. Instructional components that predict treatment outcomes for students with learning disabilities: support for a combined strategy and direct instruction model. Learning Disabilities Research and Practice, 1999, 14(3): 129-140.

202. SWANSON H L, SACHSE L, CAROLE L. A meta-analysis of single-subject-design intervention research for students with LD. Journal of Learning Disabilities, 2000, 33(2): 114-136.

203. THORNTON J. Lifespan learning: a developmental perspective. International Journal of Aging & Human Development, 2004, 57(1): 55-76.

204. TOOBY J, COSMIDES L. Conceptual foundations of evolutionary psychology// Buss D M. The Handbook of evolutionary psychology. Hoboken, NJ: John Wiley & Sons Inc, 2005: 5-67.

205. TRONSKY L N. Strategy use, the development of automaticity, and working memory involvement in complex multiplication. Memory & Cognition, 2005, 33(5): 927-940.

206. UTTAL D H, FISHER J A, TAYLOR H A. Mental models of spatial information words and maps: developmental changes in mental models of spatial information acquired from descriptions and depictions. Developmental Science, 2006, 9(2): 221-235.

207. VAN DEN BERGH B R H, DE RYCKE L. Measuring the multidimensional self-concept and global self-worth of 6-to8-year-olds. Journal of Genetic Psychology, 2003, 164 (2): 201-225.

208. WADE N. Researchs say gene is linked to language. The New York Times, 2001-10- 4(A1).

209. WANG J, LIN E, TANASE M, et al. Revisiting the influence of numerical language characteristics on mathematics achievement: comparison Among China, Romania, and U. S. International Electronic Journal of Mathematics Education, 2008, 3(1): 24-46.

210. WANT S C, HARRIS P L. Learning from other people's mistakes: causal understanding in learning to use a tool. Child Development, 2001, 72(2): 431-443.

211. WATSON A, PAINTER K, BORNSTEIN M. Longitudinal relations between 2-year-olds' language and 4-year-olds' theory of mind. Journal of Cognition and Deveolopment, 2002, 2(4): 449-457.

212. WEINERT F E, SCHNEIDER W. Individual development from 3 to 12: findings from the munich longitudinal study. Cambridge: Cambridge University Press, 1999.

213. WELLMAN H M. The child's theory of mind. Cambridge, MA: MIT Press, 1990.

214. WELLMAN H M, CROSS D, WATSON J. Meta-analysis of theory-of-mind development: the truth about false belief. Child Development, 2001, 72(3): 655-684.

215. WILK A E，KLEIN L，ROVEE-COLLIER C. Visual-preference and operant measures of infant memory. Dev Psychobiol，2001，39(4)：301-312.

216. WINSLER A，NAGLIERI J. Overt and covert verbal problem-solving strategies：developmental trends in use，awareness，and relations with task performance in children aged 5 to 17. Child Development，2003，74(3)：659-678.

217. WOOLLAMS A M，LAMBON R M A，PLAUT D C，et al. SD-squared：on the association between semantic dementia and surface dyslexia. Psychological Review，2007，114(2)：316-339.

218. WYNN K. Addition and Subtraction by Human Infants. Nature，1992，358(6389)：749-750.

219. YANG J，ZHOU S，YAO S，et al. The relationship between theory of mind and executive function in a sample of children from Mainland China. Child Psychiatry and Human Development，2009，40(2)：169-182.

220. ZEVIN J D，Seidenberg M S. Simulating consistency effects and individual differences in non word naming：a comparison of current models. Journal of Memory and Language，2006，54(2)：145-160.

221. ZIMMERMAN C. The development of scientific thinking skills in elementary and middle school. Developmental Review，2007，27(2)：172-223.

二、中文部分

1. 暴占光，华炜，张向葵，等. 发散思维训练对62名初一学生创造力的影响. 中国心理卫生杂志，2007，21(3)：169-172.

2. Carrel D W. Psychology of language. 北京：外语教学与研究出版社，2000.

3. 陈莹，黄希庭. 5—8岁儿童对近的未来时间的认知. 心理科学，2004，27(6)：1381-1385.

4. 陈英和，王明怡. 儿童执行功能与算术认知策略的关系. 心理科学，2009，32(1)：34-37.

5. 陈英和，赵笑梅. 小学三—五年级儿童类比问题解决及策略运用发展. 心理发展与教育，2007a，23(2)：18-22.

6. 陈英和，仲宁宁，田国胜，等. 小学2—4年级儿童数学应用题表征策略差异的研究. 心理发展与教育，2004，(4)：19-24.

7. 陈英和，仲宁宁，赵宏，等. 小学2—4年级儿童数学应用题表征策略对其解决不规则问题影响的研究. 心理科学，2005，28(6)：1314-1317.

8. 陈友庆，阴国恩. 儿童依"相似性"分类能力的发展及影响分类结果因素的实验研究. 心理发展与教育，2002，18(1)：27-31.

9. 段小菊，施建农，冉瑜莹. 8岁到成年期工作记忆广度的发展. 心理科学，2009，

32(2)：324-326.

10. 方格，田学红，毕鸿燕. 幼儿对数的认知及其策略. 心理学报，2001，33(1)：30-36.

11. 龚少英，刘华山. 中学生阅读理解元认知的发展研究. 心理科学，2003，26(6)：1129-1130.

12. 龚少英，彭聃龄，易冰. 4—5岁幼儿句法意识的发展. 学前教育研究，2005，(7)：37-39.

13. 郭成，张大均. 元认知训练对不同认知方式小学生应用题解题能力的影响. 心理科学，2004，27(2)：274-277.

14. 胡清芬，陈桃. 5—6岁儿童传递推理能力的发展特点. 心理发展与教育，2007，23(1)：10-17.

15. 胡卫平，俞国良. 青少年的科学创造力研究. 教育研究，2002，23(1)：44-48.

16. 乐国安，曹晓鸥. Schaie K W 的"西雅图纵向研究"——成年人认知发展研究的经典模式. 南开学报(哲学社会科学版)，2002(4)：79-87.

17. 李丹. 4—6岁儿童词汇量发展与口语短时记忆关系研究. 重庆：西南大学，2007.

18. 李雅林. 认知发展心理学导论——新皮亚杰派的理论及其观点. 广州：广州出版社，1994.

19. 梁宁建. 专家和新手问题解决认知活动特征的研究. 心理科学，1997，20(5)：406-409.

20. 梁卫兰，郝波，王爽，等. 幼儿中文语言词汇发展的研究. 中华儿科杂志，2002，40(11)：650-653.

21. 林崇德. 发展心理学. 北京：人民教育出版社，1995.

22. 林崇德. 创造性人才·创造性教育·创造性学习. 中国教育学刊，2000，20(1)：5-8.

23. 林仲贤，张增慧，韩布新. 儿童、中青年及老年人心理旋转能力的比较研究. 心理科学，2002，25(3)：257-259.

24. 刘彤冉，施建农. 9—11岁儿童的工作记忆和智力、创造力之间的关系研究. 临床心理学杂志，2007，15(2)：164-167.

25. 刘希平，唐卫海. 回忆准备就绪程度判断的发展. 心理学报，2002，33(1)：56-60.

26. 潘建忠. 从年级、元理解策略指数看小学生阅读说明性文本的理解监控策略. 心理科学，2005，28(4)：917-921.

27. 庞丽娟，魏勇刚，林莉，等. 3—5岁儿童理解和使用空间表征的特点. 心理发展与教育，2008，(4)：1-7.

28. 邱江，吴玉亭，张庆林. 命题内容对青少年条件推理的影响. 心理发展与教育，2005，21(3)：17-21.

29. 沈德立，吕勇，马丽丽. 中学生发散思维能力培养的实验研究. 心理学探新，2000，20(4)：26-31.

30. 宋广文，王青. 组织材料呈现位置，概括水平与文章阅读绩效的关系. 内蒙古师范大学学报：教育科学版，2004，17(6)：112-114.

31. 唐慧琳，刘昌. 工作记忆对类比推理的影响. 心理学探新，2006，26(4)：26-31.

32. 田学红，方格，方富熹. 4—6岁儿童对有关方位介词的认知发展研究. 心理科学，2001，24(1)：114-115.

33. 童世斌，张庆林. 元认知训练对提高中学生解答数学应用题能力的实验研究. 心理发展与教育，2004 ，(2)：62-68.

34. Vonèche J，李其维. 皮亚杰理论，新皮亚杰学派及其他——Jacques Voneche 教授访谈录. 心理科学，2000，23(4)：470-476.

35. 王静，陈英和. 合作学习小组的认知风格对其问题解决的影响. 心理发展与教育，2008，24(2)：102-107.

王晶，陈英和，仲宁宁. 中国临床心理学杂志，2009，17(4)：403-404.

36. 王沛，胡林成. 儿童社会信息加工的情绪-认知整合模型. 心理科学进展，2003，11(4)：411-416.

37. 王树芳，莫雷，金花. 任务难度和反馈学习对儿童类比推理能力的影响. 心理发展与教育，2010，26(1)：24-30.

38. 吴娴，赵光毅，罗星凯. 一项关于低年级儿童速度概念发展的研究. 广西师范大学学报(哲学社会科学版)，2005，41(1)：95-98.

39. 吴蔚，孔克勤. 认知科学对人格与情绪关系的研究. 心理科学，2002，25(4)：450-449.

40. 熊哲宏，胡志东. 论认知科学联结主义模型的前景. 华中师范大学学报(人文社会科学版)，1998，37(3)：15-21.

41. 徐芬，Homer B，Kang L. 阅读训练队儿童早期字词意识发展的作用. 心理科学，2002，25(6)：672-676.

42. 徐云，熊哲宏. 试析联结主义范式对婴儿发展的解释. 心理科学，2004，27(2)：386-388.

43. 许政援. 三岁前儿童语言发展的研究和有关的理论问题. 心理发展与教育，1996，(3)：1-11.

44. 杨剑锋，舒华. 汉字阅读的联结主义模型. 心理学报，2008，40(5)：516-522.

45. 杨漫欣. 初中学习不良学生的元认知调节特征及训练. 北京：首都师范大学，2004.

46. 杨卫星，张梅玲. 不同认知风格学生的问题共性意识水平对解题迁移的影响. 心理发展与教育，2000，16(2)：17-21.

47. 杨治良，郭力平. 认知风格的研究进展. 心理科学，2001，24(3)：326-329.

48. 阴国恩，左春雨，曹瑞. 不同分类水平自然类概念的实例效应. 心理与行为研究，2009，7(3)：161-165.

49. 余嘉元. 基于联结主义的连续记分 IRT 模型的项目参数和被试能力估计. 心理学报，2002，34(4)：522-528.

50. 负丽萍. 视空间能力、场认知方式对小学生数学表征及解题水平影响的实验研究. 西安：陕西师范大学. 2004.

51. 曾盼盼，俞国良. 小学生视觉—空间表征类型和数学问题解决的研究. 心理科学，2003，26(2)：268-271.

52. 曾守锤，李其维. 模糊痕迹理论：对经典认知发展理论的挑战，心理科学，2004，27(2)：489-492.

53. 赵宏，陈英和. 小学 4 年级儿童多位数惩罚策略的特点及其与工作记忆的关系. 心理科学，2010，33(4)：938-941.

54. 赵笑梅. 小学儿童类比问题解决及策略运用研究. 北京：北京师范大学，2006.

55. 赵笑梅，陈英和. 认知发展领域的抑制研究. 心理科学进展，2006，14(1)：216-222.

56. 赵笑梅，陈英和. 学习能力、知识经验对儿童问题解决的影响. 心理发展与教育，2007b，23(3)：19-25.

57. 章依文，金星明，沈晓明，等. 2—3 岁儿童语言发育的抽样调查. 中华实用儿科杂志，2006，21(3)：203-205.

58. 张卫，林崇德. 论儿童发展的新皮亚杰理论. 华南师范大学学报(社会科学版)，2002，(4)：96-103.

59. 张卫，林崇德. 认知发展的后信息加工观. 心理发展与教育，2002，(1)：86-91.

60. 张卫，林崇德. 抑制及其发展研究. 心理科学，2001，24(4)：458-461.

61. 仲宁宁，陈英和，王晶. 小学儿童表征模型的使用及其与表征水平的关系. 中国临床心理学杂志，2009，17(5)：588-591.

62. 仲宁宁，陈英和，张晓龙. 儿童数学应用题表征水平的特点研究. 心理科学，2009，32(2)：293-296.

63. 周广东，莫雷，温红博. 儿童数字估计的表征模式与发展. 心理发展与教育，2009，(4)：21-29.

64. 周兢. 0—6 岁儿童语言教育. 上海：上海科技出版社，2005.

65. 周欣，王烨芳，王洛丹，等. 5—6 岁儿童对书面数符号的表征和理解能力的发展. 心理科学，2006，29(2)：341-345.

66. 朱智贤. 关于日内瓦的新皮亚杰学派. 心理发展与教育，1988，(2)：26-27.

后 记

1996 年年底，我撰写的《认知发展心理学》一书作为由林崇德教授和沈德立教授主编的《当代智力心理学丛书》中的一本由浙江人民出版社出版。十多年光阴荏苒，当前国内外认知发展领域新的研究视角与方法层出不穷，且取得了丰硕的研究成果。正是在这样的新时代背景下，同时基于这些年来的科研和教学成果的积累，我以 1996 年出版的这本书为基础重新撰写了《认知发展心理学》，并作为新世纪高等学校教材由北京师范大学出版社出版。本书主要有以下几个特点。

首先，1996 年出版的书中未编入"言语的发展"一章，一是限于当时时间紧迫；二是考虑到言语与一般认知过程的复杂关系，故当时我未将其独立成章。时下再观言语与一般认知过程的关系，越发感到从广义来说，言语也属于认知活动，可将其视作儿童认知发展的一个侧面；且新的有关认知障碍及言语训练等方面的研究已为我们提供了二者既相关又分离的证据；换个角度来看，言语能力是促进认知发展的重要因素，反之亦然。鉴于此，在本书中我对言语发展进行了专门的系统分析。

其次，新增了"表征能力的发展"一章。表征是指主体基于头脑中已存储的关于世界的知识对外界信息进行重新组织的过程及组织形式。在传统的认知心理学中并不将表征单列出来进行论述。然而，儿童无论在早期的概念形成阶段，还是在判断、推理和问题解决等复杂的认知活动中，表征都是其中的重要环节，它在认知发展过程中的地位日渐凸显；且近些年有关空间表征、数量表征、运算表征及数学问题表征等的研究成果众多，同时其研究方法也有借鉴意义，我对这些成果及研究方法在"表征能力的发展"这一章中进行了较详细的介绍。

最后，新增了"推理的发展"一章。以往我们习惯于从广义上看待推理能力，将推理与问题解决等同，或将推理视作问题解决方面的具体能力。然而严格来说，推理与问题解决是有区别的，推理是最高级的认知活动，该能力的发展最能反映儿童高级思维能力的水平，有自身的发展特点且形式多样，儿童凭借推理可以习得更复杂的知识、解决更多的问题并发展起更加精深的思维技能。我在本书中对不同形式的推理能力的发展做了系统的阐释。

此外，本书也注意了对认知发展相关理论进展的把握和反映。在当代认知发展领域中，皮亚杰的理论及信息加工观点仍具有重要影响，但同时也不断地受到检验、挑战和修正，为了反映理论前沿，我补充论述了如新皮亚杰学派的主要特点(第二章)，认知发展的后信息加工观(第三章)等理论观点。最后，本书去掉了"个体的认知差异"这一章，主要是考虑到这一章着眼于横向比较，探讨同一年龄段儿童认知发展特点的个体差异；而在本次撰写的书中我想集中笔墨于纵向分析，重点探讨儿童认知发展的年龄特点，使全书的结构更为紧凑。

当然，此次除大篇章的增补外，我对各章节也做了大幅度的删减和补充。一方面，在原有各章中均加入了近些年来的国内外心理学家们的最新研究成果，同时去掉了已过时的旧资料，力求充分地反映学科前沿；另一方面，新书中也存在整节变化，这样便于在阐述问题时采用更新的分析视角，并更便于组合和凸显新的研究成果。如在第十一章"社会认知的发生与发展"中，原书的第二、第三节分别为"儿童观点采择能力的发展"和"儿童性别角色的发展"，新书则分别改为"儿童自我知识的发展"及"儿童对他人知识的发展"，使得内容更全面，也使得整章架构更有序。

此外，本书在每章后还添加了有针对性的思考题，这样更便于读者深入理解相关知识点并进行自我检测。

在完成本书之际我深深缅怀我的已故导师朱智贤教授，深深感谢我的另一位导师林崇德教授，是两位导师将我带入儿童认知发展的研究领域并给予我太多的各方面的指导和帮助，近30年来我一直沉浸在这个领域的研究和教学中，兴趣有增无减；感谢我的博士生和硕士生们，他(她)们为我撰写本书搜集了大量资料并对此进行了初步梳理；在撰写过程中我参考和引用了许多国内外文献，在此对原作者表示最诚挚的谢意。最后，感谢本书的责任编辑、我的学生齐琳，感谢她为本书所做的大量文字工作。

在过去的这些年里拙著作为高校本科生、研究生发展心理学和认知发展心理学的必修课或选修课教材，为老师及学生深入学习该门课程提供了帮助并得到广大师生的喜爱，我内心甚感欣喜，亦深受鼓舞。作为一名多年来一直致力于儿童认知发展研究和教学的高校教师和心理学工作者，我认为自己有责任撰写相关领域的教材和著作，以为大家进行相关的教学及科研提供帮助。

由于本人水平有限，新书中难免会存在各种问题，敬请师长及同仁们批评指正，深表谢忱。

陈英和

2013 年 9 月于北京师范大学